JN074767

SHOW-HEY シネマルーム

49

2021年 下半期 お薦め75作

弁護士 映画評論家 坂和章平

はじめに

1)『シネマルーム４９』は２０２１年５/１から２０２１月９/３０までの５ヶ月間に観た、洋画５７本、邦画１９本、計７６本の映画（オンライン試写を含む）の中から、２０２１年下半期お薦め７５作を選びまとめたものです。

2) コロナ禍、緊急事態宣言と蔓延防止措置が繰り返される中、映画館の営業も様々な制約を受けましたが、幸いなことに映画館内でのクラスターの発生はありませんでした。また、第５波であれほど猛威を振るったコロナウイルスの活動も、ワクチン接種の普及等の諸対策によって１０月以降急速に弱まってきたのは幸いですが、なお予断を許すことができないのは当然です。人流の増大はもとより、コロナ禍で大打撃を受けた飲食・ホテル・観光業界の復活をはじめとする経済の再建が不可欠ですが、アクセルとブレーキを如何に適切に踏み分けるかは難しいものです。１０月４日に発足した岸田文雄新内閣と、１０月３１日に実施される衆議院議員総選挙によって再度新たに作られる新内閣の主導力に期待するほかありません。

3) コロナ禍によって外出が減り会食が減ると、必然的に映画館通いやステイ・ホームでのオンライン試写が増えました。そのため、『シネマ４９』のラインナップは充実しています。また、いつも悩んでいた目次立ても、『シネマ４８』の時と同じように国別を基本にした結果、第１章を「アメリカ・イギリス」、第２章を「ヨーロッパ」、第３章を「昔の名作をデジタル・リマスター版で！」、とした結果、第４章を「邦画」、第５章を「中国」、第６章を「台湾・香港・アジア諸国」、第７章を「韓国」と分類することですっきりさせることができました。

4)『シネマ４９』の巻頭作として、濱口竜介監督の『ドライブ・マイ・カー』を１本だけ取り上げたのは、第７４回カンヌ国際映画祭での脚本賞受賞を讃えたものです。毎年のようにノーベル文学賞候補とされている村上春樹氏が、２０２１年またも受賞を逃したのは残念ですが、彼の『女のいない男たち』に収録された短編小説の１つである『ドライブ・マイ・カー』を１７９分の大作として完成させた映画『ドライブ・マイ・カー』は素晴らしい作品でした。その脚本は、「原作は短編なので、映画にするためには材料が明らかに足りない」と考えた濱口竜介氏が、村上春樹氏から『女のいない男たち』に収められた『シェエラザード』と『木野』のモチーフを使用することの許可をもらった上、"物語を膨らませて書いた"ものです。私は同作の評論で、「カンヌで脚本賞を受賞！この脚本は原作越え！」と書きましたが、その妥当性は？それは、同作を鑑賞した上で私の評論を読んでしっかり考えて下さい。

5) 第９３回アカデミー賞で"頂上対決"をした『ノマドランド』と『ミナリ』は『シネマ４８』に収録しましたが、『シネマ４９』の第１章「アメリカ・イギリス」では、まず「アカデミー賞受賞２作！」として『プロミシング・ヤング・ウーマン』と『ファーザー』を

2

収録しました。続いて、「この問題提起をどう受け止める？」として３本を収録しましたが、私の思い入れが特に強いのは『MINAMATA ミナマタ』です。しかし、"実話に基づく物語"である『クーリエ：最高機密の運び屋』で描かれたあっと驚くスパイたちにも泣かされるし、『ライトハウス』での緊迫感溢れる男の対決にも圧倒されます。続く「家族の在り方は？」には、『ブラックバード　家族が家族であるうちに』、『すべてが変わった日』、『グリーンランド―地球最後の２日間―』の３本を収録しましたので、できれば皆様もご家族と共にこれらの作品を味わってください。続く「これぞエンタメ！これぞミステリー！」では、『スイング・ステート』に注目！２０２０年１１月の大統領選挙で敗北したトランプ氏はいったん退きましたが、２０２２年１１月の中間選挙に向けての復活活動を着々と進めています。日本の自民党総裁選挙も面白いし、衆議院議員総選挙も面白い。しかし、米国の選挙はもっと面白い。そのことは、『スイング・ステート』を観て、読んでしっかり確認してください。

　M. シャマラン監督の名作『シックス・センス』には驚かされましたが、その後の彼は必ずしも順風満帆ではありませんでした。そんなシャマラン監督の最新作『オールド』はかなり恐いミステリーです。しっかり味わってください。最後に、「ショートコメント２作」として収めた『ブラック・ウィドウ』と『ジャングル・クルーズ』は、いかにもウォルト・ディズニーらしい、誰でも楽しめる娯楽作です。

6） 日本では"戦争モノ"は極端に減りましたが、ドイツでは毎年のように"ホロコーストもの"が作られています。そこで、『シネマ４９』の第２章「ヨーロッパ」の「ホロコーストもの４作」には、『復讐者たち』、『アウシュヴィッツ・レポート』、『沈黙のレジスタンス』、『ホロコーストの罪人』の４本を収録しました。また、それと対置される（？）「ロシア戦争大作２作―旧ソ連 vs ナチス・ドイツ」にも注目してください。独ソ戦の厳しさは歴史上の事実として知っていても、戦いの現実はこんな映画を観るまでは分かりません。『１９４１ モスクワ攻防戦８０年目の真実』は "Based on the True Story" ですが、『ナチス・バスターズ』はきっと"作り物"。それを前提として、しっかり味わってください。

　ヨーロッパ映画はクソ難しいのが特徴ですが、同時に家族を描く秀作も多く、女たちの生きザマを描く秀作も際立っています。『シネマ４９』にはそんな名作が勢揃いしました。まず、「この映画に見る男や家族たちの生きザマは？」では『ベル・エポックでもう一度』、『海辺の家族たち』、『明日に向かって笑え！』、『アナザーラウンド』を、続いて「世界各地に見る女たちの生きザマは？」では『ミス・マルクス』、『アイダよ、何処へ？』、『名もなき歌』、『モロッコ、彼女たちの朝』、『シンプルな情熱』を、しっかり味わってください。

7） コロナ禍で Netflix の売り上げが急上昇していますが、私には昔の名作がデジタル・リマスター版で修復、上映されていることが目につきます。大島渚監督の『戦場のメリークリスマス』と『愛のコリーダ』は伝説的な名作ですが、『マンディンゴ』、『異邦人』、『デッドロック』、『フラワーズ・オブ・シャンハイ（海上花／Flowers of Shanghai）』等の名作を２０２１年の今、大スクリーンで鑑賞できるのは至上の喜びです。私の自宅では３台の大型テレビと大容量のレコーダー３台を使って毎日放映される昔の映画を片っ端から録画していますが、そんな技術の進歩とともにフィルム修復技術の進歩を喜びたいものです。

8）邦画では、まず「注目の話題作の出来は？」として、『孤狼の血 LEVEL 2』、『HOKUSAI』、『太陽の子』、『空白』を、続く「大女優も健在！巨匠も健在！」として、『いのちの停車場』、『キネマの神様』を収録しました。邦画は近時“レベルの低下”が目立ちますが、他方で若手監督の活躍が顕著です。そこで「若手監督たちがクソ難しい作品で問題提起！」として、シネコンでは上映されない『きまじめ楽隊のぼんやり戦争』、『ある殺人、落葉のころに』、『なんのちゃんの第二次世界大戦』、『アジアの天使』を収録しました。また、邦画では近時女たちの生き方を鋭く描いた作品が目立っています。それが「女たちの生き方は？」の『明日の食卓』、『女たち』、『サマーフィルムにのって』、『浜の朝日の嘘つきどもと』です。最後に、「ショートコメント」として収録した『はるヲうるひと』、『いとみち』、『護られなかった者たちへ』、『鳩の撃退法』、『マスカレード・ナイト』は私にはイマイチでしたが、さてあなたは？

9）中国映画では、『愛しの故郷（我和我的家乡／My People,My Homeland）』と『唐人街探偵　東京 MISSION（唐人街探案３／Detective Chinatown 3）』の大ヒットが目立っていますが、弁護士の私の超おすすめ作は『共謀家族（误杀／Sheep Without a Shepherd）』です。こりゃメチャ面白い！他方、『少年の君（少年的你／Better Days）』は近時の中国の教育事情と絡めながら、『白蛇：縁起（吹き替え版）（白蛇：縁起／White Snake）』は近時の日本のアニメと対比しながら鑑賞すれば、興味が倍増すること間違いありません。

10）近時は、中国以外のアジア諸国の秀作も目立っています。そこで、『シネマ４９』では、「面白い台湾映画４作」として『親愛なる君へ（親愛的房客／Dear Tenant）』、『恋の病～潔癖なふたりのビフォーアフター～（怪胎／i WEiRDO）』、『１秒先の彼女（消失的情人節／My Missing Valentine）』、『返校　言葉が消えた日（返校）』を収録。続いて、「香港・マレーシア」から『花椒（ホアジャオ）の味』と『夕霧花園』を、「モンゴル・ブータン」から『大地と白い雲（白云之下/Chaogtu with Sarula）』と『ブータン　山の教室』を、ベトナムから『走れロム』を収録しました。

11）来るべき韓国の大統領選挙は混迷度を増していますが、韓国映画はあくまで元気。そこで「これぞ韓国映画！こんなテーマを大迫力で！」として、『スティール・レイン』と『白頭山（ペクトゥサン）大噴火』を、「これぞ韓国映画！こんな視点からも緊迫ドラマを！」として、『偽りの隣人　ある諜報員の告白』と『殺人鬼から逃げる夜』を収録しました。さらに、「ホン・サンス監督新旧３作」として収録した『逃げた女』、『カンウォンドのチカラ』、『オー！スジョン』も必見です。
　　以上、今回も『シネマ４９』のラインナップをしっかりお楽しみください。

　　2021（令和3）年10月25日

弁護士・映画評論家　坂　和　章　平

目　次

第2章　ヨーロッパ 73

6

第6章 台湾・香港・アジア諸国　　　　277

≪台湾≫

≪香港・マレーシア≫

マレー作戦とは？謎の日本人庭師の役割は？

1.『ドライブ・マイ・カー』（村上春樹原作）
ノーベル文学賞は今年も残念！しかし、映画はグッド！

　２０２１年の第７４回カンヌ国際映画祭で濱口竜介監督の『ドライブ・マイ・カー』が見事、日本映画として初の脚本賞を受賞した。原作も素晴らしいが、その脚本はひょっとして原作越え！これで、三大映画祭を制覇したことになる濱口竜介監督おめでとう！

　他方、毎年１０月はノーベル賞の季節。１０月５日には、９０歳の真鍋淑郎氏の物理学賞受賞！の報に日本中が湧いたが、近時毎年注目されてきた村上春樹氏のノーベル文学賞受賞は？産経新聞１０月８日付朝刊は、「毎年"候補"に挙がる村上春樹氏の母校、兵庫県西宮市の香櫨園小学校では、村上さんの同級生や近隣住人、教員らが集まり、インターネットで中継された発表の様子を固唾をのんで見守ったが今年も朗報は届かず、肩を落とした」、と伝えた。まさに、これが日本国民共通の感覚だろう。

　今回受賞したのは、タンザニア出身の作家、アブドゥルラザク・グルナ氏。英国メディアによると、「グルナ氏は１９４８年、当時英国の保護領だったタンザニア・ザンジバル生まれ。現在は英国に住み、英語で作品を発表している。アフリカ東部を取材して９４年に出版した小説「パラダイス」などの代表作がある」そうだ。スウェーデン・アカデミーは、受賞理由を、「植民地主義の影響と大陸間の溝に引き裂かれた難民の運命を妥協せず、思いやりを持って突き詰めた」と説明しているが、さてその内容は？

　２０１２年に中国人としてはじめてノーベル文学賞を受賞した莫言氏は、『紅いコーリャン』等の原作や映画で馴染みがあったが、さすがに日本人にアフリカ文学はなじみが薄い。近時、『１Ｑ８４』（０９年）や『騎士団長殺し』（１７年）という大作を発表している村上春樹氏には、再度来年頑張ってもらいたいものだ。

Data

監督	濱口竜介
脚本	濱口竜介、大江崇允
原作	村上春樹『ドライブ・マイ・カー』（短編小説集『女のいない男たち』所収／文春文庫刊）
出演	西島秀俊／三浦透子／霧島れいか／岡田将生／安部聡子／イ・ユナ／コン・ユンス／ジャニス・チャン

★★★★★

ドライブ・マイ・カー

2021年／日本映画
配給：ビターズ・エンド／179分

2021（令和3）年8月27日鑑賞　　シネ・リーブル神戸

みどころ

　ノーベル文学賞直前（？）の村上春樹の短編小説を、三大映画祭の制覇で今やキム・ギドク監督と並んだ（？）濱口竜介監督が、１７９分の長編に！その脚本は、第７４回カンヌ国際映画祭で見事脚本賞を受賞したからすごい！原作も素晴らしかったが、その脚本はひょっとして原作越え！

　導入部では、演出家×脚本家夫妻の奇妙なセックス（？）とシェエラザードぶり（？）に注目！妻の浮気は？妻の死は？その責任は？喪失感は？

　中盤の舞台は広島。劇中劇としての"濱口メソッド"による『ワーニャ伯父さん』の稽古風景は興味深い。しかし、そこで見る男同士の対決は？最後は北海道へのロードムービーだが、中盤から登場する若い女の運転手に注目！その技量は？勤務ぶりは？出自は？２人の触れ合いは？

　そして、本作結末に訪れる人間の再生とは？よくぞ、村上春樹文学の短編をここまでまとめ、高めたもの。こりゃ傑作！こりゃ必見！

———＊———＊———＊———＊———＊———＊———＊———＊———＊———

■□■『ドライブ・マイ・カー』とは？登場人物たちは？■□■

　『ドライブ・マイ・カー』は、村上春樹の『女のいない男たち』に収録された短編小説の１つで、『文藝春秋』（２０１３年１２月号）で発表されたもの。彼が２０１７年に発表した『騎士団長殺し』は、「第１部　顕れるイデア編」、「第２部　遷ろうメタファー編」に分かれる長編だったが、『ドライブ・マイ・カー』は、演出家の家福（かふく）悠介とその専属運転手になった若い女性・渡利（わたり）みさきの"会話"を中心とした短い物語。そこには、家福の妻である家福音（おと）や、音の若い浮気相手の１人である高槻耕史も登場するが、物語はいたってシンプルだ。

　ちなみに、『Drive My Car』はビートルズが１９６５年に発表したシングル曲の１つだ

が、なぜ、そこには主語がないの？この曲の歌詞は、「Baby you can drive my car」と繰り返されるが、その意味は、将来有名な映画スターになると信じている若い女の子から「あなた、私の車を運転しなさいよ」と呼びかけられ、更にその後、「And maybe I love you」（「そしたら、あなたのこと、好きになるかも」）というたわいもない会話だ。

それに対して、村上春樹の小説『ドライブ・マイ・カー』は、２４歳の女性・渡利みさきが５０歳の家福悠介の専属運転手になるというものだから、かなり珍しいパターン。本来、後部座席に座るご主人様と専属運転手の会話は控えめが原則であるにもかかわらず、同作では、ラストに向けて親密度と深刻度を増していく２人の会話がポイントだが、そんな設定の短編小説だから、所詮テーマは絞られている。したがって、いくら近時の成長著しい濱口竜介監督がその映画化を狙っても、脚本作りは難しいはずだ。しかし、しかし・・・。

■□■カンヌで脚本賞を受賞！この脚本は原作越え！■□■

パンフレットにある「Director's Interview」によると、「原作は短編なので、映画にするためには材料が明らかに足りない。なので膨らまさないといけないけれど、それが物語にとって見当違いなものではいけないわけですよね。プロットを書く際に原作を何度も読み返すうちに、『女のいない男たち』に収められた同時期に書かれた作品にはやはりどこか互いに共通するものを感じました。特に『シェエラザード』と『木野』です。『シェエラザード』は、音と名付けた家福の妻の人物像をより立体的にするために。『木野』は家福が向かう、原作のその先を指し示している気がしました。それで原作短編『ドライブ・マイ・カー』の前後が埋められるような感覚があったので、お手紙で村上春樹さんにもそれらのモチーフを使う許可をいただきたいとお願いしました。幸いご快諾をいただき、現状のような形になってます。」と述べている。なるほど、なるほど。

『シェエラザード』は、「千夜一夜物語（アラビアンナイト）」の語り手であるシェエラザードの物語をテーマにしたリムスキー＝コルサコフの美しい交響組曲のタイトルだが、村上春樹原作の短編『シェエラザード』は、主人公が性交するたびに、興味深い不思議な話を聞かせてくれる４歳年上の３５歳の女に名付けた名前。同作では「私の前世はやつめうなぎだったの」という、いかにも村上春樹流の奇怪なストーリー（？）が展開していく。さらに、もう１つ、そんな女性・シェエラザードが語るのは、「空き巣に入っていた１０代の女の子の頃の物語」だが、これを濱口竜介監督が３時間にわたる本作の導入部で登場させたから、そのインパクトは強烈だ。また、その会話は本作の主人公・家福悠介（西島秀俊）と家福音（霧島れいか）が冒頭に展開する異様なセックスの在り方（？）を強く印象付けることにもなった。

それを含めて、本作は、わずか数十ページの短編小説『ドライブ・マイ・カー』を原作にしたにもかかわらず、映画は３時間にも上る長尺になったから、本作を鑑賞するについては原作と脚本の両者をしっかり対比させたい。そうすると、原作の素晴らしさはもちろんだが、濱口竜介監督の脚本はひょっとして原作越え！

13

■□■三大映画祭を制覇！濱口竜介はキム・ギドクと同列！■□■

　キム・ギドク監督は、①『サマリア』（０４年）（『シネマ7』396頁）で第54回ベルリン国際映画祭で銀熊賞（監督賞）、②『うつせみ』（０４年）（『シネマ10』318頁）で第61回ヴェネチア国際映画祭で銀獅子賞（監督賞）、③『アリラン』（11年）（『シネマ28』206頁）で第64回カンヌ国際映画祭のある視点部門作品賞を受賞した。

　それと同じように、濱口竜介監督も①第77回ヴェネチア国際映画祭で黒沢清監督が銀獅子賞（監督賞）を受賞した『スパイの妻〈劇場版〉』（20年）（『シネマ47』53頁）の脚本執筆に野原位、黒沢清と共に関わり、②『偶然と想像』（21年）で第71回ベルリン国際映画祭の審査員グランプリを受賞し、③本作で第74回カンヌ国際映画祭の脚本賞を受賞しているから、韓国の鬼才、キム・ギドク監督と同列！

■□■この夫婦の奇妙な共同作業は？これで作品が完成！■□■

　舞台俳優でもあり、演出家でもある家福は今50歳だから、脚本家である妻とのセックスは週に1回程度？それはともかく、導入部で紹介されるこの夫婦のセックスはそれなりに濃密だが、変わっているのは、コトが終わった後、あたかも「千夜一夜物語」を物語る女性・シェエラザードと同じように、音が静かに物語を語り始めること。それが、村上春樹の原作『シェエラザード』に書かれている「空き巣に入っていた10代の女の子の頃の物語」や、「やつめうなぎ」の奇妙な物語だ。

　もっとも、音は一方的にこれを物語るだけで、翌日には何も覚えていないところがミソ。したがって、それを聞いた家福は翌朝、愛車のサーブを走らせながら助手席に座る音に、昨晩聞いた物語を語り直すのが習慣だ。さらに興味深いのは、脚本家の音がそんな夫の話を聞きながら物語の要点をスマホにメモし、それを作品に仕上げることだ。

　なるほど、なるほど。舞台俳優兼演出家の家福と脚本家の音が、夫婦としてここまで相協力できるのは素晴らしい。したがって、家福はそんな音との満ち足りた夫婦生活を、後述する「唯一の例外（妻の浮気）」を除いて十分満足し、楽しんでいたが・・・。

■□■愛車は赤のサーブ！主人公のこだわりは？変人ぶりは？■□■

　私が運転免許取り立て直後に購入したフォード・コルチナという外車は、いろいろと世話の焼ける車だった。それに比べれば、2代目以降のクラウン、マジェスタ、セルシオはエンジン室を開く必要すら全くないほど、トラブルのない車だった。私の友人の1人の愛車が家福と同じサーブだったが、それも同じように、たびたびトラブルが。そんなサーブに家福は15年間も乗っているそうだから、同車への愛着は相当強いらしい。そんな家福だから、後述のとおり、本作のメインストーリーになる広島国際演劇祭で「ワーニャ伯父さん」の演出を引き受けた際に、専属運転手を強制されると、かなり抵抗したが・・・。

　車は動くための道具だから、頑丈で手間がかからなければいい。私はそう考えているが、家福のような古いサーブにこだわっている男は“変人”と相場が決まっている。そもそも、村上春樹作品に登場する主人公は変人ばかり（？）だが、本作では、家福が愛車を運転し

ながらいつも聞いている「ワーニャ伯父さん」のセリフを入れたテープに注目！俳優であり演出家でもある彼の"家福メソッド"は、濱口竜介監督が信奉し、実践している"濱口メソッド"そのものだが、その狙いはいかに？

　他方、車の運転中にずっとカセットテープを聴くことが危険とは言えないが、それにあまり熱中しすぎると・・・。ちなみに、原作の「サーブ９００」は黄色のコンバーティブルだが、濱口竜介監督はあえてそれを赤に変えたから、そのことへの賛否の声は強い。『キネマ旬報９月上旬号』の「REVIEW　日本映画＆外国映画」では、３人の評論家がその点も含めて本作への賛否の姿勢を明確にしたうえ、星３つ、５つ、４つと評価も分かれている。愛車へのこだわり（の分析）は、５０歳の主人公・家福のキャラを読み解くうえで最も近道になるはずだ。

■□■妻の浮気現場を目撃！その時の夫の行動は？■□■

　音は家福の公私にわたるパートナーとして申し分のない存在だが、唯一の例外は、音の裏にはいつも若い男の影がちらついていること。しかも、それは１人や２人だけではなく、脚本ができるたびに男が変わっているらしい。そんな日々の生活（？）が、夜な夜なシェエラザードになった音が家福に語る奇妙な物語に反映されているようだ。現に、家福が『ゴドーを待ちながら』の舞台を終えた後、音が家福に紹介した若い役者・高槻耕史（岡田将生）は「奥様にはいつもお世話になっています」と語り、いかにも親しそうな雰囲気を漂わせていたから、彼はそんな男の１人？

　役者や演出家に出張が多いのは当然だが、ある日、ウラジオストクへのフライトが寒波のためキャンセルになってしまった家福が、仕方なく自宅に引き返すと・・・？玄関のドアを開けると、大音量で流れるクラシックの音楽と共に喘ぎ声が聞こえてきたが、そこで家福が目撃したのはまさに音の浮気現場だったから、家福はビックリ！こんな場合、普通の男ならその後の行動は決まっているが、本作の家福の行動は村上春樹作品らしく、普通の男とは全然違うので、それに注目！気づかれないように静かに家を出た家福は近くのホテルに入り、ウラジオストックに到着したと思い込んでいる音と「無事に着いた？」、「うん」と話したが、それは一体なぜ？

■□■妻の告白は？妻の死はなぜ？その責任は？喪失感は？■□■

　家福と音の間には子供はいない。しかし、小さな女の子の写真と位牌が置かれ、喪服姿の家福と音が並んでお経を聴いているシークエンスを見ると・・・？その日の帰り道での２人の会話や、帰宅後のいつもより激しいセックス、さらに、その後の音の物語を聴いていると、家福と音の夫婦仲は安定しているような、不安定なような・・・？そう思っていると、案の定、翌朝、「昨日の話、覚えている？」と切り出した音は、「今晩帰ったら少し話せる？」と真正面から話してきたから、それに対して家福は？

　誰だって、曖昧なことをハッキリとさせたいと思うのは当然だが、コトをハッキリさせるには不安が伴うのも事実。そのため、人間にはあえて真実から目を背けたいと思う気持

ちも働くもの。どうも、その日の家福はそうだったらしい。そのため、妻からそう言われたのなら早く帰宅すればいいのに、家福は逆にあえて目的もなく車を走らせながらカセットテープの暗唱を続けていた。そして、既に明かりの消えてしまった家に戻り、床を見ると、音が倒れていたからビックリ。コロナ禍の今ならともかく、誰でもスマホを持っており、医療体制が整備されている昨今、いくら急なクモ膜下出血であってもこんな状態で音が死んでしまうことは考えられないが、そこは映画だから何でもあり。しかして、音があの日の晩、帰宅した家福に対して伝えたかった話とは一体何？音の葬儀の弔問客の中には高槻もおり、彼は悲しみを抱いた面持ちで家福に頭を下げていたが、その腹の中は？

　音の死亡後も音の声が入ったカセットテープは愛車の中で活用されていたが、家福の気持ちの中で、音の喪失感は深刻だ。あの時、音は一体何を告白しようとしたの？もし、自分がもう少し早く帰宅していれば・・・？そんな気持ちから逃れることのできない家福は、舞台俳優の仕事をやめしまったようだ。そして、音の死から２年後の今、広島国際演劇祭から「ワーニャ伯父さん」の演出を依頼された家福は、東京から広島へ車を走らせていた。赤のサーブも車の中のカセットテープも昔のままだが、今の家福は音の喪失感を抱えたまま、どのように変化（成長）しているの？

■□■若い女の専属運転手に注目！腕前は？勤務は？出自は？■□■

　本作前半では、家福の妻・音の人物像設定の不思議さにビックリさせられたが、後半からは家福の専属運転手として登場する渡利みさき（三浦透子）の人物像の不思議さにビックリ。広島で「ワーニャ伯父さん」の演出指導をする家福は、演劇祭プログラマーの柚原（安部聡子）とドラマトゥルク兼韓国語通訳を担当するユンス（ジン・デヨン）から、自ら運転することを禁じられ、専属運転手をつけることを義務付けられたが、家福はそれを断固拒否！それは、愛車のハンドルを他人に委ねることの拒否感だけではなく、運転時間にカセットテープを聴き、セリフの確認作業に当てている家福にとって、その習慣そのものが大切だからだ。そんな家福にユンスは「テストドライブだけでも・・・」と提案し、小柄な若い女性・渡利を紹介したが、意外や意外、その運転技術は家福以上に素晴らしかったから、ビックリ。それは一体なぜ？それについては、本作後半から詳しく渡利の複雑な出自が語られるから、それに注目！

　渡利は家福から「運転手としての技量に申し分なし」と言われたことを率直に喜んだが、それ以上の問題は、家福と専属運転手との相性。専属運転手は、喋りすぎてはだめだし、気が付きすぎてもダメ。しかも、それはすべて後部座席に座る（はずの）家福の性格との兼ね合いだから、そこが難しい。私も、弁護士生活が最も忙しい時期に、事務員の中から安心できるドライバーを選んで運転させていたが、車の中でいつもカセットテープをかけてセリフを暗唱している家福の姿に渡利はビックリしたはずだ。さあ、そんな２人の相性は？その稽古姿に注目！

■□■劇中劇は面白い！多言語劇には手話も！■□■

　劇中劇は面白い！それを全世界に発信した名作中の名作が、若き日のシェイクスピアと彼を信奉する上流階級の娘を主人公にした『恋におちたシェイクスピア』（９８年）だった。劇中劇では、どこまでが現実？どこまでが劇？、の狭間が面白いうえ、同作では“女装した男性俳優”という今風の演出と問題提起が秀逸だった。

　本作で今、家福が演出指導しているのは、チェーホフ作の「ワーニャ伯父さん」。その稽古風景では、家福がいつも車の中で聴いている「ワーニャ伯父さん」のセリフが本読み（棒読み）の中で登場するので、それに注目！今回の家福の演出がユニークなのは、「ワーニャ伯父さん」を多言語劇として構成している上、手話まで登場させることだ。オーディションで選ばれた俳優たちは①ワーニャ役の高槻、②韓国語と手話のイ・ユナ（パク・ユリム）、③北京語のジャニス・チャン（ソニア・ユアン）たちだ。本作中盤では、この本読みに精を出す出演者たちと、その指導をする家福の姿をじっくり観察したい。

　感情を込めずに、ただひたすら棒読みを繰り返す“家福メソッド（濱口メソッド）”にどんな意味があるのかは私にはよくわからないが、さて、出演者たちの満足度（不満度）は？とりわけ、歳が違い過ぎるにもかかわらず、ワーニャ役とされた高槻は違和感があるらしい。「意に沿わないなら、契約書にサインしなければいい。別の役者に役が行く」とまで言われ、やむなくサインしたが、ある日、本読みの後、そんな高槻から「家福さん、もしよかったら一杯いかがですか？僕のホテルのバーとか」と声を掛けられたから意外。そして、バーでの２人の会話は次第に家福の亡き妻・音の話になっていったが、それは一体なぜ？

■□■殺人事件発生！主役が逮捕！舞台は中止？それとも？■□■

　本作の前日にオンライン試写で観た韓国映画『殺人鬼から逃げる夜』（２１年）は、聴覚障害者がタイトルどおりの「殺人鬼から逃げる夜」をスリリングに描いたもので、『見えない目撃者（我是証人）』（１５年）（『シネマ４４』２７８頁）の向こうを張った秀作だった。同作では、一見おだやかな笑みが特徴の、紳士的な若者が実は連続殺人を繰り返すサイコパス男だったが、それと同じように（？）本作の高槻も今風のカッコいい若者だが、どこか捉えどころのないのが特徴。夫の留守中に堂々と音の家に上がり込み、大音響の中のリビングルームで“お楽しみ”をしていたのだから、ある意味で“大した玉”だ。そんな高槻がシャーシャーと、家福が演出指導する『ワーニャ伯父さん』に応募してくるのだから、その役者根性もすごい。もちろんそれは、音の葬儀で見た丁寧な挨拶ぶりも含めてだ。

　村上春樹文学は、人間の本性の奥の奥に立ち入った分析が特徴だが、家福はそんな高槻と音の浮気現場を目撃しながら、なぜ逃げるように現場を離れてしまったうえ、目の前にいる高槻を責めないの？あの日、高槻から誘われて一杯飲んだ時も、亡き妻の話題になっていく中、なぜ家福は平然と対応できたの？なぜ家福に感情の爆発がなかったの？

　音がシェエラザードになって語る物語は、自覚がなくとも自分の浮気体験が元になっている可能性が高い。夫と妻のセックスの最中にそんな深層心理が働くことを発見し、分析

し、それを短編小説にまとめた村上春樹はたしかにすごいが、それはあくまで文学作品の上での話だ。同じ文学でも松本清張は推理小説だから、必ず殺人事件が発生し、その中で複雑な人間の深層心理が描かれていた。しかし、村上春樹文学は推理小説ではないから、本作でも殺人事件など登場するはずはない。そう思っていたが、少し怪しげなシークエンスから少し嫌な予感も・・・。そして、ネタバレ厳禁ながら、本作には何と殺人事件も！

そんな中、長い稽古の中で今やワーニャ伯父さん役がすっかり板についていた高槻が警察に逮捕されてしまったから、アレレ。さあ、『ワーニャ伯父さん』の上演はどうなるの？ユンスと柚原が言うように、選択肢は上映中止、もしくは家福が高槻の代役になる、の二択だが・・・。

■□■サーブは一路北海道へ！その結末に見る人間の再生は？■□■

近時、毎年のように日本列島を襲う豪雨災害の中で、8月の熱海市豪雨のように、山間部の土砂崩れによる家の崩壊が目立っている。本作では、常に物語を語っていた音に対して、専属運転手という職業柄もあって、渡利の無口さが目立つ。『釣りバカ』シリーズでは、三國連太郎演じる鈴木社長の専属運転手をベテラン俳優の笹野高史が演じていたが、社長と専属運転手の関係はあれくらいが理想。つまり、運転手が社長のプライバシーを聞くのが厳禁であるのと同じように、社長が運転手の私生活を聞いたり、興味を持ったりするのも厳禁だ。しかし、家福と渡利が毎日片道1時間をサーブの中で過ごしていると、渡利の不幸な出自が次々と！しかも、渡利は今24歳というから、家福と音の子供が生きていれば、ちょうど同じ歳。そう考えると・・・。

第93回アカデミー賞作品賞、監督賞、主演女優賞の3部門を受賞したクロエ・ジャオ監督の『ノマドランド』（20年）（『シネマ48』24頁）は、ヒロインが自らキャンピングカーを運転して広大な米大陸を横断するロードムービーだったが、本作の最後は、渡利が運転するサーブによる北海道へのロードムービーになるので、それに注目！それは一体なぜ？その行き先はどこ？今なお残る建物の残骸を目に、2人は何を語るの？そして、2人は今生きていることの意味や価値をどう実感するの？北海道へのロードムービーの結末では、そんな人間の再生をしっかり確認したい。

他方、あれだけの時間をかけて稽古し続けてきた家福の演出指導による『ワーニャ伯父さん』の上演は？その成否は？

2021（令和3）年9月1日記

18

第1章
アメリカ・イギリス

19

SHOW-HEY シネマルーム

★★★★

プロミシング・ヤング・ウーマン

2020 年／アメリカ映画
配給：パルコ／113 分

2021（令和 3）年 7 月 31 日鑑賞　　TOHO シネマズ西宮 OS

Data

監督・脚本：エメラルド・フェネル
出演：キャリー・マリガン／ボー・
バーナム／アリソン・ブリー
／クランシー・ブラウン／ジ
ェニファー・クーリッジ／コ
ニー・ブリットン／ラヴァー
ン・コックス／アダム・ブロ
ディ／マックス・グリーンフ
ィールド／クリストファ
ー・ミンツ＝プラッセ／サ
ム・リチャードソン／モリ
ー・シャノン

👀 みどころ

　「復讐モノ」はリアルなほど、そして残忍なほど面白い。クエンティン・タランティーノ監督の『キル・ビル Vol. 1』（０３年）、『キル・ビル Vol. 2』（０４年）や日本の『必殺』シリーズを観ればそうかもしれないが、「復讐モノ」と「ロマンティック・コメディもの」を融合させればどうなるの？

　ジョディ・フォスターが熱演した『告発の行方』（８８年）を観れば、レイプ事件の被害の立証の難しさがよくわかるが、「プロミシング・ヤング・ウーマン」だったはずのヒロインが、"復讐の天使" として夜な夜なクラブに繰り出しているのは何のため？「酔った女には何をしても許される」と考える男たちは、すべてそのターゲットに？

　第９３回アカデミー賞で脚本賞を受賞したエメラルド・フェネル監督の脚本に注目！とりわけ、ラストのどんでん返しに注目！もちろん、それはネタバレ厳禁だが・・・。

――＊――＊――＊――＊――＊――＊――＊――＊――＊――

■□■タイトルの意味は？５部門で候補！脚本賞を受賞！■□■

　２０２１年の第９３回アカデミー賞は女性監督の進出が目立ったが、激戦の末、中国出身のクロエ・ジャオ監督の『ノマドランド』（２０年）（『シネマ４８』２４頁）が作品賞、監督賞、主演女優賞の３冠をゲット。"中韓の頂上決戦" と目されたリー・アイザック・チョン監督の『ミナリ』（２０年）（『シネマ４８』３０頁）は、助演女優賞を受賞した。しかし、如何にアジア勢が進出しようとも、アカデミー賞の本場はやはり米英のもの？そんな立場を死守したのが、女優、脚本家、クリエイター、映画製作者等、多様な顔を持つ、１９８５年生まれのエメラルド・フェネルだ。エメラルド・フェネルは、監督としても短編を発表していたが、長編監督デビュー作となったのが本作。そんな本作でエメラルド・フ

ェネルは脚本と製作を兼ねていたが、本作は、第93回アカデミー賞で作品賞、監督賞、脚本賞、編集賞、主演女優賞の5部門にノミネートされたうえ、脚本賞を受賞したから、お見事！若い才能は次々と生まれてくるものだ。

最近の邦画には、『きまじめ楽隊のぼんやり戦争』（20年）（『シネマ48』270頁）や『なんのちゃんの第二次世界大戦』（20年）等、奇妙なタイトルが目立つが、本作は原題の『Promising Young Woman』をそのままカタカナで邦題にしている。3つの単語そのものは易しいものだが、『プロミシング・ヤング・ウーマン』って一体何？それは、日本でもよく口にされる、「将来を約束された前途有望な若い女性」という意味だ。なるほど、なるほど。しかして、タイトル通りの若手女性監督エメラルド・フェネルが、自ら脚本を書き製作もした長編初監督作品のテーマは？

■□■テーマは女の復讐！なのにロマンティック・コメディ？■□■

強姦罪は殺人罪と共に原始的な犯罪で重罪だが、強姦罪の捜査は殺人罪の捜査に比べると、格段に難しい。殺人罪でも被害者は何も語ってくれないからその捜査は難しいが、強姦罪では、第1に被害者が世間体を気にして容易に真実を語りたがらないから立証が難しい。第2に、合意があったという加害者の主張を如何に突破するかという問題点がある。そんな“論点”を赤裸々に描いた名作が、ジョディ・フォスターの代表作『告発の行方』（88年）だった。若き日の彼女は、スクリーン上でそのレイプシーンを文字どおりの“体当たり”で熱演していた。すると、本作では、『プライドと偏見』（05年）（『シネマ10』198頁）、『17歳の肖像』（09年）（『シネマ24』20頁）、『わたしを離さないで』（10年）（『シネマ26』98頁）等で世界的に有名な、英国の美人女優キャリー・マリガンが、そんな大胆なレイプシーンに挑戦するの？

本作冒頭、真夜中のクラブで酔っ払った男たちの視線を集めるのは、ソファにだらしなく沈み込む泥酔した若い女性だが、これがキャリー・マリガン演じる女性キャシーことカサンドラ・トーマス。「よし、俺が行く」と、3人組の男たちの中の1人がいかにも紳士的にキャシーの介抱に乗り出し、タクシーでキャシーの家まで送り届けようとしたが、その狙いは明白だ。言葉巧みに目的地を変更し、自宅に連れ込めば、後はしめたもの。思い通りに・・・。いざコトに及ぼうとしたが、その瞬間に、事態は急転直下・・・。アレレ、なぜ本作はそんなストーリーに？

エメラルド・フェネル監督の脚本は一体何を狙っているの？第93回アカデミー賞の作品賞、監督賞、主演女優賞の3冠をゲットした『ノマドランド』は“現代のノマド（遊牧民）”がなぜ生まれたのか、を根源的に問いかける奥深いテーマの名作だったが、“女の復讐モノ”たる本作は、シリアス一色ではなく、ロマンティック・コメディ色も！

■□■復讐のターゲットは？“黒革の手帖”は？本命は？■□■

“女の復讐モノ”の代表は、クエンティン・タランティーノ監督の『キル・ビル Vol.1』（03年）（『シネマ3』131頁）、『キル・ビル Vol.2』（04年）（『シネマ4』164頁）

や、松本清張の原作を映画化した『霧の旗』（６５年）。そこでは、当初から復讐のターゲットも、その動機も明示されていた。ところが、同じ"女の復讐モノ"である本作では、冒頭、キャシーのターゲットとされた男を含め、キャシーの復讐の相手となる男はキャシーの"黒革の手帖"に書かれているだけで、不特定多数のようだ。そのうえ、もともと前途有望な医大生だったのに、医大を中退し、今は３０歳にもなって嫁にも行かず、両親と共に暮らしているキャシーは、親友のゲイル（ラバーン・コックス）が経営するコーヒーショップで安月給のバイトをしつつ、夜な夜なクラブに繰り出して冒頭のような"お仕置き（鉄槌）"を男たちに下しているらしい。しかして、松本清張の"黒革の手帖"は重要な意味を持っていたが、本作でキャシーが名前を書いたり抹消したりしている"黒革の手帖"に何の意味があるの？

　かつて、「ロマンティック・コメディの女王」といえばメグ・ライアンだったが、本作でも、冒頭で"女の復讐モノ"であるというテーマが示された後、医学部の同級生で今は小児科の医師になっている男ライアン（ボー・バーナム）が登場し、キャシーがライアンとロマンティック・コメディ風の楽しいストーリーを展開していくので、それに注目！医学部は法学部と違って、勉強する期間が長いから、"優秀な医学生"ほど、女には疎くなるもの？かどうかは知らないが、ライアンを見ていると、そう思えてくる。ライアンが医学部の時に若く聡明なキャシーに好意を抱いていたとしても、それから数年経てばライアンを取り巻く女事情にも変化があったはず。しかし、エメラルド・フェネル監督の脚本はあえてそれに触れず、うぶなままのライアンがとことん一方的にキャシーに対する恋心を見せてくるので、そのロマンティック・コメディぶりに注目！もっとも、それは本筋ではなく、そこでのポイントはライアンからもたらされた同級生たちの現況らしい。あの忌まわしい「ニーナ事件」の後、医大を中退したキャシーは、一切同級生との連絡を絶っていたが、卒業後、小児科医をしているライアンが同級生たちの現況を把握しているのは当然。ライアンとのデートの中でそれらの情報が入ってくる中、キャシーの"女の復讐"の本命は誰に向かっていくの？

■□■傍観者も同罪？標的は、まず２人の女性に！■□■

　キャシーが医大を中退した後、夜な夜なクラブに通い、男たちに鉄槌を下し続けているのは、キャシーの幼なじみで大親友、そして、間違いなく「プロミシング・ヤング・ウーマン」だったニーナが、パーティーで酔いしれた後、同級生の男たちにレイプされたという事件のため。「ニーナ事件」の処理は如何に？その結末を見たことによって、キャシーは「酔った女には何をしても許される」と考える男たちへの復讐が自分の使命だと確信するに至ったわけだ。そんな考えが正しいか否かの判断は難しいが、エメラルド・フェネル監督の脚本はそれを根本に据えて、本作を"女の復讐劇"と規定した上、ロマンティック・コメディも付加した面白い映画にしている。

　しかし、レイプ事件の実行犯はあくまで男で、女は実行犯になり得ない。ところが、キ

ャシーがまず復讐の標的にしたのは、医大の同級生で、今はリッチな男性と結婚し、双子のママとなっているマディソン（アリソン・ブリー）だったからビックリ！キャシーからの久々の電話によって実現した2人の女性の食事会は、マディソンの近況報告から始まったが、キャシーが仕組んだ"泥酔作戦"と冷酷な啖呵のきり方に注目！ほとんど眠ってしまったマディソンを尻目に、キャシーは見知らぬ男に部屋のキーを渡して「連れ込みオーケー」と宣言したから、さあ、マディソンの貞操の危機は？

　続いて、キャシーのターゲットはフォレスト大学の医学部部長の女性ウォーカー（コニー・ブリットン）に向かったが、それはウォーカーが「証拠が足りない」という理由でキャシーの告発を取り合ってくれなかったためだ。弁護士の私に言わせれば、そんなキャシーの復讐の理由の正当性には疑問があるが、ウォーカーへの復讐に見るキャシーの手口はかなり悪辣だ。もっとも、それをトコトン見せず、ロマンティック・コメディ色を維持していくのが本作の特徴だから、キャシーの鮮やかな手口をじっくりと！

■□■弁護士も復讐の標的に？そりゃナンセンス！■□■

　本作の肝は、何と言っても、第93回アカデミー賞で脚本賞を受賞したエメラルド・フェネル監督の脚本の面白さ。そして、その脚本にぴったりハマった、美人女優キャリー・マリガンの起用だ。クエンティン・タランティーノ監督は日本が大好きだから『キル・ビル』のヒロインは忍者の格好で日本刀を振り回しながら血なまぐさい復讐劇を展開していったが、亡きニーナに代わって男たちへの復讐に執念を燃やす本作のヒロイン、キャシーには、一方では倦怠感も顕著だが、一貫してチャーミングさが目立っている。しかも、エメラルド・フェネル監督の脚本は「映画は何でも見せればいいものではない」ことを、うまくツボを押さえながら教えてくれるから、その点で"ホラーもの"とは全く異質の、ロマンティック・コメディ作に仕上がっている。

　しかし、私が納得できないのは、マディソンとウォーカー学部長に続く復讐のターゲットが、弁護士のジョーダン・グリーン（アルフレッド・モリーナ）に向かうこと。彼がターゲットにされた理由は、彼が集団レイプ犯の主犯であるアル（クリス・ローウェル）の弁護人として活動し、アルには何のお咎めもないという結果に導いたためだ。私は松本清張の『霧の旗』が大好きだが、そこでも大塚弁護士が復讐のターゲットにされたことには納得できなかった。しかし、同作では、兄が無実の罪で有罪とされ死んでしまったのは、大塚弁護士が弁護してくれなかったためだ、と逆恨みしたヒロインが浅はかな若い女だったため、と納得することができた。しかし、第93回アカデミー賞脚本賞を受賞した脚本の中で、レイプ犯の弁護士が依頼案件を成功に導いたことが、被害者の親友だったキャシーから復讐される根拠になるという物語が描かれるのは意外だ。グリーン弁護士自身も、アルの事件を担当し、成功させたことを反省し、弁護士業を今は引退しているそうだが、それっておかしいのでは・・・？

■□■女の幸せはやっぱり・・・？ヒロインの心は如何に？■□■

　医大の同級生の男たちによる親友ニーナへの集団レイプと、それによるニーナの死亡は明白。それなのに、主犯のアルをはじめとする、男たちへの刑事処分はなかったうえ、学内での処分も全くなし。それは、ウォーカー学部長によると、キャシーの告発には証拠が足りないため、だそうだ。そんな「ニーナ事件」を契機として医大を中退したキャシーは、「酔った女には何をしても許される」と考えている男たちに"鉄槌"を下すため、夜な夜なクラブに出かけていた。しかし、偶然ライアンと再会し、彼の口から「ニーナ事件」の関与者たちの現況を聞き及ぶと、彼女のターゲットは"一般的な男たち"から"特定の人物"に設定されていくことに。その第1がマディソン、第2がウォーカー学部長、第3がグリーン弁護士だった。

　他方、その間、ライアンからの一本調子ながらも真心のこもった求愛活動が続けられると、さすがにキャシーの女ゴコロにも影響が出たらしい。それは、「やっぱり、女の幸せは平凡な結婚」というものだが、まさか「プロミシング・ヤング・ウーマン」であるキャシーが、今さらそんな方向に進むことはないはずだ。そう思っていたが、エメラルド・フェネル監督の脚本は、キャシーからライアンに愛を告白したり、ライアンを自宅に招待し、両親に紹介するストーリーになっていくから、アレレ。これにはライアンも有頂天になり、このまま進めば、キャシーは男たちへの復讐も、「ニーナ事件」の関与者たちへの復讐も諦めて、ライアンの良妻賢母に？

■□■事態は急転換！そのきっかけは？動画には何が？■□■

　そんな展開（心配？）が急転換したのは、まんまとキャシーから"鉄槌"を下され、キャシーの仕掛けた罠にはまってしまったマディソンが、「何としても、あの夜の顛末を教えてくれ」と懇願してきたため。それに対するキャシーの答えはここではネタバレできないが、重要なのは、そこでマディソンから、ある動画を受け取ったことだ。マディソンから「もう二度と連絡してこないでくれ」との言葉と引き換えに受け取ったその動画を再生してみると・・・。

　強姦事件は重罪。それが集団レイプ事件になるとさらに重罪だから、警察がまともに捜査していればこんな動画は証拠として発見され、押収されていたはず。そうであれば、アルたちの有罪は立証され、処罰されていたはずだ。しかるになぜ？しかも、その動画の中にはライアンは実行犯ではないものの、明らかに共犯者！さあ、映画はここから怒涛のクライマックスに向かっていくことに！

■□■本命への鉄槌は？その舞台は？元医大生が握るメスは？■□■

　美人女優は何を着ても似合うのは当然だが、『プライドと偏見』で中世の美しいドレス姿を披露していたキャリー・マリガンが、本作のクライマックスとなる、復讐の本命・アルへの"鉄槌"を下すときのコスチュームは、何と色気タップリのナース姿になるので、それに注目！キャシーがそんな姿で乗り込んでいったのは、アルが独身最後の夜を医大の仲

24

間たちと共にバカ騒ぎして過ごす別荘だ。

　ライアンを散々脅しつけてその場所を確認したキャシーの登場に、アルたちパーティー参加者はビックリだが、売春婦代わりの特別ゲストなら、飛び入り参加もオーケー。酔っ払ったバカな男たちの判断はその程度のものだ。しかも、医大生は美人看護士に弱いから、キャシーがちょっとした色気を見せれば、男たちはいちころ。一列に並べた男たちの口に次々とウィスキーを流し込んだうえ、アルと2人で2階の部屋へしけこむという演出に、仲間たちもアルも納得だ。しかも、2階で2人きりになったところで、ベッドと手錠があれば、サド・マゾ風の演出も最高。「軽くだよ」と言いながらまんまと両手をベッドに括り付けられる中で、アルがキャシーから聞かされた言葉とは？なるほど、なるほど。さあ、ここから下されるキャシーの本命への"鉄槌"は如何に？

　クエンティン・タランティーノ監督の『キル・ビル』に見る復讐劇は、日本刀を使ったリアルな斬り合いや、血しぶきが舞い散るド派手な演出が持ち味だったが、元医学生のキャシーなら、手術用のメスを扱うのはお手のもの。さあ、そこから始まる「阿部定事件」まがい（？）のアルへの"鉄槌"とは？

■□■ヒロインが死亡！？これ本当？ネタバレ厳禁の結末は？■□■

　『てなもんや三度笠』は1960年代のテレビの超人気番組だったが、そこでコメディアンとして大活躍した藤田まことは、その後『必殺仕置人』等の『必殺シリーズ』で本格的な演技派に成長した。そこで藤田まことが演じた中村主水は、本作のキャシーと同じように、「表の顔」と「裏の顔」を使い分けながら悪への鉄槌を下していたが、そこでは、"正義のため"の他、"お金のため"というビジネスライクな面も強かった。また、中村主水率いる「仕置人」たちは殺しのプロ集団だったから、殺しのテクニックは鮮やかだが、残忍と言えば残忍だった。

　それに対して、ロマンティック・コメディ色満載の本作は、"お仕置き"の結末を見せないのがポイント。それは、下手するとリアリティがない！と批判される恐れもあるが、本作は全然そうなっていないところがミソだ。しかし、本作のクライマックスで"本命"に対して下される"鉄槌"はかなり残忍そう。だって、今にもアルはキャシーが持つメスによって男の大切なところを切り取られそうになるのだから。もしそんなことになれば、命は助かっても、新婚生活は真っ暗闇に・・・？

　パンフレットの最初のページには「復讐は甘いもの。でも、鮮度が命。」と書かれている。しかし、本当に復讐は甘いものなの？そんな疑問も含め、ネタバレを避けるため、本作についての私の評論はこれで終わりとしたい。エメラルド・フェネルが書いた脚本が、第93回アカデミー賞で脚本賞を受賞したことの意味は、キャシーがメスを握った後の、更にあっと驚く展開をあなた自身の目でしっかり見ることによって、しっかり確認してもらいたいものだ。

2021（令和3）年8月11日記

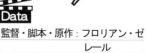

★★★★★

ファーザー

2020年／イギリス・フランス映画
配給：ショウゲート／97分

2021（令和3）年6月4日鑑賞 ┃ TOHO シネマズ西宮 OS

Data

監督・脚本・原作：フロリアン・ゼ
レール
共同脚本：クリストファー・ハンプ
トン
出演：アンソニー・ホプキンス／オ
リヴィア・コールマン／マー
ク・ゲイティス／イモージェ
ン・プーツ／ルーファス・シ
ーウェル／オリヴィア・ウィ
リアムズ

👀👀 みどころ

　認知症は恐ろしいが、それをテーマにした舞台劇は面白い。それを83歳の
アンソニー・ホプキンスが実証。"第1幕"のストーリーは説得力十分だが、
それって全部ウソ・・・？

　"癖は強いが、魅力的な人"。そんなファーザーから、「あの男は誰だ？」、
「お前は誰だ？」、「家を奪うつもりか？」とまで言われると、娘はどうすれば
いいの？

　「いつまで我々をイラつかせる気です？」。娘のパートナー（？）のその言
葉は辛辣だが、そんなドロ沼は如何に収束していくの？高齢化が進む中、誰も
が罹患する可能性のあるそんな病気としっかり向き合いたい。

───＊───＊───＊───＊───＊───＊───＊───＊───＊

■□■舞台劇は面白い！これぞ適役！83歳で主演男優賞を！■□■

　シェークスピアを産んだ国イギリスには、舞台劇が似合う名優が多い。1937年生ま
れのアンソニー・ホプキンスは、同郷出身の名優、リチャード・バートンに憧れて、内向
的な自分の殻を破るように、人前に出る仕事、俳優を目指したそうだ。パンフレットの
「Introduction」には、「フランス最高位の演劇賞をはじめ数々の栄誉に輝く傑作舞台を『現
代において最も心躍る劇作家』(by タイムズ紙) が映画化！」と書かれている。舞台は、
2012年にパリで初演されて大成功を収めて以来、ロンドンのウエストエンドやニュー
ヨークのブロードウェイなど世界30か国以上で上演され、ローレンス・オリヴィエ賞、
トニー賞など各国の最も権威ある賞を獲得し、日本でも「Le Père 父」のタイトルで橋爪
功が主役を務め、大絶賛されたそうだ。本作は、そんなフロリアン・ゼレール監督のオリ
ジナル戯曲を、自身が初監督作品として映画化したものだ。

　そんな舞台の名作を映画化するについて、フロリアン・ゼレール監督が脚本のクリスト

ファー・ハンプトンとの共同作業の中で大きな変更を加えたのは、舞台も言語も俳優もフランスからイギリスに変えたこと。それは一体ナゼ？それについては、パンフレットにある「監督・脚本：フロリアン・ゼレール　インタビュー」、「脚本：クリストファー・ハンプトン　インタビュー」をじっくり読んでもらいたいが、そのおかげで、これぞ適役！というイギリスの名優、アンソニー・ホプキンスをファーザー役に起用することに成功したわけだ。「鶏が先か、卵が先か」は知らないが、名作舞台を映画化するについて、そんな大幅な変更があったからこそ、第93回アカデミー賞でアンソニー・ホプキンスが主演男優賞を受賞することに！

　本作の“ファーザー”ことアンソニーは、アンソニー・ホプキンス（83歳、出演時は81歳）と同名で、生年月日も同じものだから、その設定においてもまさにピッタリ！

■□■ファーザー役が名優なら、娘・アン役も名優！■□■

　アンソニー・ホプキンスは『羊たちの沈黙』（91年）でアカデミー主演男優賞を受賞しているが、本作で娘のアン役を演じたオリヴィア・コールマンも『女王陛下のお気に入り』（18年）（『シネマ43』25頁）でアカデミー主演女優賞を受賞している。映画は急ぎ足で父親の元へ駆けつけるアンの姿から始まり、「誰の助けも必要ない」と言い張るアンソニーに対して、「自分は新しい恋人ができてパリに移るので、今までどおり毎日面倒は見られない。新しい介護人を」と説得する姿が描かれる。「俺を見捨てるのか！」と憤慨する父親に、「週末には会いに来る、1人にはしない」と約束していたが、さて・・・？

　そんな“第1幕”を観ながら私が感心していたのは、アンソニーが住む部屋の立派さ。もちろん一戸建てではないが、彼の部屋の広さは相当なもの。アンソニーはこんな豪華な部屋に1人で住んでいるの？そう思っていたが、“第2幕”では、アンソニーがキッチンで紅茶を淹れていると、リビングに見知らぬ男（マーク・ゲイティス）が座っていたのでビックリ。ところが、その男は「アンの夫のポールだ」と名乗り、「結婚して10年になる」と語った。さらに、ここはアンソニーの家ではなく、自分とアンの家だと主張したから、アレレ。そして、そこに戻ってきたのが彼の妻だというアン（オリヴィア・ウィリアムズ）だが、それが“第1幕”のアンとは別の女だったから、アンソニーはビックリ。こりゃ一体どうなっているの？これだから舞台劇は面白い。しかして、ここまで話がごちゃごちゃになるのは、アンソニーの認知症が相当進んでいるせい・・・？

■□■若い介護人の面接は上機嫌で！しかるに、この対応は？■□■

　娘・アンの父親評は、「癖は強いが、魅力的な人」というもの。それは彼女の本心だから、父親にも率直にそう語っていたし、今朝、新介護人の面接にやってきた若い女性・ローラ（イモージェン・プーツ）に対しても、同じ言葉を投げていた。私は父親の介護も母親の介護もしたことはないが、「癖が強い」とはある意味で「ワガママ」と同義だから、その介護は大変。それは、自分自身の癖の強さやワガママぶりを考えれば、すぐにわかる。

　他方、男は年を取るにつれて、若い女性が好きになるもの。とりわけ新しく知り合った若い女性にはえらく饒舌になり、普段す
ることのない“ご機嫌取り”的な言動ま
で示すことがある。本作に見る、アンソ
ニーによるローラの面接はまさにそれ
だ。アンソニーは元エンジニアなのに、
「ダンサーだった」とふざけてタップの
ステップまで披露したから、アンはビッ
クリ。しかし、そこまでローラを気に入
ってくれたのならひと安心。そう思って
いると、アンソニーは笑い転げるローラ
に対して、一転して辛辣な言葉を投げつ

けたから、アレレ・・・。やっぱり、この男は“魅力的な人”よりも、“癖の強い人”の方が勝っているようだ。

　そう考えているアンに対して、アンソニーはアンとアンのパートナー（？）が結託して「この家を奪うつもりだ」と攻撃し始めたから、さらにアレレ・・・。父親の認知症はここまで進んでいるの？娘はどうすれば・・・？

■□■妹のルーシーは？新たな見知らぬ男は？■□■

　アンソニーには娘が２人いたから、父親として２人の娘を比較して評価するのは仕方がない。今、長女のアンは父親に介護人をつけながらも、ほぼ毎日父親の様子を見に行っていたから、そのことはアンソニーにとって嬉しいが、同時に煩わしさを伴うことにもなる。また、それは、今は遠くで暮らしている妹のルーシーがいかにいい娘であるかを考えさせるきっかけにもなるらしい。しかし、家の中に飾られているルーシーの写真を見ながら、父親が「お前と比べてルーシーは優しいから」と言われると、アンは・・・？

　本作は舞台劇らしく、舞台は一貫してアンソニーの自宅。広いアパート内のキッチン、リビング、アンソニーの寝室、そして広い廊下が効果的に演出の舞台として使われている。そして、本作は“ファーザー”の認知症がテーマだから、“第１幕“から“第２幕”、“第３幕”へと移っていく中、この家がアンソニーの家でなく、アンとその夫・ポールの家らしいことが暗示される（明示される）ところから、ミステリー色（認知症色？）を強めてく

ることになる。この家は一体誰のもの？それを考えるのも怖いが、リビングのソファーに座っているこの男は一体誰？その疑問も怖い。さらに、何よりも怖いのは「ファーザーの目の前の女は長女のアン？それとも・・・。

『羊たちの沈黙』では、拘束状態に置かれながらも天才的な頭脳の冴えを見せて、ジョディ・フォスター扮するFBIアカデミーの実習生、クラリス・スターリングを翻弄したハンニバル・レクター博士役のアンソニー・ホプキンスだったが、本作に見る“ファーザー”の頭の中の混乱ぶりはひどい。それでも、なお金銭感覚だけはしっかりしているところは面白いが、今リビングにいる、アンがポールと呼ぶ男（ルーファス・シーウェル）は一体誰？そして、この男は「いつまで我々をイラつかせる気です？」と厳しく、かつ挑戦的な言葉を投げつけてきたから、コトは重大だ。アンソニーが「お前たちこそ・・・」と反論すれば、つかみ合いの喧嘩になりそうだが・・・。

■□■ここは病院？俺は誰？■□■

本作でアンソニー・ホプキンスが『羊たちの沈黙』とは正反対の、認知症のファーザー役を見事に演じるなら、オリヴィア・コールマンは『女王陛下のお気に入り』で見せた権力者ぶりとは正反対の、ファーザーへの尽くし役を見事に演じている。しかし、本作で観客の私たちがはっきりわかるのは、この父親と娘だけで、それ以外のアンの夫や新しい介護人などは、誰が誰なのかさっぱりわからなくさせられてしまう。再三会話上に登場する、妹のルーシーは今は亡き人だとわかるし、このアパートはきっとアンソニーの家ではなく

29

アン夫妻の家だと思うのだが、クリストファー・ハンプトンの脚本とフロリアン・ゼレール監督の演出によってそれが二転三転させられていくと、アレレ、アレレ、アレレ・・・。やはり舞台劇は素晴らしい！そして、それを名優が演じるとさらに素晴らしい舞台になり、素晴らしい映画になるものだと実感！

本作はラストが近づく中、ベッドに寝ているアンソニーの部屋がいかにも病院ぽくなってくるし、部屋を出て廊下を歩くと、そこは間違いなく病院の廊下になっている。すると今アンソニーは、強度な認知症患者として病院に入れられているの？アンソニーはそれをどこまで自覚しているの？ちなみに、今の私は自己所有の事務所と自己所有のマンションを徒歩1分で毎日往復し、自転車で帝国ホテルのフィットネス（サウナ）に毎日通う生活をしていることをしっかり認識しているが、それもいつか、本作のアンソニーのように混乱してくるかも・・・？

そんなことを考えると背筋が寒くなってくるが、

この評論を書いている最中の6月9日付新聞各紙が一斉に「世界の推定患者数が3千万人にのぼるアルツハイマー型認知症の進行を抑える世界初の治療薬が米国で実用化される」と報じたのは朗報だ。一方ではそんな医療の進歩に注目するとともに、本作ではアンソニー・ホプキンスのアカデミー賞主演男優賞の名演技に注目し、納得！そして拍手！

2021（令和3）年6月9日記

Data

監督：ドミニク・クック
脚本：トム・オコナー
出演：ベネディクト・カンバーバッチ／メラーブ・ニニッゼ／レイチェル・ブロズナハン／ジェシー・バックリー／アンガス・ライト／ジェリコ・イヴァネク／キリル・ピロゴフ／アントン・レッサー／マリア・ミロノワ／ウラジミール・チュプリコフ

SHOW-HEYシネマルーム

★★★★★

クーリエ：最高機密の運び屋

2021年／イギリス・アメリカ合作映画
配給：キノフィルムズ／112分

2021（令和3）年9月25日鑑賞　TOHOシネマズ西宮OS

👁👁 みどころ

　10月1日に公開された『００７』シリーズ最新作は"作り物"だが、本作は"事実に基づく物語"。1963年10月のキューバ危機を迎えて、ソ連に潜入していた"二重スパイ"とCIA・MI6はいかなる連絡を？そして、一介のビジネスマンが、なぜ最高機密のクーリエ（運び屋）に？

　『トランスポーター』（02年、05年、08年）シリーズも、クリント・イーストウッドが主演した『運び屋』（17年）も、高額な報酬目当ての運び屋だったが、本作はそれとは違い、国家のため。ケネディがフルシチョフに勝てたのはそんな情報のおかげだが、スパイと運び屋の結末は？

　"事実は小説より奇なり"を地で行く本作は必見。これは、『００７』シリーズより面白いかも。

—— * —— * —— * —— * —— * —— * —— * —— * ——

■□■東西冷戦！ケネディ vs フルシチョフ対決は？■□■

　1960年11月の大統領選挙で共和党のニクソン候補を僅差で破ったケネディ民主党大統領の登場は、1961年1月。私の中学1年の時だ。校長先生がケネディ大統領への期待を熱っぽく語っていたことを、私は今でもはっきり覚えている。松山市に中高一貫のエリート校を設立した校長先生が、アイルランドからアメリカに移住し、教育一本で作り上げてきたケネディ帝国から若き米国のリーダーを登場させたこのサクセス・ストーリーに、大興奮していたことは間違いない。ケネディ大統領については、惨憺たる結果を招いたベトナム戦争を始めたことの責任を問う否定的な見方もあるが、1962年に起きたキューバ危機の回避は、彼の最大の功績として語り継がれている。

　"アメリカの喉元"とも言える、カリブ海に浮かぶ小島キューバに、米本土を狙うソ連製の中距離・準中距離弾道ミサイル（IRBM／MRBM）が配備されれば一大事。そんな疑

惑を調査するべく、米国が血眼になったのは当然だ。そして、キューバに飛んだアメリカの偵察機がソ連の核ミサイル基地を発見し、写真撮影したのは１９６２年１０月だ。これを"動かすことのできない証拠"として、フルシチョフに突き付けたケネディは、直ちにキューバを海上封鎖し、核ミサイル基地の撤去を迫ったが、この写真はどうして撮ることができたの？そんな歴史上の"秘話"が、本作を鑑賞することによって明らかに！

■□■事実に基づく物語！素人だって（からこそ）運び屋に！■□■

　キューバ危機をテーマにした映画は『１３デイズ』（００年）をはじめとしてたくさんある。他方、古くは『寒い国から帰ったスパイ』（６５年）、新しくは『裏切りのサーカス』（１１年）（『シネマ２８』１１４頁）等、イギリスのMI6と、ソ連の諜報機関との手に汗を握る"スパイもの"の名作も多い。

　しかして、"事実に基づく物語"と字幕表示される本作では、アメリカの CIA 幹部のエミリー（レイチェル・ブロズナハン）と、イギリスのMI6幹部のディッキー（アンガス・ライト）が共同して、英国人セールスマンのグレヴィル・ウィン（ベネディクト・カンバーバッチ）を、ソ連からの貴重な情報の"運び屋"として起用（利用？）しようとするところからスタートする。ポール・ニューマンとジュリー・アンドリュースが共演した『引き裂かれたカーテン』（６６年）では、西側の大学教授がスパイになってソ連に乗り込んでいくストーリーが描かれたが、本作のウィンはチェコやハンガリーなどの東欧諸国に旋盤などの工業製品を卸すセールスマンで、スパイの経験など１度もない。そんな一介のセールスマンが、なぜ"情報"の運び屋に？そしてまた、何よりも、素人でも運び屋になれるの？いやいや、素人だからこそ運び屋に！それがディッキーとエミリーの狙い目だが・・・。

■□■ソ連内の潜入スパイは誰？ソ連の情報機関は？■□■

　東西冷戦時代のソ連の指導者フルシチョフの顔と風貌は、米国のケネディ大統領に比べると、かなり不利。しかし、１９６０年８月、巨大なレーニン像の下で、フルシチョフ第一書記（ウラジミール・チュプリコフ）が、ホールに集った大勢の聴衆を前に熱弁をふるっている姿は、腹の出た小太りの老人（？）ながら、かなりカッコいい。その背後にいるのが、GRU（ソ連邦軍参謀本部情報総局）の高官、オレグ・ペンコフスキー（メラーブ・ニニッゼ）だが、この男は一体どんな役割を？

　その４年後、ロンドンのMI6のオフィスに、CIAのエミリーが持参したファイルには、オレグ・ペンコフスキー、コードネーム：アイアンバーク（ユーカリ樹）という"ソ連高官"の情報が収められていた。その男は第二次世界大戦中、砲兵将校として１３回表彰され、現在は科学技術委員長を務めているが、実はGRU（ソ連軍参謀本部情報総局）の大佐だ。ところが、彼からの手紙には「核戦争勃発の危機を封じる手助けをしたい」という米政府への申し出が綴られていたから、この男の正体は？

　本作のパンフレットには、軍事史研究家・津久田重吾の「ソ連の情報機関とスパイ・テクノロジー」があるので、これは必読。それによると、当時のソ連には、①ペンコフスキ

ーが所属する GRU（ソ連参謀本部情報総局）の他にも、②KGB（国家保安委員会）と③警察や刑務所を管轄する MVD（内務省）という治安情報機関があったそうだが、これら3つの情報機関の相互関係は?

■□■１回だけ国家に貢献を！危険はない！それなら・・・■□■

『トランスポーター』シリーズ（０２年、０５年、０８年）『シネマ２』１８８頁、『シネマ１１』３１６頁、『シネマ２３』未掲載）は、高額の報酬と引き換えに、ちょっとヤバい"荷物"を運ぶ主人公の運び屋をジェイソン・ステイサムが演じていた。それと同じように、クリント・イーストウッドが"９０歳の運び屋タタ"役で主演した『運び屋』（１７年）（『シネマ４３』６８頁）も、主人公は１０００万円単位の報酬に魅かれて、大量のドラッグの運び屋をしていた。しかして、同作に見る金の帳尻は?そして、人生の帳尻は?

それに対して、エミリーとディッキーが偽名を使って招いたランチで、ウィンに持ち掛けた"運び屋"の話は、「我々はソ連の動きに関心がある。国と世界に貢献しないか」という驚くべきもの。２人が CIA と MI6 の幹部であることを知ったウィンはビックリだが、「この任務に少しでも危険があるなら頼んだりしない」と説得されて、「１回だけ」、「国のため」、「危険はない」、と強調されたため、「それなら・・・」、となっていくことに。このように、本作の"運び屋"は高額の報酬目的で引き受けたのではないことをしっかり確認しておきたい。KGB はプーチン大統領の出身母体として有名だが、本作後半では KGB 高官のグリバノフ（キリル・プロゴフ）が大きな役割を果たすので、それに注目！

モスクワでの新規顧客開拓のためのプレゼンを済ましたウィンは、ペンコフスキーとランチを共にした後、夜は政府要人たちも列席するボリショイ・バレエにも招かれたが、その帰り道、連絡係の目印たるウィンのタイピンを目にしたペンコフスキーから、はじめて彼の正体をほのめかされることに。もっとも、それはペンコフスキーの秘密のほんの一部だけ。彼は「貿易使節団と私をロンドンに招いてほしい。これからは"アレックス"と呼んでくれ」と言い残して去っていくことに。

■□■運び屋が常習に！秘密の保持は？妻との軋轢は？■□■

『トランスポーター』でも、『運び屋』でも、主人公は"運び屋"の常習になってしまったが、それは高額の報酬に魅かれたため。しかし、一介のビジネスマンであるウィンが情報の運び屋（＝クーリエ）になったのは、「１回だけ国家に貢献を！」と言われたためだったはずだ。しかし、ウィンにはソ連からやってきた貿易使節団をロンドンの劇場を含めて盛大に接待した後、密かにホテルに待機しているエミリーとディッキーにペンコフスキーを引き合わせるという大仕事が待っていた。そこで"ご対面"した３人の男女は、「フルシチョフのような衝動的な男の手に核のボタンがあるのは危険だ。」、「アメリカと正面から戦う機会を望んでいる」という恐るべき会話をしていたから、ウィンはビックリ。俺はそんな最高機密の運び屋をしていたの?それを思い知らされたウィンが、この後も運び屋を続けて欲しいと懇願するエミリーとディッキーに対して、「妻子がいるんだ。誰かふさわしい

人物を見つけろ」と拒絶したのは当然だ。しかし、その晩、ペンコフスキーを自宅に招いて家族ぐるみで食卓を囲み、話をした後の、ペンコフスキーのウィンに対する口説き文句は？「君の任務は感情を制御し、周囲を欺くことだ」、「簡単に言うな。捕まれば私は処刑だ」、「君ならできると命を懸けて言ってるんだ。グレヴィル、君しかいない」。そんなやり取りを経る中で、ウィンが運び屋の仕事を続けることになったのは立派という他ない。

　ウィンがビジネスマンの仕事をどの程度家庭に持ち込んでいたのか知らないが、従来のチェコやハンガリーではなく、ソ連への出張が続くと、妻のシーラ（ジェシー・バックリー）が不審に思い始めたのは当然。それに対するウィンの説明はそれなりのものだが、かつてウィンは浮気の弁解すらすぐにシーラにバレてしまったそうだから、さて？ひょっとして、また夫は浮気を？シーラがそう思い始めたのは当然だが・・・。

■□■ベルリンの壁は？キューバへの核は？情報の運搬は？■□■

　コロナ禍のため公開が大幅に延期されていた『００７』シリーズの最新作『００７／ノー・タイム・トゥ・ダイ』がやっと１０月１日から公開された。シリーズ２５作目ともなれば、ジェームズ・ボンドが駆使する武器や機器が最新なのは当然。それに比べると、１９６０年代、ソ連に潜入していた"二重スパイ"であるペンコフスキーの愛用品はマイクロカメラだから、何ともお粗末。しかも、それを隠している秘密の引き出しもチャチなものだから、そこにKGBの家宅捜索が入れば、発見は極めて容易だ。

　今から見れば、そんな劣悪なスパイ環境の中、ペンコフスキーは①東西ベルリンの境界線の封鎖、②北極圏での５０メガトンの核実験、③キューバへの核配備、等の最高機密をマイクロフィルムで撮り、ウィンを運び屋として西側へ運び出していた。しかして、目下最大の問題は、ソ連はホントにキューバに核シェルタ

ー設備を建設し、いつでも米本土に向けて発射できる体制を完了したのか、ということだ。

　そんな超難解なテーマが突き付けられる中、ペンコフスキーはいかなる最高機密を入手できるの？また、ウィンはそんな最高機密の運び屋になることができるの？本作中盤のそんなクライマックスは、手に汗を握りながらしっかり鑑賞したい。

■□■最後の大仕事は？２人とも逮捕、収監！２人の運命は？■□■

　スパイであることがバレて逮捕、収監されてしまえば、その男はアウト。『００７』シリーズのジェームズ・ボンドなら、そうならないかもしれないが、"事実に基づく物語"なら、

そうなるに決まっている。１９６２年のキューバ危機の際、ケネディ大統領が海上封鎖を断行し、フルシチョフに強く迫ることができたのは、米国のＵ‐２偵察機が核ミサイル施設を撮影した写真を動かすことのできない客観的な証拠として持っていたため。しかして、ケネディはこの写真をどうやって入手することができたの？それが、本作終盤のハイライトとして描かれるので、それに注目！

　他方、そんな情報を得るためにペンコフスキーが無理に無理を重ねたのは当然。その結果、ペンコフスキーはＫＧＢ高官のグリバノフの手によって家族の前で逮捕されてしまった上、ウィンも逮捕、収監されてしまったから、これにて２人はジ・エンド。そう思ったが、さあ本作ラストに向けての展開は如何に？

■□■犠牲は承知の上？救出は？２人の数奇な運命は？■□■

　本作は作り物ではなく、事実に基づく物語。そこで、ネット情報を調べてみると、ペンコフスキーは国家反逆罪で１９６２年１０月に逮捕され、１９６３年５月に銃殺されたそうだ。それに対して、ウィンの方は８年間の自由剥奪の判決を受けたものの、イギリスに捕まったソ連の諜報員との交換で、１９６４年４月に釈放されたそうだ。ちなみに、去る９月２４日には、米国で逮捕され、カナダで拘束されていた中国通信機器大手、華為技術（ファーウェイ）の孟晩舟副会長兼最高財務責任者（ＣＦＯ）が、カナダのバンクーバー空港を飛び立ち、北京に降り立った。中国国営メディアは、帰国した孟氏を“国家の英雄”と称賛し、「巨大な力を恐れず、覇権国家に立ち向かった中国人の強い意志」が同氏の釈放を実現した、と主張しているが、実は、孟氏の釈放・帰国は、中国に拘束されていたカナダ人男性２人との“人質交換”によって実現できたものだ。

　国家間の“人質交換”によるスパイの釈放は昔からよくある“制度”だが、一介のビジネスマンに過ぎないウィンを取り戻すために、貴重なソ連のスパイを差し出したＭＩ６と英国政府は立派なもの。ウィンは大いに国家に感謝すべきだ。本作クライマックスに向けては、情報の運び屋として利用した一介のビジネスマンなど、見捨ててしまえ！という意見に断固反対し、外交特権を持つとはいえ、大きなリスクを冒して自らソ連に張り込むエミリーの姿が描かれるので、それに注目！

　８年間の自由剥奪の判決を受けて、日々劣悪な監獄暮らしを余儀なくされれば、体力はもちろん気力が萎えてしまうのが、普通の男。しかし、ウィンの場合は・・・？本作ラストに向けては、何とも意外なそんな姿が詳しく描かれる。そんな長い日々があったからこそ、予想もできなかった妻シーラとの再会ができたのだから、その時のウィンの喜びはいかばかり？本作ラスト近くに向けては、「世界を平和な場所にしたかった」と語るペンコフスキーに向かって「君は成し遂げた。君はやったんだよ、アレックス！」と叫ぶウィンの姿が登場する。生死こそ正反対になったとはいえ、ウィンとペンコフスキー、この２人の男の数奇な運命をしっかり噛みしめたい。

２０２１（令和３）年１０月５日記

35

SHOW-HEY シネマルーム

★★★★★

MINAMATA ミナマタ

2020年／アメリカ映画
配給：ロングライド、アルバトロス・フィルム／115分

2021（令和3）年9月25日鑑賞　　TOHO シネマズ西宮 OS

Data

監督：アンドリュー・レヴィタス
脚本：デビッド・K・ケスラー／ア
　　　ンドリュー・レヴィタス／ジ
　　　ェイソン・フォーマン／ステ
　　　ファン・ドイタース
原案：写真集『MINAMATA』W・ユー
　　　ジン・スミス、アイリーン M.
　　　スミス（著）
出演：ジョニー・デップ／真田広之
　　　／國村隼／美波／加瀬亮／
　　　浅野忠信／岩瀬晶子／キャ
　　　サリン・ジェンキンス

みどころ

　公害はギルティ！弁護士になれば、公害反対闘争に参加！１９７０年代の若き日の私の姿勢は、ユージン・スミスを熊本に招いたアイリーンと同じだ。現在も環境問題で活動を続けている彼女は、いわば私の同志。しかし、なぜ水俣病が今、ジョニー・デップの主演で映画に？

　SNS 世代の若者たちは、四大公害訴訟も水俣病も、そして「LIFE」誌を飾った「入浴する智子と母」の写真も知らないはず。そんな世代に本作はいかなる影響を？エンドロールに流れる世界各国の「MAN-MADE DISASTERS」（＝人為的な事件）に注目！

　水俣病の悲劇は決して過去のことではないことを、しっかり胸に刻みたい。

——＊——＊——＊——＊——＊——＊——＊——＊——＊

■□■四大公害訴訟や水俣病を知ってる？写真集を知ってる？■□■

　私が弁護士登録したのは１９７４年４月。学生運動の足を洗い、突如１人ぼっちの受験勉強を始めたのは、１９７０年１月２６日、大学３回生の終わり、２１歳の誕生日だ。とりあえず短答式の合格を目指して、憲法・民法・刑法３科目の独習を始めたが、基本書も読み終えていない同年５月の短答式試験は体験のみ。そして、翌１９７１年５月の短答式受験を終えた後は、商法と民事訴訟、そして選択科目の勉強を始めようと考え、そのための基本書を購入していたが、何とその短答式に合格！そうなれば、７月の論文式試験に向けて残り４科目を精いっぱい頑張ろう。そう思い、まさに"死ぬ気"で毎日頑張っていると、論文式も合格したから更にビックリ。選択科目として選んだ破産法と政治学の勉強はそれぞれ１週間だけ。それも、基本書を数回読んだだけだ。論文試験に受かると口述試験は１度落ちても翌年に繰り越せるが、ここまで来たらそんな無駄はしたくない。そこで、東京の友人のアパートを約１０日間明け渡させて１人で乗り込み、トランク一杯の教科書

を持ち込み、口述試験中は１日３～４時間の睡眠で乗り切り、一発で合格できた。すべて終わった日のパチンコ店での解放感はいかばかりか・・・。

　私が弁護士を志した理由はただ１つ。「弁護士になれば何でも好きなことが自由にできる」ということだが、同時に、そこには学生運動の活動家だった者として、当然"世のため、人のため、社会のため"に役立つことをする、という強い思いがあった。１９７２年４月から始まった第２６期司法修習生としての活動の中で、私は当然のように青年法律家協会（青法協）に加入し、当然のように当時全国で注目を浴び始めていた①富山イタイイタイ病、②新潟水俣病、③熊本水俣病、④四日市大気汚染という"四大公害訴訟"に興味を持ち、その勉強を始めた。あなたは、この四大公害訴訟を知ってる？水俣病を知ってる？水俣病は何が原因で、どんな深刻な病気か知ってる？そしてまた、１９７５年に「LIFE」誌を飾った写真家ユージン・スミスの写真集「MINAMATA」を知ってる？

■□■この怪優の問題意識に拍手！主人公はなぜ水俣へ？■□■

　ハリウッドの名優は多いが、名優でありながら"怪優"という名がピッタリな俳優がジョニー・デップだ。『パイレーツ・オブ・カリビアン』シリーズ（０３年～１７年）の海賊ジャック・スパロウ役はハマリ役になったが、芸域がメチャ広い彼は、道化役からシリアスな役まで何でもござれだ。

　そんな彼が、１９６０年代から７０年代にかけて日本を揺るがした四大公害訴訟の１つである熊本水俣病をテーマにした映画『MINAMATA』に写真家ユージン・スミス役で主演すると聞いて私はビックリ。パンフレットにあるジョニー・デップの「CAST PROFILE」を読んでみると、彼は写真家ユージンに昔からとても興味があったうえ、「水俣病に関する知識を深めていくうちに、この歴史は語り継がれなければならない」と思ったそうだ。その問題意識や良し！ハリウッドの大型スタジオの大半が『アベンジャーズ』等のシリーズもの娯楽大作の製作に向かっている昨今、ハリウッドを代表する俳優の１人であるジョニー・デップが、今から５０～６０年前の熊本水俣病に興味を持ち、ここまでの問題提起作として完成させたのは素晴らしい。「入浴する智子と母」は１９７５年に「LIFE」誌から出版された写真集「MINAMATA」の代表的な１枚だが、なぜユージン・スミスは日本の熊本までやって来てそんな写真を撮ったの？

　本作冒頭は、１９７０年代初頭のニューヨーク。フォトジャーナリストのユージンは、「LIFE」誌の編集長のロバート・"ボブ"・ヘイズ（ビル・ナイ）に自分の回顧展のオープニングで、「LIFE 史上最高の写真家だ」とスピーチしてくれと頼むが、ボブからは「君は史上最も厄介な写真家だ」と断られてしまう。そんな時、日本のカメラマンと一緒にやってきた通訳のアイリーン・スミス（美波）が、ユージンに申し出たこととは？

■□■アイリーンは私と同世代。その活躍も同時期、同分野！■□■

　本作では、写真家Ｗ・ユージン・スミスが主人公だが、彼に常に付き添っているのがアイリーン・美緒子・スミス（美波）。なぜ、彼女は熊本水俣病に関心を？

それは本作では説明されないが、アイリーンから、「日本の大企業チッソが熊本県水俣市の海に垂れ流している工場排水によって、病に脅かされている人々を取材してほしい」と頼まれても、第二次世界大戦の取材中、日本で大ケガを負ったユージンが、「もう日本には行かない。沖縄戦の撮影で懲りた」と断ったのは仕方ない。しかし、アイリーンが置いて行った水俣病の写真を見たユージンは、さすがプロの写真家。そこに写る被害者の姿に息をのんだユージンは、翌日「LIFE」編集部を訪れ、「特集記事を」と迫ったから、その変わり身の早さはすごい。水俣に到着した2人を温かく迎えてくれたのは、松村夫妻（浅野忠信、岩瀬晶子）。しかし、アイリーンはなぜここまで1人で水俣病の取材を進め、資料を集め、人間関係を築いていたの？

アイリーンは1950年生まれ。私とは1歳違いの同世代だ。彼女は1971年にユージンと結婚し、アイリーン・スミスと名乗ることになったが、テーマや場所こそ違え、公害裁判で活動していた私にとって、彼女はいわば"同志"だった。したがって、各地の公害反対闘争の集会や公害弁護団の連絡会議では、私たちの活動は直接、間接にアイリーンたちの活動と重なるところがあった。アイリーンは1975年にユージンとの共著で写真集「MINAMATA」英語版を出版した後、ユージンと離婚したが、その後も環境問題での活動を続けている。私は1979年に独立した後、「日本環境会議」の事務局の仕事を担当していたが、その活動の中では、アイリーンの名前をよく耳にしていた。彼女は、1991年に環境市民団体グリーン・アクションを設立し、その代表に就任。1994年には有限会社アイリーン・アーカイブを設立しているから、立派なものだ。

■□■被害者たちの闘争は？裁判は？弁護士不在に大不満！■□■

本作に登場する水俣病の被害者たちの（戦う）姿は、ハリウッド映画と思えないほど見事に描かれている。ユージンとアイリーンを迎えてくれた松村夫妻は、生まれつき目が見えず話せない長女のアキコを、チッソの工場排水に含まれる水銀による胎児性水俣病だと訴え出ていたが、チッソ側は「脳性マヒだ」と主張して何の補償もしていなかった。また、チッソに補償を求める住民運動の中心メンバーの1人であるキヨシ（加瀬亮）は、1人息子が胎児性水俣病で、自身も手の震えと視野狭窄の症状が出ていたが、チッソの関与を否定する社長に直接会って自分たちの窮状を突きつけたいと考えていた。そして、住民運動の先頭に立つリーダーであるヤマザキ・ミツオ（真田広之）は、同志たちに「声をあげて世界に訴えよう」と呼び掛けていた。

あの時代の公害闘争の"戦いの現場"をよく知っている私は、スクリーン上で見る彼らの姿に十分納得できるが、そこに弁護士の姿がただ1人も登場しないのは納得できない。また、チッソの社長であるノジマ・ジュンイチ（國村隼）たちの加害企業との"直接交渉"の姿を登場させるものの、裁判についてはナレーションで説明するだけだから、これも大不満。熊本水俣病の裁判には、私もよく知っている某弁護士らがユージンと同じように、いやそれ以上の献身的な活動をしていたのだから、それは少しだけでも描いてほしかった。

私は弁護士登録をした後、公害問題の実践としてすぐに大阪国際空港弁護団に入ったが、同時に『判例公害法』の執筆や次々と新しい展開を見せる公害法理論の分野の研究でも必死に頑張っていた。そこでの最大の論点は、「受忍限度論」の克服だった。また、富山のイタイイタイ病も熊本水俣病も損害賠償訴訟は勝利したものの、新たな課題になったのは「差し止め請求」の可否。大阪国際空港訴訟でも損害賠償での勝訴は見込まれたが、焦点は「夜間9時以降の飛行機の発着禁止」という「差し止め請求」が認められるか否かだった。そのテーマは、大阪西淀川公害訴訟では、SOx（硫黄酸化物）を排出する複数汚染源（企業）への「差し止め請求」とNOx（窒素酸化物）を排出する車（幹線道路）への「差し止め請求」が認められるか否かに発展していった。土日はもとより、年末年始もゴールデンウィークもすべて返上した私たち公害弁護団の実践と理論面の研究の中で公害裁判の勝訴が実現したわけだ。そう考えると、なおさらそんな弁護士の姿を、本作でも少しは描いてほしかったが・・・。

■□■公害対策基本法の調和条項が削除！チッソの対応は？■□■

　本作のエンドロールでは、「MAN‐MADE　DISASTERS」（＝人為的な事件）として、「世界各地｜サリドマイド薬害」、「アメリカ・フリント｜水道水の鉛汚染」、「ベトナム｜産業発展による有毒廃棄物」等、約３０件の「MAN‐MADE　DISASTERS」が表示される。これらはすべて、当時の私たちの言葉でいう"ギルティ"な事件や事故だ。そこで私が強調したいのは、１９７０年１１月の「公害国会」と呼ばれる第６４回臨時国会で、「公害対策基本法」の、いわゆる"経済との調和条項"が削除されたことだ。この「公害国会」では海洋汚染防止法、水質汚濁防止法、廃棄物処理法等の新法が制定されたし、環境政策の発展のために、環境庁（現：環境省）が設置されることになったが、それらはなぜ実現できたの？

　２０２１年の今、５０年以上前のチッソによる公害被害は明確になっているから、本作の興味は、それを如何に描くのか、ということになる。チッソは、平気で有害物質を垂れ流していたの？そのことに良心の呵責を覚えていなかったの？それとも・・・？こんな映画でチッソの社長役を演じるのは誰でも嫌なはずだが、本作でそれに堂々と挑んでいる（？）のはベテラン俳優の國村隼。広い社長室に１人立つノジマ・ジュンイチ（國村隼）は、工場に押し寄せて補償を求める被害者たちの姿をじっと見つめていたが、その心中は如何に？

■□■五井事件とは？ユージンのケガは？この男の信念は？■□■

　『資本論』を書いたマルクスが予言したとおり、資本主義の初期の段階では、資本家と労働者との"労働争議"が起き、その現場には、資本家が要請した"官憲"の暴力がまかり通っていた。そして、それは資本家vs労働者の"労働争議"の場だけではなく、公害被害の補償を求める被害者と加害企業との直接交渉の場でも同じだった。１９７２年1月7日には、千葉県市原市五井にあるチッソ五井工場を訪れた水俣病の被害者や新聞記者たち

約２０名が、チッソ社員約２００人による強制排除に遭い、暴行を受ける事件が発生した。これが「五井事件」と呼ばれるものだが、本作ではそれがリアル（？）に描かれるので、それに注目！この騒動の中で、ユージンは大切なカメラを壊された上、コンクリートに激しく打ち付けられて脊椎を折られ、片目を失明するという重傷を負った。また、ユージンの後遺症は重く、完治することはなかったが、暴行の容疑者は不起訴処分になった。そんなチッソ五井工場における被害について、なぜ彼は深く加害者への追及をしなかったの？

他方、本作の１つのハイライトは、直接チッソに乗り込んできたユージンを社長自ら丁重にお迎えし、"わが社の公害対策の優秀さ"を説明するシークエンスになっている。とりわけ、有害物質を希釈して排出するために構築した壮大な設備を説明し、ユージンの前の密封されたコーラ瓶の中にもごく微量の PPM の、人体に影響のない有害物質が含まれているかもしれない、との説明は一見説得力があるように見える。多くの人々がそんな考え方に立っていたため、"経済との調和条項"が「公害対策基本法」に規定されていたわけだ。しかし、しかし・・・。そのことの実態は？ユージンは写真家で科学者ではないから、そんな社長の説明に適切な反論ができないのは当然だが、彼は社長の説明のインチキ性を直感的に見抜いていたらしい。そこで、あえてノジマが２人だけの場所を設定した上、"ある条件"を提案してきたが、その内容は？

ユージンは世界的に有名な写真家だったから、チッソの社長にしてみれば、そんな男がわざわざ水俣までやって来て被害者の写真を撮ろうと執念を燃やしてきたのは想定外。それを阻止するためにはまずは説得と懐柔だが、それが効かないとなると利益誘導に。そこで、ノジマはユージンに対して５万ドルと引き換えにネガを渡すように迫ったが、どうもこれは逆効果だったらしい。「クソ食らえ」と拒んだユージンは、寝食も忘れて作業へ身を投じることに。そして、ユージンが写真の出来栄えに確かな手ごたえを感じたとき、ユージンの暗室に突然火事が起きたからビックリ。アレレ、これは事故？それとも・・・？公害の加害企業はここまでやるの？

■□■ 「入浴する智子と母」は如何に誕生？LIFE 誌の反応は？■□■

戦場カメラマンを主人公にした映画は多い。彼ら、彼女らは世界の人々の心に訴える写真を撮るために、命懸けでそれぞれの職場に挑んでいるが、いくら頑張っても期待通りの成果を上げることができるかどうかはわからない。「これぞ！」という瞬間をとらえた撮影ができても、カメラが壊されてしまえば？あるいは、撮影者自身が爆弾で吹っ飛ばされてしまったら？

アイリーンと共に水俣に入り、松村夫妻の家で温かく迎えられたユージンだったが、胎児性水俣病の長女・アキコの写真を撮りたいと願い出ても、「それは勘弁してください」と断られていたのは当然。ところが、その後ユージンがキヨシやヤマザキの運動に同行するようになると？そして、「五井事件」で暴力にもめげずシャッターを切り続けていたユージンが、そのカメラが壊され、自身も重傷を負ってしまうと？さらに、"写真家の命"ともいえる暗室を無残にも燃やされてしまうと？

40

自民党の総裁選挙では岸田文雄氏が当選したが、約１年前の総裁選挙で彼は敗北し、１年間の“冷や飯”状態が続いていた。逆に、遅れて立候補した河野太郎氏が最有力候補と目されていたが、結果は見てのとおり。そして、大方の評価は「岸田は変わった」、「１年間の冷や飯でたくましくなった」とされている。そんな姿を見ると、岸田自民党総裁も、本作に見るユージン・スミスも全く同じだということがよくわかる。カメラを失い、フィルムを失い、そして暗室までも失ったため、絶望し帰国まで考えたユージンは、今や水俣の人々の苦しみを自分のこととして受け止められるようになっていたらしい。そんなユージンが、水俣病の家族を抱える人々に今、新たに提案したものとは？そんな中で生まれた１枚の写真「入浴する智子と母」とは？他方、「LIFE」誌のボブは自分の首を賭けて、また、会社の命運を賭けて、締め切り日までに届くはずのユージンからの写真を待っていたが・・・。

　本作は決して写真家ユージン・スミスの伝記映画ではない。それと同時に、加害企業たるチッソとその社長ノジマを悪者として描くことを目指したものでもない。そのあたりのバランス感覚をしっかり保ちながら、「LIFE」誌を飾った「入浴する智子と母」の持つ意義をしっかり噛みしめたい。

■□■朝日新聞が１面と２面、そして２５面で大特集！■□■

　２０２１年１０月３日（日）の新聞各紙は、９月２９日の自民党総裁選挙で勝利した岸田文雄氏による新たな党と内閣人事を詳しく報じていた。１０月４日（月）に組閣が決まれば、各新聞の１面は更にその記事で埋め尽くされるはずだ。ところが、１０月３日付朝日新聞は、１面と２面、そして２５面に本作と水俣病を大特集したからビックリ！また、デジタル版のプレミアムＡ「MINAMATA　ユージン・スミスの伝言」では、世界に届けたユージンの写真と言葉などで水俣病を振り返っている。その１面の見出しは「実子の瞳に　心かき乱され」、「水俣の声なき声　ユージンは世界に警告した」だ。また、２面では「水俣病は、過去ではない」、「確認から６５年　全容不明　続く訴訟」、「弱い国　弱い立場　成長の犠牲に」の見出しで、１９３２年から２０２１年までの水俣病を巡る歴史を解説している。そして、「確認から６５年　全容不明　続く訴訟」の解説のラストには次のとおり書かれている。

> 患者家族と親交を続け、環境問題に向き合ってきたアイリーン・美緒子・スミスさん（７１）は、公式確認から６５年を経た水俣病の映画が公開される意味をこう語る。『『公害の原点』とされながら、非常識な施策が続く現状を国内外に伝える機会となってほしい。このまま水俣病が終わることは許されない」

　私は近時の朝日新聞の報道にはかなり文句があるが、この特集はすごい。これは必読！
　　　　　　　　　　　　　　　　　　　　　　　２０２１（令和３）年１０月５日記

41

Data

監督：ロバート・エガース

脚本：ロバート・エガース／マックス・エガース

出演：ロバート・パティンソン／ウィレム・デフォー／ワレリヤ・カラマン

SHOW-HEY シネマルーム

★★★★

ライトハウス

2019年／アメリカ映画

配給：トランスフォーマー／109分

2021（令和3）年7月10日鑑賞　　TOHO シネマズ西宮OS

みどころ

　北米での8スクリーン公開から、異例の大ヒット！上質の作品ならそれが可能なことを、A24が実証！孤島で老若2人の灯台守が繰り広げる、ギリシャ神話のような心理戦と肉弾戦の展開とその結末は？

　差別・いじめは最大の禁忌だが、孤島ならオーケー！？命じる者と命じられる者との差異はどこまで絶対？なぜレンズ室への立ち入りはボスが独占しているの？前任者が残した人魚像は何を物語るの？

　これは現実？それとも幻想？海鳥（カモメ）の不気味さや2つのヒレ（股）を持った人魚の登場にもビックリだが、大嵐の中、酒ばかり飲んでいると、いつの間にか頭の中もグチャグチャに！プロメテウスを巡るギリシャ神話は人類に光をもたらしたが、プロメテウス vs プロテウスの対決は？

　たまには、こんな練りに練ったクソ難しい脚本の面白さをじっくりと！

――＊――＊――＊――＊――＊――＊――＊――＊――＊――＊――

■□■本作はナニ？なぜA24が？なぜ大ヒット？■□■

　本作についてはチラシ等の事前情報が全くなかったので、まず本作は一体ナニ？なぜ『ムーンライト』（16年）（『シネマ40』10頁）等の名作を生み出した製作会社・配給会社であるA24が手掛けたの？また、北米でわずか8スクリーンでスタートしたミニシアター系の映画であるにもかかわらず、異例の興行収入1000万ドル以上の大ヒットを記録したのは一体なぜ？本作は、『ウィッチ』（15年）（『シネマ40』未掲載）をヒットさせたロバート・エガース監督の長編第2作。『ウィッチ』は"ダーク・ファンタジー・ホラー"と呼ばれる薄気味の悪い映画だったが、本作のテーマはナニ？そんな興味を持って資料を集めると、本作は各界で絶賛されていたからビックリ。

　本作はモノクロで正方形のスクリーンで製作されているから、今ドキの洋画としてはか

なり異例。これは、昔の黒澤明監督作品や『座頭市』シリーズ等の白黒映画を観る感覚だが、ロバート・エガース監督はなぜあえてそんな撮影方法を取ったの？その他、いろいろと興味津々・・・。

■□■時代は？舞台は？2人（だけ）の登場人物は？■□■

『ウィッチ』の舞台はニューイングランドだった。ニューイングランドとは、メーン、ニューハンプシャー、バーモント、マサチューセッツ、ロードアイランド、コネチカットの6つの州から構成される米大陸北東部の地方だ。また、その時代は1630年で、物語はイギリスから新大陸に渡った清教徒（ピューリタン）たちの入植活動の中で起きる「ダーク・ファンタジー・ホラー」だった。そして、同作では、魔女（らしき存在）や不気味な黒山羊、そして入植地の裏側に広がる不気味な森がストーリを牽引していた。

本作もそれと同じように、舞台はニューイングランドだが、今回は新大陸ではなく、孤島にある灯台。時代は1890年。物語は、灯台守として雇われた若者イーフレイム・ウィンズロー（ロバート・パティンソン）が、4週間限定で、アメリカ北東部にあるニューイングランド地方にある孤島の灯台に赴任するところから始まる。灯台守の物語と言えば、中井貴恵・貴一姉弟の父親たる佐田啓二が主演した『喜びも悲しみも幾歳月』（57年）が「おいら岬の灯台守は」の主題歌ともに有名だが、同作の舞台は岬にあったから、まだ楽。本作は、孤島の灯台で働くのは男2人だけだから、そこでの4週間はしんどい。そのうえ、1801年には「スモールズ灯台の悲劇」が起きていたから、前途多難だ。本作のストーリーは、孤島に降り立ったウィンズローとそれを迎えるトーマス・ウェイク（ウィレム・デフォー）との"ご対面"から始まるが、そこでは最初から火花がパチパチと！

■□■2人の役割分担は？前任者は？レンズ室の守護者は？■□■

109分の本作は、ほとんどロバート・パティンソンとウィレム・デフォーの2人だけの芝居で演出されているが、ストーリーの面白さと両俳優の熱演のため、飽きることはない。新米のウィンズローが4週間限定で、孤島の灯台守として赴任してきたのは、基本的に金のため。そんな新米とベテラン灯台守2人だけの職場で、しかも、そこに主従の関係がある職場では、新任者にとっての最大の問題は上司の人柄だが、その点ウェイクは最悪！

それは、赴任早々、ウェイクがウィンズローの名前も聞かないまま「小僧」と呼び、次から次へと過酷な仕事を命じた上、一切の口答えを禁止、二つ返事ですぐに行うことを命ずるシークエンスを見ているとよくわかる。夕食を作ってくれるのはありがたいが、「飲酒は禁じられているから」と言って酒を断ると、逆に、さまざまな不当な仕打ちを受けることに。孤島での灯台守の仕事に多種多様な肉体労働があるのは当然だが、それらはすべて新米の任務だし、徹底的にウェイクが満足するまでやらされ続けるから、そりゃ大変だ。

他方、灯台守としてやっていく以上、レンズ室に入ってその構造を学び、その活用法を勉強することが不可欠だが、この孤島の灯台ではその仕事はすべてウェイクが独占。レンズ室にはカギがかけられ、ウィンズローは立ち入ることができないからアレ。夜な夜な

1人でレンズ室にこもったウェイクは、一体1人で何をしているの？

■□■ウィンズローはプロメテウス？ウェイクはプロテウス？■□■

　本作は、あえて白黒のモノクロ映像にしているため、光と影のコントラストが顕著だが、それはレンズ室を核とする灯台守の物語を描くのにピッタリ。人間にとって光が大事なことは、ギリシャ神話のプロメテウスの例を持ち出すまでもなく当然だが、灯台→光と影→レンズ室と考えていくと、髭を生やした両者の姿もどことなくギリシャ神話的だ。そう思って鑑賞後にパンフレットをしっかり勉強すると、やっぱりウィンズローはプロメテウスを表し、ウェイクはプロテウスを表しているそうだ。

　ギリシャ神話におけるプロメテウスは、日本でも有名な神。ゼウスによって火を取り上げられてしまった人類を哀れんだプロメテウスは、天上の火を盗んで人類に与えてくれたが、そんなプロメテウスの行為に激怒したゼウスは、プロメテウスをコーカサスの岩山の頂に鎖で縛り付け、鷲にプロメテウスの肝臓を食べさせるという極刑に処したから、残酷だ。そのため、ゼウスの息子ヘラクレスが鷲を退治して解放してくれるまで、プロメテウスは、その肝臓を鷲についばまれ続けるという責め苦を味わうことに。プロメテウスはタイタン族（巨大神族）の1人で、「先見の明の持ち主」だから、ウィンズローがプロメテウスなら、光を操ることによって船に進路を示す灯台守の仕事にピッタリだが、現実のウィンズローはレンズ室に全く立ち入ることができないから、アレレ・・・。

　他方、長い間船に乗っていたというウェイクは、その自慢話の数々（？）を聞いていると、ハーマン・メルヴィルの小説『白鯨』（５１年）のエイハブ船長を彷彿させるが、髭ボーボーの姿から、彼はギリシャ神話の海の神で、「海の老人」と呼ばれるプロテウスを表しているらしい。ギリシャ神話のポセイドンは海と地震をつかさどる神で、「海のゼウス」と呼ばれるほど有名だ。『ポセイドン・アドベンチャー』（７２年）は、大津波によって転覆し、船体の上部が海底に没し、船底が海面に現れてしまった豪華客船の中でのスリルに満ちた大脱出劇がメチャ面白かったが、その豪華客船の名前が「ポセイドン号」だったため、"海の神"ポセイドンの名はより一層有名になった。プロテウスはポルキュースとネーレウスとともに「海の老人」と呼ばれており、彼らはポセイドン以前のギリシャの海の支配者だったらしい。また、プロテウスは予言の能力を持っていたが、その力を使うことを好まなかったらしい。しかして、ウェイクの予言能力は？

■□■人魚像の効用は？生殖能力を持つ人魚の役割は？■□■

　『ウィッチ』では、黒山羊や魔女（らしき存在）の登場で「ダーク・ファンタジー・ホラー」色が満開になっていったが、本作では、赴任したばかりのウィンズローが前任者の残していった小さな人魚像を発見し、思わずそれを懐に入れるので、それに注目！これはちょっとしたアクセサリーとして、ウィンズローの心の支えに。そう思っていたが、本作後半には、何とそれを使って"あっと驚くシークエンス"が登場するので、それに注目！

　さらに、本作中盤には、現実なのか夢うつつなのかわからなくなってしまったウィンズ

ローの目の前に、人魚像ではなく、本物の人魚（マーメイド）まで登場してくるのでビックリ。しかも、この人魚は２つのヒレ（二股の足）を持つ人魚で、生殖能力を持っているから、妄想の中でウィンズローがこの人魚と絡み合う姿はすごい。新藤兼人監督の名作『北斎漫画』（８１年）では、樋口可南子扮する葛飾北斎の娘が巨大なタコと交わる（犯される）映像にビックリさせられたが、本作に見るウィンズローが人魚と交わる映像はそれ以上の衝撃だから、それに注目！

■□■不気味な海鳥（カモメ）にも注目！酒の役割は？■□■

そんなエッチな妄想を引き出してくれる人魚像や生殖器付き人魚と対照的に、本作で不気味さ、不吉さの象徴として登場してくるのが、海鳥（カモメ）だ。前任者の若者は海鳥を殺め、人魚の像に惑わされ、狂気に陥っていたそうだが、ウィンズローも赴任当初から灯台の周りを飛ぶ大量の海鳥（カモメ）の不気味さには脅かされたようだ。それだけならまだしも、ウィンズローの目の前に登場してくる１匹のカモメは、挑発するかのような鳴き声でウィンズローに向かってくるから、アレレ。ウィンズローはそんなカモメを威嚇しながら「失せろ」と対抗したが、そんな姿を目撃したウェイクは「カモメを威嚇したな」、「手を出すな」、「怪鳥殺しは不吉だ」と警告。去る７月７日に引退表明を出した"平成の怪物"松坂大輔は、イチローを抑えた時に「自信が確信に変わった」との名言を残したが、「海鳥殺しは不吉」というのは元船乗りだったウェイクの"確信"だったから、そんなウィンズローの行動は、当然ウェイクの逆鱗に触れることに。

もう１つ、本作全編を貫くネタが酒。灯台守が執務中に酒を飲むことは厳禁だが、夕食時の飲酒まで禁止されることはない。私はそう思うのだが、２人の議論を聞いていても、孤島における灯台守マニュアルがその点のガイドラインをどう定めているのかはよくわからない。しかし、面白いのは、それを巡って赴任から２人の間に深刻な対立が生まれることだ。嵐のために勤務が予定の４週間を超えても終わらず、２人とも次第に狂気のサマを深めていく中、その対立を助長させるのが酒だから、それにも注目！シラフ状態の２人の論争も面白いが、泥酔状態での２人の秘密の暴露合戦や、ダンス風景もリアルかつ不吉なので、それにもしっかり注目したい！夕食時に交わす２人の会話では、ウェイクはもともと船乗りだったそうだし、ウィンズローはもともとカナダの木こりだったそうだが、そもそも、それってホント？それとも互いにハッタリをカマしているの？これらの会話や論争は、新たな恋が芽生えるロミオとジュリエットのような楽しい会話では決してないが、何回も繰り返される２人の狂気に満ちたそんな会話や論争もしっかり聞き取りたい。

■□■大嵐が来れば？水や食料は？２人の狂気は？■□■

近時の日本は災害大国になっているから、梅雨時の大雨が大変なら、年々巨大化していく台風も大変。しかし、本作の舞台になっている孤島は大嵐になれば船が来られなくなって水や食料が途絶えるうえ、過酷な任務の交代もできなくなるから、４週間限定で頑張ってきたウィンズローの我慢の限界は？

本作は中盤から後半にかけて孤島を襲う大嵐をネタに、どんどん拡大し、凶暴化していく2人の"狂気"をリアルに描いていくので、それに注目！赴任当初は酒を口にしなかったウィンズローだったが、大嵐のせいで水浸しになった食料がダメになってしまうと、酒に頼らざるを得なくなったのは仕方ない。さらに、予備の食料が入っているはずの木箱を地面から掘り出してみると、その中には大量のジンが入っているだけだったから、さらに2人は酒に溺れることに。そんな状況下、大嵐のために海岸線上に打ち上げられた若い女性（＝人魚）との狂気の交尾シーンが生まれたり、ウィンズローを威嚇する片目のカモメをつかまえて何度も地面にたたきつけて殺してしまったり等々、ウィンズローの乱暴狼藉が目立ってくるが、この狂気の拡大の中ではそれも仕方ない。

　さらに、ある日レンズ室の鍵をウェイクから盗み出そうとしたウィンズローは、いっその事、この機会にウェイクを殺してしまおうとナイフを取り出したが、その後の2人の抗争は？体力の面では当然ウェイクよりウィンズローの方が上だが、今やウィンズローの頭の中は何が現実で何が幻かがこんがらがっているから、その抗争の勝者はいずれに？その他、本作後半に見るウィンズローとウェイクの抗争は鬼気迫るものだから、その迫力はあなた自身の目でしっかりと！

■□■記録帳の記述は？プロメテウスの末路は？■□■

　近時の日本列島は大雨で床上浸水する家の姿がよく登場する。本作の灯台は孤島の山の上にあるから、水浸しになることはあり得ないが、風で窓ガラスが割られ、そこに大量の雨水が入り込んでくれば、同じようなものだ。そんな惨状下でウィンズローが発見したのが、ウェイクが日常的な業務を記録している記録帳。もちろん、その記載はウェイクの独占的な権限だが、だからと言ってそこに何を書いてもいいものではなく、あくまで事実を書くべきは当然だ。ところが、水に浮かんでいた記録帳をウィンズローが読んでみると、そこには「酒ばかり飲んで仕事をなまけ、全く使い物にならない男だから、給金の支払いはすべきではない」等々、でたらめばかり書かれていたから、アレレ。こんなものが任期満了後に引き継がれれば、ウィンズローの減給はもとより、その将来にも悪影響が！

　最終的に抗争の勝者になったウィンズローは、ウェイクの首に縄をかけて緊急用の食料を掘り起こした穴の中に放り込み、生き埋めにしようと土を被せたが、その間ウェイクはウィンズローにプロメテウスの呪いがかかるように叫び続けたから、それも不気味だ。もっとも、それが長続きするはずはないから、やっとウィンズローはウェイクから奪った鍵を使ってレンズ室に初めて入ったが、そこでウィンズローが見た光とは？

　プロメテウスが神々から奪って与えてくれた明かりに人類は大喜びしたが、プロメテウスはゼウスから前述のような極刑を受けることになった。しかして、本作ラストに見るプロメテウス（＝ウィンズロー）の末路は？

2021（令和3）年7月14日記

Data

監督：ロジャー・ミッシェル

脚本：クリスチャン・トープ

原案：デンマーク映画『サイレント・ハート』

出演：スーザン・サランドン／ケイト・ウィンスレット／ミア・ワシコウスカ／リンゼイ・ダンカン／サム・ニール／レイン・ウィルソン／ベックス・テイラー＝クラウス／アンソン・ブーン

ブラックバード
家族が家族であるうちに

2019 年／アメリカ・イギリス合作映画

配給：プレシディオ、彩プロ／97 分

2021（令和3）年6月12日鑑賞　　　　TOHO シネマズ西宮 OS

★★★★★

👀 みどころ

　母親役のスーザン・サランドンと長女役のケイト・ウィンスレットという2人のアカデミー賞女優が激突！更に、そこに次女役としてミア・ワシコウスカも参加し、総勢8名が織り成す"最後の晩餐"はみどころいっぱい！

　吉永小百合122作目の最新作『いのちの停車場』（21年）では消化不良だった「安楽死」のテーマが、本作では真正面から観客に問われてくる。

　どんなケースなら安楽死はオーケー？なぜ自殺ほう助を恐れなければならないの？イエス・キリストの「最後の晩餐」と対比しながら、本作の"最後の晩餐"のあり方をじっくり考えたい。また、そんな論点を明示した邦画の登場を待ちたいが、コロナ騒動でもわかるとおり、何事もすべて曖昧にしてしまう今の日本では、それは無理・・・？

―――＊―――＊―――＊―――＊―――＊―――＊―――＊―――＊―

■□■安楽死を真正面から！冒頭に見る母親の決意は？■□■

　日本では、「4つの要件」を満たさないまま、医師が患者の安楽死に協力すれば、殺人ほう助罪になってしまう。しかし、米国ではオレゴン州やワシントン州などいくつかの州では、医師による自殺介助が合法化されているそうだ。また、日本では目下、吉永小百合122作目の出演作『いのちの停車場』（21年）が大宣伝されているが、同作ラストの安楽死を巡るストーリーはハッキリ言って"逃げ"。私にはそうとしか思えなかった。それに対して、ハリウッド映画には『海を飛ぶ夢』（04年）（『シネマ7』197頁）等、安楽死と真正面から向き合った名作が多い。アカデミー主演女優のスーザン・サランドンとケイト・ウィンスレットが共演した本作も、まさにそれだ。

　本作導入部では、夫のポール（サム・ニール）と妻・リリー（スーザン・サランドン）が暮らす瀟洒な（と言うより、超豪華な）海辺の家に次々と家族が集まってくるが、それ

は一体何のため？娘たちの訪問を待ち受ける夫婦の語らいによれば、はっきりリリーの口から安楽死の決意が述べられ、医師である夫のポールがそれを承諾し、協力する構想が明確に示されるので、それに注目！さあ、現実にそんなことがあれば、警察は？

■□■しっかり者の長女は賛成だが、できの悪い（？）次女は？□■

　同じ日に観た内田伸輝監督の『女たち』（21年）では、右半身が麻痺した高畑淳子演じる母親・美津子と、そんな母親の介護をしながら母親からバカにされ続けているアラフォーの独身娘、篠原ゆき子演じる美咲との葛藤が生々しく描かれていた。しかし、末期のALS（筋萎縮性側索硬化症）患者だという本作のリリーは、左半身の麻痺が少し出ている程度で、『女たち』の美津子よりはずっと軽度。しかし、近いうちにその症状は深刻化するため、「管やパイプに繋がれて人工呼吸や人工栄養補給されるのは真っ平ごめん！」と拒否するリリーは、自分自身で入念に考え、夫とも十分に打ち合わせをしたうえで、安楽死の実行計画を練り上げ、今それを決行しようとしているらしい。

　夫のマイケル（レイン・ウィルソン）と一人息子のジョナサン（アンソン・ブーン）とともに両親の家に入った長女のジェニファー（ケイト・ウィンスレット）は、リリーからその計画を聞かされると、それに同意。なんともトンチンカンな発言を繰り返す夫にイラつき、はじめてそんな事態を聞いて驚く息子に配慮しながら、何とか母親の決断を尊重しようと前向きになっていく。さすがしっかり者の長女だ。

　他方、遅れてやってきた次女・アナ（ミア・ワシコウスカ）は、同じ話を聞いても姉とは受け取め方が全く違うらしい。また、ジェニファーが連れてきたのは夫と長男だが、アナが連れてきたのは、別れたりくっついたりを繰り返している男・クリス（ベックス・テイラー＝クラウス）。たまたま今はくっついているから一緒だが、最後の時間を家族とともに過ごすためにリリーが設定したこの週末に、こんな男が参加していいの？また、しっかり者の長女のジェニファーと違って、妹のアナは数か月も連絡が取れなかったそうだから、何かと問題を抱えているらしい。しかし、今この場でそのことを姉妹間で議論し、喧嘩になってはナンセンスだから、とりあえずその論争は棚上げ！この家ではとにかく母親の意思に逆らわないようにとジェニファーは釘を刺し、アナもそれに同意したが・・・。

■□■登場人物は8名のみ。舞台劇の面白さと緊張感が満載！■□■

　イエス・キリストの「最後の晩餐」の参加者は裏切り者・ユダを含めて13人だったが、リリーが望んだ家族だけの"最後の晩餐"は、以上の7名のはず。ところが、なぜか家族だけの最後の集まりの中に、リリーの親友のリズ（リンゼイ・ダンカン）が当然のように参加していた。もともとあまり事態が把握できていない妹のアナはともかく、何事にも敏感でしっかり者の長女のジェニファーはそのことに当然違和感を持っていたが、それを言い出すわけにいかないことは、空気を読めば当然。それを含めて、一同が揃ったところでリリーがやんわりと切り出した安楽死の計画に彼女が反論できなかったのは仕方ない。

　そして、事態はリリーの思うまま、今晩は臨時のクリスマスパーティー開催となったか

ら、男たちはもみの木の伐採に、女たちには料理の準備や装飾の準備の役割が。その間、リリーは参加者みんなに最後のクリスマスプレゼントを準備するらしい。イエス・キリストの「最後の晩餐」はイエスとユダだけが最後の晩餐であることを知っていたが、これからスクリーン上で展開される臨時のクリスマスを祝う"最後の晩餐"は、文字通りの"最後の晩餐"であることを全員が知っているものだ。そんな中で、イエス・キリストは1人1人にパンと葡萄酒を分け与えたが、スクリーン上の"最後の晩餐"では、リリーが参加者みんなに分け与えるクリスマスプレゼントの豪華さとその意味に注目！参加者8名の舞台劇は、そんな面白さが際立っていくことに。

■□■母 vs 娘対決が名演なら、長女 vs 次女対決も名演！■□■

本作のメインの売りは、スーザン・サランドン vs ケイト・ウィンスレットというアカデミー主演女優賞女優同士の共演だが、同時に長女 vs 次女の共演も素晴らしい。『ジェーン・エア』（11年）（『シネマ28』224頁）、『欲望のバージニア』（12年）（『シネマ31』214頁）、『嗤う分身』（13年）（『シネマ35』未掲載）、『ナチス第三の男』（17年）（『シネマ43』210頁）等でいい味を出していた個性派女優、ミア・ワシコウスカは、リリーの判断に当初は渋々従いながら、"最後の晩餐"のハイライトで遂にその心情を爆発させてしまう、出来の悪い（？）次女・アナ役をセンシティブに演じている。

"最後の晩餐"で次々と配られるクリスマスプレゼントの"授与式"はそれぞれ感動的に終わった。また、みんなで揃って歌った懐かしい時代の歌もスムーズに終わった。しかし、そこで最後の言葉としてリリーが述べた家族への感謝の言葉の中で、「私は娘を強くあれ、自由であれ、と育てた」と語ったのは失敗だったらしい。リリーは心からそう考えていたし、ジェニファーはそんな母親の思い通りに成長したのだろうが、妹のアナは？季節外れの中で企画されたクリスマスパーティーと"最後の晩餐"は、何の脚本もないままそこまで順調に進んでいたのに、それに反発したアナの言動によって、すべてがぶち壊しに。「私は強く自由な女なんかじゃない！」、「その逆で、薬物に依存する人生の敗北者だ！」と叫ぶだけ叫んで席を立ってしまったアナに、残された7名は唖然。誰もが言葉を失う中、リリーの「疲れたから休むわ」の声だけが小さく・・・。

■□■その夜、長女が目撃したものは？ええ、まさか？■□■

その夜の不可欠となった長女・ジェニファーの仕事は、アナの説得。自分への反省も込めて、ジェニファーがアナとどう向き合うのかがその夜の1つの焦点だ。ちなみに、本作はもともとデンマーク映画『サイレント・ハート』（14年）をその脚本家であるクリスチャン・トープ自身がアメリカでの映画化に向けて脚色したものを、『ノッティングヒルの恋人』（99年）や『ウィークエンドはパリで』（13年）等のロジャー・ミッシェル監督が演出したものだ。そのため、脚本がよく練られているのは当然だ。自分の娘を2人とも、強くかつ自由に育て上げたとの認識が間違っていたことを、安楽死決行日の直前にはじめて知ったリリーはその後アナとの語らいの場を持ったが、その中での気持ちの整理は如何

に？他方、アナの方ははじめて自分の心の中で鬱積し続けてきたものを直接母親にぶちまけたことによって、心の解放がやってくるの？そんな点に注目したい。

　しっかり者の長女・ジェニファーは妹・アナの想定外の、しかも半分錯乱じみた反乱にビックリさせられたものの、自分とリリーがそうであるように、アナとリリーも娘と母親だから、腹を割って話をすれば何とかなるもの。夜中にいろいろやっているうちに、ジェニファーはやっとそんな気持ちに整理できていたが、そのときジェニファーが目撃したのは、ポールとリズが抱きあい、キスをしている姿。こりゃ一体ナニ？リズはリリーの昔からの友人で、家族同然の存在だったが、あの抱き合い方は？あのキスの仕方は？まさか、いや、でも・・・。本作は冒頭から「安楽死」を真正面から見据えた問題提起作だと思っていたが、ひょっとしてここからは、アシュレイ・ジャッドが素晴らしい演技の中で"二重処罰の禁止"の法理を描いた『ダブル・ジョパディー』（99年）（『シネマ1』38頁）のようなスリラーになっていくの？長年連れ添った妻を信じ、その意向を最大限尊重しているように見える父親・ポールは、ひょっとして長年の愛人・リズとつるんでリリーの殺害を狙っているの・・・？

■□■一夜明けると事態は？真相は？安楽死の決行は？■□■

　本作の脚本は、その夜の出来事として、そんなちょっとしたサブストーリー（？）が描かれるので、それはしっかりあなた自身の目でお楽しみいただきたい。しかして、一夜明けての本筋は局面が一転し、ジェニファーはリリーの安楽死に断固反対の立場に転じてしまうから、さあお立合い！「私は警察に通報する」とまで言い出したから、さあ大変だ。リリーにも、ポールにもサッパリ訳が分からないのは、なぜジェニファーが一夜で意見を180度転換させたのか、ということ。「お父さんは分かっているでしょう」と言われたポールも困惑するばかりだが、そこで分かったような分からないような"論点"を明示して回答したのは、なんとリズ。リズはジェニファーに対して、また、その場の全員に対して「あなたが言いたいのは私とポールが不倫していることでしょ」と明示したからエライ。

　そうなると、当然リズの結論は「それはあなたの誤解です」というものだと思っていると、答えは何と正反対。なるほど、それなら、やはりひょっとして・・・？そして、それを更に引き取り、整理したのはリリー本人だ。さあ、リリーとリズはどんな親友なの？そして、リズとポールの不倫関係はいつから続いているの？ちなみに、私は『マンディンゴ』（75年）で、主人公が白人の新妻とともに黒人の愛人を故郷に連れて帰るストーリーを評論する中、山崎豊子の『華麗なる一族』で描かれた"妻妾同衾"の物語を引用したが、本作でもどうもそれと似たような物語があったらしい。

　道徳的に考えればそれはよくないことだが、文部省推薦映画なら、「それは如何なもの？」というコメントがつくだろうが、クリスチャン・トープが練りに練って書いた脚本なら、それもあり！そんなことを考えながら、本作の結末は、あなた自身の目でしっかりと！

2021（令和3）年6月16日記

50

Data

監督・脚本：トーマス・ベズーチャ
原作：ラリー・ワトソン『Let Him Go』
出演：ダイアン・レイン／ケビン・
　　　コスナー／レスリー・マンヴ
　　　ィル／ケイリー・カーター／
　　　ウィル・ブリテン／ジェフリ
　　　ー・ドノヴァン／ブーブー・
　　　スチュワート

すべてが変わった日

2020年／アメリカ映画
配給：パルコ、ユニバーサル映画／114分

2021（令和3）年8月9日鑑賞	TOHO シネマズ西宮 OS

👀👀 みどころ

　米国の良心を代表するようなハリウッドの２人のベテラン俳優が、死亡した息子の嫁と孫の取戻しを巡って、大奮闘！本作の原題は『Let Him Go』だが、なぜ邦題は『すべてが変わった日』に？

　本作は西部劇？家族愛の物語？ロードムービー？たしかにそんな雰囲気も強いが、いやいや、何と本作はダーク・スリラーだ。後半からの不穏な雰囲気は一体何？こんなヤバイ会食は真っ平ごめんだが、そんな席での交渉の決裂ぶりに注目！

　"ネタバレ厳禁"のクライマックスに見る大活劇（？）と大惨事はかなり怖いよ。それも、あなた自身の目でしっかりと！

―― * ―― * ―― * ―― * ―― * ―― * ―― * ―― * ―― *

■□■原題は『Let Him Go』。しかし、邦題は？その是非は？■□■

　本作は１９４７年にノースダコタ州に生まれたアメリカの小説家ラリー・ワトソンの原作を映画化したものだが、小説のタイトルも映画の原題も『Let Him Go』。これは命令形だが、本作で"今なお米国のハンサムと知性を代表する俳優"であるケビン・コスナー以上の存在感を見せる女優ダイアン・レインは、インタビューの中で、それを「彼を解放してあげて」と翻訳している。その上で、彼女は「映画の中で、『彼を解放してあげて』と言う言葉を誰も口にすることはないのです。」と述べている。

　そんな本作の邦題は、『すべてが変わった日』。たしかに、本作を観終わった後は、ケビン・コスナー扮するジョージ・ブラックリッジの死亡を含めて、たしかにすべてが変わってしまうことは間違いない。しかし、１本の映画を作り、観てもらおうと思う以上、それは当たり前だ。何がどう変わっていくのかがすなわち映画のストーリーの進行だから、『すべてが変わった日』というタイトルはあまり意味をなさないのでは？

本作については、ネット上に面白いネタバレ情報があるが、そこでは「それにしても邦題の『すべてが変わった日』ってものすごくいい加減なタイトルじゃないですか？すべてとか、変わったとかどんだけ抽象的なんだよ。今すぐ考え直してください。」と書かれていた。私はこの意見に賛成だが・・・。

■□■西部劇？家族愛の物語？ロードムービー？それとも？■□■

ジョン・ウェイン主演の西部劇は古き良き時代のハリウッド映画の代表だが、近時はそれと同じような古典的な西部劇は登場しない。しかし、昨年の第９３回アカデミー賞で作品賞、監督賞、主演女優賞を受賞した『ノマドランド』（２０年）（『シネマ48』24頁）も、広いアメリカ大陸を横断するストーリーだったから、馬をキャンピングカーに変えた現代版の西部劇かも？そう考えると、本作の時代は１９６３年だが、モンタナ州で愛妻のマーガレット・ブラックリッジ（ダイアン・レイン）や愛車の１９５８年製シボレー・ステーションワゴンとともに、馬を育てながら牧場を経営しているジョージの姿を見ると、本作も西部劇？ケビン・コスナーの代表作である『ＪＦＫ』（91年）は既に３０年前の映画だが、本作を観ていると、彼がシボレーを運転する姿も馬を操る姿も立派な絵になっているからさすが。また、西部劇では、かつての三船敏郎や彼のコマーシャルのように「男は黙って・・・」がよく似合うから、そんな演出がピッタリ決まっている彼を見ていると、まさに本作は西部劇だ。

他方、本作導入部では①息子ジェームズの不慮の死、②ジェームズの妻ローナ（ケイリー・カーター）とドニー・ウィーボーイ（ウィル・ブリテン）との再婚、③マーガレットによる、ドニーがローナと孫のジミーに加えている虐待の目撃、などのストーリーが描かれるが、これらは本筋に向けてどんな伏線になるの？それが興味深い。それに続いてマーガレットが手作りのケーキを手土産に、ローナたちの住む家を訪れると、アレレ、この家族はジョージとマーガレットに何も言わずに引っ越してしまったらしい。それは一体なぜ？

ドニーの実家はノースダコタ州にあるらしいが、ここではじめてアレレと思ったのは、ローナは幼い息子ジミーを連れ子にしたままドニーと再婚したものの、その結婚式のシーンにドニーの家族の姿が誰１人見えなかったことだ。しかも、マーガレットがノースダコタ州に向かい、ローナとジミーを取り戻すという決意をジョージに打ち明けるシークエンスを見ていると、ローナがドニーと再婚するについて、ドニーの両親やその家族と全く顔合わせをしていないようだから、アレレ、そんな再婚ってあるの？ジョージとマーガレットにとってローナは死んだ息子ジェームズの妻だが、その幼子ジミーはジョージとマーガレットの血を引いたたった１人の孫だから、ローナの再婚相手の選定に無関心であったはずはない。それがアレレと思う点だが、原作も本作もそれは意識的にやっているらしい。マーガレットの決断や仕方なくそれに同意するジョージの姿を見ていると、本作は家族愛の物語？また、ジョージとマーガレットが愛車に乗って一路モンタナ州からノースダコタ

州に向かう中盤のストーリーを見ていると、本作はロードムービー？いやいや、さにあらず、本作はダークスリラーなのだ。

■□■不穏な雰囲気は？妻の決断は？夫の賛否は？なぜ銃を？■□■

　本作は極端にセリフを省いた序盤のスクリーン上で、ジョージとマーガレットがローナとジミーを取り戻すために、モンタナ州の牧場からノースダコタ州のウィーボーイ家まで愛車に乗って赴くストーリーが描かれる。しかし、考えてみれば、この2人とウィーボーイ家は親戚なのだから、結婚式で同席していなくても、1度や2度は挨拶をしているはず。そう考えるのが当然だが、スクリーン上を見ていると、どうもジョージとマーガレットはウィーボーイ家について何も知らないらしい。そんなバカな？そんな状況下で、ローナはドニーと再婚したの？

　他方、マーガレットは自分の目撃情報を根拠に、ドニーはローナとジミーを虐待していると思い込み、そのため、とりわけ孫のジミーの取戻しを主張しているが、そもそもそれって当然のこと？弁護士の私の目には夫のジョージ言うように、それは法的には難しいことは当然。だって、幼いジミーの親権者は母親のローナだし、そのローナは夫のドニーと共にノースダコタ州に住んでいるのだから、少なくともドニーの同意がない限り、ジミーをジョージとマーガレットが取り戻すことは不可能だ。もちろん、その程度の理屈はマーガレットもわかっているはずだが、彼女の決意は固いようだ。ジョージとマーガレットは長年連れ添った夫婦で、今なお互いの愛情は冷めていないようだが、見ている限り、常に妻が暴走気味で、夫はブレーキ役だ。妻の決断どおりの結論に導くためのマーガレット

53

の決めゼリフはある意味ズルいものだが、今回も結局ジョージはマーガレットの"決断"に従って車のハンドルを握ることに。そこでビックリしたのは、運転席の下にマーガレットが拳銃を隠していたこと。しかも、実弾を装填したままだ。これは一体何？マーガレットは一体どこまで、何を決断しているの？

■□■原住民青年との遭遇は？心温まるエピソードの意味は？■□■

モンタナ州とノースダコタ州は両者ともアメリカ大陸の最北部の中央にあり、左右（西東）に並んでいる。しかし、アメリカ大陸は大きいから、その距離はいかほど？それはともかく、本作中盤では、『ノマドランド』と同じように、しばらくアメリカ大陸のロードムービーを楽しみたい。そこではいきなり、車泥棒と見間違うような事件に遭遇するので、それに注目！しばしの休憩での夫婦の語らいを終え、停めていた車に戻ると、そこには馬に乗った若い男がいたから、ジョージとマーガレットはビックリ！この若い男は何者？そして、車に何をしようとしていたの？

一見、車泥棒に思えたこのネイティブ・アメリカンの青年ピーター（ブーブー・スチュワート）は、近くの山で１人静かな生活を送っているらしい。１９６３年に設定されている本作で、こんな青年のこんな生活が登場してきたことにビックリ。だって、一方でケネディ大統領暗殺でアメリカ中が大混乱に陥っている１９６３年の時代に、他方でノースダコタ州の山の中ではこんな生活もあったの？「孫ジミーとその母親ローナを何としても取り戻すのだ」と意気込んでいたジョージとマーガレットは、ここでしばしの休息をとり、人間らしい温かい触れ合いを実感することができたが、本作中盤のこのエピソードは一体どんな意味が？それは、ダークスリラー一色満開になる、本作ラストのあっと驚くクライマックスの中ではっきり見えてくるので、それまでしっかりと胸の中にしまっておきたい。

■□■こんな会食は真っ平ごめん！孫を抱いた時間は？■□■

結婚は個人×個人の結びつきだが、同時に家と家との結びつきでもある。それに伴う「氏の変更」等々を含めて、各国の近代の婚姻制度はさまざまだが、結婚によってそれまで何の縁もなかった２つの家が結びつくことは間違いない。したがって、その両家の人々が集った会食はさまざまな情報交換の場として大切なものだが、本作中盤に見るウィーボーイ家での会食は最悪。こんなに印象の悪い、雰囲気の悪い、したがって、ワインにも料理にも一切手を付けられない、さらに、ウィーボーイ家の女家長ブランチ（レスリー・マンヴィル）が一方的に仕切る会食は珍しい。

ウィーボーイ家には数人の息子がおり、ドニーはその１人だが、ウィーボーイ家の男の子たちはすべてブランチに絶対的服従するのが当然らしい。テーブルに座った息子たちが料理に手を付け、ブランチが演説を繰り返している途中、ドニーとジミーを抱いているローナが戻ってきたから、ジョージとマーガレットはひと安心。そこでやっと久しぶりに孫との"ご対面"を果たしたマーガレットは、しばしジミーを腕に抱いていたが、ブランチの教育方針によれば、ジミーは直ちにベッドルームに行かなければならないらしい。する

と、マーガレットがジミーを抱いていた時間はわずか数分だけだ。そんなバカな！

　かなり不穏な雰囲気が漂う中、ジョージとマーガレットはウィーボーイ家の面々と別れを告げて愛車に乗り込み、宿泊先のモーテルに向かったが、さあそこでジョージとマーガレットはいかなる決断を？

■□■ネタバレ厳禁の大活劇（？）はあなた自身の目で！■□■

　１９６０年代後半は、クリント・イーストウッド主演のマカロニウェスタンの登場に全世界が驚かされた。それまでの正統派西部劇と違い、マカロニウェスタンでは"復讐色"や"残虐色"が目立っていたためだ。しかして、『続・荒野の用心棒』（６６年）では、敵に捕えられたクリント・イーストウッド扮するガンマンが両手を粉々に砕かれて、自慢の拳銃の腕前を封じられてしまうシークエンスが登場していた。これでは、もはや復讐は不可能。誰もがそう思った後の、あっと驚く"火事場の馬鹿力"的なクライマックスが圧巻の見せ場だった。

　本作では、ちょっと押しが強すぎる感のあるマーガレットと、それにブレーキをかけながら、結局マーガレットに従ってしまう"善意の代表"のようなジョージの対比が面白いが、それ以上に印象に残るのが、"悪の権化"のような圧倒的な存在感を示す女家長のブランチだ。ジョージとマーガレットは、孫のジミーと嫁のローナを取り戻すというもともと無理な要求をぶつけ、敵地で、しかもたくさんのブランチの息子たちに取り囲まれた中の交渉でそれを実現しようとしたが、それが到底不可能なことは、スクリーン上を見ていると明らかだ。その結果、マーガレットがわずか数分だけジミーを腕に抱いたという成果のみで、すごすごとウィーボーイ家を後に、モーテルに戻ったわけだが、本作はそこで"交渉打ち切り"にならず、両者の対決はよりエスカレートしていくので、それに注目！

　ジョージは元保安官だから、ライフルも拳銃も使えるのは当然だが、シボレーの中に隠していた拳銃が陽の目を見るのは、いつ、どんな場面で？また、それは効果的に使えるの？いや、きっとそうではないだろう。そう思っていると、案の定、スクリーン上では、クリント・イーストウッド扮するガンマンの両手が粉々に砕かれたのと同じような残忍なシークエンスが登場するので、それに注目！それによって、ウィーボーイ家の真の恐さをジョージとマーガレットは思い知らされたわけだが、本作の更にあっと驚くクライマックスはどうなっていくの？そんな、"ネタバレ厳禁"の本作クライマックスの大活劇（？）をここに書くワケにはいかないので、それはあなた自身の目でしっかりと！

　それにしても、弁護士の私の目で見れば、もともと無理筋の"親権を巡る紛争"がここまでのダークミステリーになったり、ここまでのラストの大活劇（？）と大惨事になろうとは・・・。そう考えると、必ずしも『すべてが変わった日』という邦題も悪くないのかも・・・。

２０２１（令和３）年８月１３日記

Data

監督：リック・ローマン・ウォー

出演：ジェラルド・バトラー／モリーナ・バッカリン／ロジャー・デイル・フロイド／スコット・グレン／デヴィッド・デンマン／ホープ・デイヴィス／アンドリュー・バチェラー／メリン・ダンジー／ゲイリー・ウィークス／トレイシー・ボナー／クレア・ブロンソン／マディソン・ジョンソン／ランダル・ゴンザレス

★★★

グリーンランド
―地球最後の２日間―

2020年／アメリカ、イギリス映画
配給：ポニーキャニオン／119分

2021（令和3）年6月5日鑑賞　　TOHOシネマズ西宮OS

☺☺ みどころ

　彗星が地球に大接近！それは世紀の天体ショーのはずだった・・・。そんな設定は、『旧約聖書』の「ノアの箱舟」と対比しながら見ると、メチャ面白い。しかして、生き残りをかけて選抜されたのはどんな人？

　本作はそれが全くわからないまま、妻子を守るためトコトン生き残ろうと頑張る主人公が大活躍！『エンド・オブ・ホワイトハウス』（13年）で大統領を守るべく頑張ったジェラルド・バトラー主演だから役柄はピッタリだが、本作に見る、彼の「公と私」は？

　大阪のおばちゃんの厚かましさは有名だし、飛行機内でマスク着用を断固拒否した男の言い分も一理ある。しかし、本作に見る主人公たちの言い分はハチャメチャでは？無事に避難シェルターに入り込めたことには拍手！しかして、人類の生き残りは？彼らはノアと同じ善良な市民なの？

――＊――＊――＊――＊――＊――＊――＊――＊――＊――＊――

■□■この主人公がなぜ、どんな基準で避難組に選抜？■□■

　望遠鏡による天体観測は楽しいし、何年か毎に訪れる「皆既日食」等の天体ショーもしっかり鑑賞すれば、それなりに楽しいもの。しかし、「彗星"クラーク"地球大接近―それは世紀の天体ショーのはずだった・・・」、「徹底したリアリティと最新VFXが生んだ―地球最後の２日間の映像黙示録」は、ちょっとしんどい！？それが本作だ。そして、本作が設定するテーマは、「世界が確実に48時間で終わるとき、あなたは何をしますか？」というものだが・・・。

　妻子（と言っても、少し曰く因縁がある）を守る本作の主人公は、『エンド・オブ・ホワイトハウス』（13年）（『シネマ31』156頁）、『エンド・オブ・ステイツ』（19年）（『シネマ46』388頁）のシリーズや、『ハンターキラー　潜航せよ』（18年）（『シネマ4

5』70頁）等でのタフなヒーローぶりが板についているジェラルド・バトラーだ。

　冒頭、高層ビル建設の現場でリーダー役の建築技師として働くジョンを演じるジェラルド・バトラーの姿が登場するが、この男がなぜ、どんな基準で避難組（生き残り組）に選抜されたの？チラシには「建築技師の能力を見込まれた」と書かれているが、それって少し変なのでは？

■□■この危機を、この論点をどう受け止める？■□■

　本作導入部を見れば、ジョンと妻のアリソン（モリーナ・バッカリン）との間に、離婚に伴う親権と財産分与、慰謝料の問題があったことがわかる。しかし、それは過去のことで、今の緊急の問題は自宅（今は妻が子供と同居）で開かれていたパーティーの席で、ジョン（だけ）のケータイに入ってきた陸軍からの非常通知メール。そこには、①地球崩壊の危機が４８時間後に迫る中、ジョンが妻子とともにシェルターに避難できる人間に選ばれたこと、②荷物は１つだけで、ある期限までに、某空軍基地に集合すること、が記載されていたから、さあ、彼はどうするの？

　『旧約聖書』にある「ノアの箱舟」では、神を無視して放蕩にふける人間が多発する中、全知全能の神はノアとその家族だけを生き残らせる善良な人間として選んだが、本作の設定は一体ナニ？全知全能の神なら何でもありだが、米国合衆国政府は一体どんな基準でジョンを選んだの？小松左京の『日本沈没』（７３年）は今なお語り継がれる名著だし、映画もメチャ面白かったが、それは一見荒唐無稽なストーリーながら、実は日本沈没のストーリーが実は相当な説得力を持っていたためだ。ちなみに、『日本以外全部沈没』（０６年）（『シネマ１１』５８頁）も一見ギャグ映画のようだったが、説得力は十分でメチャ面白かった。しかし、本作は？４８時間後に迫る地球滅亡の危機を、そしてまた、本作の設定をどう受け止めればいいの？

■□■ジョンたちの行動に見る、公と私は？■□■

　司馬遼太郎は、１９９６年２月１２日付産経新聞のコラム「風塵抄」で、「土地を無用にさわることがいかに悪であったかを国民の一人一人が感じねばならない。でなければ、日本国に明日はない」と書き、その言葉が彼の事実上の“遺言”になった。この言葉からわかるとおり、司馬遼太郎の晩年の著作のテーマは「公と私」だった。しかして本作のジョンとアリソンに見る「公と私」は？

まず、最初にジョンがパーティーの席を抜け出すについて、なぜジョンとその家族だけが選抜されたの？車で空港に向かう時、「お願いだから私を連れて行って！」、「私が無理なら、せめて子供だけでも！」と近所の人から懇願されるシークエンスが登場する。続いて空港内では選抜された人間だけを空港に入れるための混乱ぶりが描かれる。手術をする時などに腕には

めるリストバンドをつけているか否かで生き残れるか否かの選別がスムーズにできるはずはないから、本作の設定は、その点いかにも杜撰。さらに、本作では、何と糖尿病の治療のためインシュリンを欠かすことができない一人息子のネイサン（ロジャー・デール・フロイド）が、その薬を車に残してきたというトラブルを描いていく。そこでの、ジョンが薬のために再度飛行機内から車に戻るという設定がナンセンスなら、メールで連絡を取り合いながら飛行機内で落ち合おうと約束を交わす設定も全くナンセンス。お前たちは、この非常事態をどう考えているの？

■□■中盤のハラハラ・ドキドキもあまりにあまり！■□■

　日本では、"ワクチン狂騒曲"が鳴り響く中、「スギホールディングス」の杉浦広一会長が、新型コロナウイルスのワクチン接種の予約枠を優先的に確保していた問題が発生。"文春砲"が炸裂した。6月6日に私は1回目のワクチン注射を完了できたが、ワクチンの優先権を巡るそんなトラブルの発生は、日本が"ワクチン敗戦国"になってしまったためだ。それを考えれば、今ジョンが受け取ったアメリカ合衆国政府からのメールは、ワクチン接種券よりも何万倍も価値のある優先枠。それを使って、ジョン夫妻と親子は多くの近所の人を置き去りにし、さらに空港に押しかけている何万人の人を置き去りにして、自分たちだけが飛行機内に乗り込んだわけだ。

　ところが、あえてジョンが薬を取るために車に戻ることになったため、本作中盤では離れ離れになった（自ら離れていった）ジョン夫妻・親子が、再びアリソンの父親デイル（スコット・グレン）の家で再会するまでのハラハラ・ドキドキのストーリーを描いていく。しかし、このハラハラ・ドキドキのストーリーを見ていると、そこでもジョンたちの「公と私」のハチャメチャぶりが顕著だ。あんな大混乱の中で「ネイサンを見ませんでしたか？」、「私たちはリストバンドを持っている！」といくら大声をあげても通用しないことは当然。更に、自分たちの立場ばかり声高に主張しているジョンたちの姿を見ていると、飛行機内で頑なにマスク着用を拒否した"あの男"を思わず連想することに。

　本作中盤には、極端な善人と極端な悪人が次々と登場し、ハラハラ・ドキドキの極端な

物語を展開していくので、それに注目！しかし、よくぞまあこんなハチャメチャな脚本で本作の企画が通ったものだ。

■□■一路カナダの空港へ！更に空港からシェルターへ！■□■

しかして、本作ラストのハイライトは、極端な悪人との戦いに何とか勝利し、アリソンの父親デイルの家で家族3人の再会ができたジョンが、次に"極端な善人"の言葉に従って、更に無茶な行動に走っていくストーリーになる。それが、第1にカナダの空港までの車での旅、第2にカナダの空港からグリーンランドにある大規模避難シェルターへの飛行（逃避行）だが、なぜそんなことがジョンにできるの？そもそも道路自体が分断されてしまっているのでは？

そう思っていると、何とかカナダの空港に辿り着いたジョンは、満杯の客を乗せて今まさに離陸しようとする飛行機の前に正面衝突覚悟で自分の車を進入させたからビックリ！正面衝突を避けるため飛行機は停止せざるを得なかったが、そこでジョンは「俺たちを乗せろ」、「重量オーバーだから無理だ」、「いや、それでも乗せろ」、「乗せなければ車をどけないぞ」と主張したが、これぞまさに大阪流（？）のヤクザの論理では？自分と家族を守るためなら、何をしてもいいの？ジョンは自分の体重についても嘘をついていたから、もし重量オーバーで飛行機が飛び立てなければ一体どうなるの？こりゃ、まさに、ハチャメチャ！

■□■シェルターの効用は？世界はどうなったの？■□■

ジョンたちが住んでいたフロリダ州タンパに落下した隕石は野球場サイズ。その第一波は2400kmの範囲で灼熱の衝撃波を巻き起こし、たちまち40万人が焼失したそうだ。本作はそんな設定だから、まさに地球最期の2日間だ。そんな事態になれば、明智光秀の謀反で本能寺に籠った織田信長が、最後に「是非もなし」と語ったように、私も「是非もなし」と言いながら、自宅もしくはオフィスに籠るしかない。しかし、生き残りをかけて選抜されたジョンは、彼なりのベストを尽くして行動することに。その結果、ストーリー上、脚本上では、ジョンとその妻子はギリギリセーフで巨大なシェルターに入ることができたが、そんな彼の行動は誉められるもの？それとも、織田信長の心境には到底至らない、意味のない最後のあがき？そして今、客観的にはシェルターのすぐ近くに巨大な隕石が落下するそうだが、このシェルターはその衝撃に耐えることができるの？

　このように、本作は、中盤のハラハラ・ドキドキの逃避行にほとんどのポイントを置いている。したがってその分、導入部での、ジョン一家がなぜ選抜されたのかについての説明不足（説明ゼロ？）が目立っている。その上、ラストのシェルター生活の実態も説明ゼロだ。東京、大阪でのワクチン大規模接種会場をどこにするかについては、自ずから合理的な場所が選定されたのと同じように、地球滅亡の危機の中、避難シェルターがグリーンランドの地に設置されていることには納得。しかし、その収容人数の MAX や収容期限は？本作ではそんな肝心な点（実務的な点）が全く説明されないまま、ある日シェルターの扉を開けてみると？本作ラストの少しあっけない結末は、あなた自身の目でしっかりと！

　「ノアの箱舟」では、神は４０日間雨を降らせ続けたが、本作におけるシェルターでの我慢の限界は何日？そして、扉を開けた後の地球は？ハッピーエンドは映画と

しては仕方なしとしても、本作の描き方は如何なもの？

２０２１（令和３）年６月９日記

SHOW-HEY シネマルーム

★★★★

スイング・ステート

2020年／アメリカ映画
配給：パルコ、ユニバーサル映画／102分

2021（令和3）年9月25日鑑賞	TOHO シネマズ西宮 OS

Data

監督・脚本：ジョン・スチュワート
出演：スティーヴ・カレル／クリス・クーパー／マッケンジー・デイヴィス／トファー・グレイス／ナターシャ・リオン／ローズ・バーン／ブレント・セクストン／ブレア・サムズ／C・J・ウィルソン

👀👀 みどころ

　4人の立候補者が闘った自民党の総裁選挙は面白かったが、2016年11月のドナルド・トランプ vs ヒラリー・クリントンの大統領選挙は、もっと面白かった。選挙が面白いのは学生自治会でも弁護士会でも同じだが、米大陸中西部のラストベルト地帯にあるウィスコンシン州の小さな町ディアラケンの町長選挙は？

　"スイング・ステート"ってナニ？坂本龍馬も感心したという、米国の大統領選挙のシステムとは？二大政党制の長所と短所とは？選挙とカネ問題への対処法は？選挙の勝敗は選挙コンサルタントの腕次第！？

　選挙は最高！"抱腹絶倒の選挙エンタテインメント"は必見！しかして、何とも皮肉な醍醐のどんでん返しは、あなた自身の目でしっかりと！

―― * ―― * ―― * ―― * ―― * ―― * ―― * ―― * ――

■□■選挙あれこれ！政権交代は武力革命で？いや選挙で！■□■

　民主主義の基本は選挙。政治を現実に動かすためには政党を作り、選挙で勝利し、権力を握らなければ！そして、そのためには選挙に勝利しなければ！それが"橋下徹理論"の出発点だが、選挙に勝利するためには、何をすればいいの？それが、"抱腹絶倒の選挙エンタテインメント！"たる本作のテーマだ。かつて、坂本龍馬はアメリカには士農工商という身分制度がなく、国のトップは入れ札（いれふだ）（選挙）で選ばれていたと着てびっくり仰天したそうだが、龍馬亡き後の明治政府が作ってきた日本式の民主主義とは？日本式の選挙とは？

　大学時代に学生運動に没頭していた私は、"マルクス・レーニン主義"の学習や実践を通して、「武力革命」に代表される選挙（投票）を通じた政権交代（民主主義革命）について長い間議論してきた。一時は"武力革命路線"に走っていた日本共産党も、私の大学時代

61

には、国会での多数派獲得による民主主義革命路線を模索していた。そんな中、大学卒業時に選挙によって実現した１９７１年の黒田了一民主大阪府政の登場は新鮮な驚きだった。また、１９７０年に起きた、地理での選挙によるアジェンデ政権の登場も驚きだった。当時の日本（国会）は、自社対決の構図だったが、京都の蜷川虎三府政に続いて、東京の美濃部亮吉都政、大阪の黒田了一府政、という革新自治体の登場はさまざまな期待を持たせるのに十分だった。

■□■選挙あれこれ！学生自治会は？弁護士会は？■□■

他方、学生時代の学生運動の拠点は学生自治体。かの有名な「全学連」は、「全日本学生自治会総連合」の略称だ。１９６７年４月に大阪大学法学部に入学した私は、すぐにクラス委員に立候補し、持ち前の演説力と好感度（？）で当選したが、当時の大阪大学法学部自治会の執行部は民主主義学生同盟という日本共産党・日本の声、志賀義雄一派のセクトが握っていた。そのため、"野党"だった私たちの党派は苦労したが、2回生の時の委員長、書記長選挙では大勝利した。しかし、当時、法学部の自治会で直接選挙で選ばれるのは委員長、書記長の２人だけで、他の執行委員は総会で選ばれるシステムだったから、チョー大変だった。このように大学3回生の１月まではそんな活動ばかりやる中で、私は選挙の面白さと大変さを身にしみて感じていた。

１９７４年４月に弁護士登録した後は、弁護士会の中にも会派（＝派閥）があり、事前の調整で決まらないときは、会長、副会長の選挙になることを知ってビックリ！また、その選挙の在り方が学生自治会のそれとは大違いであることにも驚かされた。９月後半に連日報道された自民党の総裁選挙は面白かったが、私の"イソ弁"時代に体験した大阪弁護士会の副会長選挙も面白かった。そこでは、もう少しで"番狂わせ"という意外な結末にビックリさせられた。また、私が弁護士登録と同時に入った会派（自民党の派閥と同じようなもの）は、製作を前面に押し出した選挙が"売り"だったが、１０年前の会長・副会長選挙では、北ノ新地の高級クラブに選対事務所を構えた各候補者による会員への接待と、豆腐御勧誘が日常茶飯事だったことを知り、それにもビックリさせられた。

■□■米国の大統領選挙は？スイング・ステートとは？■□■

選挙は民主主義制度の根幹だが、中国やソ連に代表される"民主主義以外の制度"の国にも選挙はある。２０２１年９月１９日に投開票されたロシア下院選挙では、プーチン政権与党の「統一ロシア」が定数４５０の3分の2を超える３２４議席を獲得して圧勝したが、これはかなりインチキ臭い。そのため、野党の共産党は選挙の不正を訴えて抗議集会を開いている。また、"一国二制度"の下で民主的選挙が保証されていたはずの香港も、今はすっかり様変わり。９月１９日に投開票された香港政府トップの行政長官を選ぶ「選挙委員会」（定員１５００）の委員選挙の投開票では、それまで3割弱を占めていた民主派の委員はゼロになり、親中派がほぼ独占したそうだ。これでは、これがホントの意味の選挙なのかどうかの判断は難しい。

他方、西欧の民主主義の優等生であるドイツでは、去る９月２６日に連邦議会選挙（総選挙）が投開票されたが、予想通りメルケル首相率いる中道左派のキリスト教民主・社会同盟（CDU／CSU）が第１党の座を失い、新たな連立政権作りで困難な課題を残している。そして、日本ではフルスペックの体制で実施された自民党総裁選挙の結果が９月２９日に明らかになった。

　米国は民主党 vs 共和党の二大政党制だし、大統領は４年ごとの直接選挙で選ばれることになっている。また、５０の州からなるアメリカ合衆国の選挙はアメリカ特有のものが多く、複雑だ。もともと、西欧流の民主主義と米交流の民主主義には大きな違いがあるうえ、大統領制と議院内閣制の違いも大きい。また、選挙資金の調達やテレビ CM など賛否両論の強い米国特有の選挙制度も多い。２０１６年１１月の民主党ヒラリー・クリントン vs 共和党ドナルド・トランプの大統領選挙は激戦になったが、その結果は意外や意外。皆さん、よくご承知のとおりだ。しかして、民主党の選挙参謀で、政治コンサルタントのディック・モリスは今どこで、どんなリベンジを狙っているの？本作のタイトル『スイング・ステート』とは「激戦州」のことだが、なぜ本作はそんなタイトルに？

■□■舞台はウィスコンシン州の田舎町！退役軍人を町長に！■□■

　本作の舞台は、トランプ vs ヒラリー選挙で優芽になった、"錆び付いたラストベルト地帯"と呼ばれる米国中西部の州の１つであるウィスコンシン州の田舎町ディアラケン。日本には兵役の義務がないから"退役軍人"は存在しない。しかし、アメリカではベトナム戦争が激化する中で徴兵拒否騒動が起きるまでは、徴兵制が憲法上の義務として完璧に実施されていたから、とりわけ地方都市には退役軍人がごろごろしている。２０１６年の大統領選で民主党の選挙参謀だったゲイリー（スティーヴ・カレル）がたまたま見たのは、ウィスコンシン州のディアラケンでジャック（クリス・クーパー）大佐が議会に乗り込み、不法移民問題が浮上する中、彼らのための製作についてリベラルな熱弁を振るっているインターネット上で拡散されている動画。ディアラケンが寂れたのは一体なぜ？その復活のためには、トランプが言うとおり、"アメリカ・ファースト"がベストなの？

　ディアラケンに住む多くの共和党支持者はそう思っているようだが、ジャックは違うらしい。しかも、ジャックの発言は一見過激なようだが、よく聞いていると、朴訥な喋りの中にも説得力があるうえ、熱を帯びてくるとその演説は一級品。これは使える！そう考えたゲイリーは民主党全国委員会を説得し、ディアラケンに乗り込み、ジャックに町長選への立候補を強く要請することに。当初ジャックが乗り気でなかったのは当然だが、選挙をゲイリー自身が仕切ることを条件に町長選への立候補を承諾したから、シメシメ。娘のダイアナ（マッケンジー・デイヴィス）が全面協力してくれる上、地元住民のボランティアも心強い限りだ。

　こうなれば、選挙のプロであるゲイリーの腕の見せ所。選対地味所は？スタッフは？資金集めは？広報は？田舎町ディアラケンは、にわかに町長選挙で活気づくことに！

■□■選挙は最高！抱腹絶倒の選挙エンタテインメント必見！■□■

　9月下旬に展開されたわが日本国の自民党総裁選挙は、"極めて真面目でお行儀の良い選挙エンタテインメント"だった。しかし、民主主義の本場、選挙の本場であるアメリカ発の本作は、それとは異質の"抱腹絶倒の選挙エンタテインメント"に仕上がっている。

　ラストベルトに位置するウィスコンシン州の小さな町で、民主党のゲイリーがジャック大佐を町長選挙に担ぎ出したと知った民主党の現職町長ブラウン（ブレント・セクストン）は、ゲイリーの宿敵である共和党の女性コンサルタント、フェイス・ブルースター（ローズ・バーン）を投入。その結果、ディアラケンを舞台に、ゲイリー対フェイスの因縁の対決、ひいては、民主党 vs 共和党の"仁義なき代理戦争"の火蓋が切って落とされることに！

　日本では、選挙＝カネ、カネ＝悪、と結び付ける傾向が強いが、"抱腹絶倒の選挙エンタテインメント"たる本作を観ていると、選挙とは金を集めることだ、ということがよくわかる。現職のブラウン陣営はフェイスのチカラで引っ張ってきた共和党の資金をフルに使って、ビルボード広告やテレビ CM に投じたから、ゲイリー陣営も今何よりも必要なのはカネ。そのため、ゲイリーはジャックとともにニューヨークに飛び、裕福な民主党支持者たちのパーティーに出席。そこでは、ジャックの感動的な演説のおかげで資金調達に成功したから万々歳！また、フェイスがルイジアナの億万長者の支援を取り付ければ、ゲイリーは別の億万長者を担ぎ出すことに。

　町長選挙の現場はそんな"仁義なき戦い"だが、そこでの世論調査は自民党の総裁選挙以上に精密だ。両陣営とも日々移り変わっていく情勢の分析に懸命だが、ある日、ゲイリー陣営の分析のエキスパートの女性ティナ（ナターシャ・リオン）のミスで、カトリック修道会の尼僧たちに避妊を推奨するようなパンフレットを配ってしまったから大変。せっかく上がった支持率が一

気に下落したばかりか、その顛末はCNNで全米に報道され、次期大統領選挙への影響まで危惧される始末だ。さあ、運命の投票日の結果は如何に？

■□■あっと驚く"どんでん返し"は？誰が誰を利用したの？■□■

　自民党総裁選挙でも、党員・党友票を含む1回目の投票で岸田氏が河野氏を1票上回るという予想外の結末が起きたが、本作に見る激戦の投票結果は？近時の邦画はストーリーがミエミエなら、結末もミエミエの分かりやすさが目立つ。しかし、本作のようなハリウッドの"怪作"はそうではない。ブラッド・ピット率いる製作会社「プランB」が手掛けた近時の"怪作"には『マネー・ショート　華麗なる大逆転』（15年）（『シネマ37』232頁）や『バイス』（18年）（『シネマ45』17頁）があるが、本作もそれと同じように、誰もが知っている有名な事件をネタにした超"怪作"だ。

　2016年11月のトランプvsヒラリーの選挙ほど面白い選挙はなかったから、それを映画にしない手はない。そんな狙いの下で、ブラッド・ピットやジョン・スチュワート監督たちが練りに練った本作は、投票当日の結末の中に、あっと驚くどんでん返しが待っているので、それに注目！もちろん、それをここで明らかにすることはできないので、そのどんでん返しとその後の展開はあなた自身の目でしっかりと！そこで目を吐くのは、退役軍人にすぎない（くせに）演説能力の高いジャックのしたたかさ。それはもちろんだが、本作ではそんな父親の良き理解者であり、補助者に過ぎないと思われていた、28歳の娘ダイアナのしたたかさがそれ以上に際立ってくるので、それに注目！

　本作と同じ時期に観た『ミス・マルクス』（20年）は、カール・マルクスの4女エリノア・マルクスの伝記映画だった。そこでは、エリノアがドイツ社会主義労働者党の活動家として革命闘争に奔走する姿が描かれていたが、それは本作におけるダイアナの姿と同じ。本作ラストの"どんでん返し"の物語の中で、ゲイリーはダイアナに対して「私を利用したな」ともングをつけるが、そんなことをいうのなら、ゲイリーはワシントンD.C.の民主党全国大会で「ジャックを利用する」と語っていたはずだ。しかして、そんなゲイリーの言い分に対するダイアナの反応は、「利用したのは制度よ」だったが、さてその意味は？

　本作のパンフレットには、大場正明氏（映画評論家）の『滑稽さのなかから浮かび上がる不条理』がある。しかし、そこには「※本稿は物語の結末に触れていますので、本編鑑賞後にお読みください。」と書かれているので、私もそれを尊重したい。一言だけ言えるのは、アメリカの選挙と金の問題は複雑だということ。日本でも、「政治資金規正法」を中心とする選挙と金の問題は複雑で奇々怪々だが、アメリカではそれ以上だ。それを本作でしっかり勉強しながら、ハリウッド発の"抱腹絶倒の選挙エンタテインメント"をしっかり楽しみたい。

2021（令和3）年10月5日記

Data

監督・脚本：M. ナイト・シャマラン

原案：フレデリック・ペータース、ピエール・オスカル・レヴィー『SANDCASTLE』

出演：ガエル・ガルシア・ベルナル／ヴィッキー・クリープス／アレックス・ウルフ／トーマシン・マッケンジー／ルーファス・シーウェル／ケン・レオン／ニキ・アムカ＝バード／アビー・リー

★★★★

オールド

2021 年／アメリカ映画
配給：東宝東和／108 分

2021（令和3）年 9 月 4 日鑑賞　　TOHO シネマズ西宮 OS

👀 みどころ

　あっと驚く"隠しネタ"の鬼才、M. シャマラン監督が本作で設定した美しいビーチでは、３０分が通常の１年、１日は約５０年。そうすると・・・？

　本作中盤のサスペンス性とホラー度に注目だが、本来のテーマは"老い"。秦の始皇帝は"不老不死の薬"を求めたが、本作の主人公たちは？

　日本はなぜワクチン敗戦に至ったの？日本初のワクチンはなぜできないの？ネタバレ厳禁ながら、そんな悔しさ（？）と対比させながら、本作の問題提起をしっかり受け止めたい。

───＊───＊───＊───＊───＊───＊───＊───＊───＊───

■□■絶頂からどん底を経たシャマラン監督が見事に復活！■□■

　ネタバレ厳禁映画は多いが、２９歳のM. シャマラン監督が１９９９年に発表した『シックス・センス』はまさにその代表。私はずっと意味が分からなかった！いや、私はあの時点で分かった！そんな"論争"があちこちで繰り広げられ、一躍彼は世界のビッグネームになった。しかし、その後彼が発表した作品は、私が観た作品だけでも『ヴィレッジ』（０４年）（『シネマ6』３１０頁）、『レディ・イン・ザ・ウォーター』（０６年）（『シネマ１２』７２頁）、『ハプニング』（０８年）（『シネマ２１』２９１頁）、『アフター・アース』（１３年）（『シネマ３１』２５２頁）があるが、必ずしも成功したものばかりではない。むしろ、観客動員数と興行収入が次第にジリ貧になっていく中、シャマラン作品から手を引く製作会社が次々と。本作のパンフレットには、猿渡由紀（映画ジャーナリスト）の『シャマランにとって特別な意味で誇りを感じる作品』があり、そこでは絶頂からどん底を経て見事に復活を果たしたシャマラン監督の生きザマが解説されているのでこれは必読！

　他方、村山章（映画評論家）の『円熟のキャリアに達したシャマランが、普遍的な複数のテーマに果敢に挑んだ真摯な名作』は、「シャマラン映画のドンデン返しは、言うなれば

キャラメルの箱についてくるおまけのオモチャみたいなものだ」としたうえで、本作について、まさにタイトルどおりの分析を加えている。本作がどこまでヒットするのかは知らないが、まさに絶頂からどん底を経て、見事にシャマラン監督が復活！

■□■ビーチの３０分は通常の１年、１日は約５０年。すると？■□■

原題も邦題も『OLD（オールド）』とされた本作のチラシに躍る文字は、「たった一日で老いて朽ち果てるバカンスに隠された、衝撃の真実とは？」というもの。また、何度も観た予告編では、美しいビーチを訪れた４人家族が紹介された後、突然姿を消した息子を探している母親が「私の息子を見かけませんでしたか？」と聞くと、「ママ、僕はここにいるよ！」と答えるシーンが登場するが、そこでは６歳だった息子が青年に急成長していたから、ビックリ！これは一体ナニ？

ここまでは事前に公開オーケーとされた情報だが、スクリーンを観ていると、特別にご招待された客だけが送り込まれた美しいビーチ上では、３０分が通常の１年、１日が約５０年のスピードで過ぎるらしい。しかし、それは、ビーチ内にいる当事者にとっては、「なるほど、なるほど、すると・・・」、と納得しながら聞ける話ではない。そんなバカな！子供たちがあんなスピードで成長しているのなら、大人たちの老化は？

■□■導入部から一転！中盤のサスペンス度は？ホラー度は？■□■

本作は、導入部で美しいプライベートビーチでの楽しそうな雰囲気を見せつけた後、しばらくして時間が急速に進む実態が示され、さらにその理由は、ビーチを囲む岩が細胞を急速に成長させる特殊な鉱石であるためだ、ということが暗示される。そんな設定だから、映画としては、それが明らかになるまでのサスペンス度がテーマになるので、それに注目！

また、本作中盤では、時間が急速に進むことによって生まれるさまざまな"恐怖"がこれでもか、これでもか、という形で示されるので、それにも注目！たとえば、子供だった男女が急速に成長し、あっという間のエッチで生まれてきた子供の運命は？

他方、本作の主人公となる保険数理士のガイ・キャパ（ガエル・ガルシア・ベルナル）と博物館学芸員のプリスカ・キャパ（ヴィッキー・クリープス）は、楽しいはずのこの家族旅行で離婚の話し合いをする予定だったようだが、その原因はプリスカが下腹部に腫瘍を抱えていたため。時間が急速に進めば、その腫瘍の悪化の速度は？

そんなこんなのさまざまな状況が急展開していく本作中盤では、M. シャマラン監督特有のホラー度をしっかり確認したい。

■□■人間の寿命とは？老いとは？■□■

『大脱走』（６３年）の"脱走の失敗"と同じように、本作でもビーチから泳いで逃げたのが失敗なら、崖をよじ登っての脱出も失敗。死者の数を重ねていくだけだった。しかして、１日が終わろうとする今、マドックス（トーマシン・マッケンジー）とトレント（アレックス・ウルフ）が既に大人になっているのだから、その両親であるガイとプリスカは既に老人に。「人間５０年」と悟っていた織田信長の活動期は結構長かったが、ガイとプリ

スカの壮年期と老年期はわずか1日だけだから、そりゃ儚いもの・・・？

　それはそれで仕方ないが、問題は崖の上からビーチを監視しているらしい人物がいること。こりゃ一体ナニ？冒頭、ガイとプリスカから一族を笑顔で迎え、特別サービスとしてビーチへ送り込んでくれたマネージャー（グスタフ・ハマーステン）が怪しい人間であることは明らかだが、これを見れば何らかの"陰謀色"がプンプンと。そんな状況下でも、プリスカはビーチでの緊急の簡易手術（？）が成功したおかげで長生きできたし、他の人々がそれぞれ悲惨な最期を遂げる中、この夫妻は老衰死するまで生き延びることができたから、それなりに幸せ？そう思えるかどうかがM.シャマラン監督の本作における"問いかけ"だが、それに対するあなたの"答え"は？そして、マドックスとトレントの"答え"は？

■□■イドリブ少年の暗号メモは？再度の脱出作戦の成否は？■□■

　本作は、ラストになってやっと、ホテルに到着した6歳のトレント（ノーラン・リバー）がホテルのマネージャーの甥っ子であるイドリブ少年と友達になって遊んでいたことの意味が明らかにされる。それが、"御一行"がプライベートビーチに向かう際に、イドリブがトレントに渡していた"暗号の手紙"だ。

　何度かスクリーン上に示されるその暗号は子供じみたものだから、2人の少年だけの子供じみた遊びの産物！そう思っていたが、今やすっかり成年になり、両親を老衰で失ってしまったトレントが、改めてその暗号の解読に挑んでみると・・・。ストーリーのラスト近くになって、やっとその暗号が「僕の叔父さんは珊瑚が嫌い」と読み解けたようだが、さてその意味は？そして、その後、トレントとマドックスが再度挑んだ脱出作戦の成否は？

　M.シャマラン監督の衝撃のデビュー作『シックス・センス』が"ネタバレ厳禁"だったのと同じように、当然本作もネタバレ厳禁。しかして、チラシに書かれた「バカンスに隠された、衝撃の真実」は、あなた自身の目でしっかりと！

■□■9月6日付日経新聞「夕刊文化」で本作を紹介！■□■

　私は朝日、読売、産経、日経の4紙を購読しているが、この評論を書いている2021年9月6日（月）の日経新聞「夕刊文化」の欄に、「シャマラン監督がスリラー新作」、「緊張・不安あおる謎解き」という見出しの紹介記事を発見した。インタビューの中で彼は、「子供の頃から謎解きに中毒している」と語り、『シックス・センス』に続いて、再び本作で「観客の緊張感と不安感を煽って」いるが、そこでも、「一時、興行的にも批評的にも低迷したが『スプリット』（17年）が大ヒットし復活を果たした。」と紹介されている。

　私が注目したのは、彼が「原作を繰り返し読んでいるうちに映像化したくなった。その理由は4つある」と述べた上、①ビーチにミステリーゾーンのような雰囲気があること、②ブラックコメディーの要素が感じられること、③設定の中に深い哲学が織り込まれていること、④海外が舞台になっていること、を挙げていること。当然、私たちが注目すべきは、「設定の中に織り込まれている深い哲学」だが、あなたは本作の"哲学性"をどう受け止める？　　　　　　　　　　　　　　　　　　　2021（令和3）年9月8日記

Data

監督：ケイト・ショートランド
脚本：エリック・ピアソン
出演：スカーレット・ヨハンソン／
　　　フローレンス・ピュー／デビ
　　　ッド・ハーバー／O・T・ファ
　　　グベンル／ウィリアム・ハー
　　　ト／レイ・ウィンストン／レ
　　　イチェル・ワイズ

SHOW-HEY シネマルーム

★★★

ブラック・ウィドウ

2021年／アメリカ映画
配給：ウォルト・ディズニー・ジャパン／134分

2021（令和3）年7月17日鑑賞	シネ・リーブル梅田

■□■ショートコメント■□■

◆私は「マーベルコミックもの」や「アメコミもの」は嫌いではない。むしろ、『スパイダーマン2』（04年）（『シネマ6』14頁）、『スパイダーマン3』（07年）（『シネマ14』222頁）、『アイアンマン2』（10年）（『シネマ25』未掲載）、『X-MEN：ファイナル ディシジョン』（06年）（『シネマ11』404頁）、『ハルク（HULK）』（03年）（『シネマ3』107頁）、『ファンタスティック・フォー』（05年）（『シネマ8』131頁）等、それらの作品を私は結構よく観てきた。しかし、それらのキャラを終結させた『アベンジャーズ』（12年）になると、さすがに、「またか！」となり、『アベンジャーズ　エイジ・オブ・ウルトロン』（15年）（『シネマ36』未掲載）が私の最後になった。

　しかし、アベンジャーズの一員ながら、スカーレット・ヨハンソン扮するブラック・ウィドウの女スパイ、ナターシャ・ロマノフに焦点を当てた作品ともなると、そりゃ必見！事前の情報によると、『エンドゲーム』（19年）でナターシャは死亡したはずだが、その葬儀が劇中で描かれることはなかったらしい。それはなぜ？そりゃきっと・・・。

◆『真珠の耳飾りの少女』（03年）（『シネマ4』270頁）で強い印象を残した女優スカーレット・ヨハンソンを、ウッディ・アレン監督は『マッチポイント』（05年）で主役に抜擢したが、同作のスカーレット・ヨハンソンは前半と後半で全く別人のような見事な演技を見せていた（『シネマ15』129頁）。このまま順調に成長すれば、第2のケイト・ウィンスレットに！私はそう期待していたが、『アイアンマン2』にブラック・ウィドウ役で登場すると、以降「マーベルコミックもの」に取り込まれてしまったかのように、その手の役が増えていった。

　別にそれが悪いとは言わないが、そのままいけば「第2のミラ・ジョヴォヴィッチ」のようなアクション路線一辺倒になってしまい、せっかくの演技派としての能力を狭めてしまうのでは？大きなお世話ながら、そんな心配をすることに。

◆本作の上映は東宝系のシネコンではなく、単館系のシネ・リーブル梅田。ふつうここは、じいさん・ばあさんばかりで、若い人はほとんどいない。ところが、今回はギリギリセーフで空席をキープできたが、以降の上映はすべて満席になっていたからビックリ。なるほど、映画通好みのクソ難しい映画ではなく、本作のような大量宣伝される「アメコミもの」を上映すると、若者がこんなに集まることがよくわかった。

　若人は常にアベックか友人連れだし、映画鑑賞とポップコーン購入がセットと思い込んでいるから、ボリボリとうるさい限り。劇場はもうかるから若人大歓迎だろうが、いつも１人で静かにスクリーンを観ているじいさんには少しうっとうしい。やはり、シネコン系と単館系とでは上映作品の仕分けを徹底させた方がいいのでは？

◆東西冷戦時代のスパイ映画は『寒い国から帰ってきたスパイ』（６５年）を代表として、シリアスなものが多かった。本作でも、導入部で描かれるブラック・ウィドウ養成の物語はシリアスだ。そして、『万引き家族』（１８年）（『シネマ４２』１０頁）や『パラサイト　半地下の家族』（１９年）（『シネマ４６』１４頁）、『共謀家族』（１９年）ならぬ、「スパイ家族」とも言うべき父親アレクセイ・ショスタコフ（デヴィッド・ハーバー）と母親メリーナ・ヴォストコフ（レイチェル・ワイズ）、長女ナターシャ（スカーレット・ヨハンソン）、次女エレーナ・ベロワ（フローレンス・ピュー）の家族が、導入部に続いて迎える大きな試練のシークエンスもインパクトがある。これは面白そう。本作のストーリーは如何に？

　私がビックリしたのは、母親のメリーナ・ヴォストコフ役をレイチェル・ワイズが演じていたこと。言うまでもなくレイチェル・ワイズは、『女王陛下のお気に入り』（１８年）（『シネマ４３』２５頁）で英国アカデミー賞助演女優賞を受賞した他、『否定と肯定』（１６年）（『シネマ４１』２１４頁）や『光をくれた人』（１６年）（『シネマ４０』２３９頁）等で素晴らしい演技を見せてくれた美人女優だ。『ナイロビの蜂』（０５年）（『シネマ１１』２８５頁）も『マイ・ブルーベリー・ナイツ』（０７年）（『シネマ３４』３６８頁）も良かった。そんなレイチェル・ワイズが本作では、冷徹非情な任務に徹するレッドルームの支配者のドレイコフ（レイ・ウィンストン）に忠実な女科学者役を演じているが、それは善玉？それとも悪玉？

◆また、ナターシャとエレーナの父親役のデビッド・ハーバーも『ヴァージニア・ウルフなんかこわくない』（０５年）に出演していた演技派だが、本作前半での家族を守るための父親としての奮闘ぶりは胸に迫るものがある。しかし、後半からの登場は・・・？

　意外に本作でウェイトが大きいのがナターシャの妹エレーナ・ベロワ役のフローレンス・ピュー。彼女は『ストーリー・オブ・マイライフ/わたしの若草物語』（１９年）（『シネマ４７』１０頁）で第９２回アカデミー助演女優賞にノミネートされた演技派だが、本作ラストに予告された続編では主役に抜擢されそうだから、それにも注目！

　『共謀家族』では妻子を守るための父親の奮闘がメインだったが、本作は、『万引き家族』や『パラサイト　半地下の家族』の家族と同じように、家族４人それぞれの奮闘ぶりが興味深く描かれるので、それなりにグッド！　　　　２０２１（令和３）年７月２１日記

Short ショートコメント　★★★

Data	2021-107
監督：	ジャウム・コレット＝セラ
出演：	ドウェイン・ジョンソン／エミリー・ブラント／エドガー・ラミレス／ジャック・ホワイトホール／ジェシー・プレモンス／ポール・ジアマッティ

ジャングル・クルーズ

2021年／アメリカ映画
配給：ウォルト・ディズニー・ジャパン／127分

2020（令和2）年9月14日鑑賞	シネ・リーブル梅田

👀 みどころ

　あなたは東京ディズニーランドの人気アトラクション、「ジャングル・クルーズ」に乗ったことがある？ディズニー映画の面白さは『パイレーツ・オブ・カリビアン』シリーズ（03年～16年）等で実証済みだが、"クリスタル（月）の涙"と呼ばれる"奇跡の花"を求めて、アマゾン奥深くのジャングルへやって来たエミリー・ブラント扮する英国の女性医師は、いかなる活躍を？

　それを助けるジャングル・クルーズの船長と、それに対抗するあっと驚く武装をしたドイツの「Uボート」（？）の戦いは如何に？

　中学時代に奈良の「ドリームランド」で体験したアトラクションを思い出しながら久しぶりに童心へ。たまには、こんな映画で頭の中をカラッポに！

—— * —— * —— * —— * —— * —— * —— * —— * ——

◆私は東京ディズニーランドに1度だけ行ったことがあるが、人気アトラクション「ジャングル・クルーズ」に乗ることはできなかった。小学生時代にはじめて見学した、奈良の「ドリームランド」の面白さをはっきりと覚えている私は、"その手の遊び"も大好きだから、本作は必見！

　ウォルト・ディズニーの子供向け（？）映画の面白さは、『パイレーツ・オブ・カリビアン』シリーズ（03年～16年）（『シネマ3』101頁、『シネマ11』20頁、『シネマ15』14頁）を観れば明らかだ。もっとも、同シリーズは敵味方入り乱れた多くのキャラが暴れまわる血沸き肉躍る物語だったが、本作のテーマはただ1つ。それは「不老不死の伝説」だ。

◆『パイレーツ・オブ・カリビアン』の主役は、ジョニー・デップが演じた海賊のジャック・スパロウだったが、そのストーリーの中には常にキーラ・ナイトレイ扮するエリザベス・スワンがいた。それと同じように、本作の主人公はジャングル・クルーズの船長フランク（ドウェイン・ジョンソン）だが、ストーリーの核は"クリスタル（月）の涙"と呼ばれる"奇跡の花"を求めるためにやってきたイギリス人の女性医師リリー（エミリー・

ブラント）になる。

破天荒な両主人公のキャラが"売り"になっているのは両作とも共通だが、全く違うのは『パイレーツ・オブ・カリビアン』のエリザベスは美しいドレス姿が"売り"だったのに対し、本作のリリーはパンツ姿が"売り"であること。2人の年齢差はさておき、両美女の活躍度の比較も面白いのでは？

◆「ジャングル・クルーズ」に同行する弟のマクレガー（ジャック・ホワイトホール）がイギリス紳士らしい正装であることに比べれば、リリーのパンツ姿は異様だから、彼女に雇われた船長フランクはリリーのことを「パンツ」と呼ぶほどに。なるほど、なるほど・・・。それも面白いが、もっと面白いのはアメリカ初の女性大統領と期待されたヒラリー・クリントンはあとわずかのところで夢が阻止されてしまったのに対して、エミリーの夢はどうなるのかということ。リリーはあの時代の女性の枠を大きく超えたキャラと行動力の持ち主だから、ひょっとして・・・？

◆ジャングル・クルーズは、ウォルト・ディズニー氏が南米コロンビアの川をさかのぼった経験のもとに構想されたそうだが、それをアトラクション化するについては、アマゾン川、ナイル川、イラワジ川を参考にし、出現する動物たちもそこら辺りの生き物にしたらしい。したがって、そのアトラクション化については「何でもあり！」だが、それはジャングル・クルーズを映画化するについても同じだ。
本作では、第1に「伝説に近づく者は呪われる」と言われている伝説がスクリーン上に登場するので、それに注目！"アメリカ大陸の征服者"という肩書を持つ男アギーレ（エドガー・ラミレス）はその呪いにかかって石にされてしまったそうだが、さてその姿は・・・？そして、第2にリリーと同じく"奇跡の花"を求める"敵役"として、何と「Uボート」ならぬ小型潜水艦に乗り込んだ、ドイツ帝国の王子であるヨアヒム（ジェシー・プレモンス）が登場してくるので、それに注目！その残忍さと共に、いかにもドイツ人らしい（？）発想と団体行動の在り方は？

◆本作のクライマックスになる舞台は、アマゾンの上流奥深くにある「クリスタルの涙」だが、そこでの最終決戦は如何に？それを楽しむためには、導入部における、フランクとリリー、マクレガーの3人＋1匹のトラ（ネコ？）による「ジャングル・クルーズ」結成のストーリーからじっくりと楽しみたい。たまには、理屈抜きでこんな楽しい映画もいいもの！そして、こんな楽しい映画には、これ以上の評論は不要だろう。

２０２１（令和３）年８月２０日記

第2章 ヨーロッパ

73

Data

監督・脚本：ドロン・パズ　ヨアヴ・パズ

出演：アウグスト・ディール／マイケル・アローニ／シルヴィア・フークス／イーシャイ・ゴーラン

SHOW-HEY シネマルーム

★★★★★

復讐者たち

2020年／ドイツ・イスラエル映画
配給：アルバトロス・フィルム／110分

2021（令和3）年5月9日鑑賞	オンライン試写

👀 みどころ

　数々の"ホロコーストもの"から教えられる"知られざる歴史"は多い。『ディファイアンス』（08年）では、"だんご三兄弟"ならぬ"ヒットラーと闘ったユダヤ人三兄弟"を知った。しかして、本作では"ユダヤ旅団"や"ハガナー"を知り、ヘブライ語で"復讐者"を意味する"ナカム"と、そのリーダーたる"アッバ・コヴナー"を知ることに。

　さらに、「プランA」、「プランB」は日常用語だが、大戦後、"ナカム"が計画した600万人のドイツ人を殺害する「プランA」とは一体ナニ？

　こりゃ、すごい！映画は"つくりもの"だが、さあ、"復讐者"たちのスクリーン上での展開は・・・？

――― * ― * ― * ― * ― * ― * ― * ― * ― * ―

■□■第二次世界大戦直後の"知られざる歴史"にビックリ！■□■

　私は中学時代から歴史が大好きだったから、今でもNHKの"歴史秘話ストーリー"のような番組が大好きだし、"大河ドラマ"の鑑賞も欠かせない。映画でも"歴史モノ"が大好きだ。しかし、知っているようで知らないのが"歴史モノ"であるうえ、たまには本作のような、それまで全く知らなかった"歴史モノ"に巡り合うこともある。

　『復讐者たち』という邦題を見た時、私はすぐにアラン・ドロン主演の『冒険者たち』（67年）を思い出したが、本作は原題が『Nakam』で、英題が『PLAN A』。ちなみに、『トロイ（TROY）』（04年）（『シネマ4』59頁）、『ディパーテッド』（06年）（『シネマ14』57頁）、『ジェシー・ジェームズの暗殺』（07年）（『シネマ18』35頁）、『ツリー・オブ・ライフ』（11年）（『シネマ27』14頁）、『マネー・ショート　華麗なる大逆転』（15年）（『シネマ37』232頁）、『ムーンライト』（16年）（『シネマ40』10頁）、『ビール・ストリートの恋人たち』（18年）（『シネマ43』32頁）等の名作を製作

し続けている映画製作会社の名前がブラッド・ピット率いる「プランBエンターテインメント」だが、本作の英題『PLAN A』とは一体ナニ？

　一般的にも「プランA」と「プランB」という言葉は使われているが、本作の原題とされている『PLAN A』とは、実は第二次世界大戦直後の１９４６年に計画されたユダヤ人によるドイツ人への恐ろしい復讐計画のことらしい。それは、ナチス・ドイツによるユダヤ人へのホロコーストの復讐として、"目には目を、歯には歯を"の精神に沿って、６００万人のドイツ人を殺すというもの。その手段は、ニュルンベルク、ワイマール、ハンブルク、フランクフルト、ミュンヘンという５つのドイツの都市の水道水に毒を流すというものだ。この『PLAN A』の実行計画を練ったのは、アッバ・コヴナーという男が率いる"ナカム（Nakam）"という超過激組織らしい。えぇ、知らなかったなぁ、そんな歴史は！まさに、第二次世界大戦直後のそんな"知られざる歴史"にビックリ！こんな映画から、しっかり勉強しなければ！

■□■この男（ユダヤ人）はなぜここに？彼の妻子は？■□■

　本作はテレンス・マリック監督の最新作『名もなき生涯』（１９年）（『シネマ４６』８２頁）で主人公役を熱演した俳優、アウグスト・ディール演じるマックスが、収容所から生き残ったユダヤ人として、とあるドイツ人の家を尋ねるシークエンスから始まる。そんな"招かれざる客"をドイツ人一家が警戒したのは当然だが、銃を手に表に出てきた家長に対してマックスは、「なぜ我々を密告した？」「ルートとベンジャミンはどこに？」と詰問したから、事態は深刻だ。それに対して、家長は銃尻でマックスを殴りつけた上、「敷地に入るな！」「終戦でユダヤ人が安泰だと思うな！」と言い返したのはある意味当然だが・・・。

　奇跡的に過酷な収容所から生き延びることができたマックスは何とか故郷に戻り、妻子の安否を探ろうとしていたわけだが、この様子ではそれは難しいようだ。そんな失意の中、近くのユダヤ人キャンプに潜入したマックスは、英国軍の"ユダヤ旅団"と遭遇し、ミハイル（マイケル・アローニ）と知り合うことに。しかし、"ユダヤ旅団"って一体ナニ？

■□■ユダヤ人旅団とは？その役割は？■□■

　『復讐者たち』の「プレス原稿」にある、武井彩佳（学習院女子大学教授）のコラム「犠牲者の復讐についてのエッセイ」によれば、１９４４年末、既に連合軍が上陸していたイタリアに、イギリス軍の一部隊としてパレスチナのユダヤ人により編成された部隊がやってきたらしい。ヨーロッパの歴史において、武装したユダヤ人を目にすることはほとんどなかったから、白地に青のダヴィデの星が描かれた旗をたなびかせ、軍用車で北上するこの部隊を見て、「ユダヤ人が復讐に来た」と恐怖した者たちは少なくなかったそうだ。このユダヤ旅団の一部は、イタリア北部やオーストリアのチロル地方で活動する間、民間人のあいだに身をひそめる親衛隊将校らを狩り出し、処刑して回ったらしい。

　同氏のコラムはそれについて、「もちろんこうした『裏』の歴史は、公式の歴史記述には登場しない。加えて関係者は長く沈黙を守ってきたため、実際にどれほどのナチが処刑さ

れたか正確な数は知り得ない」と書かれている。なるほど、なるほど。『ディファイアンス』
（08年）（『シネマ22』109頁）では、“だんご三兄弟”ならぬ、“ヒットラーと闘っ
たユダヤ人三兄弟”の物語を知ってびっくりさせられたが、本作では“ユダヤ旅団”があ
ったことにビックリ。

　他方、スクリーン上では、ある女性から、妻子がナチスの手によって無残な殺され方を
したと聞かされたマックスが、やり場のない怒りと悲しみに暮れるシークエンスが映し出
された後のマックスの行動に注目！それは、ユダヤ人キャンプ内で知り合いになったミハ
イルが“ユダヤ旅団”の一員として、ナチスの残党を密かに処刑していることを知ったマ
ックスが、「仲間に入れてくれ」と申し出ること。その動機はもちろん妻子を殺害されたナ
チス・ドイツへの怒りと復讐だが、“ユダヤ旅団”はマックスを受け入れるの？

■□■ナカム(Nakam)とは？アッバ・コヴナーとは？■□■

　“ナカム(Nakam)”について、また、アッバ・コヴナーについて、Wikipedia は詳しく
解説している。また、「プランA」、「プランB」についても詳しく解説している。それによ
ると、ヘブライ語の“復讐”を意味する「ナカム」とは、1945年に、ホロコーストの
間に600万人のユダヤ人の殺害に対する復讐としてドイツ人とナチスを殺そうとした約
50人のホロコースト生存者のグループのこと。また、「アッバ・コヴナー」はそのリーダ
ーの名前だ。ソ連のパルチザンとして戦いながら戦争を生き延びた彼は、戦後、600万
人のドイツ人を殺害するという「プランA」を計画し、その実行に使うための大量の毒薬
の獲得には成功したものの、帰りの船内でイギリスの警察に逮捕されたため、「プランA」

は失敗に終わったそうだ。この「ナカム」については、当然ながら前述のコラム「犠牲者の復讐についてのエッセイ」でも詳しく解説してくれているので、これは必読！

　ミハイルに頼み込み、晴れてユダヤ旅団の一員になったマックスがある日、とある森の中でユダヤ人のパルチザン組織と遭遇したが、これが「ナカム」らしい。戦争の終結を知らないまま潜伏していたその一味は自らをナカム（復讐者）と称し、ユダヤ旅団よりもはるかに過激な報復活動を実行している組織だったが、その実態は？他方、ユダヤ旅団での任務が完了したミハイルは故郷パレスチナの軍事組織"ハガナー"に入隊することになったが、この"ハガナー"って一体ナニ？本作では本当に知られざる歴史が次々と！

■□■ハガナーとは？ハガナーはナカムと対立？■□■

　任務を完了したミハイルが新たに入隊することになった、"ハガナー"とは、パレスチナの軍事組織のこと。そして、Wikipedia は「ハガナー」について、「かつて存在したユダヤ人の軍事組織のこと。イスラエル国防軍の基礎となった」と解説している。また、その歴史は長いが、「大戦終了後には、ユダヤ人移民促進と国家建設のために右派のエツェルやレヒと組んで破壊活動を含む反英行動を行ったが、小規模のエツェルやレヒと違い失うものが多く、逆に英国当局の圧力で右派ユダヤ人の拘束に協力した」と解説されている。

　そんなハガナーでの本作に見るミハイルの新たな任務は、ユダヤの危険分子であるナカムの行動を監視すること。元ナチスのみならず、ドイツの民間人に対しても憎悪をたぎらせているナカムは、今、ニュルンベルクで大規模な復讐計画をもくろんでいるらしい。そんな驚くべき話を聞いたマックスは、恩あるミハイルへの協力を約束し、ミハイルからハガナーの身分証を受け取ったが、さあ、彼はそんなハガナーの一員として行動するの？それとも・・・？

■□■ナカムの女性アンナに注目！憎しみと悲しみ、任務は？■□■

　『スターリングラード』（０１年）（『シネマ１』８頁）は、スナイパー（狙撃手）同士の対決を描いたすごい映画だったが、同時に、同作で見た、あっと驚く手に汗握る緊張したベッドシーンは生唾モノで、歴史に残る名ベッドシーンだった。しかして、本作でも、一瞬それと同じような、歴史に残る名ベッドシーンが登場するので、それに注目！そのお相手は、かつて森の中でマックスの危ういところを救ってくれたナカムの女性、アンナ（シルヴィア・フークス）だ。アンナはマックスの妻子が無残な殺され方をしたことを教えてくれた女性だが、それはアンナも同じ立場だったから。つまり、彼女はその地獄を自ら体験していたわけだ。

　そんなアンナが今、ニュルンベルクでナカムのメンバーとして、活動していたのは当然かもしれない。しかし、マックスは今、ハガナーの一員として、ナカムが計画している大規模な復讐計画の内容を探る任務に従事しているのだから、アンナに近づくのは危険。そう思っていると、案の定、アンナの後をつけたマックスは発見され、ナカムのリーダー、アッバ・コヴナー（イーシャイ・ゴーラン）の尋問を受けることになったが、そこでのマ

ックスの処分は？ここらあたりの心理描写や個々の展開は迫力満点だが、アッバがマックスをあっさり許したのが意外なら、アッバがマックスとアンナの２人に一夜の寝床を提供したのも意外だ。

　他方、その日の深夜、アンナの枕もとで、ドイツの５つの都市に意味ありげな印をつけられた地図を発見したマックスは、翌朝にはアンナから３人のメンバーが水道施設の復興工事現場で働いていることを探り当てることに。そして、ナカムの狙いは水道水に毒物を混入し、ドイツの市民６００万人を殺害することだという情報をミハイルに伝えたが、その後の展開は？マックスは、今後のハガナーの一員としてミハイルの指示どおり、スパイ役に徹するの？それとも、アッバやアンナに共鳴してハガナーを裏切り、アッバに協力するの？もっとも、「プランＡ」が成功するか否かのカギは、アッバがパレスチナから大量の毒物を持って帰って来れるかどうかだが・・・。

■□■６００万人のドイツ人の命の水に毒を！？その入手は？■□■

　近時、「紀州のドンファン」こと野崎幸助の殺人事件の容疑者として、元妻の須藤早貴が逮捕された。ＴＶ報道によれば、彼女はネット上で野崎氏の死亡原因となった覚醒剤を入手するべく動いていたそうだが、さて、公判における殺人の立証は？

　そんな個人レベルの問題も大変だが、今、マックスがアンナらと共に水道工事の現場で働く中でたどり着いた、恐るべき「プランＡ」の内容は、水道水に大量の毒物を混入することによって、それを飲む６００万人のドイツ人を殺害するというもの。アッバが忽然と姿を消したのは、そのための大量の毒物を調達するべく、パレスチナに飛んだためらしい。前述のように、ユダヤ人の軍事組織であるハガナーは、同じユダヤ人の組織ながら、極右で危険なナカムを摘発すべく英国に協力していた。マックスが水道工事の現場に潜入し、アンナ達と共に働いていたのは、ミハイルのスパイとしてアッバやアンナ達の動きを監視するためだ。しかし、マックスのナチス・ドイツに対する恨みや復讐心はアンナと同じだ。そう考えると、ハガナーの一員として行動していたはずのマックスは、いつの間にかアンナと同じように、ナカムがもくろむ「プランＡ」の実行に協力するのでは・・・？

　スクリーン上を見ていると、そんな思いがどんどん強くなっていく。そんな展開の中、大量の毒物調達のためパレスチナに赴いていたアッバの動きは如何に？本作はクライマックスに向けてそれが焦点になっていく。歴史上の事実は Wikipedia を読めばわかるが、映画はあくまで作り物だ。しかして、本作を監督、脚本したドロン・パズ、ヨアヴ・パズ兄弟は、本作のクライマックスを如何に描くの？６００万人のドイツ人が飲む水道水に大量の毒物は混入されるの？それは、あなた自身の目でしっかりと！

２０２１（令和３）年５月１２日記

Data

監督・製作：ペテル・ベブヤク

脚本：ペテル・ベブヤク／トマーシュ・ボムビク／ジェセフ・パシュテーカ

出演：ノエル・ツツォル／ペテル・オンドレイチカ／ジョン・ハナー／ボイチェフ・メツファルドフスキ／ヤツェク・ベレル／ヤン・ネドバル／フロリアン・パンツナー／ラース・ルドルフ

SHOW-HEYシネマルーム

★★★★

アウシュヴィッツ・レポート

2020年／スロバキア・チェコ・ドイツ映画
配給：STAR CHANNEL MOVIES／94分

2021（令和3）年8月3日鑑賞	シネ・リーブル梅田

👀 みどころ

　映画は勉強。それが私の持論だが、「ホロコーストもの」はとりわけその色が強い。しかして、「アウシュヴィッツ・レポート」とは？

　それは、１９４４年４月にアウシュヴィッツ＝ビルケナウ強制収容所から脱走した２人のスロバキア系ユダヤ人が国連に提出した３２ページのレポート。そこには何が？スロバキアやチェコは当時どんな状況に？本作は実話に基づく物語とされているが、前半の脱出劇はホントにホント？

　命と引き換えに収容所の爆撃を！そう訴えた２人の訴えは叶えられなかったが、「アウシュヴィッツ・レポート」の成果と限界は如何に？私たちはその教訓をどう学べばいいの？

　本作ラストに聞こえてくる現在のリーダーたちの肉声に注目！いずれもヒトラーの雄弁ぶりに近いが、彼らのアピール政策の是非は？それらに対して、各国国民が下すべき理性的判断とは？

――＊――＊――＊――＊――＊――＊――＊――＊――＊

■□■実話に基づく物語！アウシュヴィッツ・レポートとは？■□■

　本作の邦題『アウシュヴィッツ・レポート』は、英題の『The Auschwitz Report』そのままだ。そして、Wikipedia によると、「アウシュヴィッツ議定書はアウシュヴィッツ報告書とも呼ばれ、もともとアウシュヴィッツとビルケナウの絶滅収容所として出版され、第二次世界大戦中にドイツ占領下のポーランドのアウシュヴィッツ強制収容所内で起こった大量殺人事件について、１９４３年から１９４４年にかけて３件の目撃証言が集積されています。目撃者の証言は、個別に Vrba‐ウェツラー報告書、ポーランド少佐の報告書、およびロジン・モルドヴィッチの報告書として知られている。」と解説されている。

　また、チラシには、「１９４２年にアウシュヴィッツに強制収容された二人の若いスロバ

キア系ユダヤ人は、１９４４年４月１０日に実際に収容所を脱走し、アウシュヴィッツの内情を描いた３２ページにも渡るレポートを完成させた。収容所のレイアウトやガス室の詳細などが書かれたレポートは、非常に説得力のある内容で、このレポートは『ヴルバ＝ヴェツラー・レポート（通称アウシュヴィッツ・レポート）』として連合軍に報告され、１２万人以上のハンガリー系ユダヤ人がアウシュヴィッツに強制移送されるのを免れた」と解説されている。さらに、パンフレットにある「Vrba‐Wetzler Report」では、それが詳しく解説されているので、これは必読！なるほど、なるほど。

　「ホロコースト映画」は毎年たくさん作られているが、それは人類がホロコーストの教訓を忘れないためだ。しかして、本作冒頭には、「過去を忘れる者は必ず同じ過ちを繰り返す」というアメリカの哲学者ジョージ・サンタヤナの言葉が字幕表示される。さあ、『アウシュヴィッツ・レポート』と題された本作に見る、“実話に基づく物語”とは？

■□■なぜスロバキア・チェコ・ドイツ映画に？■□■

　本作の主人公は、１９４４年４月時点で、アウシュヴィッツ＝ビルケナウ強制収容所の遺体の記録係をしている男アルフレート・ヴェツラー（ノエル・ツツォル）とヴァルター・ローゼンベルク（ペテル・オンドレイチカ）。彼らは２人ともスロバキア系ユダヤ人だ。日本人は、ポーランド、ハンガリー、オーストリア、チェコスロバキア等の東欧諸国の地理や民族そしてその歴史などの知識に疎い。『サウンドオブミュージック』（６５年）を観た人は、旧オーストリア＝ハンガリー帝国海軍の軍人であるトラップ大佐が、台頭してくるナチス・ドイツに抵抗してオーストリアからアメリカに亡命したことをよく知っている。しかし、チェコスロバキア共和国の成立（１９１８年）とその解体（１９３９年）や、ナチス・ドイツと保護領のチェコ、保護国家のスロバキアとの関係について知っている日本人は、私を含めて少ないはずだ。

　私は『ヒトラーの忘れもの』（１５年）（『シネマ３９』８８頁）を観て、はじめてデンマークとナチス・ドイツとの関係を、『ヒトラーに屈しなかった国王』（１６年）（『シネマ４１』未掲載）を観て、はじめてナチス・ドイツに対するノルウェーの抵抗を理解できたが、それと同じように、本作を観てはじめてナチス・ドイツのスロバキアやチェコに対する侵略と支配の歴史を理解することができた。また、私は『サウルの息子』（１５年）（『シネマ３７』１５２頁）を観て、はじめて「ゾンダーコマンド」なるものを理解することができた。これは、ナチスが収容者の中から選抜した死体処理に従事する特殊部隊のことだが、本作にもその「ゾンダーコマンド」が登場するので、それにも注目！

　本作で興味深いのは、「死体の記録係」なるものの存在。その役割がどんなものなのかは本作導入部でわかるが、アルフレートとヴァルターの２人は記録係だったため、「アウシュヴィッツ・レポート」に収容所施設の配置や「火葬場」の内部構造を示す図を添付したり、移送されてきたユダヤ人の出身地やおおよその人数に至るまで、詳細なデータを添付することが可能だったわけだ。パンフレットには、アウシュヴィッツとスロバキアの歴史を要

約した「HISTORY」があり、また、２人の実際の逃走経路を描いた地図もあるので、それらを参考にしながら、収容所を脱出したアルフレートとヴァルターの２人がひたすら南に進み、スロバキアを目指したことをしっかり理解したい。

　ちなみに、本作を監督した１９７０年生まれのペテル・ベブヤク監督は、チェコスロバキア（現スロバキア）出身だが、彼が本作の監督と製作に込めた思いは、「DIRECTOR INTERVIEW」の中で熱く表現されているので、これも必読！

■□■脱出劇は如何に？ヒリヒリする展開だが、これが真実？■□■

　劇映画とドキュメンタリーの境界は難しい。また、映画はすべて採算性を考えた商業作品だから、商業映画として楽しめることが不可欠。とりわけ９４分の本作は、前半の脱出劇と後半の「アウシュヴィッツ・レポート」の公表（アピール）に分けられているから、前半の脱出劇については、『大脱走』（６３年）や『パピヨン』（１７年）（『シネマ４５』１２７頁）と同じようなエンタメ性が必要！そこまで言わないまでも、なぜ警戒の厳重な収容所からの脱出が可能になったかについての、手に汗握るようなハラハラ感・ドキドキ感は不可欠だ。そんな視点から見ると、本作前半の脱出劇は少し真実味に欠ける面も・・・？

　アルフレートとヴァルターの脱走は１９４４年４月７日に始まったが、その計画は囚人たちが毎日駆り出される作業の中で積み上げられる木材の中に隠れ、隙を見て脱走しようというもの。したがって、私はそのお手並みに注目したが、映画はそこに焦点は向かわない。９号棟から２人の記録係が行方不明になったことを、同じ９号棟の囚人たちは知っているに違いない。そう考えて、９号棟の囚人たちから２人の情報を聞き出そうとする監視官のラウスマン伍長（フロリアン・パンツナー）と９号棟の囚人たちとの“心理戦”にペテル・ベブヤク監督は焦点を当てていくので、それに注目！アルフレートとヴァルターの情報を提供した奴は、命を助けてやる。それがラウスマン伍長が差し出した餌だが、さて「２人が見つかるまで外で立っていろ」と命令された９号棟の囚人たちはどうするの？点呼責任者の囚人は、「知らない」といくら弁解しても通用せず、木の棒で叩かれ殺されてしまったし、立たされている間に隠れてパンを食べ、仲間にも配っていた囚人パヴェル（ヤン・ネドバル）は棟の中に連れ込まれ、何とか２人の行方を吐かせようされたが、さて？

　本作前半では、そんなラウスマン伍長と９号棟の囚人たちとの“心理戦”が描かれていくが、肝心の（？）アルフレートとヴァルターの脱走劇は如何に？積み上げられた木材の下に隠れているアルフレートとヴァルターがわずかしか動けないのは当然だが、犬たちの嗅覚はどうしてそこまで届かないの？また、その上に木材を積み上げられたら、２人の力でそれを下から動かすのは不可能だから、それにて２人はジ・エンド？そう思うのだが、スクリーン上はアレレ・・・。さあ、脱出成功！となったから、これでは少しリアリティに欠けるのでは？スクリーン上で描かれる２人の脱出劇は、ホントに真実に基づく物語？

■□■収容所から国境まで何km？山中の歩きは？遭遇者は？■□■

　本作は冒頭に「真実に基づく物語」と表記されているが、そこでいう“真実”とは、収

容所から脱出したアルフレートとヴァルターの2人によって「アウシュヴィッツ・レポート」が提出されたという大筋だけらしい。つまり、本作前半で描かれる、ラウスマン伍長と外に立たされた9号棟の囚人たちとの“心理戦”や、積み上げられた木材の下に3日も潜んで脱出を狙っていたアルフレートとヴァルターの姿などは、ペテル・ベブヤク監督が本作のために演出したものだ。そんな目で見ると、本作前半の脱出劇のリアルさに不満が残るうえ、収容所の最後のフェンス（鉄条網）を潜り抜ける姿も安易すぎる感がある。

さらに、私がスンナリ納得できないのは、収容所からスロバキアの国境まで2人がどうやってたどり着いたかについての納得感。スクリーン上では、木の実を食べた2人が下痢をしてしまう姿や、足のキズで歩けなくなってしまう姿などが映し出されるが、警備するドイツ軍の姿が全く見えないのはなぜ？そんな中、脱走日から10日目、疲労の中でほとんど意識を失ってしまった2人を救ったのは森の中で遭遇した女性だが、これって話がうますぎるのでは？さらに、周辺の地理を知り尽くしているというこの女性の知人男性によって、2人はスロバキア国境に近づくことができたからそれも超ラッキーだが、ホントにこれは真実に基づく物語？

脱走11日目、雪が残る山林を歩き続けているアルフレートはもはや体力の限界。何度も倒れながらも「急がないと、どんどん収容所で人が殺されていく」と自分を奮い立たせていたが、目の前に建物が見えた途端、その場に突っ伏してしまった。ところが、目を覚ますと、そこはベッドの上だったから、これも超ラッキー。なるほど、なるほど。そんなストーリー展開はよく理解できるが、ホントにこれも「真実に基づく物語」？

■□■タイプ打ちのレポートが完成！その信憑性は？■□■

やっと母国スロバキアに入ることができたアルフレートとヴァルターが、接見した弁護士から与えられたタイプライターで打った32ページのレポートが「アウシュヴィッツ・レポート」。そして、それを最初に目にしたのは、赤十字の職員ウォレン（ジョン・ハナー）だ。ようやく到着したウォレンに対して、アルフレートは「遅すぎる」と厳しい言葉をぶつけたが、その日、アルフレートとヴァルターから詳しい事情を聞いたウォレンの反応は？

破竹の快進撃でヨーロッパ全土を手中に収めたナチス・ドイツは、すべての国を直接支配したわけではなく、フランスのビシー政権に代表されるように、傀儡政権を作っていた。その理由は、その方が支配するのが楽だからだ。また、ナチス・ドイツはスウェーデン、デンマーク、ノルウェーの北欧三国を占領統治したが、『アンノウン・ソルジャー　英雄なき戦場』（17年）を観れば、対ソ連の東部戦線のため、ナチス・ドイツはフィンランドを占領しなかったこと、そして、フィンランドは、むしろナチス・ドイツの協力を得ながらソ連への反攻作戦（＝継続戦争）を遂行したこと、がよくわかる（『シネマ45』94頁）。それと同じように、本作を観れば、1939年に解体されたチェコとスロバキアが両国とも如何にナチス・ドイツに追従していたのかがよくわかる。

そんな状況下、いかにウォレンが赤十字の職員であっても、彼の耳に入っていた情報が

82

丸め込まれた情報ばかりであったのは仕方ない。したがって、ウォレンが今アルフレート
とヴァルターから聞く"生の情報"は驚愕すべきものばかりだったから、にわかにそれを
信じられなかったのも仕方ない。しかし、何度も確認し、証拠物まで確認していくと・・・。

■□■レポートの成果と限界は？この教訓をどう学ぶ？■□■

　2人が脱走を決意したのは、自分の命のためだけではなく、収容所の実態を一刻も早く
世界に伝え、収容所を爆撃してもらいたい、と強く願ったため。それによって、収容所の
仲間たちが爆撃で死亡しても構わないという覚悟を囚人たち一同は固めていたわけだ。そ
のため、ウォレンから「君たちは何を求めるのか」と聞かれた2人はその強い思いを伝え
たが、赤十字の対応は？そして、スロバキア政府の対応は？さらに、連合国の対応は？
　『杉原千畝 スギハラチウネ』（15年）（『シネマ36』10頁）を観れば、「日本のシン
ドラー」と呼ばれた杉原千畝が、1940年の7月から8月にかけて発行し続けた「命の
ビザ」によって、計2139名の避難民を救出できたことがよくわかる。それに対して、"命
と引き換えに収容所の爆撃を！"そう訴えた2人の訴えは叶えられなかったものの、「アウ
シュヴィッツ・レポート」によって得られた成果は、ハンガリーのブタペストからアウシ
ュヴィッツへの移送が中止となり、約12万人の命が助かったことだ。「アウシュヴィッ
ツ・レポート」のそんな成果と限界をどう考え、その教訓をどう学べばいいの？

■□■難民移民の排斥は？極右政党の台頭は？あの時と酷似？■□■

　前述のとおり、本作の劇映画としての面白さはイマイチだが、興味深いのは、本作ラス
トに、現在ヨーロッパのあちこちで出現している「極右過激主義」や「排他主義」等々の
リーダーたちの生の声が次々と飛び出すこと。アメリカのトランプ大統領の登場には賛否
両論があるが、2016年5月9日の選挙に勝利してフィリピンの大統領に就任したロド
リゴ・ドゥテルテ氏は「フィリピンのトランプ氏」と呼ばれている。それは、フィリピン
南部ミンダナオ島にあるダバオ市で1988年に市長に就任してから、ずっと示してきた
彼の政治姿勢が、「メキシコとの国境に壁を作る」、「イスラム教徒の入国を禁止する」など、
過激な発言を繰り返し注目を集めてきたトランプ氏の姿勢と重なって見えるためだ。
　内戦が続くシリアなど中東・アフリカからの難民や移民の増大に悩むヨーロッパの各先
進国は、比較的それを受け入れているドイツを例外として、スペイン、イタリア等を筆頭
に、難民・移民排斥の動きが強い。また、それはトランプ大統領の登場と活躍の中で加速
した。そして今、ヨーロッパのさまざまな先進国ではさまざまな極右政党が台頭し、その
リーダーたちは、それぞれ勇ましい発言（アピール）を繰り返している。ペテル・ベブヤ
ク監督の出身国であるスロバキアでも、2020年の議会では、極右政党が看過できない
数の議席を獲得したそうだ。そんなヨーロッパの現状は、第一次世界大戦後、疲弊したド
イツでナチス・ヒットラーが台頭した時の情勢に酷似していると指摘する声が多いが・・・。

2021（令和3）年8月11日記

Data

監督・脚本：ジョナタン・ヤクボウ
　　　　　ィッツ
出演：ジェシー・アイゼンバーグ／
　　　クレマンス・ポエジー／マテ
　　　ィアス・シュヴァイクホファ
　　　ー／フェリックス・モアティ
　　　／ゲーザ・ルーリグ／カー
　　　ル・マルコヴィクス／ヴィ
　　　カ・ケレケシュ／ベラ・ラム
　　　ジー／エド・ハリス／エドガ
　　　ー・ラミレス

沈黙のレジスタンス

2020年／アメリカ・イギリス・ドイツ合作映画
配給：キノフィルムズ／120分

2021（令和3）年8月28日鑑賞　　TOHOシネマズ西宮OS

■□■ショートコメント■□■

◆私は"パントマイムの神様"と呼ばれているアーティスト、マルセル・マルソーの名前は知っていたし、マイケル・ジャクソンに影響を与えたという"ムーンウォーク"もよく知っていた。しかし、彼がフランス系ユダヤ人であったことや、ナチス占領下のフランスでレジスタンス活動を続け、結果的に険しく危険なアルプスの山を何度も越えて１２３名のユダヤ人の子供たちを安全なスイスへ送り届けたという事実は全く知らなかった。

　本作の監督は、ポーランド系ユダヤ人で、ベネズエラで最も有名な映画監督であり、ベストセラー作家でもあるジョナタン・ヤクボウィッツだが、彼はなぜ今本作を？それは、目の前に不安がいっぱいに広がる今の時代に子供たちを救うことは、自分たちの未来を救うことだ、というマルセル・マルソーのメッセージを伝えるためだ。さあ、『沈黙のレジスタンス』と題された、そんなマルセル・マルソーの感動の物語とは？

◆"フランスの恥部"と言われている「ヴェル・ディヴ事件」が起きたのは１９４２年７月。私が「ヴェル・ディヴ事件」をはじめて知ったのは『黄色い星の子供たち』（１０年）を観た時だが、ナチス及びヴィシー政権 vs レジスタンスを描く名作は多い（『ヒトラーもの、ホロコーストもの、ナチス映画大全集―戦後７５年を迎えて―』１３１頁）。

　本作導入部では、「ヴェル・ディヴ事件」よりずっと早い時期に、ユダヤ人の娘エルスベート（ベラ・ラムジー）が、いきなり"ユダヤ人狩り"によって父親シグモンド（エドガー・ラミレス）らがナチスドイツに拉致されていく姿が登場する。これによってエルスベートは孤児になったわけだが、エルスベートと同じように多くのユダヤ人孤児はどうやって生きていくの？

◆それに続くもう１つの本作導入部で見る、小さなキャバレーのステージでパントマイムを演じる青年マルセル・マルソー（ジェシー・アイゼンバーグ）はチャップリンを夢見る身勝手な若者。したがって、レジスタンス活動に従事している精肉店を営む父シャルル（カ

ール・マルコヴィクス)、兄アラン(フェリックス・モアティ)、従兄弟ジョルジュ(ゲーザ・ルーリグ)らとは生き方が全然違うらしい。

　しかし、マルセルが思いを寄せる女性エマ(クレマンス・ポエジー)や妹のミラ(ヴィカ・ケレケシュ)らともに、ナチスに捕らえられた123人のユダヤ人の子供たちを保護しようとする活動の手助けを頼まれ、渋々それを手伝うと・・・?また、その中で彼のパントマイムを通じて子供たちとの間に固い絆が結ばれてくると・・・?

◆占領下のフランスは、1940年6月には①占領地区、②自由地区、③併合地区、④保留地区、に分断されたうえ、対独協力政権として同年7月に生まれたヴィシー政権は、同年10月に「ユダヤ人排斥法」を制定し、ユダヤ人の取り締まりを強化していた。ゲシュタポ本部で指揮を執るクラウス・バルビー親衛隊中尉(マティアス・シュヴァイクホファー)は、「レジスタンスの情報を提供すれば報酬を与える」とまでしてフランス人の分断を狙ったから、レジスタンスが少しずつ追い込まれていったのは仕方ない。その結果、男たちが外で活動している間にアジトに突入され、逮捕されてしまったエマとミラ姉妹は?

　その後スクリーン上では、駆け付けたマルセルが列車に飛び込もうとするエマをかろうじて止めるシークエンスが描かれるが、今やナチ協力者のバッジを胸につけられて憔悴しきっているエマの姿を見れば、獄中で姉妹に何があったのかは明らかだ。そんな中、ナチスへの復讐を誓うエマに対してマルセルは、「ナチスを殺す代わりにユダヤ人の子供たちを救おう」と涙ながらに訴えたが・・・。

◆本作には、短いシーンながら『パットン大戦車軍団』(70年)で有名なパットン将軍が登場する。それは、アフリカ戦線、欧州戦線で活躍したアメリカ陸軍のパットン将軍(エド・ハリス)は会場に詰め掛けた兵士たちに、"沈黙のレジスタンス"だったマルセルのことを物語るシークエンスだが、そんなシークエンスを含めて、本作は全体的にマルセルの成長物語、そして伝記映画になっている感は否定できない。

　レジスタンス活動を続ける中で次々と犠牲者が出る中、それに屈せず、少しずつ成長し、子供たちのアルプス越え脱出活動に自分の役割を見出したマルセルは、結果的に123名ものユダヤ人の子供たちをスイスに逃亡させることに成功!これは「モーゼの脱エジプト」には及ばないものの、「ナチひとりを殺すよりも、子どもひとりを助けるために」の考えを実践したすばらしい活動だ。本作は、そんなストーリーの中での"教訓"が見え見えだが、それでもやっぱりいいもの!

◆『ソーシャル・ネットワーク』(10年)(『シネマ26』18頁)で、機関銃のような早口で喋りまくり、億万長者に上り詰めるマーク・ザッカーバーグ役を演じた俳優ジェシー・アイゼンバーグが、本作では若き日のマルセル・マルソーになり切った真摯な演技を見せているので、それにも注目!

2021(令和3)年9月1日記

Data

監督：エイリーク・スヴェンソン

脚本：ハラール・ローセンローヴ＝
　　　エーグ、ラーシュ・ギュドゥ
　　　メスタッド

原作：マルテ・ミシュレ著『Den
　　　største forbrytelsen』

出演：ヤーコブ・オフテブロ／ピー
　　　ヤ・ハルヴォルセン／ミカリ
　　　ス・コウトソグイアナキス／
　　　クリスティン・クヤトゥ・ソ
　　　ープ／シルエ・ストルスティ
　　　ン

SHOW-HEYシネマルーム

★★★

ホロコーストの罪人

2020年／ノルウェー映画
配給：STAR CHANNEL MOVIES／126分

| 2021（令和3）年9月11日鑑賞 | シネ・リーブル梅田 |

■□■ショートコメント■□■

◆私は『ヒットラーに屈しなかった国王』（16年）（『シネマ41』未掲載、『ヒトラーも
の、ホロコーストもの、ナチス映画大全集—戦後75年を迎えて—』212頁）で、はじ
めて北欧の小国ノルウェーがどのようにナチス・ドイツに抵抗したかを知ることができた。
しかし、同作はある意味、歴史に残る重大な決断を下した国王ホーコン7世の"運命の3
日間"をカッコよく切り取った映画だった。そのため、同作の評論で私は、「フランスは1
940年6月22日に休戦協定に調印し、親独の「ビシー政権」が誕生したが、ノルウェ
ーの抵抗も6月9日までだった。そんな現実との対比で、本作が英雄的に描いたホーコン
7世の役割をしっかり冷静に考える必要がある。別にノルウェーでの本作の人気に水を差
すつもりはないが、どうしても私にはそんな感想が・・・。」と書いてしまった。

◆それに対して、本作は、チラシに「家族を引き裂いたノルウェー最大の罪」、「ホロコー
ストに関わったノルウェー最大の罪」の文字が躍るように、ノルウェーの"負の側面"を
描き出すもの。そのテーマは、悪名高きアウシュヴィッツ収容所へ送り込むべき529名
のユダヤ人を乗せた貨物船"ドナウ号"。つまり、本作は「ドナウ号事件」とも言うべき、
ノルウェー政府によるホロコーストを真正面から取り上げたものだ。

　しかして、本作の邦題にされている「ホロコーストの罪人」とは一体誰のこと？

　森繁久彌がテヴィエ役を演じて合計900回もの長期公演になった『屋根の上のバイオ
リン弾き』は、ユダヤ人一家の悲しい物語だった。それと同じように、本作はリトアニア
からノルウェーに亡命して、ソーセージ店を営んでいるユダヤ人のベンツェル・ブラウデ
（ミカリス・コウトソグイアナキス）を家長とする、ブラウデ一家の悲しい物語だ。

　本作は冒頭、国を代表するアマチュアボクサーとして活躍する次男のチャールズ（ヤー
コブ・オフテブロ）が試合に勝利するところから始まる。そして、父親ベンツェル、母親
サラ（ピーヤ・ハルヴォルセン）、姉ヘレーン（シルエ・ストルスティン）、兄イサク（エ
イリフ・ハートウィグ）、弟ハリー（カール・マルティン・エッグスボ）ら、ブラウデ一家
の、いかにも「これぞユダヤ人家族」というエピソードが描かれる。

それに続いて、チャールズが恋人のラグンヒル（クリスティン・クヤトゥ・ソープ）と理想的な結婚にゴールインする姿が描かれるが、そこでは、ラグンヒルがユダヤ人ではなくアーリア人であることがポイントだ。もっとも、そのことへのこだわりや抵抗は、本作では一切描かれていない。ブラウデ家がすんなりラグンヒルを受け入れたのはわかるものの、あの時代、ドイツ人であるラグンヒルの実家は、娘がユダヤ人のチャールズと結婚することに猛反対しなかったの？それはともかく、この２人の結婚はハッピーなこと。しかし、戦争の影は一気にノルウェーに迫り、『ヒットラーに屈しなかった国王』でも描かれていたように、１９４０年４月９日にはナチス・ドイツがオスロへ侵攻。姉のヘレーンはいち早くスウェーデンに避難したが、ブラウデ家はノルウェーに残ることに。

　本作は、冒頭に「真実に基づく物語」と表示されるとおり、忠実に事実に沿っているようだが、私の疑問は、なぜブラウデ家が一家を挙げてヘレーンのように、より安全なノルウェーにさっさと脱出しなかったの？ということだ。

◆本作は、物語終了後の字幕で「第二次大戦中、合計７７３名のユダヤ人がアウシュヴィッツなどの絶滅収容所へ移送され、わずか３８名（内アウシュヴィッツからは３４名）が生還。７３５名の命が奪われた」と表示される。そして、本作中盤からの物語は、①チャールズの移送による、妻ラグンヒルとの別れ、②収容所長（ニコライ・クレーベ・ブロック）が支配するベルグ収容所での、チャールズたちへの非道な扱い、③ノルウェー秘密国家警察副本部長クヌート・ロッド（アンデルシュ・ダニエルセン・リー）の指揮による、すべてのユダヤ人の強制連行、④オスロ港での、巨大な輸送船"ドナウ号"への強制乗船、の物語が、予定調和のように描かれていく。このような個々の事実やそんな歴史を知らない観客にとって、本作が大いに勉強になることは間違いないが、それをドキュメンタリー映画のように描いていくだけではちょっと・・・。

◆２０２１年８月末を期限としたアフガンからのアメリカ軍の撤退については、アフガン政府や米軍協力者たちへの"命のビザ"の発給が大問題になっている。それに対して本作は、すべてのユダヤ人を強制連行して"ドナウ号"に強制乗船させるについて、その"逆の手続"きが粛々と進められていくので、それに注目！

　日本では現在、マイナンバーカードの普及が進められているが、オスロを占領したナチス・ドイツは直ちにユダヤ人かどうかの調査票作成の手続きを進めた結果、チャールズたちが持つ身分証明書にはユダヤ人（Jude）の"J"スタンプが押されていた。私は『黄色い星の子供たち』（１０年）（『シネマ２７』１１８頁）を観てはじめて、「ビシー政権」下のフランスでは、６歳以上のすべてのユダヤ人は黄色の星を胸に取りつけるよう命令されたことを知ったが、それに比べれば、ノルウェーのユダヤ人調査はより徹底していたことがわかる。そうすると、すべてのユダヤ人を強制連行して"ドナウ号"に乗船させ、アウシュヴィッツに送り込み、ガス室で殺してしまうためには、どんな手続きを取る必要があるの？「４８時間以内に処理を完了しろ」と厳命されたクヌート秘密国家警察副本部長は、それを如何に忠実に実行したの？そう考えると、彼こそまさに"ホロコーストの罪人"なの？もちろんそう言えなくもないが、コトはそれほど単純ではない。私はそう思っているが、さて、あなたのご意見は？　　　　　　　　　　２０２１（令和３）年９月１７日記

Data

監督：バディム・シメリェフ

脚本：バディム・シメリェフ、イゴール・ウゴルニコフ

出演：アルチョム・グビン／リュボフ・コンスタンティノワ／イゴール・ユディン／アレクセイ・バルデュコフ／エフゲニー・ディアトロフ／セルゲイ・ベズルコフ／ロマン・マディアノフ／エカテリーナ・レドニコワ／セルゲイ・ボンダルチュク

SHOW-HEYシネマルーム

★★★

1941 モスクワ攻防戦 80 年目の真実

2020年／ロシア映画

配給：アルバトロス・フィルム／142分

2021（令和3）年9月7日鑑賞 　　オンライン試写

■□■ショートコメント■□■

◆日本にとって、２０２１年１２月８日が真珠湾攻撃８０年目の年なら、ロシアにとって２０２１年１０月は、モスクワ攻防戦８０年目の年。トルストイの小説『戦争と平和』で描かれたように、ロシアはナポレオンのモスクワ遠征を退けたが、怒涛の侵攻を続けるナチス・ドイツからもモスクワを防衛した。

　「スターリングラードを死守せよ」との命令の下で起きた、１９４２年の"スターリングラードの戦い"は、映画『スターリングラード』（０１年）（『シネマ１』8頁）でよく知られている。それに対して、１９４１年１０月２日から４２年１月１７日にかけて、モスクワ近郊で戦われた、"第二次世界大戦の流れを変えた"とも言われる"モスクワ攻防戦"とは？本作を鑑賞することによって、そんな歴史をしっかり勉強したい。

◆ポドリスク兵学校士官候補生のラヴロフ（アルチョム・グビン）とディミトリ（リュボフ・コンスタンティノワ）らは将来のソ連陸軍の幹部になるべき人材だから、しっかり教育して育て上げるのが国家の義務。司馬遼太郎の『坂の上の雲』を読むまでもなく、戦前の日本では、陸軍士官学校や海軍兵学校はエリート中のエリートが行くところだが、それはソ連も同じだ。もっとも、彼らはまだ若いだけに、やんちゃもすれば、看護師のマーシャ（イゴール・ユディン）を巡って恋のさや当ても。しかし、１９４１年１０月にナチス・ドイツの大軍がモスクワを目指して進撃してくると・・・？首都陥落の危機を逃れるためには、イリンスコエ防衛ラインの死守が不可欠だから、増援部隊が到着するまで敵を喰いとめるには、彼らの動員も・・・？

◆『あゝひめゆりの塔』（６８年）では、ひめゆり部隊の絶望的な任務遂行の姿が描かれ（『シネマ４７』２４５頁）、韓国映画『戦火の中へ』（１０年）では、浦項（ポハン）女子中学における学徒兵７１名の死闘が描かれていた（『シネマ２６』１０４頁）。また、韓国映画『長沙里９．１５』（１９年）では、訓練期間わずか２週間、平均年齢１７歳の学徒兵７７

２名の運命の死闘が描かれていた（『シネマ４７』２２１頁）。

　しかして、本作ではポドリスク兵学校士官で訓練中だった士官候補生たち３５００名の死闘が描かれるが、彼らはどんな気持ちでイリンスコエ防衛ラインへ？そして、３人の若き主人公たちの生死は？

◆２００１年の９．１１同時多発テロから２０年を経た今、一方では米国軍のアフガンからの撤収を巡って大混乱が起き、他方では９．１１同時多発テロに関する機密文書の開示が始まっている。それと同じように、本作は近年、ロシア国防省が機密解除した文書、資料に基づき脚本が作成されたらしい。そのため、激戦の地イリンスコエ前線のあった地に、村、道路、橋、人工の川といったレプリカが、当時の航空写真に基づいて正確に復元。ソ連・ドイツ両軍の戦車、装甲車、大砲、航空機などの兵器は、博物館に保管されている本物が使用されているそうだ。しかして、スクリーン上に見る、その全貌は？

◆『戦争と平和』は、ナポレオンのロシア侵攻・モスクワ侵攻という時代背景の中で、ピエール、アンドレイ、ナターシャという３人の主人公の人生観（世界観）を描いた大河小説。したがって、そこではナターシャを巡る男同士の葛藤や、一方は軍人として、一方は貴族としての男の生き方の違い等々がトルストイ流の哲学で描かれていた。

　他方、戦闘シーンでは、アウステルリッツの戦いとボロディノの戦いを中心とする大迫力の地上戦に見るナポレオンの戦い方が描かれると共に、戦略的にはあえてナポレオンをモスクワに誘い込み、冬将軍の到来を待つという、老練なロシアのクトゥーゾフ将軍の思想が見事に描かれていた。

　しかし、本作は Wikipedia で数十ページにわたって解説されている“モスクワの戦い”を描くもの！『１９４１　モスクワ攻防戦８０年目の真実』という邦題を見て私はそう思っていたが、『戦争と平和』並みに（？）最前線に赴いた後も、ラヴロフとディミトリがマーシャを巡る恋のさや当てを続ける姿が描かれるからアレレ・・・。私が本作で見たいのはそれではなく「モスクワ攻防戦８０年目の真実」だが・・・。

◆『あゝひめゆりの塔』のひめゆり部隊は全滅、『戦火の中へ』の学徒兵も全滅した。さらに、『長沙里９．１５』の学徒兵も全滅してしまったが、これらはすべて、もともと成功の見込みのない全滅覚悟の作戦だった。しかし、本作で“国家の宝”とも言うべきポドリスク兵学校の士官候補生を大量にイリンスコエ防衛ラインに動員したのは、少なくとも建て前上は、増援部隊が到着するまでのやむを得ない処置。ナチスの戦車の前に士官候補生たちは次々と戦死していったが、増援部隊やソ連の戦車部隊が到着すれば、イリンスコエ防衛ラインの死守は可能なはずだ。

　モスクワ防衛に成功し、ナチス・ドイツを追い返したことは歴史的にはっきりしているから、私が本作で本当に知りたかったのは、まさに「モスクワ攻防戦８０年目の真実」。しかして、本作に見る派遣された士官候補生３５００名の運命と若き主人公３名の運命は？

２０２１（令和３）年９月８日記

Data

監督：アンドレイ・ボガティレフ
脚本：アンドレイ・ボガティレフ／
　　　ブヤチェスラフ・シクハリフ
　　　／パベル・アブラメンコフ
出演：アレクセイ・シェフチェンコ
　　　フ／ウラディミール・ゴスチ
　　　ューキン／ユーリー・ボリソ
　　　フ／オレグ・バシリコフ／ポ
　　　リーナ・チェルニショバ／ウ
　　　オルフガング・セルニー／ミ
　　　ハイル・ゴレボイ／パベル・
　　　アブラメンコフ

★★★

ナチス・バスターズ

2020 年／ロシア映画
配給：アルバトロス・フィルム／99 分

2021（令和3）年9月30日鑑賞　　オンライン試写

■□■ショートコメント■□■

◆「スターリングラードの戦い」におけるソ連の狙撃兵（スナイパー）による「ドイツ軍将校狙い撃ち作戦」を描いた『スターリングラード』（０１年）（『シネマ１』８頁）はすばらしい映画だった。ジュード・ロウが演じた狙撃兵の腕もすばらしかったが、それに勝るとも劣らないのが、『山猫は眠らない』シリーズ（９３年〜２０年）の主人公・トーマス・ベケット。そう考えていくと、『ゴルゴ１３』（７３年）の主人公だって、『ジャッカルの日』（７３年）で観たフランス大統領ドゴールの暗殺を狙うジャッカルだって・・・。

　ソ連の狙撃兵は『スターリングラード』の主人公だけではなく、「赤い亡霊」と呼ばれる、謎の狙撃手もいたらしい。「スターリングラードの戦い」は１９４２年だが、ナチス・ドイツがソ連に侵攻したのは１９４１年６月。防衛線が次々と破られる中、敗残兵となり、バラバラになったソ連軍（赤軍）の兵士たちは雪の中を逃げ歩いていたが・・・。

◆侵攻してくるドイツ軍は敗残兵狩りを兼ねているから、各地の村に住んでいる民間人がそれを匿ったりすれば大変。本作冒頭、「俺は軍人ではない。俺は役者だ。連れの女は妻だ」と叫びながら命乞いする男が登場するが、結局はアウト！そう思っていると、アレレ。射殺寸前、逆にドイツ兵が撃たれてしまったからビックリ。一体誰が彼を助けたの？

　そんな導入部の後、ソ連に侵攻してくるドイツ軍兵士の間で、謎のソ連狙撃兵がドイツ兵を次々と射殺しているとのうわさが広がっていた。そこで、ドイツ軍は「赤い亡霊」射殺の命令を狙撃の実績に誇りを持つ某大尉に下したから、彼は一部隊を率いてその任務にあたることに。

◆私は昔からサウナが大好きだが、それは大尉も同じ。ソ連にもソ連式サウナがあると聞いた大尉は、通りかかった村が安全地帯であると確認した上で、部隊を小休止。自分はソ連式サウナを試すことに。それは“カラスの勝手”だが、実はその村は部隊とはぐれてしまった５人のソ連敗残兵が負傷者と妊婦を連れてたどり着き、休息をとっていた村だからヤバイ。もっとも、ドイツ軍が村に入ろうとしたとき、５人の兵士たちは村の外に出ており、村の中には妊婦１人だけが残っていたから、妊婦は大変だ。

他方、軍律に厳しい大尉は、部下たちがはしゃぐことを厳禁したまま、自分だけは素っ裸になってサウナに入ろうとしていたから、これは如何なもの？そんな状況に驚いたのは、村に戻ってきた5人の兵士たちだ。妊婦を放棄して自分たちだけ逃げる手もあっただろうが、さあ、彼らはどうするの？

◆てな形で、謎の狙撃兵「赤い亡霊」が主人公のはずの本作中盤のストーリーは、村に閉じ込められた妊婦をめぐる、ドイツ兵と5人のソ連敗残兵との様々な駆け引きと戦闘行為になる。そして、そこでは5人の敗残兵が見事に勝利を収めるから、それに注目！

　部下たちに傲慢な態度をとり続けていた大尉はいかにも自信たっぷりだったが、素っ裸でサウナに入っていたのでは、ろくな戦闘ができなかったのは当然。そのため、女の服を着たまま、たった1人で村を逃げ出すことに。そんな展開を見ていると、なるほど、これはロシア映画。赤軍万歳！もっとも、この攻防戦においても「赤い亡霊」の登場はあったものの、彼は控えめな性格らしく（？）、戦闘終了後は1人でどこかへ・・・。

◆侵攻を続けるドイツの正規軍の前に女のワンピース姿で飛び込んできた大尉がバカにされ、「赤い亡霊」退治の任務が別人に回されたのは当然だ。しかし、何とか同行だけは許された大尉は、その後如何なる働きを？『スターリングラード』では、ジュード・ロウ扮する主人公を退治するべく乗り出してきたナチス・ドイツの狙撃兵との間のクライマックス対決に向けて、スリリングな物語が積み上げられていったが、さて本作は如何に？

　そう思っていると、本作はなぜか妊婦の出産シーンを登場させたうえで、ドイツ軍による5人の敗残兵が立て籠る村への攻撃シークエンスになる。もちろん産婆さんはいないから、妊婦の出産を手伝うのも男だが、本作はなぜそんなシークエンスを延々と？

◆村を取り囲んだ正規軍が大砲を含めて攻撃してくれば、5人の守備兵士しかいないちっぽけな村は、サウナ室を含めてぶっ飛ばされてしまうことは確実。したがって、その戦闘の結末は明らかだ。そう思っていたが、本作ではそこから「赤い亡霊」を含めたソ連兵たちが大活躍するので、それに注目！もっとも、本来の"スナイパーもの"は、狙撃の瞬間を辛抱強く、いつまでも静かに待つというのがポイントだが、"快作戦争アクション"たる本作に見る「赤い亡霊」の動きは？それに注目しながら、「赤い亡霊」の活躍をじっくりと！

◆『用心棒』（61年）や『椿三十郎』（62年）では、ラストの三船敏郎と仲代達矢の対決がクライマックスだった。それは『スターリングラード』でも同じだったが、本作ラストに設定された「赤い亡霊」と大尉とのスナイパー対決は如何に？意外や意外、この2人のラストでのクライマックス対決は、殴り合いの乱打戦になるのでビックリ。これでは「赤い亡霊」の最大の取り柄をクライマックスで見られないのでは？そんな欲求不満のまま、本作は更に意外な次のラストを迎え、再び冒頭で見た役者夫婦が登場してくる。そして、物語終了後は、マカロニ・ウェスタン風の音楽が流れてくるので、それにも注目！

　中国では『戦狼2 ウルフ・オブ・ウォー（战狼2）』（17年）（『シネマ44』43頁）以降、次々と大型の愛国映画がヒットしているが、ソ連では？先日観た『1941 モスクワ攻防戦80年目の真実』（20年）と本作は、いかなる位置づけなの？

2021（令和3）年10月1日記

Data

監督・脚本：ニコラ・ブドス
出演：ダニエル・オートゥイユ／ギョーム・カネ／ドリア・ティリエ／ファニー・アルダン／ピエール・アルディティ／ドゥニ・ポダリデス／ミヒャエル・コーエン

SHOW-HEYシネマルーム

★★★★★

ベル・エポックでもう一度

2019年／フランス映画
配給：キノフィルムズ／115分

| 2021（令和3）年7月3日鑑賞 | シネ・リーブル梅田 |

👀 みどころ

　"ベル・エポック"＝「古き良き時代」は誰にでもある。令和に入った日本では今、「古き良き昭和」が見直されている。パソコン、スマホ、AIにも、自動運転の車にもついていけない本作の主人公にとっての"イエスタデイ・ワンスモア"は1974年5月16日のリヨンのカフェだが、それは一体なぜ？

　「時の旅人社」の「タイムトラベルサービス」なる商品は高価だが、その価値は？それが誇大広告でなかったことは本作を観れば明らかだから、私も是非ヴィクトルのように、全財産をはたいてでも、その購入を！

―― * ―― * ―― * ―― * ―― * ―― * ―― * ―― * ―― * ――

■□■ "ベル・エポック"って何？"古き良き昭和"と同じ？■□■

　"ベル・エポック"はフランス語の「Belle Époque」で、「古き良き時代」のこと。Wikipediaによると、「厳密な定義ではないが、主に19世紀末から第一次世界大戦勃発（1914年）までのパリが繁栄した華やかな時代、及びその文化を回顧して用いられる言葉」だ。日本では、かつての「明治は遠くなりにけり」というフレーズがそれに近いものだったが、私たち団塊世代やそれより少し前の人たちには今、「古き良き昭和」がテーマになっている。

　TVのBSの歌番組は、今や演歌、ポップス、フォークとジャンルを問わず、昭和の歌で埋め尽くされているし、「武田鉄矢の昭和は輝いていた」はタイトル通りに"輝いている"から、私はほぼ毎週それにハマっている。昭和（天皇）の時代は64年間と長いから、どの時代に焦点を当て、何をテーマにするかによって毎回の"昭和の輝き"は違うが、何もかもデジタル化された社会についていけなくなった本作の主人公ヴィクトル（ダニエル・オートゥイユ）にとっての"ベル・エポック"とは？

■□■タイムトラベルサービスとは？その商品の内容は？■□■

　映画は作り物だから、何でもあり。主人公はどんな時代にも行けるし、"タイムスリップ"

（現在の時間とは別の時間に移動すること）、あるいは“タイムトラベル”（何らかの目的があって時間移動をすること）の手法を使えば、自由に“タイムトラベル”することができる。映画の中では“あの時代”から“この時代”へ自由に“タイムトラベル”することができる。しかして、本作には「時の旅人社」の創設者であるアントワーヌ（ギョーム・カネ）と、同社が“売り”にしている「タイムトラベルサービス」が登場する。

フランスの“ベル・エポック”と聞くと、その１つとして、華やかなドレスに身を包んだ貴婦人が登場する舞踏会が思い浮かぶ。その代表は『オペラ座の怪人』だが、「時の旅人社」の「タイムトラベルサービス」では、そんな商品が巨大なスタジオ内に立てられたたくさんのセットの中で“生産”されているらしい。アントワーヌはそんな商品の監督を兼ねているが、その独裁ぶりは“黒澤天皇”と呼ばれていた黒澤明監督とそっくり。現場でいつも癇癪玉を爆発させるアントワーヌに、看板女優でありアントワーヌの恋人でもあるマルゴ（ドリア・ティリエ）はいつも対立していたが、それもこれもアントワーヌにとっては良い商品を提供したいという熱意の表れらしい。なるほど、なるほど・・・。

■□■妻のキャラは？夫婦仲は？夫婦喧嘩の結末は？■□■

世界で最も多く売れているプラグイン自動車はテスラ社のテスラだが、マリアンヌが乗っている車もそうらしい。テスラもトヨタと同じように「つながるクルマ」を開発のテーマにしているが、その目標どおりの車を、妻のマリアンヌ（ファニー・アルダン）が運転している中、その助手席に座るヴィクトルが、「つながるクルマ」のおしゃべりにイラつく姿が面白い。ここまで何もかもすべて車によって指示されたら、ひょっとして私だって・・・。

マリアンヌは、そんな夫とは違い、新しいことに敏感で、電子タバコ、睡眠アプリ等の最新機器をいとも簡単に取り入れている上、精神分析医の現役という立場もうまく利用して、夫の親友フランソワ（ドゥニ・ポダリデス）との浮気も楽しんでいるからすごい。そんな夫婦がうまくいくはずはない。というより、マリアンヌは今日まで我慢に我慢を重ねてきたようだが、ある夜、ついに堪忍袋の緒が切れたマリアンヌは、ヴィクトルを家から追い出してしまったからアレレ。昭和の時代の日本なら、夫が妻に対して「出ていけ」となるところだが、今のフランスは“男女平等”以上に“女性上位”の国だ。「ホントにいいのか？」等々のやり取りを経て外に出たものの、マリアンヌからの“何か”を期待して座り込むヴィクトルと、夫を追い出したもののドアの内側でしばし反省しているマリアンヌの対比も面白いが、結局、これにてヴィクトルとマリアンヌの夫婦仲はジ・エンドに・・・？

■□■失意の父親への、息子からのプレゼントは？■□■

本作は、「あなたは時代から取り残されている！」と決めつけられ、家から追い出されてしまった父親に同情した息子のマキシム（ミカエル・コーエン）が、「時の旅人社」の「タイムトラベルサービス」をプレゼントするところから、本格的なストーリーが進んでいく。「どの時代にタイムトラベルしたい？」と聞かれたヴィクトルは、迷わず「１９７４年５月１６日のリヨンのカフェに戻りたい」とリクエスト。映画製作では、時代劇は金がかか

るが、現代劇なら安上がり。しかも、ヴィクトルがそうリクエストしたのは、運命の女性とのはじめての出会いを再現したいというものだったから、その程度のセットとその程度のキャストなら簡単。しかも、イラストレーターのヴィクトルは、当時の店や服装、そしてマリアンヌの姿形等を描いたイラストを何枚も持っていたし、その時に交わしたセリフも記録していたから、アントワーヌがそれらを参考にして脚本を書くのも簡単だ。１９７４年は、私が弁護士登録をした年。同年５月１３日に私ははじめての民事事件で法廷に立ったから、本作でヴィクトルがリクエストした時代状況は私もはっきり覚えている。

　半信半疑のままヴィクトルが指定されたセットに行くと、そこはまさに１９７４年のリヨンの町と彼が泊まったホテルが再現されていた。ホテルの部屋に入り、７０年代のファッションに着替えると、顔は少し老けているものの、全体としてのヴィクトルは１９７４年５月１６日当時の雰囲気にピッタリ！席に着き食事をし始めると、そこに入ってきたのは、若き美女マルゴが演じるかつてのマリアンヌだ。さあ、２人の運命の出会いは如何に？

　ちなみに、マルゴはプロの女優だが、ヴィクトルは所詮演技はド素人。そんな２人の出会いと会話でヴィクトルを満足させるには、マルゴのイヤホン越しに細かく現場を演出するアントワーヌ監督の演出力が大切だ。しかし、目の前の会話と耳からの指示をうまく両立させるのは大変。したがって、何度もイラつきながらマルゴがマリアンヌになり切ったのは女優として立派なものだ。その結果、ヴィクトルはマルゴに対し「全部ウソでも楽しかった」と告げ、本来は一晩で終わりのはずなのに、「明日も来てくれないか？」と頼んできたから、息子から父親へのこのプレゼントは大成功！

■□■この恋、あの恋（？）に化学反応！劇中劇の波紋は？■□■

　農耕民族の日本人は慎み深い（？）から、男女が知り合ってから肉体関係を結ぶまでにはさまざまなプロセスが必要。しかし、フランス人などの狩猟民族の男女は、知り合ってから肉体関係に入るまでの時間が短い。しかも、男女ともそれを生々しく表現するから、本作でも、ロマンチックな演出、脚本による１９７４年５月１６日のリヨンのカフェでの男女の出会いとは別の現実として、①マリアンヌとフランソワの浮気、②女優マルゴと監督アントワーヌとの濡れ場、が存在していた。しかし、男女の恋とは微妙なもので、あの日のプレゼントは、この恋、あの恋（？）に化学反応を起こしたらしい。

　『恋におちたシェイクスピア』（９８年）は劇中劇の面白さが際立っていたが、本作では、「タイムトラベルサービス」の大成功によって、ヴィクトルとマルゴ扮するマリアンヌとの出会いが、マリアンヌとフランソワ、マルゴとアントワーヌとの関係にも絶妙な化学反応を起こしていくことになるので、それに注目！

■□■劇中劇の第２幕、第３幕は？その主演女優は？■□■

　「タイムトラベルサービス」による劇中劇の第１幕、「１９７４年５月１６日」の続きを望むヴィクトルは、２晩の延長を要求したから、唖然とするほどの高額追加料金を受け取ったアントワーヌがその脚本を書き、その演出をすべきは当然だ。もちろん、そこでマリ

アンヌを演じる主演女優は引き続いてマルゴだ。しかし、黒澤明監督以上の独裁ぶりを示すアントワーヌに、マルゴはいい加減うんざり。他方、ヴィクトルを追い出した後すぐにフランソワをベッドに引き入れていたマリアンヌも、目の前で見るフランソワのだらしない姿に今はうんざり。これなら、まだしも（やっぱり？）ヴィクトルの方がましだったかも？ひょっとして、ヴィクトルは私にとってかけがえのない素敵な男性だったのかも？

　そんな化学反応が起きていることなどつゆ知らぬヴィクトルは、今やマルゴ扮するマリアンヌに夢中。今や唯一にして全財産である別荘までもマリアンヌに内緒で売り払って資金を作り、更なる延長を申し込んでしまうことに。さあ、劇中劇の代2幕、第3幕は？

■□■イエスタデイ・ワンスモアはなぜヒット？その実現は？■□■

　本作の主人公ヴィクトルとほぼ同年代の私は新しいものも結構好き。しかし、パソコン、スマホ、AI の流れについていけないのは、ヴィクトルと同じ。したがって、私の携帯は今なおガラケーだ。そのガラケーも au は２０２２年３月、ソフトバンクは２０２４年１月、NTT ドコモは２０２６年３月には使用できなくなると脅されているから、ヴィクトルの気持ちはよく理解できる。また、「いつの日に戻りたい？」と聞かれたヴィクトルが「１９７４年５月１６日のリヨンのカフェに戻りたい」とリクエストした気持ちも、フランスと日本の違いこそあれ、私も同じだ。つまり、ヴィクトルにとっても私にとっても、今から考えれば、その時代が最も輝いていたわけだ。人間はどの国の人間でもいつの時代でもそんなものだから、「イエスタデイ・ワンスモア」という曲がはやり、受け入れられたのだろう。

　「イエスタデイ・ワンスモア」はカーペンターズが１９７３年に発表したシングルで、その歌詞は、昔ラジオで聴いていたオールディーズを懐かしむという内容。同曲は日本とイギリスでのカーペンターズ最大のヒット曲になったし、CM ソングとしてもチョー有名になった。その歌詞のラストは「Just like before　It's yesterday once more（あの頃のように　過ぎし日々よ　もう一度）」だが、それって実現可能なの？

■□■本作鑑賞後の"イエスタデイ・ワンスモア"は如何に？■□■

　本作は、「時の旅人社」の「タイムトラベルサービス」なる商品を注文すれば、"劇中劇"としてだが"イエスタデイ・ワンスモア"が実現できることをハッキリ教えてくれる。しかも、その劇中劇が、現実に存在している男女間の恋にも大きな化学反応を起こしていく現実の展開も見せてくれるから更に面白い。すると、ひょっとして、本物の"イエスタデイ・ワンスモア"が実現するかも・・・？当然そんな期待も湧いてくるが、さて本作は？

　そんな期待を持って劇中劇の第2幕、第3幕を観ていると、何とそこでは主演女優のマルゴが突然降板。そんな、あっと驚く事態が起きるから、ええ、まさか、そんなバカな！それでは、すべてがぶち壊しになってしまうのでは？そんなハプニングが発生する中、本作後半からの"イエスタデイ・ワンスモア"のストーリーが始まっていくので、それはあなたの目でしっかりと！しかして、本作鑑賞後は観客１人１人の"イエスタデイ・ワンスモア"は如何に？　　　　　２０２１（令和3）年7月１２日記

95

Data

監督・脚本：ロベール・ゲディギャン

出演：アリアンヌ・アスカリッド／ジャン＝ピエール・ダルッサン／ジェラール・メイラン／ジャック・ブーデ／アナイス・ドゥムースティエ／ロバンソン・ステヴナン

★★★★

海辺の家族たち

2016 年／フランス映画
配給：キノシネマ／107 分

2021（令和 3）年 7 月 3 日鑑賞	シネ・リーブル梅田

👁👁 みどころ

　藤元明緒監督の『海辺の彼女たち』（２０年）は、雪に覆われた青森の寒々とした海辺を舞台に、日本にやって来た３人のベトナム人の若い女性技能実習生の物語だった。しかして、『海辺の家族たち』と題された本作の舞台は？３人の兄弟妹は？

　美しい入り江にある「La Villa」で突然倒れた父親の元に、３兄弟妹が久しぶりに集まったが、３人の人生はこれまでバラバラなら、これからもバラバラ。"フランスのケン・ローチ"と称されるロベール・ゲディギャン監督は、そんな現実を淡々と描いていくが、「La Villa」でのさまざまなエピソードや、３人の難民の子供達を発見したことによって、いかなる変化が？

　難民は解決策の難しい大問題だが、三者三様の人生観が変われば、ひょっとして大人達にも難民たちにも新たな希望が・・・？

——*——*——*——*——*——*——*——*——*——*——

■□■なぜ "フランスのケン・ローチ" と呼ばれるの？■□■

　私はロベール・ゲディギャン監督を『キリマンジャロの雪』（１１年）（『シネマ２９』１０頁）ではじめて知ったが、同作を観て、ロベール・ゲディギャン監督が"フランスのケン・ローチ"と呼ばれていることに納得した。日本では今ドキ、"労働組合"なるものはほとんどその社会的意義を失っているから、その委員長の価値も低いが、同作ではそれが大きな意味を持っていた。また、人権意識の強い西欧諸国では、新型コロナウイルス対応を巡っても、あらゆる面で機能不全としか言いようのない日本と違い、意思決定に至るまでの討論に合理性があるから、その討論を聞いていると面白い。

　本作は、「父親が倒れた」との報に接し、急遽父親の「La Villa」（別荘）に集まった３人の子供達が織り成す物語だが、彼らの会話にも"労働組合"とか"共産主義"とかの言葉

が混じってくるから、なるほど、なるほど・・・。これが"フランスのケン・ローチ"と呼ばれるゆえんだが・・・。

　私が出資金の一部を負担した藤元明緒監督の『海辺の彼女たち』（２０年）（『シネマ４８』１３５頁）は、雪に覆われた青森の寒々とした海辺が舞台だったが、『海辺の家族たち』と題された本作の舞台は、どこの海辺？また、『海辺の彼女たち』はベトナム人の若い女性技能実習生３人の物語だったが、『海辺の家族たち』に見る３人の家族とは？

■□■本作のテーマは？原題 vs 邦題の比較も！■□■

　『キリマンジャロの雪』の舞台は、フランスの港町マルセイユだった。それに対して、本作の舞台は、マルセイユ近くにある海辺の別荘地だ。マルセイユは大都会だが、本作の別荘地メジャンは、かつては華やかだったそうだが、今はすっかり寂れ、住人もほとんどいなくなっている。冒頭に登場する入江は、空と海を一望できる美しいものだし、それを見渡す別荘の２階にある扇形のベランダは、建築当時から自慢の出来だった。したがって、そんなベランダの椅子に座ってタバコを吸ったとたんに倒れてしまった父親も、それなら本望？父親はきっとそう思っているし、家業である小さなレストランを継いでいる長男のアルマン（ジェラール・メイラン）もそう思っているはずだ。

　しかし、パリに住み、人気女優として忙しい毎日を過ごしている末娘のアンジェル（アリアンヌ・アスカリッド）にとっても、物書きだったが、今はリストラされ、若い婚約者ヴェランジェール（アナイス・ドゥムースティエ）からも捨てられそうになっている次男のジョゼフ（ジャン＝ピエール・ダルッサン）にとっても、今回の事態はやむを得ないとはいえ、鬱陶しい話だ。とりわけ、この別荘で起きた"とある事故"によって、１人娘を失ったアンジェルは、以後この別荘地とも、父親とも一切の縁を切っていたから、今回もさっさと３人の兄弟妹で遺産分割の話をまとめてパリに帰るつもりらしい。

　そんな本作だから、『La Villa』という原題に納得。もっとも、『海辺の家族たち』という邦題も、本作の本質をついているからオーケー！本作では入江の景色の美しさと３人の兄弟妹の織り成す人間模様を比較検討しながら、しっかり味わいたいが、さて、本作のテーマは？

■□■隣人の死亡は？恋模様の展開は？そこに見る希望は？■□■

　本作は久しぶりに「La Villa」で再会した３兄弟妹の、遺産分割を巡る対決の物語にすることも可能。しかし、"フランスのケン・ローチ"と呼ばれるロベール・ゲディギャン監督の狙いはそうではなく、ラストにはその逆の結末に導いていくのでそれに注目！

　さらに、本作では隣人の老夫婦の死亡は？この恋模様の展開は？という２つの面白いエピソードが描かれるので、それにも注目！　かつては大勢の人が集まっていたこの「La Villa」も、今は住人はほとんどいない。しかし、隣人のマルタン（ジャック・ブーデ）・スザンヌ夫妻はここで天寿を全うするつもりらしい。都会で成功している１人息子のイヴァンは今、そんな両親の「La Villa」を訪れ、金銭的支援をしたいと申し出ているが、両親は

なぜかそれを拒否。その結果、あっと驚く結末になるので、それはあなたの目でしっかり
と！

　同じように、全く予測のつかない展開を見せるのが、地元で漁師をしている若者バンジャマン（ロバンソン・ステヴナン）が、地元出身の女優アンジェルにかねてから持っていた熱い思い（？）を打ち明けていく物語。息子ほど年の違うバンジャマンからのアプローチにアンジェルはビックリ。1度はそのしつこさにブチ切れてしまったが、さて、その後は？ロベール・ゲディギャン監督はラブストーリーは得意ではないはずだが、苦手でもないことは、あっと驚くそのハッピーエンドを見れば十分納得できる。そんなちょっと変わったラブストーリーの展開も、あなた自身の目でしっかりと！

■□■3人の難民の子供達を発見！そこに見る希望は？■□■

　前記2つのエピソードはあくまでサブストーリーで、本作後半のメインストーリーは3人の難民の子供達の発見になる。本作は、前半でも中盤でも警察官（軍人？）がアルマン達の「La Villa」を訪れ、近くの海に漂着した難民について聞き取りをするシークエンスが登場するが、そこでの会話は"フランスのケン・ローチ"たるロベール・ゲディギャン監督の特徴が顕著だから、それに注目！

　アルマン達兄弟妹は、黒人である警察官を差別しているの？そんなことはないはずだが、難民の入国を水際で取り締まっている警察官と、「La Villa」に住む民間人であるアルマン達の間で、なぜこんな小難しい議論が交わされるの？難民の姿など1度も目にしていないアルマン達が「見ていない」と答え、さらに「見つけたらすぐに通報する」と答えたのは当然だが、もし難民を発見したら、ホントにすぐに通報するの？それとも・・・？緊急事態宣言、まん延防止等重点措置下の日本では、営業時間制限、酒類の提供制限等、さまざまな規制を受けた飲食店への"見回り隊"が"活躍"しているが、私はそんなバカバカしい制度には大反対。したがって、もし私が違反している飲食店を見つけても、それを当局に通報するつもりは全くない。ひょっとして、それはアルマン達も同じなのでは？そう思っていると、案の定・・・。

　本作はラストに向けて、山の中で2人の幼い弟の面倒を見ている女の子をアルマンとアンジェルが発見。怯える3人の子供達を「La Villa」まで連れて行き、お風呂に入れ食事を与えるが、そこにやってきた警察官に対する彼らの回答は・・・？難民問題は極めて難しい問題だが、本作のそこに見る希望は？

■□■あくまで前向きに！三者三様の人生の選択は？■□■

　本作冒頭に見るアンジェルの苛立ちを見れば、アンジェルは1日も早くこの「La Villa」からパリに帰り、本来の仕事に戻りたいことは明らかだ。「遺産を3等分せず、アンジェルの取り分を多くする」という遺言は、父親がアンジェルの子供の死亡に責任感を感じているためだが、アンジェルにはそんな"気遣い"は逆に迷惑らしい。そのため、何度も「3等分にして！」と叫んでいたから、それなら遺産分割は容易だ。また、執筆の仕事に行き

詰り、若い彼女であるヴェランジェールからも見捨てられようとしている次男のジョゼフも、こんな「La Villa」で人生を過ごすつもりは全くない。それに対して、長男のアルマンは今後も「La Villa」で小さなレストランをやっていくつもりだし、今後も１人で父親の介護をすることに何の不満もない。したがって、この３人の兄弟妹間の遺産分割の話がまとまれば、それで３人の再会はおしまい。再び三者三様の人生が別々の舞台で始まるはずだ。

　本作では、隣家の老夫婦のエピソード、アンジェルとバンジャマンの恋模様とのエピソードとともに、３兄弟妹の間にこれまで滞留していた（？）さまざまな"葛藤"が描かれていくが、その中で生まれ広がってくる三者三様の"心の揺れ"とは？本来、３人の人生は三者三様のバラバラのものだったが、３人の難民の子供達を発見し、その保護の必要性に目覚めていく中、三者三様の新たな人生の選択は？

　３人の難民の子供たちを当局に突き出したら、彼らの未来が失われてしまうのは必然。しかし、仮に３兄弟妹が、この「La Villa」で、３人の難民の子供たちの面倒を見ることになれば？そんなことが現実に可能なのかどうかはわからないが、そんな前向きの姿勢を持てば、３人の子供たちの人生も、３兄弟妹の人生も、ひょっとして前向きに・・・？

　もちろん、それもハッキリわからないが、ロベール・ゲディギャン監督が本作で描く静かなラストには、そんな希望も・・・。

２０２１（令和３）年７月１２日記

SHOW-HEY シネマルーム

★★★★

明日に向かって笑え！

2019 年／アルゼンチン映画
配給：ギャガ／116 分

2021（令和3）年 8 月 14 日鑑賞　　シネ・リーブル梅田

Data

監督：セバスティアン・ボレンステイン
原作：エドゥアルド・サチェリ
出演：リカルド・ダリン／ルイス・ブランドーニ／チノ・ダリン／アンドレス・パラ／ベロニカ・ジナス／ダニエル・アラオス／アレハンドロ・ヒヘナ／ギレルモ・ヤクボウィッツ／カルロス・ベロッソ／リタ・コルテセ／マルコ・アントニオ・カポニ

👀👀 みどころ

　南米にはブラジル、アルゼンチン、チリ、ペルーなど多くの国があり、各国ともサッカーで有名だが、その政治・経済は？

　２００１年の９．１１同時多発テロは政治・軍事上の大事件だが、アジア通貨危機、リーマン・ショック等の経済危機も大事件。しかして、２００１年〜０２年に発生したアルゼンチンの経済危機（デフォルト＝債務不履行）とは？

　どの国でも、どの時代でも、損をするのは一般大衆。それを地で行く前半から、後半は一転！被害者たちが知恵と力を結集し、各自の役割を分担しながら、利益を独り占めした悪徳弁護士に鉄槌を！アルゼンチン発のそんな青春群像劇ならぬ痛快な"おじさん・おばさん群像劇"をしっかり楽しみたい。

───＊───＊───＊───＊───＊───＊───＊───＊───＊───

■□■アルゼンチン発の珍しい映画に注目！■□■

　アルゼンチン発の映画は珍しいが、第８２回アカデミー賞外国語映画賞を受賞した『瞳の奥の秘密』（０９年）はメチャ面白く、私は「こりゃ今年のベストワン作品かも？」と書いた（『シネマ２５』６９頁）。その脚本家と主役が再度タッグを組み、金融危機のおかげで夢も財産も奪われた小さな町の人々の奇想天外な復讐劇を描く痛快ヒューマンドラマに挑戦！それが本作だから、こりゃ必見！

　時代は２００１年。舞台はアルゼンチンの寂れた田舎町だ。元サッカー選手のフェルミン（リカルド・ダリン）ら住民たちは、放置されていた農業施設を復活させるため、貯金を出し合うことに。しかし、その金を銀行に預けた翌日、金融危機で預金が凍結されてしまった上、その状況を悪用した銀行と弁護士に預金を騙し取られ、住民たちは一文無しになってしまったから、アレレ・・・。しかして、奪われた夢と財産を取り戻すべく、驚きの作戦を練る彼らはいかなる行動を？

■□■南米大陸は広い！チリやブラジルは？アルゼンチンは？■□■

南米大陸は広い。その東側の中央部のほぼ半分を占めているのが、南米 NO.1 の大国ブラジルだ。ブラジルはコーヒーとサッカーで有名（?）だが、その政治・経済は?また、１９７０年の自由選挙でアジェンデ社会主義政権が登場したことと、その後１９７３年の９.１１チリ・クーデターで有名なチリは、西南の縦に細長い、ベトナムと同じような形をした国だ。そんなチリの現在の政治・経済は?また、今年７月の大統領選挙でケイコ・フジモリ氏が３度目の大統領選挙に挑み、５０.１２%対４９.８７%、わずか４万４０００票差でカスティジョ氏に敗れた国がペルー。ペルーはチリのすぐ北側にある大国だが、その政治・経済は?

　そして、大陸の南東側に位置している、ブラジルに次ぐ南米 NO.2 の国がアルゼンチン。アルゼンチンは、映画『エビータ』（９６年）で描かれたペロン大統領とそのファースト・レディーだった女性エバ・ペロンで有名だ。ペロン氏の大統領就任は１９４６年だが、１９５５年９月の軍事クーデターによって、彼は大統領の職を追われてしまった。そんなアルゼンチンのその後の政治・経済は?そして、２００１年末から２００２年初めにかけて発生した「デフォルト（債務不履行）宣言」を含む、アルゼンチン危機とは?

　２００１年のアルゼンチン危機を背景として作られた本作の鑑賞を機に、そんな南米大陸のいくつかの大国の政治・経済について勉強してみるのも一興だ。その一助として、「学習プリント　南米（南アメリカ）の国一覧」を掲げておく。

■□■２００１年のアルゼンチン危機（デフォルト）とは?■□■

　１９５５年９月の軍事クーデターでペロン大統領が失脚した後のアルゼンチンの政治はかなり複雑だが、政治の混乱が同時に経済の混乱を生むことになったのは当然。そのため、アルゼンチンでは何度も金融と経済の危機を招いたが、１９９９年に起きたブラジルの金融危機を契機として、２００１年～０２年にかけて"アルゼンチン危機"と呼ばれる通貨危機・債務危機（デフォルト＝債務不履行）を招いたが、その実態は?

　ちなみに、２００８年に発生した「リーマン・ショック」をテーマにした映画は多い。また、１９９７年に韓国を襲ったアジア通貨危機をテーマにした映画が『国家が破産する日』（１８年）（『シネマ４６』２３２頁）だった。同作は、①危機を回避しようとする韓国銀行の通貨政策チーム、②危機を利用して一儲けをもくろむ金融コンサルタント、③政府の言うことを何の疑いもなく信じる町工場の経営者、という三者三様の視点から見た面白い映画だったが、本作前半では、フェルミンをはじめとする"市井の人々"が何もわからないままアルゼンチン危機に巻き込まれ、一文無しになってしまうストーリーが描かれるので、それに注目!

■□■被害者は多数！しかるに利益の独占者はこの男１人?■□■

　本作前半は、フェルミンを中心に多くの住民たちが知恵とカネを出し合って農業協同組合を作ろうとするストーリーが描かれる。その志も良し！しかし、弁護士に相談もせず、素人だけで巨額の金を動かしているとヤバいのでは?そんな心配どおり、集めた資金を銀行の口座に預けた途端に、国家規模のデフォルト（債務不履行）となり、銀行の預金の引

き出しがすべて禁止されてしまったから、アレレ。

しかし、一方で多数の被害者が発生すれば、他方で利益の独占者が現れるもの。それが銀行の支店長と悪徳弁護士マンシー（アンドレス・パラ）の２人だ。顧客の恨みを買った支店長がその妻ともども殺されてしまうストーリーは日本では考えられないが、南米のアルゼンチンならそれもあり・・・？すると、マンシーは？

本作には、フェルミンを中心に、紹介できないほど多くの個性豊かで善意の住民たちが登場するが、逆に悪役はマンシー１人だけ。しかして、支店長亡き後、マンシーは涼しい顔をして生きていたうえ、新たに農場を買ったそうだから、我が世の春を謳歌しているらしい。しかも、フェルミンたち多くの被害者の耳には、マンシーはその農場に地下金庫を完成させたらしいとの情報が。もしそれが本当なら、被害者の力を結集して、その金庫の中に眠る巨額の現ナマを奪回しよう！それがフェルミンの息子ロドリゴ（チノ・ダリン）の提案だったが、さあフェルミンは？その他の多くの被害者たちは？

■□■防犯システムを如何に突破？団結すれば何だって！■□■

本作は、前半では単に金を拠出するだけの存在だった善意の住民たちが、後半からは「奪われた金をマンシーから奪回しよう」という明白な意思を持って結集し、さまざまな知恵を出し合い、それぞれの役割を分担し合いながら団結し、それを実行していくという"青春群像劇"ならぬ"おじさん・おばさん群像劇"になっていくので、それに注目！

そのスタートは地下金庫の頑丈さ（防犯システム）を探ることだが、そんなことがどうしてできるの？たちまち、そこで行き詰ったが、「三人寄れば文殊の知恵」とはよく言ったものだ。かねてからマンシーを見張るため、園芸店の店員を装ってマンシーの法律事務所に顔を出していたロドリゴは、そこで働く美人の若い事務員フロレンシアに目をつけていたから、彼女の目を盗んで防犯装置の請求書を調べれば・・・。そんなアイデアが採用された後は、本作後半のダイナミックなストーリーが次々と展開していくことになる。

CIAやFBIのスパイたちが最先端のAI装置を駆使して展開するハラハラドキドキの頭脳戦やアクション戦も面白いが、本作の時代は２００１年だから、最新の防犯システムといってもたかが知れたもの？いやいや、そんなことはない。本作に見る防犯システムの複雑さと難攻不落ぶりは相当なものだ。したがって、本作後半は、さらにそれに打ち勝つ知恵を結集するフェルミン達のあっと驚く行動力が見ものになるが、手探りながらもそのお手並みは素晴らしい。凡人ばかりの集団だって、ここまで団結すればなんだって可能！そんなことを十分納得させてくれる仕上がりだ。アルゼンチンの田舎町に生きるおじさん・おばさんたちが、アルゼンチン危機を利用して利益を独占したマンシーから「金を取り戻したい！」という一念で奮闘する"群像劇"をしっかり楽しみたい。

『オーシャンズ１１』シリーズはプロ集団だったから、そのお手並みが鮮やかなのは当然だが、素人集団が結集した本作だって、それに勝るとも劣らない痛快な復讐劇になっているので、それに注目！　　　　　　　　２０２１（令和３）年８月２０日記

SHOW-HEY シネマルーム

★★★

アナザーラウンド

2020年／デンマーク・スウェーデン・オランダ映画
配給：クロックワークス／117分

| 2021（令和3）年9月11日鑑賞 | シネ・リーブル梅田 |

Data

監督：トマス・ヴィンターベア
脚本：トマス・ヴィンターベア、ト
　　　ビアス・リンホルム
出演：マッツ・ミケルセン／トマ
　　　ス・ボー・ラーセン／マグナ
　　　ス・ミラン／ラース・ランゼ
　　　／マリア・ボネヴィー／ヘレ
　　　ン・ラインハルト・ノイマン
　　　／スーセ・ウォルド

■□■ショートコメント■□■

◆本作は、第93回アカデミー賞の国際長編映画賞と監督賞にノミネートされ、見事に国際長編映画賞を受賞！世界中の各種映画祭で絶賛されたらしい。こりゃ必見！しかし、チラシには「笑って、呆れて、涙して、ビターでユーモラスな人生讃歌」の見出しが躍っている。こりゃ観るべき？それとも・・・？

　そう迷っていたが、『キネマ旬報9月下旬特別号』の「REVIEW　日本映画＆外国映画」で3人の評論家が星4つ、5つ、2つとしていたため、映画館へ行くことに。しかし・・・。

◆本作の主人公は、①高校で歴史を教えているマーティン（マッツ・ミケルセン）、②その同僚で心理学教師のニコライ（マグナス・ミラン）、③体育教師のトミー（トマス・ボー・ラーセン）、④音楽教師のピーター（ラース・ランゼ）の4人。そして、本作のテーマは「人間の血中アルコール濃度は常に0．05％を保つのが理想」というものだ。これは、ノルウェー人哲学者のフィン・スコルドゥール（ヘレン・ラインハルト・ノイマン）が主張する学説だが、それってホント？

　日本でも、「酒は百薬の長」と言われているが、葉巻と酒をこよなく愛したウィンストン・チャーチルは、「朝ご飯を食べる前にお酒は飲まない」の名言を残している。また、チャイコフスキーやヘミングウェイといった素晴らしい思想家や作家、アーティストたちも、チャーチルと同じく酒を飲むことで勇気やひらめきを得ていた。そう考えると、フィン・スコルドゥールの話はきっとホント！！！

　そんな"仮説"を40歳の誕生パーティーで真剣に語り始めたのはニコライだが、その議論の展開は？

◆夜勤が多い妻アニカ（マリア・ボネヴィー）とは毎日すれ違い。会話もほとんどなく、2人の息子たちとコミュニケーションも取れず、授業内容もお粗末だと抗議を受けているマーティンは、乾杯して祝い酒を飲んでいる3人の同僚たちの中でただ1人水を飲んでい

たが、同僚たちに促されて酒を飲んでみると・・・。それまでは空虚な自分にうんざりしていたマーティンだったが、たっぷり酒を飲んだパーティーの帰路は最近味わったことのない高揚感で満ち溢れることに・・・。

するとその翌朝、マーティンは1人その仮説の検証を始めることに。マーティンは高校教師だから、授業に向けて酒を飲むことなどありえないはずだが、さて、マーティンは1人で如何なる実験を・・・?

◆男の友情はトコトン寄り添うことによって成り立つもの。それを地で行くのが本作。つまり、マーティンが1人で実験を始めたことを知った3人の友人たちは、「バカな実験で終わらせないためにも、心理学の論文にまとめよう」と、記録をつけながらマーティンの実験に全員で参加することに。

そんな4人が、共同して、これからやろうとする実験は次のとおりだ。

> 仮説　人間の血中アルコール濃度は常に０．０５％を保つのが理想
> 仮説・飲酒が心と言動に影響を及ぼす証拠を集める
> 　　　・飲酒は勤務中のみ
> 　　　・ヘミングウェイと同じく夜8時以降と週末は飲酒禁止
> 目的　飲酒により自信とやる気がみなぎり人生が上向きになるかを論文化

◆私は、大学時代は酒が弱かったが、１９７４年に弁護士になり、飲む機会が増えてくると、次第に酒が強くなり、また、好きになっていった。その結果、１９８０年代後半からのバブル時代には、仕事もしたが、酒もたっぷりと・・・。夏場には昼間から缶チューハイを次々と開けながら仕事をしていたから、ひょっとしてあの頃は常に「血中アルコール濃度が常に０．０５％」状態だったのかも・・・?

◆本作中盤の"ポイント"は、実験の効果に手応えを感じたマーティンが、もっと高い効果を期待するべく、濃度制限を失くしたこと。つまり、血中濃度を０．０６％から０．１２％に上げたことだ。しかし、それがナンセンスなことは誰の目にも明らかだから、本作のストーリー構成は如何なもの?

しかして、マーティンの調子の良さを見て、それに追随した他の3人も、アルコール濃度を挙げたが、その行きつく先は?アル中の中年4人組になってしまうのでは?

そんな馬鹿げたストーリーの本作だが、その評価は?

２０２１（令和3）年9月15日記

Data

監督・脚本：スザンナ・ニッキャレッリ

原作：都築忠七『エリノア・マルクス 1855-1898 ある社会主義者の悲劇』オンデマンド版（みすず書房刊）

出演：ロモーラ・ガライ／パトリック・ケネディ／ジョン・ゴードン・シンクレア／フェリシティ・モンタギュー／カリーナ・フェルナンデス／エマ・カニフ

★★★★

ミス・マルクス

2020年／イタリア・ベルギー合作映画
配給：ミモザフィルム／107分

2021（令和3）年9月23日鑑賞 　シネ・リーブル梅田

👀みどころ

　長い間、西洋諸国をリードしてきたドイツのメルケル首相が退陣。それと同時に、栄えある社会民主党（SPD）が第一党の地位を失ったが、"ミス・マルクス"ことエリノア・マルクスは、その前身たるドイツ社会主義労働者党で如何なる活躍を？

　『マルクス・エンゲルス』（17年）に続いて、マルクスの末娘（四女）の"伝記映画"は必見！もっとも、女性監督の視点は、同じ時代を生きた革命女闘士、ローザ・ルクセンブルク風ではなく、エリノアの結婚や男性観に重点を！

　しかして、本作が描く"ミス・マルクス"の激動の半生とは？

— * — * — * — * — * — * — * — * — * — * —

■□■英雄伝、偉人伝は面白い！この伝記映画は必見！■□■

　私は小学生の時に、図書館にあった英雄伝、偉人伝を全部読んでしまったという逸話を持っている。英雄伝、偉人伝は決して客観的なものではなく、誰が、どんな視点で、どのように書くかによって異なるもの。それは、NHK大河ドラマで織田信長、豊臣秀吉、徳川家康の3英雄が再三取り上げられていることや、『三國志』について何十種類もの小説やドラマが作られていることからも明らかだ。

　そんな私にとって、「マルクス生誕200年！」となる2018年に『マルクス・エンゲルス』（17年）（『シネマ42』226頁）を観たときはビックリ。まさか、マルクスやエンゲルの伝記が映画化されるとは！それに続いて、いやそれ以上に驚いたのは、『ミス・マルクス』と題する、マルクスの4女、エリノア・マルクスの伝記を映画化したという本作のチラシを見た時。同作の原作になったのは、『エリノア・マルクス 1855-1898 ある社会主義者の悲劇』オンデマンド版（著：都築忠七、みすず書房刊）。これは、エリノア・マルクスの最初のフル・スケールの伝記であったため、後にイタリア語版、ドイツ語版も

出版され、１９７７年にはBBCでテレビドラマ化されたそうだ。

　そんな女性の伝記映画たる本作は、こりゃ必見！

■□■物語はマルクスの末娘エリノアの「別れの挨拶」から！■□■

　『マルクス・エンゲルス』は、１８４０年代、革命前夜のベルリンで、２６歳のマルクスと２４歳のエンゲルスが活躍を開始するところからスタートした。それに対して、本作冒頭は、マルクスの葬儀シーンから始まる。これは、１８８３年の出来事だが、そこで親族の代表として「別れの言葉」を述べているのが、４女のエリノア（ロモーラ・ガライ）だ。エリノアは、マルクス家の６人目の末娘として生まれたが、長女ジェニー、次女ラウラ（エマ・カニフェ）、そしてエリノア以外の娘たちは幼くして亡くなったらしい。

　１８５５年生まれのエリノアは、"トゥッシー"というあだ名で呼ばれていた子供の頃から政治に深い関心を抱き、１０代から父親の秘書として働き、労働者や女性の権利のための戦いに人生を捧げる一方で、父の遺作や「資本論」の英語版の刊行を手掛けていた。そのため、父親の葬儀では、長女ジェニーや次女ラウラ、そして盟友のエンゲルス（ジョン・ゴードン・シンクレア）たちを前に（差し置いて？）、エリノアが「別れの言葉」を述べていたわけだ。なるほど、なるほど。しかして、「父が１７歳のとき、母イェニーと出会い、翌年ふたりは結婚したこと、生涯苦楽を共にし、信念を貫いたこと」等を歯切れよく語るその演説を聞いていると、彼女の聡明さがくっきりと浮かび上がってくる。

　今でこそ政治の世界への女性進出が進んでいるが、２００年前のヨーロッパでは？また、今でこそ女性の自立が進み、同性婚ですら認められているが、２００年前のヨーロッパでは？そんな時代に生きた"ミス・マルクス"はこの時２８歳。そんな、お年頃（？）の彼女の男関係は？結婚は？

■□■ドイツ社会主義労働者党とは？エリノアの活躍は？■□■

　去る９月２６日に投開票されたドイツ連邦議会選挙（総選挙）では、予想どおり、ドイツ中道左派の社会民主党（SPD）が２５．７％を獲得し、２４．１％だったメルケル首相率いる中道右派のキリスト教民主・社会同盟（CDU／CSU）を抑えて、第１党になった。ドイツ（プロイセン）では、１８７５年５月の「ゴータ大会」で、ラッサール派とアイゼナハ派が「ゴータ綱領」のもとに合同して、ドイツ社会主義労働者党（SAP）を創設した。これが現在のドイツの社会民主党の前身となる政党だ。マルクスは、『ゴータ綱領批判』の中で、「ゴータ綱領」を「さぞかしビスマルク氏の口に合うことだろう」と批判しているが、マルクスらが目指す"革命のための労働者階級を代表する政党"の公然活動を、時の政権を牛耳っていたプロイセン王国の王党派の首相ビスマルクが許すはずはなかった。そのため、ゴータ大会後もドイツ社会主義労働者党への弾圧は続き、１８７６年３月にはベルリン市裁判所がドイツ社会主義労働者党を違法として禁止したから、エリノアたちの活動は大変だ。

　日本では、１９２２年に創設された日本共産党が、戦前にはずっとひどい弾圧を受け続

106

けたが、不屈の闘争を続け、戦後も日本共産党の名前を維持しているのは立派なもの。それに対して、ドイツではマルクスが望んでいた革命は起こらなかったものの、１８９０年９月に社会主義者鎮圧法が失効したことを受けて、同年１０月には社会主義労働者党はドイツ社会民主党（SPD）と党名を変更し、合法的な活動を開始した。以降、同党は①１９１８年１１月のドイツ革命、②ワイマール憲法の可決、その後の③１９３３年の国家社会主義ドイツ労働者党（ナチス党）の政権掌握、等々の激動のドイツを駆け抜けることになる。ドイツの近代、現代の政治史（権力史）は複雑難解だが、エリノアは１８６０〜７０年代にかけてドイツ社会主義労働者党の一員として如何なる活躍を？

　そんな興味を持って本作を観ていると、何とエリノアはドイツ社会主義労働者党を代表してアメリカに行く任務を与えられたからビックリ。ちなみに、同党では左派活動家のローザ・ルクセンブルクが有名だが、彼女とミス・マルクスとの接点は如何に？そして、本作に見るアメリカでのエリノアの革命家としての活躍は如何に？

■□■この男との結婚の是非は？女性の自立と矛盾？■□■

　エリノアは１６歳の時に、父親（マルクス）の秘書となり、社会主義者の会議に随行していた。そして、１年後の１９７２年には、有名なパリ・コミューンにジャーナリストの立場で参加し、コミューン崩壊後はロンドンに亡命していた３４歳の男性プロスペル＝オリヴィエ・リサガレーと恋に落ちた。マルクスは政治的にはこの男性に賛同していたものの、２人の年齢差を理由に結婚を認めなかったため、エリノアは諦めてしまったらしい。

　もっとも、本作はそんな過去の恋模様には全く触れず、エリノアが父親の葬儀で再会した劇作家のエドワード・エイヴリング（パトリック・ケネディ）と結ばれる姿を追っていく。エリノアは社会主義運動や革命闘争のプロだったが、同時にシェイクスピアをはじめとする演劇への造詣が深かったため、劇作家としても、俳優としても活躍していたエドワードに魅かれたらしい。エドワードは既婚者だったから、正式な結婚はもともと無理だったが、「結婚など時代遅れの制度だ」と女性の自立を主張していたエリノアにとっては、（内縁の）結婚に全く抵抗がなかったらしい。そのため、エリノアの革命家としてのアメリカ行きに快く同意してくれたエドワードと一緒にアメリカに乗り込んだが、さてこの２人の夫婦生活は？

　エドワードは劇作家として優れた才能を持っていたから、その方面での２人の会話は十分成立していたが、革命談義はもとより、金銭感覚の隔たりは大きかった。金遣いの荒いエドワードは、豪勢なレストランにエリノアを誘ったり、ホテルの部屋を花でいっぱいにして彼女を驚かせたりという破天荒ぶりだ。そのため、アメリカから戻ってきたエリノアはエンゲルスからもエドワードの浪費癖を指摘されたが、エリノアは聞く耳を持たなかったらしい。それは一体なぜ？エリノアがこんな男と結婚したことの是非は？この結婚はエリノアの女性としての自立の主張と矛盾しているのでは？

■□■父親の秘密に大ショック！夫の秘密に大ショック！■□■

　私は、本作については、エリノアがマルクスの娘として、社会主義運動や共産党主義革命のために頑張る姿に注目していた。しかし、本作でそれが描かれるのは前半だけで、スザンナ・ニッキャレッリ監督は、後半からはエリノアの女性としての生きザマに焦点を当てていく。しかして、本作中盤でエリノアが大ショックを受けるのは、第1にエンゲルスが死亡の直前に明かした、父マルクスの秘密。それは、長い間エンゲルスの私生児とされていたフレデリック・デムート・フレディ（オリバー・クリス）が、実はマルクスの私生児だったということ。フレデリックが長い間マルクス家の使用人だったヘレーネ・デムート（フェリシティ・モンタギュー）とマルクスとの間に生まれた子供なら、１８５１年生まれのフレデリックはエリノアの４歳違いの兄になってしまうが・・・。

　もう１つは、ある日、エリノアを訪れた見ず知らずの若い女が、突然「エドワードは秘密裏に１人目の妻と離婚し、自分と結婚した」と告げてきたこと。エドワードが既婚者であるため自分は入籍せず、内縁関係のままでいたのに、この女の言っていることは本当なの？エリノアは「あなたはエドワードに騙されたのよ」と諭したものの、彼女の心がエドワードの裏切りに深く傷ついたのは当然だ。こんな二重の大ショックの中、晩年（？）のエリノアの生きザマは？

■□■夫に続きエリノアもアヘンに逃亡！この結末の是非は？■□■

　私は7月２２日に台湾の侯孝賢（ホウ・シャオシェン）監督の名作『フラワーズ・オブ・シャンハイ４K デジタルリマスター版（海上花）』（９８年）を鑑賞したが、そこでは清朝末期の上海の高級遊郭で遊ぶ旦那衆vs遊女の生態が興味深く描かれていた。しかして、本作ラストは、病に倒れてしまったエドワードがアヘン癖の中で、更にむしばまれていく姿が登場するのでビックリ。あの時代のドイツにアヘンがあったの？一体どんな人々がそれを愛好していたの？本作はそれには全く触れないまま、エドワードがアヘンにのめりこんでいく姿を描くので、それに注目！

　もっとも、エドワードの晩年には、エドワードがエリノアの姉を保証人にして借金をしていることも知らされていたから、エリノアのエドワードに対する尊敬や信頼はすっかり失われていたのでは？私はそう思ったのだが、スクリーン上では意外にも、そんなエドワードに対して、さらに献身的な看病をするエリノアの姿が描かれていく。具体的には、エリノアとエドワードの間で、「まだ私を愛している？」、「君を愛するため生まれてきた」、「これ以上私を傷つけないで」という会話が展開されるが、これって一体何？

　しかして、本作ラストは１８９１年。しばらく姿を消していたエドワードがふいに戻ってくる中、クライマックスでは、アヘンを吸い、まるでタガが外れたように踊り始めるエリノアの姿になるが、これって一体ナニ？こんな結末の是非は？

２０２１（令和3）年１０月５日記

Data

監督・脚本：ヤスミラ・ジュバニッチ

出演：ヤスナ・ジュリチッチ／イズディン・バイロヴィッチ／ボリス・イサコヴィッチ／ヨハン・ヘルデンベルグ／レイモント・ティリ／エミール・ハジハフィズベゴヴィッチ／エディタ・マロブチッチ／ディノ・バイロヴチッチ

★★★

アイダよ、何処へ？

2020年／ボスニアなど合作映画
配給：アルバトロス・フィルム／101分

| 2021（令和3）年9月23日鑑賞 | シネ・リーブル梅田 |

👀 みどころ

　米軍が撤退したアフガニスタンでは、今さまざまな"惨状"が生まれているが、1995年7月にボスニア・ヘルツェゴヴィナで起きた"スレブレニツァの虐殺"とは？

　国連軍は押し寄せる避難民の保護に全力を尽くしたが、全員の収容はとても無理。敵（セルビア人勢力）への"空爆"も当てにならないから、交渉による他なし。しかし、にわか仕立てで選出された民間人代表を含む国連軍と、敵の将軍ムラディッチとの会見は茶番劇！？合意成立後の展開はアレレ、アレレの連続に！

　そんな活動の補助者として、通訳アイダの役割は大きいが、公よりも夫や2人の子供のために奔走する姿は如何なもの？なぜ監督は"スレブレニツァの虐殺"をこんなアイダの視点から描いたの？鑑賞中も鑑賞後も、私はそんな疑問が広がる一方に・・・。

―――＊―――＊―――＊―――＊―――＊―――＊―――＊―――＊―――＊

■□■ボスニアのあの女性監督が再び！■□■

　内向き志向が強い日本では、『サラエボの花』（07年）という美しいタイトルを誤解した人もいるはずだが、同作は「サラエボ紛争」の中で主人公に起きた集団レイプのおぞましさを描いた問題作だった（『シネマ16』267頁）。そして、その監督は、サラエボ出身の女性監督ヤスミラ・ジュバニッチだった。集団レイプに続く妊娠・出産の姿まで描いた同作は、見事2006年の第56回ベルリン国際映画祭で金熊賞を射止めている。同監督の第2弾『サラエボ、希望の街角』（10年）も第1作と同じように、「サラエボ紛争」をテーマに彼女の視点が貫かれた名作だった（『シネマ26』91頁）。

　そんなヤスミラ・ジュバニッチ監督の最新作たる本作は、「サラエボ紛争」後を背景に描

いた前記２作とは異なり、「サラエボ紛争」末期の悪夢のような惨劇である"スレブレニツァの虐殺"を真正面から取り上げたもの。わずか四半世紀前に現実に起きたジェノサイド事件（"スレブレニツァの虐殺"）とは一体ナニ？それをヤスミラ・ジュバニッチ監督の本作で！

■□■ "スレブレニツァの虐殺" とは？■□■

『シネマ３２』は、第５章「この問題提起をいかに受け止める？」の見出しで、１９４８年に韓国で起きた「済州島４・３事件」を描いた『チスル』（１２年）（２００頁）と、１９６９年にイタリアのミラノで起きたフォンターナ広場に面した全国農業銀行の爆破事件を描いた『フォンターナ広場　イタリアの陰謀』（１２年）（２０４頁）を紹介した。もちろん、虐殺事件はこれに限らず世界中で多発している。日本でも、織田信長が行った①比叡山焼き討ち、②伊勢長島の一向一揆殲滅、③朝倉氏滅亡後の越前の一向一揆殲滅、④信長の支配を拒み、自主独立を掲げる伊賀惣国一揆に対する天正伊賀の乱は有名だ。

"スレブレニツァの虐殺"は、Wikipedia によれば、ボスニア・ヘルツェゴヴィナ紛争中のスレブレニツァで１９９５年７月に発生した大量虐殺事件。セルビア人のラトコ・ムラディッチ参謀総長に率いられたセルビア人共和国軍（スルプスカ共和国軍）によって、推計８０００人のムスリム人（ボシュニャク人）（イスラム教徒）が殺害されたもの。これは、"スレブレニツァ・ジェノサイド"とも言われ、第二次世界大戦後の欧州最大の虐殺だそうだ。ラトコ・ムラディッチは、この"スレブレニツァの虐殺"に関連するジェノサイドで有罪になり、２０１７年に終身刑が確定しているが、そんなラトコ・ムラディッチが本作では、セルビア人勢力を率いる将軍（ボリス・イサコヴィッチ）として生々しく（？）登場してくるので、それに注目！

■□■国連（保護）軍や国連施設の役割は？アイダの行動は？■□■

１９９５年７月１１日、セルビア人勢力の侵攻によって陥落したスレブレニツァの２万人以上にも及ぶ市民が、町の外れにあるポトチャリの国連施設に押し寄せた。第二次世界大戦後に設立された国際連合は世界の紛争地で大きな役割を果たしているが、ここではどんな役割を？本作ではそれが大きなポイントになるので、それに注目！国連（保護）軍のオランダ部隊が管理する国連施設では２万人の市民を収容することなど、到底不可能。そのため、国連軍の通訳として働いている女性アイダ（ヤスナ・ジュリチッチ）は国連軍のフランケン少佐（レイモント・ティリ）が住民に発する指示を必死に通訳していたが、現状はハチャメチャだ。高いところから遠くを見渡すと、国連施設の周辺は２万人以上の避難民でいっぱい。食料はもとより、水もトイレもないから、彼らは大変。しかし今、アイダが心配しているのは、アイダの夫ニハド（イズディン・バイロヴィッチ）と２人の息子ハムディヤ（ボリス・レアー）、セヨ（ディノ・バイロヴィッチ）のこと。もし彼らが外にいるのなら、何としても早く施設内に収容しなければ・・・。

本作導入部では、通訳の仕事そっちのけで（？）家族の姿を探し回り、発見した後は何とか施設の中に入れようとする姿が描かれる。しかし、これでいいの？これって公私混同

では？

■□■民間人代表の選出は？敵将との交渉は？■□■

本作の最終目的は、「スレブレニツァの虐殺」の実態を描き出すことだが、そこに至るまでの過程には、第1に、敵の将軍ムラディッチとの交渉に出席する民間人代表を選出するプロセス、第2に、選出された民間人代表と共に国連保護軍の指揮官トマス・カレマンス大佐（ヨハン・ヘルデンベルグ）が行うムラディッチ将軍との交渉、という2つの重要な出来事が描かれる。今回の自民党総裁選挙は、党友、党員を加えた、フルスペックの形式で実施されたが、混乱を極めている国連施設においては、民間人代表の選出は簡易かつ迅速な手続きによらざるを得ない。そこで、フランケン少佐は通訳のアイダを介して、ホール内の同胞たちに「誰か代表になる人はいませんか」と呼びかけたが、そこで挙手する人はいなかった。そんな状況を察したアイダは、「知識人である夫のニハドこそが代表にふさわしい」とフランケン少佐に耳打ちし、結局ニハドを代表団の1人にしてしまったから、アレレ。これも、公私混同、そしてまた職権乱用ではないの？

他方、日露戦争に勝利した日本の将軍乃木大将と、敵の将軍ステッセルとの旅順水師営の会見は、「水師営の歌」になって語り継がれている。しかし、１９９５年７月１２日に、ホテルの1室で開かれた"交渉"では、敵の将軍ムラディッチが、市民の協力と武装解除を条件に、避難民とオランダ人を攻撃しないことを約束し、「我々は個々の希望を尊重する。この地に残るか、出て行くか選んでくれ。出たいならバスを手配する」と提案したから、カレマンス大佐とニハド、会社員の男性、経理士の女性はそれを受けざるを得ないことに。しかし、時を同じくして、施設には武装したセルビア人勢力がトラックで乗り付け、「武装した者は国連施設には入れない」というルールを無視して、避難民の中に兵士が紛れ込んでいないかの捜索を、武力を背景に行っていたから、こんな連中をホントに信用できるの？こんなインチキな"会見"は、水師営の会見とは大違いだ。

アイダは戻ってきたニハドから、「我々は安全な場所へ避難することになった」との報告を聞いたが、経理士の女性は「あんな茶番、信じるの？」と厳しい顔で吐き捨てていたくらいだから、その後の展開は如何に？

■□■最悪の展開に！この責任は誰に？アイダの行動は？■□■

旅順水師営の会見では、双方の信義に基づく誠意ある話し合いが行われたが、本作スクリーン上で見る会見は、民間人の女性ですら信用できないと吐き捨てるレベルだったから、ムラディッチ将軍が施設内に乗り込んできてからの、強制的に男女の選別をしたうえでのバスへの分乗の指揮を見ていると、ヒットラーもの、ホロコーストもので観たシーンを彷彿させてしまう。カレマンス大佐の抗議は一蹴されてしまうし、ムラディッチ将軍はマスコミ向けには女性だけをゆったり座らせたバスを用意していたから、彼の演出は成功した。

しかし、ムラディッチ将軍は一体ここで何をしようとしているの？私にはそれが容易にわからないが、それ以上にここで訳の分からない行動をとるのがアイダだ。彼女は国連軍

111

の通訳なのだから、現場が混乱すればするほど、フランケン大佐たちの指示に従って行動しなければならないはずだが、スクリーン上ではその正反対の姿ばかりが目に付く。その姿はあなた自身の目でしっかり確認し、その是非を判断してもらいたいが、撤退する国連職員の中に夫と子供の名前を加えてもらうために奔走する姿は、見苦しい。国連の職員たちが「不正はできない」と拒否したのは当然だ。ちなみに、本作のパンフレットの「STORY」には、「『不正はできない』という官僚的な対応に阻まれてしまう」と書かれているが、これを"官僚的"と言うのはおかしいのでは？

　通訳の仕事そっちのけで走り回った挙句、万策尽きる中、夫や子供を施設の中に隠したり、外に出て行く車の荷物の中に子供だけでも隠そうとする姿はあまりにあまりだ。なぜヤスミラ・ジュバニッチ監督は、そんなアイダの姿を描く中で「スレブレニツァの虐殺」を描こうとしたの？

■□■体育館の虐殺はなぜ？アイダの葛藤は？監督の視点は？■□■

　本作はセルビア人勢力によるスレブレニツァへの攻撃が始まる中、２万人の住民が国連施設に避難してくる姿から始まる。成年男子の多くは森に逃げ込み、ムスリム人勢力の支配地域を目指したため、国連施設に避難したのは女性、子供、老人が中心だったらしい。そんな歴史的な事実の中、なぜアイダの２人の息子は男たちと一緒に森に逃げず、女性、子供、老人たちと共に国連施設に逃げ込んできたの？私は何よりもその事に納得できないが、立派な若者２人が、母親の言うがままに国連職員の部屋の中に逃げ込んだり、誰もいない施設内に隠れたり、挙句の果ては、荷物の中に隠れて外に逃げ出そうとする姿はいかにも情けない。君たちには成年男子としての責任感はないの？

　本作後半のスクリーン上では、そんなこんなのドタバタ劇が続いた後、結局夫と２人の息子は強制的に体育館の中に入れられてしまうが、本作に見るその体育館での惨状は、まさにアウシュビッツのガス室と同じような惨状になっていく。なぜムラディッチ将軍はこんな行動を？"スレブレニツァの虐殺"の全体の被害者は推計８０００名だが、この体育館での被害者はせいぜい１００名程度？なぜそんな虐殺を？私にはそれがサッパリわからない。

　「INTRODUCTION」では、本作を「ジュバニッチ監督の最高傑作」と持ち上げた上、「観る者はそのドキュメンタリーのような迫真性と濃密なサスペンスがみなぎる映像世界から、一瞬たりとも目が離せない」と述べ、さらに、「ジュバニッチ監督は、家族と同胞たちを心から救いたいと願う一方、国連職員としての職務もまっとうしなくてはならないアイダの深い苦悩をあぶり出す」

２０２１（令和３）年１０月５日記

Data

監督：メリーナ・レオン
脚本：メリーナ・レオン／マイケ
ル・J・ホワイト
出演：パメラ・メンドーサ／トミ
ー・パラッガ／ルシオ・ロハ
ス／マイコル・エルナンデス

★★★★

名もなき歌

2019年／ペルー・スペイン・アメリカ合作映画
配給：シマフィルム、アーク・フィルムズ、インターフィルム／97分

| 2021（令和3）年9月9日鑑賞 | テアトル梅田 |

👀 みどころ

　アルベルト・フジモリ元大統領の娘ケイコ・フジモリ氏は、3度目の大統領選挙も僅差で敗北。現在のペルーは政治的混乱にあるが、1980年代に起きた乳児売買事件とは？

　ペルー出身の女性監督が新聞記者だった父親が取材した現実の事件を、少し時代を移して映画化したが、そのタイトルはなぜ『名もなき歌』に？まずは、冒頭のブラウン管テレビに見るニュースに注目！

　そして、"有権者番号"を持たない先住民の女性の出産に伴う悲劇に注目！メスティーソ（白人と先住民との混血）たる新聞記者は、なぜそんな女性に寄り添って取材を続けたの？尻切れトンボ感はあるものの、本作の問題提起をしっかり受け止めたい。

―――*―――*―――*―――*―――*―――*―――*―――

■□■ペルー出身の女性監督が、自国の乳児売買問題にメス！■□■

　阪本順治監督の『闇の子供たち』（08年）は、タイにおける生きた人間の臓器提供による臓器移植や、人身売買・幼児売春の闇組織の実態を描いた問題提起作だった（『シネマ20』153頁）。また、幼児誘拐事件を描いた社会問題提起作には、①アンジェリーナ・ジョリー主演の『チェンジリング』（08年）（『シネマ22』51頁）、②陳可辛（ピーター・チャン）監督の中国映画『最愛の子（親愛的）』（14年）（『シネマ44』270頁）等がある。しかして、ペルー出身の女性監督メリーナ・レオンは本作で、自国で起きたペルーの乳児売買問題にメスを！

　南米の国ペルーは、2021年6月、アルベルト・フジモリ元大統領の娘であるケイコ・フジモリ氏の3度目の大統領選挙への挑戦で世界中の注目を浴びたが、結局50.12％vs49.87％の僅差で敗退。急進左派政権による新政局は混沌としている。本作の時代

113

は、それから遡ること３０数年、今以上の政情不安に揺れる、１９８８年だ。

本作冒頭、私が子供時代の昭和３０年代に見た白黒ブラウン管テレビに「ビバ！マルクス・レーニン 毛沢東主義」、「史上最悪のインフレ１１４％！」、「バス運賃１００％値上げ」、「テロ活動が激化 爆破 暗殺 収奪・・・」、「電気 電話 医薬品 値上げ」、「衝撃の一括値上げ！」、「断水と停電続く」、「ビバ！武力闘争」等々の記録写真や新聞記事が映し出されるから、まずはこれに注目！

■□■先住民の若夫婦の生活は？妻の出産は？■□■

同じ日に続けて観た『モロッコ、彼女たちの朝』（１９年）の主人公は、臨月のお腹を抱えた若い女性だったが、それは本作も同じ。本作のそれは、２０歳のヘオルヒナ・コンドリ“ヘオ”（パメラ・メンドーサ）だが、ヘオも２３歳の夫レオ・キスペ（ルシオ・ロハス）も、ペルー南部、中央アンデスに位置する都市、アヤクチョに住む先住民だ。

家族や親戚たちに見守られる中、歌と踊りで“母なる大地”（パチャママ）を讃える旅立ちの儀式を済ませた若夫婦は、首都リマ近郊の、荒涼たる土地の斜面に建てられたバラックに移り住んだ。妊娠中のヘオは、夫が働く市場で仕入れたジャガイモを露店で売り、生計の足しにしていたが、ある日、妊婦に無償医療を提供するというサンベニート財団の情報をラジオで知ったヘオはバスでその産院に出かけ、受診することに。後日、露店で陣痛が始まったヘオは、痛みをこらえながらやっとの思いで産院にたどり着き、無事出産を済ませたが、それが母子の“今生の別れ”になろうとは！

本作は、メリーナ・レオン監督の父親イスマエル・レオンがレプブリカ紙の記者として１９８０年代前半に、政府高官や判事たちとの関りの中で、海外との違法養子縁組（乳児売買）を調査していた事件を、少し時代を移行させ、メリーナ・レオン監督流の問題意識で描いたもの。もぬけの殻となった産院で途方に暮れたヘオは、その後、警察、そして裁判所に訴え出たが、「有権者番号は？」と問われると？“有権者番号”を持っていない先住民の若夫婦はハナから取り合ってもらえないらしい。こりゃひどい。そして、なるほど、これが１９８８年のペルーの実態なの！

■□■この新聞記者に注目！彼の取材はどこまで？■□■

ペルーでは、先住民の地位や権利がどうなっているのか、また、有権者番号にどれだけの意味があるのか、等々は日本人にはわからないが、本作導入部に見るペルーの実態は、メチャひどい。しかして、警察でも裁判所でも全く取り合ってくれなかったヘオの訴えに耳を傾けてくれたのは、ある日無理やり入り込んでいったレフォルマ新聞社で「娘を盗まれた！生後３日目の娘が！」と絶叫するヘオの姿に注目したペドロ・カンポス（トミー・パラッガ）だ。ヘオの訴えにペドロが反応を示したところから、本作の本格的ストーリーが始まっていく。このペドロがメリーナ・レオン監督の父親を見本にしていることは明らかだが、このペドロも白人ではなく、メスティーソという白人と先住民との混血の男性に設定しているのが本作のミソだ。

新聞社の上司が別の重大事件を担当していたペドロに対して、すぐにヘオの事件を取材する許可を与えるストーリー展開は少し安易すぎるが、大新聞社をバックにしたペドロはいかなる取材に乗り出すの？それが本作中盤のポイントになるから、妊婦に無償医療を提供するという情報を流していたラジオ局への取材や、産院の賃貸借契約の取材ぶりをしっかり確認したい。

　そんな取材の中で、ペドロは「自分たちも生んだばかりの赤ん坊を奪われた」という若い女性と接触できたからラッキー。さらに、ペドロは知り合いの空港職員を通して、秘密裏に「ペルー司法省・出国養子リスト」を手に入れたから、これはかなり大きな事件（ヤマ）だ。ペドロはその足で裁判所に赴き、判事に対して「なぜ養子の承認を多く・・・」と質問したが、判事は「私が選んだ訳じゃない。書類が完璧なら承認するだけだ」と答えるだけだった。ここまで動き回るペドロの新聞記者魂は立派だが、乳児売買問題が国際的な組織の中で闇から闇に行われているとしたら、それを嗅ぎまわるペドロはヤバいのでは？そんな心配の中、ペドロのその後の取材は？

■□■友人の役者の登場は？『ガラスの動物園』の公演は？■□■

　私は大学時代にテネシー・ウィリアムスの戯曲『ガラスの動物園』を巡って徹夜の議論をしたことをよく覚えているが、本作では本筋のストーリーとは全く別に、ペドロが近くに住む知り合いの役者イサ（マイコル・エルナンデス）との交友を深めていくストーリーが描かれる。イサはキューバからの移民だが、そんな男はペルーではどんな扱いを？『ガラスの動物園』の公演で彼はどんな役を与えられているの？ヘオは先住民だし、ペドロはメスティーソだが、キューバ移民のイサはどのレベル？

　私はそんな興味でスクリーンを観ていたが、ある日『ガラスの動物園』の公演を控えてリハーサルを重ねているイサとペドロが狭いキッチンの中でラジオから聴こえてくる曲に合わせてダンスを始めると、アレレ、そこには2人が激しくキスを交わす風景が。ええ、これは一体何？メリーナ・レオン監督は、なぜサブストーリーとして、こんなストーリー

を・・・？

■□■真相解明に向けた取材は？追及は？リスクは？■□■

　ペドロの取材ぶりは大手新聞社の記者としてはかなり強引だが、それによって乳児売買の国際的な秘密組織があるらしいというところまでたどり着いたから、立派なもの。そして今、社の同僚からの情報によると、再び妊婦への無償医療が行われているらしい。そこで、ペドロは先輩カメラマンと共に大河沿いの町イキトスに向かうことに。

　本作は、メリーナ・レオン監督が新聞記者だった父から聞いた話を元に脚本を書いた映画だから、ある意味、どんな経過を経ても、どんな結論に導いてもいいわけだが、「Based on True Story」という以上、あまりいい加減な企画にすることができないのは当然。ペドロは、以前の取材でも２人の女性から「自分たちも生んだばかりの赤ん坊を奪われた」という情報を得ていたが、今回も、若い女性から「自分のバーで一杯やらないか」と誘われたうえ、「気を付けて。産院は危険だから。自分の息子を売ったことがあるの」と言われることに。ここらあたりのペドロの取材は、どこまで「Based on True Story」なの？それとも、メリーナ・レオン監督の勝手な脚本なの？それはわからないが、さあ、ペドロの取材はどこまで真相解明に向かっていくの？逆に、そのリスクは？

■□■ラストに流れる子守唄は？ヘオはなぜこの歌を？■□■

　そう思っていたが、ペドロの取材はそこで尻切れトンボになってしまうから、アレレ、アレレ。『闇の子供たち』は、江口洋介扮するタイ駐在の日本人新聞記者と、宮崎あおい扮するボランティア女性の執念のにじむ取材の成果として、タイの子供たちの"臓器売買"という"驚くべき実態"が明示されていたから、鋭い社会問題提起作になっていた。しかし本作は、ペドロが取材した乳児売買事件の一部が明示されるだけで、全貌が解明されるものではない。それはなぜ？冒頭のブラウン管に映し出される断片的なニュースでわかる通りの不安定な政治情勢下のペルーでは、きっとメリーナ・レオン監督の父親の取材にも限界があったためだ。そう考えれば、メリーナ・レオン監督がそんな中途半端な形で本作を終了させたのも仕方ない。

　しかして、そんなメリーナ・レオン監督が本作の結末に用意したのは、ヘオが１人で「ヘオルヒナの子守歌」を歌うシーン。子守歌といえば、「ブラームスの子守歌」や「シューベルトの子守歌」が有名だし、日本でも「竹田の子守唄」等々、有名なものがたくさんある。それと同じように（？）、「ヘオルヒナの子守歌」も作者不明ながら、ペルーの伝統的な子守歌らしい。もちろん、その言葉も意味も日本人には容易に理解できないが、雰囲気（ヘオの悲しみ）だけは明確に伝わってくる。なるほど、こんな結末の映画だから、本作は英題も邦題も『SONG WITHOUT A NAME／名もなき歌』とされているわけだ。"中途半端感"はあるものの、１９８８年のペルーにおける乳児売買事件について、なるほど、なるほど。

２０２１（令和３）年９月１５日記

Data
監督・脚本：マリヤム・トゥザニ
出演：ルブナ・アザバル／ニスリ
ン・エラディ／ドゥア・ベル
ハウダ／アジズ・ハッタブ／
ハスナ・タムタウイ

★★★★

モロッコ、彼女たちの朝

2019年／モロッコ・フランス・ベルギー合作映画
配給：ロングライド／101分

| 2021（令和3）年9月9日鑑賞 | テアトル梅田 |

👀👀みどころ

　モロッコは名作『カサブランカ』（42年）で有名だが、日本に初上陸した
モロッコ映画が本作。1980年にモロッコで生まれた女性監督は、"彼女た
ちの朝"をどんな問題意識でスクリーン上に？

　今の日本ではシングルマザーに何の抵抗もないが、アラブ社会では父なし子
（＝ふしだら女）は以ての外。臨月の腹を抱えて、美容師の職を失った若い女
性は？他方、夫を失ったことで笑顔も失ってしまったパン屋の女主人は？

　どこまで親切に？どこまでお節介？本作中盤ではそんな"彼女たち"の葛藤
と本音のぶつかり合いを見ながら、ラストでは彼女たちの"再生"をしっかり
考えたい。

―― * ―― * ―― * ―― * ―― * ―― * ―― * ―― * ―― *

■□■モロッコ映画が日本に初上陸！監督は？テーマは？■□■

　日本でモロッコの長編劇映画が劇場公開されるのは、本作がはじめて！えっ、そうなの？
「モロッコ」といえば、すぐに『カサブランカ』（42年）に結びつくほど、『カサブラン
カ』は有名な名作だが、ハンフリー・ボガートとイングリッド・バーグマンが主演した『カ
サブランカ』は当然アメリカ映画だ。もっとも、本作の舞台もモロッコ最大の都市カサブ
ランカだから、親しみやすいかも？他方、本作の邦題は『モロッコ、彼女たちの朝』だが、
原題（英題）は『ADAM』。この原題では何のことがさっぱりわからないが、邦題を見れ
ばなんとなく分かったような・・・。

　本作の監督・脚本は、本作が長編デビュー作となる、1980年にモロッコのタンジェ
で生まれた女性マリヤム・トゥザニ。パンフレットの「Director's Note」によると、本作
は、彼女が実際に会ったある女性との"出会い"を元に生まれたものらしい。マリヤム・
トゥザニ監督は、「私自身が母になるにあたり、一刻も早くこの物語を書き、伝えなければ

ならないと感じ」、その結果、「彼女のエピソードに、私自身が負った傷や喪失感、苦悩、拒絶、癒えることのない悲しみを交えて作った」そうだ。なるほど、なるほど。そう考えると、本作の邦題にも納得！

■□■"彼女たち"の立場は？"彼女たち"の出会いは？■□■

　邦題にある「彼女たち」の1人は、カサブランカの街で臨月のお腹を抱えながら、仕事と寝る場所を求めてさまよっている女性サミア（ニスリン・エラディ）。住み込みで雇ってくれるよう頼み込んでいる彼女の話によると、彼女は美容師らしい。そんなサミアは、なぜ今こんな苦況に陥っているの？

　「彼女たち」のもう1人は、通りに面した小さな店舗兼自宅でパンを焼いて生計を立てている女性アブラ（ルブナ・アザバル）。彼女には幼い一人娘のワルダ（ドゥア・ベルハウダ）がいたが、ワルダのパパは？そんな「彼女たち」の出会いは、かなり異例のものだ。

　マリヤム・トゥザニ監督が自分の体験をもとに演出した本作では、サミアの姿を見るに見かねたアブラが、一夜限りの宿を提供する最初のシークエンスが興味深い。ワルダがサミアに「お姉ちゃん」と声をかけたのは、好奇心のなせる技。したがって、アブラはそんなサミアを見ても、見ぬフリをすればいいだけなのに、なぜアブラはサミアに声をかけたの？もっとも、どうせ泊めてやるのなら、もう少し笑顔を見せて親切にしてやれば・・・。私はそう思うのだが、なぜアブラは笑顔1つ見せないの？

■□■どこまで親切に？どこまで融和？身分証明書は？■□■

　思いがけず一夜の宿を与えられたため、路上で寝ないで済んだサミアが、翌朝お礼を言って出て行こうとしたのは当然。しかし、そこでアブラがもう何日かの居候を許可したのは一体なぜ？それを聞いたサミアはもちろん、一晩ですっかり友達になった（？）ワルダも大喜びだが、アブラはサミアにどこまで親切にするべきか、突き放すべきかを悩んだのは当然。アラブ社会では、未婚の妊婦は「ふしだら」と後ろ指を指されるから、サミアを家に迎えることは、未亡人のアブラにとって世間体が悪いのは当然だ。そのうえ、サミアは身分証明書も持っていないのだから、その出自は？まさか、前科者ではないだろうが・・・。

　そんな心配もあったが、現実は全く逆で、サミアはパン作りも上手らしい。それがわかったのは、サミアが手作りのルジザを提供した時だ。生地を薄く紐状に伸ばす作業に時間がかかるため、アブラも作るのを止めてしまったルジザは伝統の味だったから、ワルダはその味に大喜び。余ったルジザを店頭に出してみると、客の反応は上々で、即完売に。これなら、サミアの存在価値は明白。追加のルジザを作りながら、サミアが幼い頃に祖母から教わったコツをワルダに伝える風景は微笑ましいもの。昨日まで以上に、2人の仲は親密になったようだ。しかし、それってアブラにとってはいいこと？それとも・・・？

　そんなことをあれやこれやと考え悩んだアブラは、結局サミアを追い出してしまったから、ワルダが「冷たい」と涙ながらに抗議したのは当然だ。そんな"母娘対決"が発生する中、アブラはいかなる行動を？どこまで親切に？どこまで融和？本作中盤に見るそんな悩ましいストーリーをしっかり味わい、かつ考えたい。

■□■思い出の曲あれこれ！この曲を封印？このお節介は？■□■

　年末・大晦日恒例のNHK「紅白歌合戦」の視聴率は、マックス時は８１．４％だったが、今やがた落ち。６０歳くらいまでは毎年見ていた私ですら、近年は観ていない。それは、知らない曲や、歌えない曲ばかりになってきたからだ。逆に、BSテレビで近時多くなっている昭和歌謡の番組を見る機会が増えてしまった。「人生８０年」になった今の時代、「歌は世につれ、世は歌につれ」だから、"思い出の曲あれこれ"を語り合えば、尽きることはないだろう。

　本作中盤は、モロッコでもそれが同じだということを見せつけてくれる。それは、アブラが封印していた、歌手ワルダのヒット曲「Batwanes Beek」の入ったカセットテープを巡るストーリーだ。これは居候生活に慣れてきたサミアが部屋の掃除をしていた時に見つけたものだが、なぜ戸棚の中に"封印"されていたの？"思い出の曲あれこれ"は人によってさまざま。そして、そこには楽しい思い出もあれば、悲しくてやりきれない思い出もある。そう考えれば、アブラが封印していた歌手ワルダの曲をサミアが勝手にかけるのは以ての外。居候という立場を大きく超えて、アブラの内心に立ち入るのは無礼千万。それくらいのことは分かるはずだが、なぜあえてサミアはアブラを挑発するような大音量でこれをかけたの？「早く消して。パパが死んでから一度も聞いていない！」と叫ぶワルダの声も無視し、サミアはテープを切ろうとするアブラを力づくで阻止したから、このバトルはすごい。

　本作中盤に見る、女同士のまさに力づくでの押し合い（？）は、迫力満点の展開になるので、それに注目！居候に過ぎないサミアから、そこまでの仕打ちを受けたアブラの反応は？そして、サミアはなぜあえてそんな行動を？

■□■女性差別は？女たちの苦悩は？監督の問題意識は？■□■

　本作は、導入部から中盤にかけて、サミアのことを"見て見ぬフリ"ができず、居候を許してしまうアブラが、本来優しい女性であるにもかかわらず、終始サミアに対して鉄仮面のような仏頂面をしている姿が印象的。そんな顔を向けられていると、サミアもそれと同じような顔になるのは仕方ない。しかし、サミアはワルダから笑いかけられるとすぐに笑顔で応じているし、その笑顔はかなり魅力的だ。もっとも、アブラは日常生活ではワルダに対してもいつもそんな仏頂面だが、勉強を教えている時だけは笑顔を取り戻していた。それは、明るくて率直な娘の成長がアブラの生きる原動力になっているためだが、他方でアブラが失ったものはナニ？それは、サミアとの"本音の対決"を終え、懐かしいメロディと幸せな記憶に身体が揺れ始めたアブラが、その晩、サミアに打ち明けた夫の最後の話を聞けばよくわかる。それは、愛する夫の遺体に触れることすら許されず、男たちの手で早々に埋葬されてしまったことへの怒りと絶望だが、モロッコではなぜそんな扱いを？モロッコ（＝アラブ社会、イスラム社会）での女性差別、女たちの苦悩はいかばかり・・・。

　米軍撤退後のアフガンは再びタリバンの支配下に置かれ、イスラム流の女性観が復活しつつあるが、１９８０年にモロッコに生まれた女性監督マリヤム・トゥザニの問題意識は如何に？

■□■出産は？子供は養子に？店の継続は？アブラの再生は？■□■

　本作のラストはタイトルどおりの「彼女たちの朝」になるので、それに注目！モロッコには、家畜をアッラーに捧げる祭、イード・アル＝アドハーの日があり、その日は、街は興奮で活気づくらしい。イード・アル＝アドハーの今日、今やサミアも貴重な戦力になっているアブラの店は、スイーツ作りにてんてこ舞いだ。アブラに心を寄せる食材屋の男スリマニ（アジズ・ハッタブ）も、客が店に押し寄せる様子を笑顔で見守っていた。

　そんな中で、突然サミアの陣痛が始まり、アブラの家の中で無事出産を終え、アダムが誕生するわけだ。日本では今やシングルマザーは至る所にいるから、その事に劣等感や罪悪感を持つことはないが、アラブ社会ではシングルマザーは大変。父なし子（ふしだら女）は以ての外だ。しかして、アダムを産み落としたサミアは、かねてから言っていたとおり、赤ん坊の顔も見ないうちに、また授乳もしないうちに、養子に出してしまい、自分は故郷に戻って普通の結婚をするの？それとも・・・？

　他方、もう１人の「彼女たち」（＝アブラ）については、サミアに出会い、サミアの出産の手助けをし、サミアの人生に大きく関与したことによって、夫が死亡した際に受けたアラブ社会の女性差別からいかに立ち直るかという"心の再生"がテーマになる。

　もっとも、本作ではそれが両者とも描かれることなく、観客の解釈に委ねられているので、本作鑑賞後はそれをしっかり考えたい。

２０２１（令和３）年９月１５日記

Data

監督：ダニエル・アービッド
原作：アニー・エルノー『シンプル
　　　な情熱』（ハヤカワ文庫刊）
出演：レティシア・ドッシュ／セル
　　　ゲイ・ポルーニン／ルー＝テ
　　　モー・シオン／キャロリー
　　　ヌ・デュセイ／グレゴワー
　　　ル・コラン／スリマヌ・ダジ

SHOW-HEYシネマルーム

★★★

シンプルな情熱

2020年／フランス・ベルギー合作映画
配給：セテラ・インターナショナル／99分

| 2021（令和3）年7月17日鑑賞 | シネ・リーブル梅田 |

■□■ショートコメント■□■

◆本作は、フランス現代文学の頂点アニー・エルノーが、自身の愛と性の実体験を赤裸々に綴り衝撃を呼んだベストセラー小説が原作とのこと。しかし、『エマニエル夫人』（74年）を大ヒットさせたフランスの官能文学も、今やこのレベルに急降下しているの？

　本作は、レバノン出身のダニエル・アービッド監督が、女性ならではの視点で、原作のスピリットを繊細かつ大胆に表現したそうだが、チラシに書かれている「昨年の九月以降、私は、ある男性を待つこと以外、何ひとつしなくなった―」や「彼は、私と世界を結びつけてくれた―」が本作のヒロイン、エレーヌ（レティシア・ドッシュ）の実感らしい。しかし、スクリーン上で描かれるのは、子供を放り出し、自宅に恋人のアレクサンドル（セルゲイ・ポルーニン）を招き入れての情事の繰り返し。ホントに、そんな生活でいいの？

　もっとも、エレーヌが女の友人に赤裸々に語るところでは、今まで通り、大学での授業をこなし、読書も続け、友達と映画館へも出かけたが、心はすべて彼に占められていた、らしい。なるほど、なるほど・・・。

◆本作は、エレーヌがお相手のロシア大使館に勤める男・アレクサンドルとどんな機会に出会い、どんなプロセスを経て肉体関係を持つに至ったのかを解説してくれないが、"バレエ界の反逆者にして孤高の天才ダンサー、セルゲイ・ポルーニン"がアレクサンドル役を演じている。したがって、その美貌と鍛え抜かれた肉体を見ていると、エレーヌはそれだけでその魅力に魅かれたであろうことはよくわかる。

　本作には、離婚した元夫（グレゴワール・コラン）があまりにもひどい状態に陥っているエレーヌを訪れ、苦言を呈するシークエンスが登場する。それを聞いていると、言い分の正当性は元夫の言うとおりだが、男性としての魅力を比較すれば、そりゃ断然アレクサンドルの方が上だ。

　もっとも、去る6月21日に観た『愛のコリーダ　修復版』（76年）では、定と吉蔵が情事にのめりこんでいくサマと破壊に向かっていく2人の必然性がよく理解できたが、そ

121

の点、本作はイマイチ。よく、これで映倫をパスしたなと思えるシーンを含めて、アレクサンドルの肉体的魅力には納得だが、同時にその存在感や生活感の無さも顕著だから、物語の空虚性もクッキリと！

◆前半はお互いに「あんたが最高！」と言い合っていた２人だが、さすがに中盤には痴話喧嘩（？）じみた喧嘩も。そして、エレーヌはある日を境にアレクサンドルと連絡が取れなくなってしまったから、アレレ。これは、アレクサンドルがエレーヌに飽きてしまったため？もしそうだとしても、大人の男と女なら、もう少しきれいな別れ方があるのでは？そう思っていると、本作ラストでは「それから８ケ月後」になるので、それに注目！
　パリの大学で文学を教えているエレーヌには授業もあるし、離婚に際して立派な家をもらったとしても、１人息子はエレーヌが育てているのだから、子育てはそれなりに大変。ところが、もはや“切れた”と思っていたアレクサンドルから８か月ぶりに電話があり、「家に行く」と言われると・・・？
　そこでのエレーヌの対応は、子供に対して、「友人の家に泊まってくれ」とお願い（要求）する始末だから、これではいくらなんでも母親失格。親権を父親に移すべきでは・・・？

◆かつて、１９７０年代のフランスを席巻したのが『エマニエル夫人』シリーズだったが、あの時代は“女性の自立”が先進国共通の大テーマだった。『エマニエル夫人』ブームは、女性の政治的・経済的自立を目指したアメリカの「ウーマン・リブ」運動とは異質の、とりわけ、女性の性の自立を目指す映画として大ヒットした（？）が、本作に見る女性の自立とは一体ナニ？
　『愛のコリーダ　修復版』は絶望的な結末を迎えたが、本作のスクリーン上で描かれる、甘く切ない愛と官能の物語は、最後に何をもたらすの？私にはそれはよくわからなかったが、それが「恋という名の情熱とは、自分自身を再発見し、人生をさらに自由に羽ばたくためのギフトだと教えてくれる」だと知ってビックリ！ホントにそんなことってあるの？しかし、ラストに見るエレーヌの顔は生き生きしていたから、なるほど、なるほど・・・。もっとも、私にはそんな女心はイマイチ理解不能だが・・・。

２０２１（令和3）年７月２１日記

第３章
昔の名作をデジタル・リマスター版で！

Data

監督・脚本：大島渚
原作：ローレンス・ヴァン・デル・
　　　ポスト『影の獄にて』
出演：デヴィッド・ボウイ／トム・
　　　コンティ／坂本龍一／ビー
　　　トたけし／ジャック・トンプ
　　　ソン／ジョニー大倉／内田
　　　裕也／三上寛／室田日出男
　　　／戸浦六宏／金田龍之介／
　　　内藤剛志／石倉民雄／三上
　　　博史／車邦秀／ジェイム
　　　ズ・マルコム

★★★★★

戦場のメリークリスマス 4K修復版

1983年／日本、イギリス、ニュージーランド映画
配給：アンプラグド／123分

2021（令和3）年6月17日鑑賞	テアトル梅田

◉◉ みどころ

　学生運動と弁護士業務の忙しさのため、大島渚監督作品とはスレ違い続きだった私には、4K修復版は必見！今なお、毒舌の喋りと映画監督業を続けているビートたけしの、若き日の"軍曹姿"も楽しみだ。

　「一に素人、二に歌手、三四がなくて五に映画スタア、六七八九がなくて十に新劇俳優」という"大島持論"による、英日の美青年ミュージシャンたるデヴィッド・ボウイと坂本龍一の起用も大成功！ジャワ島の俘虜収容所内でトコトン対立していたこの2人の"キスシーン"が生まれたのは、なぜ？その波紋は如何に？

　『戦場のアリア』（05年）のようなクリスマスもあれば、本作のようなクリスマスも！本作中盤の静かなクライマックスと、ラストでビートたけしが話しかける「メリークリスマス」の声をしっかり関連付けて味わいたい。

――＊――＊――＊――＊――＊――＊――＊――＊――＊――＊――＊――

■□■大島渚の時代とは？その生きザマは？その作品群は？■□■

　私は1949年生まれだが、大島渚は1932年生まれだから17歳違い。また、1974年に弁護士登録した私は26期だが、最初に勤務した堂島法律事務所の経営者の先輩弁護士3名は12期で、1930～32年生まれだったから、これも15～17歳違いだ。去る5月30日に小林亜星が88歳で亡くなったことが発表されたが、彼が産まれたのも1932年。1945年8月15日の終戦を14～15歳で迎えた彼らは、概ね戦後のたいへん貧乏（食糧難）な混乱期の中で多感な思春期・青春期を過ごしかつ勉学に励んだから、概ねこの世代の知的レベルと思考能力は高い。いわゆる、その後の"ゆとり世代"や、今ドキの"平和や豊かさの中で育った軟弱な世代"とは大違いだ。

　"戦後の日本映画史に屹立する「知」の巨人"と呼ばれた大島渚監督の思索と創造の足

跡を多彩なアングルから再検証した『大島渚全映画秘蔵資料集成』が２０２１年春に刊行されたが、それを紐解くまでもなく、パンフレットにある、樋口尚文（映画評論家・映画監督）の「大島渚、その人と作品」や、原正人（本作エグゼクティブプロデューサー　Hara Office 代表）の「"タイミング"イズ・エブリシング―映画『戦場のメリークリスマス』製作から公開までを振り返って―」を読めば、大島渚の時代と彼の生きザマ、そしてその作品群が理解できる。

　１９６７年に大阪大学法学部に入学しすぐに学生運動に参加した私は、京都大学法学部在学中の彼が学生運動に参加し、京都府学連委員長をしていたことを知っていたから、その当時から彼の人間像に興味を持っていたが・・・。

■□■残念ながら、大島作品とはすれ違いの連続！■□■

　大島監督初期の『愛と希望の街』（５９年）、『青春残酷物語』（６０年）、『日本の夜と霧』（６０年）は、日活の"青春モノ"ばかり観ていた中学時代の私にはさすがに難しすぎた。また、学生運動に没頭していた大学３回生（１９７０年）までも、急遽一人ぼっちでの司法試験勉強に切り替えた１９７１年１月２６日以降も、大好きな映画を映画館で鑑賞する時間はほとんど取れなかった。また、弁護士登録を１９７４年にした直後の私は超多忙だったし、１９７９年７月に独立して自分の事務所を持った後は「西淀川公害訴訟」や「大阪モノレール訴訟」等にも取り組み、忙しさは一層加速していたから、映画館に行く時間など全く取れなかった。そのため、１９８３年公開の『戦場のメリークリスマス』も当然観ていない。

　そんな事情で、私は大島監督作品とは縁がなかった。まともに観たのは、彼の遺作になった『御法度』（９９年）だけだ。そんな私だが、弁護士生活５０年近くになった今、時間はたっぷり、自由もたっぷりある。そんな現況下、『戦場のメリークリスマス　４K修復版』と『愛のコリーダ　４K修復版』が公開されたから、これは必見！

■□■パルムドール無冠を逆バネに！８３年公開は大ヒット！■□■

　１９７８年のカンヌ国際映画祭に『愛の亡霊』を引っ提げて登場した大島監督は見事に監督賞を受賞していたから、本作への期待は大きく、１９８３年の第３６回カンヌ国際映画祭のパルムドール賞は本作で確定！誰もがそう予想していたが、何とそこでパルムドール賞を受賞したのは今村昌平監督の『楢山節考』（８３年）だったから、アレレ！

　大学時代の私の生活は夜型だったので、毎晩朝日放送ラジオの「ABC ヤングリクエスト」を聞いていた。しかし、弁護士になってからは夜のラジオ番組を聞く時間は全くなかったから、１９８１年に始まった『ビートたけしのオールナイトニッポン』が大人気になっていたことも全然知らなかった。しかし、ビートたけしが同番組で『戦メリ』の顛末を面白おかしくネタにして喋ったため、『戦メリ』は話題の映画として若者たちの熱い関心を集めたそうだ。なるほど、なるほど。

　カンヌ国際映画祭で無冠だったこと、確実とされていたパルムドール賞を今村監督の『楢

山節考』にさらわれたことを"笑いのネタ"に、更にそれを本作宣伝の逆バネに使うとは！
その当時から、ビートたけしの"話術"は天才的だったわけだ。

■□■キャスティングの妙に注目！これぞまさに前代未聞！■□■

　映画では、どんな監督がどんなテーマで？どんな俳優がどんな演技を？○○の原作を△
△が映画化！等々が興味と評判を集めるが、そこからわかるとおり、映画製作ではキャス
ティングが重要な作業になる。日本の映画界には長い間「五社協定」があり、これによっ
て有名映画スターの自由な共演が阻害されていたが、それに断固反対し、立ち上がったの
が三船敏郎、石原裕次郎、勝新太郎たちだ。そんな苦労の甲斐あって、日活女優だった吉
永小百合と東映俳優だった高倉健が共演した『海峡』（８２年）が実現したわけだ。そして、
そんな異色の組み合わせの中で次々と傑作が生まれていった。しかして、松竹ヌーヴェル・
ヴァーグを代表する大島監督のキャスティングについての口癖は「一に素人、二に歌手、
三四がなくて五に映画スタア、六七八九がなくて十に新劇俳優」だった。それを、その通
り実現したのが本作だ。

　私は英国人の人気ミュージシャン、デヴィッド・ボウイを全然知らなかったし、日本の
若手ミュージシャン、坂本龍一もほとんど知らなかったが、本作にビートたけしが出演す
ると聞いてビックリ！１９７１年に清純派歌手としてデビューした小柳ルミ子と二分する
人気を誇っていたアイドル歌手、天地真理が、１９８０年代になって人気が急低下してい
く中、日活ロマンポルノの『魔性の香り』（８５年）に出演したことにもビックリさせられ
たが、ビートたけしの本作への出演はそれと並ぶ驚き（？）だった。もっとも、彼は本作
が映画初出演ではなく、『マノン』（８１年）と『すっかり・・・その気で』（８１年）で映
画俳優としても注目を集めていたが、本作でのそんな彼の演技は？

　私にはお世辞にもうまいとは言えないが、「これがビートたけしの演技だ」というものは
よくわかる。また、あの独特の"愛嬌"はビートたけしと同じような"浅草の芸人"だっ
た渥美清と共通するものがあるから、それを本作でうまく引き出した大島監督の演出はさ
すがだ。ちなみに、本作のラストを飾る"大トリ"も、大写しの中でビートたけしが「メ
リークリスマス」と語るシークエンスだから、それに注目！

■□■"戦闘シーンのない戦争映画"の物語は？面白さは？■□■

　本作の原作になったのは、ローレンス・ヴァン・デル・ポストが自らの収容所経験を元
に書いた『クリスマス３部作』をまとめた『影の獄にて』（５４年）。したがって、本作の
時代と舞台は、１９４２年（昭和１７年）、ジャワ島レバクセンバタにある日本軍の俘虜収
容所になる。そのメインストーリーは、日本軍の輸送隊を襲撃した英国陸軍少佐ジャック・
セリアズ（デヴィッド・ボウイ）の処分を巡る、セリアズと俘虜収容所所長ヨノイ大尉（坂
本龍一）との確執。そこに、英国陸軍中佐でありながら、日本語が堪能だったため日本軍
と俘虜たちの通訳をしているジョン・ロレンス（トム・コンティ）と、②これぞ典型的日
本軍人、と言えるハラ軍曹（ビートたけし）、そして、③日本軍に対してあくまで反抗的な

英国軍の俘虜長ヒックスリー（ジャック・トンプソン）らが絡みながら物語が進行していく。

　そのメインストーリーの描写役は、原作者と同じ名前で登場しているロレンスだが、本作ではこのロレンスを含めすべての男たちの個性の強さが際立っている。剣道の達人である収容所所長のヨノイ大尉の純真さ（？）や、ハラ軍曹の曲者ぶり（？）はもとより、本作では、当時人気絶頂のアイドル歌手だったというデヴィッド・ボウイも、その美青年ぶりとあくまで無罪を主張する軍人としての信念の強さが際立っている。導入部での朝鮮人軍属カネモト（ジョニー大倉）の切腹問題を通して、収容所内における一通りの人物像が紹介されるが、そこから日本軍の輸送隊を襲撃したセリアズの有罪・無罪を巡って展開されるハラハラドキドキの展開は興味深い。

　そんな中で突然起きるのが、セリアズとヨノイとの伝説の"キスシーン"だが、これは一体ナニ？これは、ベルナルド・ベルトルッチ監督が「映画史上最高に美しいキスシーン」と感嘆した名シーンだが、パンフレットによると、これは"カメラ事故の産物"らしい。大島監督が後に全く新しい解釈で新選組の一面を描いた『御法度』（９９年）では、ある日、松田優作の長男、松田龍平が演じる妖しい美貌の剣士が入隊してきたことにより、厳しい戒律によって結束を固めてきた新撰組の隊士たちの間に起きるさまざまな騒動を、匂い立つような男の色気と殺気の中で描いていたが、その原点はひょっとしてここに・・・？なるほど、デヴィッド・ボウイや坂本龍一のような美男子同士なら、それもありなん・・・？

■□■クリスマスいろいろ！本作のクライマックスは？■□■

　クリスマスには各国・各地でいろいろな行事が行われるが、"戦場"ではそれはままならないもの。しかし、『戦場のアリア』（０５年）（『シネマ３３』２１４頁）を観れば、長く苦しい塹壕戦が続く中でも１９１４年１２月２４日のクリスマス・イブは、敵味方の区別なく祝うことができたことがよくわかる。しかして、『戦場のメリークリスマス』と題された本作では、１９４２年のクリスマスとその前後の物語がクライマックスになるので、それに注目！

　日本陸軍の考え方と英国陸軍の考え方が根本的に異なることは、本作の日本人軍人、ヨノイやハラ vs 英国人軍人、セリアズやロレンスやヒックスとの"議論"と"語らい"を聞いているとよくわかる。それを本作で浮かび上がらせているのは、カネモトの切腹とヨノイの剣道へのこだわりだ。そして、ヨノイもハラも全く理解できないのは、英国陸軍中佐でありながら日本語が堪能であるため唯々諾々と（？）通訳の役割に甘んじている（？）ロレンスの生き方だ。他方、日本に"武士道"があれば、イギリスには"騎士道"がある。そんな根性で（？）英国陸軍人の維持と誇りを徹底的に主張するのがセリアズ。したがって、美青年同士のヨノイがセリアズに心惹かれたとしても、あの俘虜収容所が舞台では、この２人が心を話し合う場所はどこにもないはずだ。本作中盤では、ヨノイ大尉の登場によって一命をとりとめたカネモトに対して、切腹を命じたところから、俘虜収容所内でさ

まざまな混乱と事件が生まれてくることに。

　混乱する現場に激昂したヨノイは、全員に４８時間の謹慎と断食という“行”を命じたが、その中でもセリアズは弔いのため赤い花を摘み俘虜たちに配ったり、そこに饅頭を隠したりの抵抗を示したからすごい。そのうえ、何と宿舎内で無線機が発見されたから、セリアズとロレンスは独房に収容されることに。そんな中で訪れる本作中盤の静かなクライマックスの第１は、セリアズがロレンスに対して壁越しに語る、少年時代の思い出。それは、彼が身体の不自由な弟にした酷い仕打ちだが、その体験は今どういう形でセリアズの精神の中に宿っているの？第２は、酒に酔ったハラがセリアズとロレンスを呼び出し、「ローレンスさん、私、ファーゼル・クリスマス」と笑いかけながら交わす会話。ハラはそこでヨノイ大尉の許可を得ないままセリアズとロレンスを宿舎に帰してしまったから、アレレ・・・。そんなことをすれば、軍法会議モノでは・・・？

　この２つのエピソードはクリスマスなればこそのもの。クリスマスだったため、セリアズもハラも不用心に（？）自分の内面を見せてしまったわけだが、そんな“戦場のクリスマス”をあなたはどう受け止める？

■□■本作と『戦場にかける橋』（５７年）の対比の妙も！■□■

　デビッド・リーン監督の『戦場にかける橋』（５７年）は、橋の建設をめぐって、イギリス軍のニコルスン大佐と捕虜収容所長齋藤大佐との間で展開される“攻防”を描いた名作だった（『シネマ１４』１５２頁）。同作はラストでの橋の爆破が見事なクライマックスだったが、ビルマ・タイ国境近くにある日本軍の第１６捕虜収容所における齋藤とニコルスン大佐の騎士道vs武士道のガチンコ対決も興味深かった。頑として命令に従わないニコルスン大佐は齋藤の命令によって“１人部屋”に収容・監禁されてしまったが、さて、本作でヨノイ大尉が命じるセリアズへの刑は？

　それは“生き埋めの刑”。冒頭に登場する軍法会議のシークエンスを見ると、俘虜収容所内でも軍法会議が機能しているものと思っていたが、そうであれば、いくら何でも“生き埋めの刑”はないはず。したがって、こんな刑でセリアズが死んでいくという脚本は少し問題ありだが、本作ではそれは無視し、生き埋めにされているセリアズの前にやってくるヨノイ大尉の行動に注目。それはセリアズの髪を切って懐に入れ、丁寧に敬礼して去っていくシークエンスだが、これをあなたはどう理解？それはラストを観ればはっきりわかるし、その中で『戦場のメリークリスマス』というタイトルをつけた意味もハッキリ分かるはずだ。

　『戦場にかける橋』は劇的かつダイナミックなラストのクライマックスがお見事だったが、本作はビートたけしが大写しになる中での静かなクライマックスの見事さに注目！

２０２１（令和３）年６月２５日記

Data

監督・脚本：大島渚

出演：松田英子／藤竜也／中島葵／
松井康子／殿山泰司／芹明
香／阿部マリ子／三星東美
／藤ひろ子／白石奈緒美／
青木真知子／東祐里子／安
田清美／南黎／堀小美吉／
岡田京子／松廼家喜久平／
九重京司／富山加津江／福
原ひとみ／野田真吉／小林
加奈枝／小山明子

SHOW-HEYシネマルーム

★★★★★

愛のコリーダ　修復版

1976 年／日本、フランス映画
配給：アンプラグド／108 分

2021（令和3）年 6 月 21 日鑑賞　　テアトル梅田

👀 みどころ

　私が検察庁で司法修習をした１９７２年４月～８月には『一条さゆり　濡れた欲情』事件という“生の題材”に出くわした。また、司法試験の勉強中や弁護士活動の中で出会えた『黒い雪』事件、『四畳半襖の下張り』事件も興味深かったから、本作には興味津々！しかして、その企画は？撮影は？

　“本番女優”探しはオーディションで可能だが、“本番男優”探しは大変。日活の若手俳優・藤竜也がそれに抜擢された理由は？彼の覚悟は？当時の日活の看板女優・吉永小百合は、直近の『いのちの停車場』（２１年）まで出演１２２本を誇っているが、藤竜也の現在は？石原裕次郎、渡哲也亡き後、日活や石原軍団を背負うべき逸材だが、彼にとっての本作の功罪は？

　「わいせつ、なぜ悪い！」京都府学連の委員長も務めた“稀代の天才”大島渚は敢然とわいせつ裁判に挑み、見事無罪を勝ち取った。それに比べると、新型コロナウイルス対策として飲食店に次々とかけられる“バカみたいな規制”に唯々諾々と従っている今の日本は一体ナニ？敢然と反旗を翻し、裁判闘争に挑むのはグローバルダイニングだけ？大島監督の反骨精神は今いずこに？

───＊───＊───＊───＊───＊───＊───＊───＊───＊───

■□■大島渚監督１９７６年の超話題作をやっと今鑑賞！■□■

　１９６７年４月大阪大学法学部入学。１９７１年１０月司法試験合格。１９７２年４月～７４年３月第２６期司法修習生。１９７４年４月大阪弁護士会登録。１８歳から２５歳までの青春時代をそんな経歴で過ごした私は、検察修習中の１９７２年４～８月、『一条さゆり　濡れた欲情』事件という“生のわいせつ事件”に取り組んだ。大学時代には、歌手・荒木一郎が主演した大島監督の『日本春歌考』（６７年）に興味を持っていたから、「松竹ヌーヴェルヴァーグ」を代表する大島監督の『愛のコリーダ』（７６年）が日本で公開される

129

となると、そりゃ必見！

　ところが、残念ながら弁護士２年目の私はメチャ忙しいうえ、大阪国際空港公害訴訟の弁護団にも参加していたから、平日は夜１１時過ぎの電車で戻るのが日課だったし、土・日・祝日という概念は全くなかったから、映画館に行く時間などどこにもなかった。そのため、本作をはじめ“わいせつ裁判”として有名な、神代辰巳監督の『四畳半襖の裏張り』（７３年）も、武智鉄二監督の『黒い雪』（６５年）も『白日夢』（８１年）も観ていない。そんな私だったから、今頃になって『愛のコリーダ』が４Ｋ修復して蘇ったとなると、こりゃ必見！

■□■ “本番女優”は発掘可能！しかし、“本番男優”は？■□■

　大島渚監督がかねてから暖めていた「阿部定事件」の映画化構想を実行に移したのは、１９７５年にフランスでポルノが全面的に解禁されたことがきっかけらしい。大島監督は１９５４年に松竹に入社した後、会社の方針とは別に次々と自分の企画を実行していたが、京大法学部の学生運動家として京都府学連委員長を務めたこともある彼は、日本で撮影し、未現像フィルムで税関を通過すれば、刑法１７５条の猥褻罪に邪魔されずフランスで公然とポストプロダクションを行ってハードコア・ポルノを作ることができると考えたらしい。なるほど、なるほど。

　“中国第５世代”を代表するチャン・イーモウ（張藝謀）監督は、『紅いコーリャン（紅高梁）』（８７年）（『シネマ５』７２頁）、『菊豆』（９０年）（『シネマ５』７６頁）、『活きる（活着）』（９４年）（『シネマ５』１１１頁）等の初期の作品ではコン・リー（鞏俐）を起用し続けてきたが、『あの子を探して（一個都不能少）』（９９年）（『シネマ５』１８８頁）でウェイ・ミンジ（魏敏芝）を、『初恋のきた道』（００年）（『シネマ５』１９４頁）でチャン・ツィイー（章子怡）を、『至福のとき（幸福時光）』（０２年）（『シネマ５』１９９頁）でドン・ジエ（董潔）を次々に発掘したため、“新人女優探しの名人”と言われるようになった。

　大島監督はしばしば「一に素人、二に歌手、三四がなくて五に映画スタア、六七八九がなくて十に新劇俳優」と語り、『戦場のメリークリスマス』（８３年）ではデヴィッド・ボウイ、坂本龍一、ビートたけしという“前代未聞のキャスティング”を実現させたが、セックスと愛を極限まで描くことを目指した本作で、主演女優＝本番女優に誰を据えるの？京都の大映京都撮影所で外部の人間を一切シャットアウトする中で行われる、本番行為を含む本作の撮影。それを前提としてオーディションで選ばれた新人女優は松田英子だ。コン・リーやチャン・ツィイーほど美人じゃないのが玉にキズ（？）だが、さあ、その演技力は？

　他方、本番を含むセックスシーンの撮影で女優以上に大変なのが男優。１９８０年代以降は家庭用ビデオの普及とともにポルノビデオも各家庭に普及したが、その世界では女優より男優の方が大変な肉体労働だからギャラは高いという説まであった。ＡＶ女優はいくらでも集まるが、本番に耐え、撮影に耐える肉体（イチモツ）を持った男優の募集が大変な

のは当然だ。本作では、日活から藤竜也が起用されたが、その内幕は？

■□■ "阿部定事件"の内容と顛末は？時代背景は？■□■

　日経新聞に渡辺淳一の『失楽園』が連載されたのは、１９９５年９月〜９６年１０月。私は毎朝これを楽しみに読んでいたから、「阿部定事件」は同作の主人公・久木祥一郎の講義（？）で詳しく知ることができた。それは、久木と不倫関係にあった凛子も同様だが、小説ではこの２人は思わぬ心中死体で発見されることになるので、それに注目！ちなみに、役所広司と黒木瞳が共演した森田芳光監督の『失楽園』（９７年）は、小説とともに日本中に"失楽園現象"を起こし、興行収入４０億円の大ヒットを記録した。

　阿部定が情夫を殺害した後、その局部を切り取ったのは１９３６年（昭和１１年）５月１８日。その後、大切に保管していた"それ"と共に逮捕されたのは同月２０日だ。日清・日露戦争に勝利し、西欧列強と対等に渡り合っていた日本は、１９３１年の満州事変から太平洋戦争へと突き進んでいったが、「坂の上の雲」に向かっていた日本が１５年間かけて「奈落の底」に転落していく最大の契機になったのが、１９３１年の「二・二六事件」だ。"昭和維新"を旗印にした青年将校たちの決起は一体何だったの？それは、五社英雄監督の『２２６』（８９年）（『シネマ４７』２５７頁）でも、更に『ＮＨＫ特集　二・二六事件』でも詳しく描かれているので、本作の時代背景として「二・二六事件」はしっかり勉強したい。

　本作冒頭は、１９３１年２月１日に東京中野の料亭、吉田屋に阿部定（松田英子）という名の女が住み込み女中として雇われるシークエンスから始まる。定は堅気の仕事として女中を選んだそうだが、元々は遊郭の女。そのことが老乞食（殿山泰司）との出会いでバレてしまったが、定の持つ独特の色香に魅かれたのが主人の吉蔵（藤竜也）だ。吉蔵は４０歳過ぎの男盛りで粋な男だったから、定の方も彼にひとめぼれ。以降、スクリーン上には「芸術か、ワイセツか？」、「愛か？欲か？」をテーマにした映像が流れっぱなし。文字通り、藤竜也と松田英子の体を張った演技に目が奪われていくことになる。

　そんな２人が毎日のように体を重ねている間に「二・二六事件」という大事件が起きたわけだが、そんな事件に定はもとより、吉蔵も全く関心がないらしい。あの時代の日本に、吉蔵のような価値観（それが何かは本作では全く描かれないが）の男がいたことにビックリだが、本作では、定の限りない性欲の前に痩せ細り、「このままでは骸骨になって死んでしまう」と言いながら、それでも「この身体はおめえの好きなようにしていいよ」と言う吉蔵の愛（？）に注目したい。それがいったい何だったのかは、昭和史の編纂に従事していた『失楽園』の主人公・久木が詳しく調べているので、そちらに問い合わせてみればいいだろう。

■□■撮影は？ヘア解禁は？ヘア無修正 vs ぼかしは？■□■

　本番モノのＡＶビデオの撮影にラブホテルという"密室"が使われることはよくあるが、本作の撮影は映画界におけるその先陣を切ったもの。その詳細はさまざまなところで紹介

されているが、そんな撮影は男優が大変。とりわけ、その肉体状態の維持が大変だ。中国語は外来語を使うについても漢字を当てているが、日本人は器用だから、外来語はうまくカタカナに転換するとともに、さまざまな和製英語も作り出している。「ヘアヌード」はそんな和製英語の１つだが、それって一体ナニ？

　それは Wikipedia によると「陰毛が修正されずに写っているヌード写真・映像」のことだ。日本ではかつて修正が義務付けられるなどの規制があったが、１９９０年代初めに事実上の解禁状態となり、一大ブームを巻き起こした。なお、諸外国では陰毛の露出の有無が猥褻の判断基準ではなかったため、ヘア解禁は日本でのみ意味を持つ概念だから、要注意だ。日本では、１９９１年１月の篠山紀信撮影の樋口可南子写真集『water fruit 不測の事態』が事実上の日本の出版・映像業界における「ヘア解禁」となり、以後続々と出版されるヘアヌードブームの先鞭をつけることとなった。

　他方、"密室"で行われた本作の撮影は文字通りの"本番撮影"だが、それをスクリーン上で上映するについて、日本では"ぼかし"がかけられている。それに対して、フランスでは『愛人（ラマン）　無修正版』（２９年）、『エマニエル夫人　無修正版』（７４年）、『エマニュエル　ヘア解禁版』（８４年）、『美しき諍い女　無修正版』（９１年）等が"ヘア解禁版"、"無修正版"として上映されているから、ここでも日仏の文化レベルの差異（？）が明らかだ。この"ぼかし"を巡っては、映画界と映倫との間の長い戦いがあるが、それは省略。しかして、本作は？

■□■芸術？それともワイセツ？「ワイセツ、何が悪い！」■□■

　日本の刑法１７５条第１項は、「わいせつな文書、図画、電磁的記録に係る記録媒体その他の物を頒布し、又は公然と陳列した者は、２年以下の懲役若しくは２５０万円以下の罰金若しくは科料に処し、又は懲役及び罰金を併科する。」としている。しかして、本作の写真や脚本などを掲載した同名の単行本の一部がわいせつ文書図画に当たるとして、著者である大島監督と出版者の社長が起訴された。

　しかし、一審の東京地裁（昭和５４年１０月１９日）も二審の東京高裁（昭和５７年６月８日）も無罪。これが『黒い雪』事件、『一条さゆり　濡れた欲情』事件、『四畳半襖の下張』事件と並んで有名な『愛のコリーダ』事件だ。本作を観た上で、この一審、二審判決を改めて読み直してみると、その説得力がよくわかる。『愛のコリーダ』事件判決は、わいせつ性の具体的判断基準は『四畳半襖の下張』事件と同様とした上で、対象物を具体的に判断してわいせつ性を否定している。今から４０年前の１９７０年〜８０年（昭和５０年代）はそんな時代だったのだと再確認できたことに感謝！

　ちなみに、『戦場のメリークリスマス』と『愛のコリーダ』のデジタル版上映を記念して作られたパンフレットには、大島監督の息子でドキュメンタリー監督の大島新と、坂本龍一の娘でミュージシャンの坂本美雨の対談がある。これを読むと、改めて私たちの時代から息子たちの時代に変わったことを再確認！　　　　　　　２０２１（令和３）年６月２５日記

Data

監督：リチャード・フライシャー
原作：カイル・オンストット『マンディンゴ』小野寺健訳、河出書房刊
製作：ディノ・デ・ラウレンティス
出演：ジェームズ・メイスン／スーザン・ジョージ／ケン・ノートン／ペリー・キング／ブレンダ・サイクス／リチャード・ウォード／リリアン・ヘイマン／アール・メイナード／ロイ・プール

★★★★★

マンディンゴ

1975年／アメリカ映画

配給：マーメイドフィルム、コピアポア・フィルム／127分

2021（令和3）年6月3日鑑賞　　シネ・リーブル梅田

みどころ

『マンディンゴ』って一体ナニ？なぜ本作は「映画史上最大の問題作」なの？たしかに奴隷制度は米国の恥部だが、それを描いた『風と共に去りぬ』（39年）は大ヒットなのに、なぜ本作はそうなの？

クエンティン・タランティーノ監督の"再評価"のおかげで、そんな問題作が46年ぶりにスクリーンに復帰したことに感謝！黒人処女の扱いから"嫁とり物語"、"妻妾同衾"、優秀なマンディンゴを従えての故郷への凱旋。そう続いていく物語はスリルと面白さでいっぱいだ。

さらに、後半は新妻は処女？を巡る騒動から、黒人女の妊娠、妻の妊娠と最悪の事態が続くが、いやいや、事態はもっと最悪に！こりゃ面白い！こりゃ必見！再度、クエンティン・タランティーノ監督に感謝！

――＊――＊――＊――＊――＊――＊――＊――＊――＊――＊――

■□■映画史上最大の問題作が46年を経てスクリーンに復活■□■

本作のチラシの表には「映画史上最大の問題作、46年のときを経て、ついにスクリーンに復活！」と書かれている。しかし、その裏には「1975年の公開当時、その過激極まる内容からセンセーションを巻き起こした呪われた大作がデジタルリマスターでリバイバル・ロードショー！」と書かれている。また、ネット資料によれば、本作は「最悪の映画！」、「アメリカの恥さらし！」とまで酷評され、マスコミに黙殺、映画史から消されてしまった作品らしい。ところが、クエンティン・タランティーノ監督が本作を「これはすごい映画だ」と評価し、本作にインスピレーションを受けて『ジャンゴ　繋がれざる者』（12年）（『シネマ30』41頁）を監督したと表明したことによって、じわじわと本作が再評価されるようになったらしい。

本作のチラシには印象的なポスター画が載せられており、そこでは本作のいくつかの代

表的なシーンが描かれている。そこでとりわけ大きく目に付くのは、①若い黒人女性を両手で抱いた若い白人男性の絵と、②白人女性を抱こうとしているほとんど裸のたくましい黒人男性の絵だ。また、その右下には、③煮えたぎった大釜の中からはい出ようとする黒人男性を、白人男性が農業用フォークで突き刺そうとしている絵もあるから、これもすごい！これは一体ナニ？

　「映画のベスト１００特集」をすると、必ずそのトップ１に君臨するのが『風と共に去りぬ』（３９年）。同作での名シーンの数々はくっきりと頭の中に残っているが、このチラシの絵は、それと一見似ているようで、全く非なるものだ。本作の原作もベストセラー小説だったそうだが、ハリウッドではだれも映画化しようとしなかったらしい。そんな本作の製作に乗り出したのはイタリアのプロデューサー、ディノ・デ・ラウレンティスだが、監督は『海底二万哩』（５４年）や『ドリトル先生不思議な旅』（６７年）、『トラ・トラ・トラ！』（７０年）のリチャード・フライシャーだから、『風と共に去りぬ』と同じように大ヒットしても全然不思議ではないはずだ。そんな問題作が４６年のときを経て、遂にスクリーンに復活！したのは嬉しい限りだが、なぜ「呪われた大作」なの？そもそも、タイトルの「マンディンゴ」とは一体ナニ？

■□■中国には纏足が！米南部の奴隷牧場での黒人の処女は？■□■

　いろいろな小説を読み、歴史を知ると、いろいろな習慣を知ることができる。子供の頃の私がパール・S・バックの小説「大地」（３１年）を読んで知ったのは、昔の中国にあった“纏足”という習慣。また、２０１２年にノーベル文学賞を受賞した中国人作家、莫言の『紅い高粱（コーリャン）』や『豊乳肥臀（上）・（下）』、『白檀の刑（上）・（下）』、『四十一炮（上）・（下）』、『蛙鳴（あめい）』等を読んでいると、至る所に「オンドル」の描写があるが、これも寒い中国東北地方特有の習慣だ。アメリカは１７８３年の英国との独立戦争に勝利して独立したが、『風と共に去りぬ』で描かれたように、奴隷制を主要な争点として「南北戦争」（１８６１年〜１８６５年）の悲劇を体験することになった。

　本作の時代は、南北戦争が始まる直前の１８４１年。舞台は大陸南部のルイジアナ州だ。『風と共に去りぬ』も、ヴィヴィアン・リー演じるヒロイン、スカーレット・オハラの父親はジョージア州のアトランタ郊外で多くの黒人奴隷を使って大農園を経営していたが、そんなオハラ家と本作のマクスウェル家との異同は？それはいろいろあるが、その１つは、マクスウェル家の当主・ウォーレンが経営するファルコンファースト農園は“奴隷牧場”でもあったことだ。農場主の息子、ハモンド（ペリー・キング）への世代承継と、初孫の誕生を期待する当主のウォーレン・マクスウェル（ジェームズ・メイソン）は、農場経営の実務をハモンドに委ねていたが、本作導入部では黒人処女の扱い方を伝授する父子の姿が描かれるので、それに注目！ウォーレンの言葉によれば、「我が農場では１４歳を超えて処女の黒人女なんぞおらん！」そうだ。それは、性交可能な年齢になった奴隷女の処女はすべてウォーレンが奪っていたためだが、今回の黒人の処女だけは息子のハモンドに譲る

らしい。モーツァルトの歌劇『フィガロの結婚』では、"初夜権"を巡って女性の処女性が面白く描かれているが、本作冒頭もそんなストーリーで盛り上がる（？）ことに。

■□■ "嫁とり" 物語の展開と首尾は？付録（？）にも注目！■□■

大河ドラマには織田信長がよく登場するが、そこでは必ず信長が"嫁とり"のため、「マムシ」と呼ばれた美濃の斎藤道三の稲葉山城に赴くストーリーが描かれる。そこでは、世間で「うつけ」と呼ばれていた信長の"真の値打ち"を見抜いた道三が、濃姫の嫁入りを承知すると共に、「いずれ自分の息子・斎藤義龍は信長に征服され、美濃は信長のものになるだろう」と予言するくだりが面白い。それに対して本作では、「孫の顔を早く見たい」、「そのためには、お楽しみ用の黒人女ではなく（とは別に）、正式の妻を娶れ」と父親から言われて、白人女性を娶るべく、ハモンドが叔父・ウッドフォード（スタンリー・J・レイエス）の経営する農園に出向いていくシークエンスが描かれる。

ウッドフォードの娘・ブランチ（スーザン・ジョージ）を娶るためのこの行動は、南北戦争直前のアメリカ合衆国での一種の"お見合い"だが、父親は立ち会わず、嫁選びをハモンドの判断に任している点が面白い。もっとも、ウォーレンは、ウッドフォードの娘を気に入ってハモンドが結婚すれば借金を帳消しにし、気に入らなければ借金を取り立てるつもりだから、何ともがめつい限り。何よりも本作がいやらしいのは、ウォーレンもハモンドもそれを少しも変だと思っていないことだ。

本作が「最悪の映画！」、「アメリカの恥さらし！」と評されていたのは、導入部での①黒人女性の処女ゲット物語と、②白人女性の"嫁とり"物語を見ただけでも明らかだ。さらにこの"嫁とり"の物語でも、ハモンドはブランチを気に入ると同時に、ウッドフォード家の奴隷女、エレン（ブレンダ・サイクス）も気に入り、これも１５００ドルで買い取って一緒に連れて帰る始末だ。ここまでくると、最悪というより少しユーモラスな気持ちになってくる。さらに驚くのは、濃姫が処女だったことは１００％間違いないことだが、本作のブランチは「え、嘘だろう？」、「そんなバカな」と誰もが考える設定になっていることだ。本作には、そんな重要な設定（伏線）があるので、それにも注目！

■□■マンディンゴとは？■□■

日本ではハイセーコーやディープインパクト、キタサンブラック等の競走馬にまつわる伝統が色々あるが、そもそも、競馬に登場するサラブレッドとはナニ？そして、本作のタイトルになっている「マンディンゴ」とは一体ナニ？ネット情報によると、マンディンカ族は、文化的にサハラ砂漠をまたいで中東から西アフリカにかけて行われたサハラ交易を支配したマリ帝国の子孫とのこと。そして、「マンディンゴ」とは、いわば黒人奴隷のサラブレッドのことだ。しかして、本作では、"嫁とり"と"側室取り"の両方に成功したハモンドが、奴隷牧場を経営する父親の夢であった優秀なマンディンゴ獲得のために奮闘した結果、４５００ドルでたくましい黒人男、ミード（ケン・ノートン）の競り落としに成功するので、それに注目！

135

黒人奴隷を主人公にした悲しい物語は『アンクル・トムの小屋』をはじめたくさんある
が、そんな物語に必ず登場するのが、奴隷を競り売りする奴隷市場。そこでは、男女を問
わず、年齢を問わず、さまざまな用途に使うべくさまざまな奴隷が競り売りされているが、
純血なマンディンゴ族を売りにした黒人奴隷・ミードの最大の売りはたくましさだ。ウォ
ーレンから優秀なマンディンゴ族の獲得を熱望されていたハモンドは、ミードに色目をつ
けた白人のおばさんとの競りに勝って、ミードの競り落としに大成功。

この成果にはウォーレンも大喜びだが、帰り道にハモンドが立ち寄った売春宿ではハプ
ニング的にミードの格闘才能が発揮されたから、さらに大喜びだ。『風と共に去りぬ』でも
色男で遊び好きの男、レット・バトラーは親友の女性が経営する売春宿に通っていたが、
同作中盤にはその売春宿を舞台にしたちょっとした事件が登場する。そこでは、スカーレ
ットが最も信頼する友人であるメラニーの機転で重大な危機を脱出することができたが、
レット・バトラーと違い、真面目で妻一筋のメラニーの夫、アシュレーもなぜ売春宿にい
たの?さすがに新妻のブランチを自宅に連れ戻っている最中のハモンドが売春宿で遊ぶわ
けにはいかなかったようだが、本作ではハモンドから外で待っているように言われていた
ミードが、店の警備員の黒人に見とがめられたため、そこでひと騒動が発生。大きな物音
に驚いた売春宿の経営者、従業員、お客たちが飛び出してその喧嘩ぶりを見ていると、あ
る客が「勝った方に5000ドル!」と宣言したため、黒人同士の喧嘩は本格的格闘に。
しかしてその勝者は?大金を示してミードを譲ってくれと言われたハモンドは、断固それ
を拒否。これにて、ミードはハモンドの忠実な奴隷兼ボディガードになることに・・・。

■□■新妻は処女?非処女?それが問題!あわや成田離婚に!■□■

新妻は処女だったの?それとも非処女だったの?それは、どうすればわかるの?あるい
は、その誤魔化し方は?そんな“論点”を巡る面白い小説はたくさんあるが、本作のブラ
ンチは、何と子供の頃に1度だけだが、実の兄とエッチした経験があるらしい。もちろん、
本人はそれを認識していたから、ウッドフォード家まで“嫁とり”にやってきたハモンド
を初夜の床に迎える時は、緊張もしただろうし、何らかの誤魔化しをしたのかもしれない。
ところが、床入りまではあんなに熱かったハモンドの態度が、床入り後は急速に冷めてし
まったから、アレレ・・・。ブランチはハモンドのことを甘く見ていたのかも知れないが、
ハモンドは黒人女の処女破りを得意とする父親の跡を継いだ男だから、“その方面”の能力
もしっかり鍛えていたらしい。しかして、ハモンドが頑なに初体験を否認するブランチを
許せなかったのは当然だ。ひょっとして、ハモンドが黒人奴隷のエレンを気に入ったのは、
そんなブランチへの“腹いせ”があったのかもしれない。こんな事態が続けば、あわや“成
田離婚”に!?

そんな展開も仕方なし。そう思っていると、ブランチをファルコンファースト農園に連
れ帰った後のハモンドの行動は?山崎豊子の大ヒット小説『華麗なる一族』(80年)では、
一大コンツェルンを築いた男、万俵大介の“妻妾同衾”の姿が描かれていたが、ウッドフ

オード家でのブランチの"嫁とり"を終えて、マンディンゴのミードと"側室"のエレンを従えてファルコンファースト農園に凱旋したハモンドは、以降ブランチのベッドには寄り付かず、せっせとエレンとのエッチに励むことに。こうなると事態は"成田離婚"以上にマズいが、その行きつく先は？

■□■黒人女が妊娠！女の嫉妬は？その仕返しは？■□■

　私の弁護士稼業は５０年近くになるから、その間に扱った離婚事件も多い。本来、夫婦喧嘩は夫婦だけで解決するべきものだが、そこに弁護士が介入するメリットは、それによってやっと"合理的な割り切り"ができる可能性が強まることだ。

　南北戦争直前の米国の離婚事情や弁護士事情は知らないが、本作には弁護士は登場しないし、ハモンドは新妻・ブランチの処女性を巡る問題点を父親に相談していないから、事態は悪化の一途をたどっていたようだ。もっとも、それは夫が全然自分のベッドに来てくれないブランチ側の言い分で、ハモンドの性欲解消は黒人女のエレンで十分だったらしい。そうなると、すぐに導かれる事態は、エレンの妊娠。そして、それがブランチにわかると、ブランチの嫉妬心の行き先は？そのやり口はスクリーン上でしっかり確認してもらいたいが、夫に抱かれることのない新妻の仕返しは、なんとミードの誘惑だ。ブランチのそんな意図を知ったマクスウェル家のベテラン黒人執事は何とかそんな無茶を止めようとしたが、ブランチが命令すれば、ミードはそれに従わざるを得ない。その上、ブランチから心地よいことをされると、まるでスクリーン上はかつての宇能鴻一郎の官能小説のようなシークエンスが。その結果、こちらも自然の摂理、神の摂理に従って、ブランチは妊娠。ブランチは夫の子だと主張し、出産に臨んだが、さて、生まれてきた赤ん坊の肌の色は？ここまで事態が進めば、最悪も最悪。出産に立ち会った医師や奴隷たちは、赤ちゃんを闇から闇に葬り去ろうとしたが、さて、コトが露見してしまうと？

■□■主人公の復讐は？こりゃ最悪！いやいや、更に最悪！■□■

　新妻が処女ではなかったため２度とそのベッドに向かうことがなかったにもかかわらず、妻が、黒い肌の赤ん坊を出産。そんな事態に直面した主人公・ハモンドが取った行動は？その復讐心の方向がブランチに向かわなかったのはなぜかよくわからないが、スクリーン上ではミードに向かった嫉妬心が、煮えたぎる大釜を巡って展開されるので、それに注目！それがチラシの絵に描かれていた風景の１つだが、いくらご主人様に「ゆで釜の中に入れ」と命じられても、人間そんなことができるものではない。石川五右衛門はムリヤリゆでた大釜の中に入れられたから、そこで往生したが、さあ、スクリーン上の展開は如何に？ハモンドが農業用フォークを使ってミードをムリヤリ煮えたぎった大釜の中に入れようとするシークエンスを見ていると、それが最悪の事態と思われたが、イヤイヤ、スクリーン上はもっと最悪の事態に。それはあなた自身の目でしっかりと！

　なるほど、本作はこんな映画。こりゃ、ある意味「最悪の映画」と言われても仕方がない。しかし、これは面白い。　　　　　　　　　　２０２１（令和３）年６月１４日記

SHOW-HEY シネマルーム

★★★★

異邦人　デジタル復元版

1968 年／イタリア、フランス映画
配給：ジェットリンク／104 分

2021（令和 3）年 6 月 3 日鑑賞 シネ・リーブル梅田

Data

監督：ルキノ・ヴィスコンティ
原作：アルベール・カミュ『異邦人』
出演：マルチェロ・マストロヤンニ
／アンナ・カリーナ／ベルナ
ール・ブリエ／ブルーノ・ク
レメル

👀 みどころ

　新型コロナウイルスがパンデミック化する中、『ペスト』が大人気になって
いる。"不条理"を代表する作家は『変身』のカフカと『ペスト』、『異邦人』
等のカミュだが、『異邦人』の主人公の一体どこが"不条理"なの？

　『太陽がいっぱい』（６０年）の主人公は、燦燦と降り注ぐ太陽の下で華麗
なる殺人（？）を決行したが、『異邦人』の主人公はなぜ人殺しを？日本の夏
も蒸し暑いが、アルジェリアの首都・アルジェも暑い。しかし、「暑いから人
を殺した」との言い分は、いかにも"不条理"だ。

　『ペスト』も悪くないが、トランプ大統領が退場してしまった今、改めて人
間の"不条理"について考えるのも一興だ。

——＊——＊——＊——＊——＊——＊——＊——＊——＊

■□■ 『ペスト』もいいが、今日は『異邦人』を！■□■

　１９６７年４月に大阪大学法学部に入学した私はすぐ学生運動に飛び込んだから、マル
クス、レーニン関係の文献を読むことが多くなった。しかし、「実存主義」として有名にな
っていたサルトルやカミュを読む友人も多かった。ノーベル文学賞作家であるアルベー
ル・カミュは、２０２１年１月以降、新型コロナウイルスがパンデミック化していく中、『ペ
スト』（47 年）が再評価され、大人気になっている。

　『ペスト』は、そのタイトル通り、恐ろしい伝染病「ペスト」（別名、黒死病）をテーマ
にした小説。フランスの植民地だったアルジェリアのオラン市をペストが襲う中、医師、
市民、よそ者、逃亡者等の登場人物たちが助け合いながら、ペスト禍に立ち向かう姿が描
かれる。そして、そこでは、語り手である主人公に、「自分たちの力ではペストはコントロ
ールできず、人生の不条理は逃れられない」と語らせることによって、「世界は不条理に満
ちている」という世界観が明確に示される。２０２０年１月以降、全世界でパンデミック

化した新型コロナウイルスは、約１００年前のスペイン風邪以来の“ペスト現象”だが、医学や科学が進歩した今、それをカフカと同じように、“不条理”だけで説明していいの？そんな思いで『ペスト』を再読するのも悪くないが、私の考えでは、やはりカミュの代表作は、“不条理”をテーマにした『異邦人』だ。しかして、今日は、ルキノ・ヴィスコンティ監督、マルチェロ・マストロヤンニ主演の『異邦人　デジタル復元版』を鑑賞！

■□■カミュの“不条理”とは？そこで生まれる“反抗”とは？■□■

黒木瞳のデビュー作の原作になった渡辺淳一の『化身』（８６年）は色気タップリで面白い小説だったが、大学１回生の時に読んだ不条理文学として知られているフランツ・カフカの代表作『変身』は、どちらかというと気持ち悪い小説だった。なるほど、これがカフカの主張する“不条理”なの？それがぼんやり理解できたが、カミュの『異邦人』を読めば、主人公アルチュール・ムルソーの生き方を通して、カミュの言う“不条理”の概念がカフカの『変身』以上によくわかる。すなわち、カミュの言う“不条理”とは、「明晰な理性を保ったまま世界に対峙するときに現れる不合理性のこと」だ。さらに、カミュによれば、「そのような不条理な運命を目をそむけず見つめ続ける態度」を“反抗”と呼ぶそうだ。そして、「人間性を脅かすものに対する反抗の態度が人々の間で連帯を生む」とされている。

本作冒頭の舞台は、『ペスト』と同じアルジェリア。もっとも、『ペスト』は第二次世界大戦後の物語だったが、本作は大戦前の物語だ。冒頭、拘束状態にあるムルソー（マルチェロ・マストロヤンニ）が警察の取り調べに臨むシークエンスが登場するが、これは一体ナゼ？彼は一体何の罪を犯したの？そんな“つかみ（問題提起）”が示された後、本作の本格的なストーリーが始まっていくことに。

カミュの『ペスト』は、ペストという災禍（＝人間を襲う不条理）との闘いを描いた名作だが、本作の主人公ムルソーが「異邦人」とされるのはなぜ？彼は何の不条理に怒り、どんな不条理に“反抗”しているの？

■□■舞台に注目！それはアルジェリアの首都アルジェ！■□■

日本は明治維新によって、清国のような西欧列強の植民地になることを免れた。そして、１８９４年～１８９５年の日清戦争、１９０４年～１９０５年の日露戦争の中で、列強の一員となって、朝鮮と満蒙への権益を広げていった。植民地政策のトップを走っていたのはスペイン、ポルトガルだったが、それに続いてトップになったのがイギリス。フランスはそれより遅れたものの、後のベトナム戦争の地となったベトナムと共に、アルジェリアは大切なフランス領だった。カミュはそんなアルジェリアで１９１３年に生まれたから、１９３０年代から物書き業を始めた彼の小説の舞台がアルジェリアになっているのは当然だ。アルジェリアの独立戦争を描いた名作が『アルジェの戦い』（６６年）だ。

同作は、私が大学入学した１９６７年に日本でも公開されたが、１９５４年から６２年にかけてフランスの支配下にあったアルジェリアで起きた独立戦争の姿は、本当にリアルなものだったし、その後のベトナム戦争の前触れにもなった。また、それによってアルジ

ェリアの首都がアルジェであることや、アルジェの都市カスバでオールロケが行われたことによってカスバの名前がさらに有名になった。他方、「君の瞳に乾杯」とは何ともキザな言葉だが、このセリフが有名になったのは、名作『カサブランカ』（４２年）によるもの。名曲『時の過ぎゆくままに』と共に永久に残るセリフになったが、「カサブランカ」はフランス領モロッコにある都市だ。さらに日本では、『カスバの女』が有名だが、なぜ昭和３０年にフランス領アルジェの都市カスバを舞台にした歌謡曲が日本で生まれたの？

　近時の日本の雨の多さ、台風の多発等は間違いなく地球温暖化の影響。そのため、四季に恵まれていた日本列島も、近時は春と秋がなくなってしまっている。今年、２０２１年は特に梅雨入りが早いそうだが、６月初旬の今、すでに真夏日を示す気温３０度のところもある。しかして、アルジェリアの暑さは？

■□■アルジェの暑さは？母の通夜と葬儀に見る男の態度は？■□■

　ムルソーが長い時間バスに乗って、マレンゴにある養老院にたどり着いたのは、母親の通夜に出席するため。今の日本では通夜も簡素化されているが、本作を観ていると、１９３０年代のフランス領アルジェリアでの通夜は大変だ。しかもアルジェリアは暑いから、早く死体を処理しないと・・・。そんなクソ暑い中でも、ムルソーはノーネクタイながら白い上着を着ているから、汗を拭くのも大変だ。翌日の土葬の様子も日本とは全然違って、むしろ中国式（？）だが、そこでもムルソーの敵は暑さになったようだ。

　中国の張藝謀（チャン・イーモウ）監督の名作、『初恋のきた道』（００年）（『シネマ５』１９４頁）では、母親の葬儀のため故郷に戻ってきた一人息子は母親への熱い思いを見せていたが、本作で目立つのは、母親の死に対してムルソーが全く悲しみを見せないこと。通夜の席には、ずっと泣き通しの女性もいるが、ムルソーは涙なし。また、ムルソーには棺を開けての母親との最後の対面もいらないそうだから、母親の死亡を悲しむ雰囲気は全くない。それは翌日の土葬でもまったく同じで、ムルソーはいかにも面倒そうだ。それは一体ナゼ？今風に言えば、彼は生みの母の死とどう向き合っているの？

■□■葬儀よりも映画と海水浴！しかし、女への対応は？■□■

　ルキノ・ヴィスコンティ監督のもっとも有名な作品『山猫』（６３年）（『シネマ３８』未掲載）には“名花”としてクラウディア・カルディナーレが出演していた。それに対して、「キネマ旬報ベストテン　第８位」、「スクリーン誌ベストテン　第９位」になった本作には、“名花”としてアンナ・カリーナが出演！日本では近時、アンナ・カリーナ特集が組まれていたが、本作で彼女はムルソーの“お相手”として、どんな役割を？どんな演技を？

　アンナ・カリーナ演じるマリーが登場するのは葬儀の翌日。アルジェで偶然再会したという設定だが、ムルソーはこれ幸いとばかりに彼女を連れて海水浴や映画に行き、一夜を共にするからアレレ。そんな展開の中、マリーは「私のこと好き？」、「結婚する気はある？」等々、女として当然の行動を見せ、当然の質問を投げかけてくるが、それに対するムルソーの反応は？“シラケ世代”という言葉がいつ生まれたのかは知らないが、母親の死亡に

よる通夜・葬儀に関してあんな無気力・無反応な態度を示してきたこの男・ムルソーは、女に対しても、恋に対しても、なぜこんなに無気力、無反応なの？

■□■この男はきっと友人ゼロ！しかし悪友を持つと？■□■

ムルソーはスーツ姿の会社員だが、あんな性格だからきっと友人はゼロ！？そう思っていたが、同じアパート内にレイモン・サンテス（ジョルジュ・ジュレ）という友人がいたらしい。もっとも、売春斡旋の仕事をしているこの男は悪いウワサしかないようで、同居していた女の喧嘩別れの話を聞いていると、まるでやくざの世界の男だ。そんなレイモンは一方的に自分の言い分をムルソーに話していたが、一緒にいた女の兄を殴ってしまったらしい。そして、ムルソーがマリーとのエッチタイムを楽しみ、一緒に朝を迎えていると、レイモンの部屋から女の悲鳴が聞こえ、結局レイモンは駆けつけてきた警官に連行されてしまったから大変だ。ムルソーの協力で警察から釈放されたレイモンは、今度は女の兄の仲間からつけられていると言うから、ひょっとしてその危険はムルソーにも及ぶのでは？

どうせ友達はいないのだから、こんな悪友とも付き合わなければいいのだが、スクリーン上は、そんなレイモンに誘われたムルソーがマリーも一緒に海に行って遊ぶシークエンスになる。そこはレイモンの友人の別荘だから優雅なお遊びだが、そこではレイモンたちの後をつけてきた3人の男たちとのトラブルが発生！彼らはレイモンが殴った女の兄の仲間たちだが、男同士の殴り合いならまだしも、そこで拳銃を使うのはまずいのでは？

■□■なぜムルソーは殺人を？その答えは「暑かったから」！■□■

登山家の間では、「なぜ、山にのぼるのか」の質問に対する、アルピニストのジョージ・マロリーの「そこに山があるからだ」との答えが有名だ。しかし、殺人罪の裁判で必ず大きな論点になる、"殺人の動機"について、「暑かったから」というのは答えにならないのでは？アルジェリアでどんな裁判が行われるのかは知らないが、ムルソーに付いた弁護人はそれなりに優秀で、検事側が何を突っ込んでくるかをムルソーに説明し、動機の点についても十分な打ち合わせをしようとしていた。ところが、肝心のムルソーは？

通夜や葬儀でのムルソーの態度、行動も情状面では不利。したがって、法廷では「泣きたい気持ちを無理に抑えていた」と証言すればいいのだが、それについてもムルソーは？法廷には養老院の理事たちの他、マリーも出廷してムルソーの無実を訴えたが、葬儀の翌日に海や映画に行っていたことは印象が悪い。さらに、レイモンの証言も陪審員には悪印象しか与えなかったようだ。そして、裁判のラスト、被告人質問の中で、裁判官から「なぜ殺したのか」と聞かれると、ムルソーは「太陽のせい、暑かったから」と答えたから最悪だ。"不条理"ながらもそれがムルソーの真実だったのかもしれないが、そんな証言を法廷でするのはあまりにあまり。しかして、下された判決は？

死刑台に向かうムルソーが、「神を信じないのか？」と説得する神父に対しても「神なんかどうでもいい！」と叫ぶ姿を確認しながら、改めてカミュの言う"不条理"とは何かをしっかり考えたい。　　　　　　　　　　　　　　　2021（令和3）年6月9日記

141

Data

監督・脚本：ローランド・クリック
出演：マリオ・アドルフ／アンソニー・ドーソン／マルクヴァルト・ボーム／マーシャ・ラベン／ベティ・シーガル

★★★★

デッドロック

1970 年／ドイツ映画

配給：オンリー・ハーツ、アダンソニア／85 分

2021（令和 3）年 7 月 29 日鑑賞　｜　シネ・リーブル梅田

👀みどころ

　「アメリカン・ニューシネマ」の名作はたくさん観たが、「ニュー・ジャーマン・シネマ」はほとんど観ていない。しかして、カンヌ国際映画祭からオファーを受けながら、「ニュー・ジャーマン・シネマ」を貶めるものだと反対された、ローランド・クリック監督の本作は一体何？

　『荒野の用心棒』（64年）を代表とする「マカロニ・ウェスタン」の登場に全世界は湧いたが、ドイツ製の西部劇とは？なぜ本作は「ニュー・ジャーマン・シネマの栄光に背を向け、闇に葬られた伝説のカルト映画」なの？

　「映画は感じるもの！想像するもの！したがって、説明は不要！」。ローランド・クリック監督の、そんな"信じがたい冒険"を実現させた本作の功罪は？その好き嫌いは？

―――＊―――＊―――＊―――＊―――＊―――＊―――＊―――＊―――＊―――

■□■ニュー・ジャーマン・シネマとは？本作はその代表作？■□■

　私は高校1年生の時に『荒野の用心棒』（64年）や『夕陽のガンマン』（65年）を観て、"マカロニ・ウェスタン"の魅力にぞっこんになったが、ドイツ映画に西部劇があることは知らなかった。

　チラシには、本作の舞台は「"アメリカ"のどこか・・・」。そして、物語は「砂漠の中の寒村で、100万ドルの札束を奪い合う男たち、白日の下に乳房をさらけ出す狂女、口をきけない美少女、謎の行商人と非情な鉄道員・・・登場人物わずか7人が灼熱の荒野に繰り広げる非情の饗宴。」と書かれている。なるほど、なるほど。

　私は2007年に映画検定3級に合格しているから、『映画検定公式テキストブック』の「第4章　映画の用語集」の「作風・手法・時代」の項目に解説されている、「ニュー・ジャーマン・シネマ」のことをよく知っている。これは、「アメリカン・ニューシネマ」、「ヌ

ーヴェル・ヴァーグ」、「ネオ・レアリスモ」等と対比されるものだ。そして、本作はその「ニュー・ジャーマン・シネマ」の代表作の1つ。てっきりそう思ったが・・・？

■□■監督に注目！なぜ闇に葬られた伝説のカルト映画に？■□■

　どの時代でも、どの社会でも、"変わり者"はいるもの。芸術や映画の世界では、それがとりわけ顕著だから、鬼才・異才とよばれる映画監督は各国に存在する。さしずめ、日本なら園子温監督、韓国なら２０２０年１２月１１日に亡くなったキム・ギドク監督がその代表（？）だが、「ニュー・ジャーマン・シネマ」が勃興していた１９６０年代のドイツにおけるそれが、本作を監督・脚本・製作したローランド・クリックらしい。同監督の長編第2作となる本作は、「ニュー・ジャーマン・シネマの栄光に背を向け、闇に葬られた伝説のカルト映画」と言われているそうだから、ビックリ！それは一体なぜ？

　本作は、１９７０年のカンヌ映画祭からコンペティション出品オファーを受けたものの、ドイツ国内の監督や批評家から、映画が商業的すぎて、当時勃興していたニュー・ジャーマン・シネマを貶めるものだと出品を反対され、特別上映という形になった。ところが、上映当日はあいにくの雨で観客はごく少数、それがかえってその後の本作の"カルト化"に拍車をかけることになった。しかし、ドイツ国内では興行的に成功し、ドイツ映画賞長編作品賞に選出されたそうだ。また、ローランド・クリック監督は、ファスビンダー、ヘルツォーク、ヴェンダース、シュレンドルフらニュー・ジャーマン・シネマの代表とされた監督たちと同世代でありながら、徒党を組むことを拒み、栄光に背を向けて独自の世界を追い求めた"ドイツ映画の孤狼"らしい。なるほど、なるほど。しかして、本作はどんな西部劇？

■□■舞台は？監督の狙いは？字幕は？■□■

　本作冒頭、ニュー・ジャーマン・シネマを代表する俳優の1人で、その特徴ある風貌から「ドイツのジャン＝ポール・ベルモンド」と呼ばれたマルクヴァルト・ボーム演じる男、キッドが1人荒野を彷徨うかのように逃げていく風景が描かれる。左腕に銃弾の跡がある彼は、大きなジュラルミン製のトランクを大事そうに抱えていたが、歩くのも限界状態で、ぶっ倒れてしまうことに。他方、轟音を響かせながら走ってきたおんぼろトラックがいったん止まり、バックしたのは、道端に倒れているこの男を発見したためだ。しかして、そこではどんなハプニングが・・・？

　本作のパンフレットには、「それは信じがたい冒険だった」と題するローラント・クリック監督のインタビュー（『デッドロック』撮影秘話）がある。そこではまず、「あなたの映画はドイツらしくないと言われますね？」との質問に、監督が答えているが、その要点は「映画は感じるもの！想像するもの！したがって、説明は不要！」というものだ。続いて彼は、『デッドロック』はとても冒険的な映画ですね。」、「映画への助成についてどう思いますか？」、『デッドロック』が作られたのは、ニュージャーマン・シネマの勃興期にあたりますね。」、『いったい、何があなたを惹きつけたのですか？』との質問にも次々と答えて

いるが、それはいかにもドイツ人的な（？）理論立った説明で一貫しているから、こりゃ必読。

さらに興味深いのは、本作のパンフレットに、日本語字幕を担当した小泉真祐氏の「『デッドロック』翻訳にあたって」があり、すべての字幕が掲載されていること。脚本が掲載されているパンフレットは時々あるが、字幕がすべて掲載されているパンフレットを見るのは本作がはじめてだ。それを見てわかることは、本作は如何にセリフが少ないかということ。それなら、字幕制作作業は楽だったの？そう思えなくもないが、さて、その実態は？

■□■登場人物は？物語は？ストーリーの説得力は？■□■

本作のチラシによると、本作の物語は前述のとおり簡潔なもの。もっとも、登場人物7名と言っても、謎の行商人と非情な鉄道員はチョイ役だし、2人の女もストーリーに花を添えるだけ（？）だから、実質的なストーリーは、①ジュラルミン製のトランクを持って、息も絶え絶えに歩く冒頭の男キッド、②閉鎖された鉱山（デッドロック）の監督官ダム（マリオ・アドルフ）、そして、③中盤から登場してくるキッドの仲間で非情な殺し屋のサンシャイン（アンソニー・ドーソン）、の3人で展開していくことになる。

三船敏郎、アラン・ドロン、チャールズ・ブロンソンという世界の3大俳優が共演した『レッド・サン』（71年）は奇妙な映画だったが、メチャ面白かった。それと同じように（？）、本作のストーリーは、ジュラルミン製のトランクに入った100万ドルの争奪戦だが、そのストーリーにあまりリアリティが感じられないのが大きな特徴だ。ダムは、銃をキッドから奪った上、キッドは最初から死にかけているのだから、そもそもキッドを殺し

て１００万ドルを奪ってしまえば、それでストーリーは終わり。しかし、それでは物語が成立しないから、本作導入部では、キッドとダムの間で分かったような、分からないようなやり取りが・・・。中盤から、キッドがサンシャインと呟いていた男が登場してくるが、この男の性格もよくつかめない。彼は、モーゼルＣ９６の使い手だから、ダムを始末しようと思えばいつでも可能。それなのに、なぜ本作中盤でも、分かったような、分からないような、見方によってはイライラする（？）展開になるの？

　さらに、結局ダムを殺してしまった後は、それまで互いに信頼関係にあったキッドとサンシャインとの２人の対決になるが、これまた何とも意外な結末に！『レッド・サン』の場合は意外性を尊重しつつも、ストーリーのリアリティや説得力が十分だったが、本作はそれが全くないのが大きな特徴だ。そもそも、１００万ドルの入ったジュラルミン製トランクを、誰がどこに隠しておくのかについての描写がどこにもないうえ、３人の男たちは「いつでも殺してくれ」という姿勢が顕著だから、ワケが分からない。そんな本作の面白さ（？）を、あなたはどう受け止める？

■□■音楽は？ＳＰレコードは？美少女は？好き嫌いは？■□■

　私の中高校から大学時代、そして弁護士５年目頃まではレコードの時代だったが、次第にカセットテープ、ＭＤ、そしてＣＤの時代に入っていった。ビデオテープも発売当初は奇跡的な商品だったが、ＶＨＳ方式とβ方式との長い間の“対決”を経て、今や両者とも消滅してしまった。そんな経緯の中で本作を観ると、ジュラルミン製トランクの中に、なぜ１００万ドルの他、１枚のＳＰレコードが入っているの？誰しもそんな疑問を持つはずだ。

　クリント・イーストウッドが主演した“マカロニ・ウェスタン”の出発点たる『荒野の用心棒』（６４年）は、エンニオ・モリコーネの音楽「さすらいの口笛」とともに大ヒットしたが、「ニュー・ジャーマン・シネマ」たる本作では、冒頭、いわゆるクラウトロック（６０～７０年代ドイツのプログレッシヴ・ロックの代表格であるＣＡＮ（カン）のサイケデリックなサウンドトラックが鳴り響くので、それに注目！

　他方、本作を鑑賞した人の中には、予告編で見た美少女ジェシー（マーシャ・ラベン）の姿を見たいから、という人もいるはずだ。荒れ果てたデッドロックには、監督官のダムの他、狂女コリンナ（ベティ・シーガル）が住んでいたが、ひょっとして、口のきけないこの美少女はあの太っちょおばさんの娘？それを説明しないのもローランド・クリック監督流だが、この娘は一体何を求めているの？ひょっとして、どこかに彼女のラブシーン（ベッドシーン）が登場するの？そして、３人の男たちの“対決”の中、この美少女の運命は？

　『荒野の用心棒』は主人公の生きざまが明確だったうえ、主人公の復讐劇の在り方が明確な“テーマ”になっていたが、本作は何が“テーマ”かよくわからない“混沌さ”が“テーマ”。そんなメインストーリーをしっかり踏まえながらも、ＣＡＮ（カン）の音楽をしっかり味わい、また、サブストーリーとしてそんな美少女の運命にも注目したい！

２０２１（令和３）年８月４日記

SHOW-HEYシネマルーム

★★★★

フラワーズ・オブ・シャンハイ
4K デジタルリマスター版
（海上花／Flowers of Shanghai）

1998 年／台湾・日本合作映画
配給：オリオフィルムズ／114 分

2021（令和 3）年 7 月 22 日鑑賞　　シネ・ヌーヴォ

Data

監督：侯孝賢（ホウ・シャオシェン）
原作：ハン・チーユン、チャン・アイリン『海上花列伝』
出演：トニー・レオン／羽田美智子／ミシェル・リー／カリーナ・ラウ／ジャック・カオ／ウェイ・シャホェイ／レベッカ・パン／ファン・シュエン／伊能静／シュイ・ミン／トニー・チャン

👀 みどころ

　『悲情城市』（89年）を代表作とする台湾の巨匠、ホウ・シャオシェン監督には本作のような異色作も！松竹が共同出資した本作では、トニー・レオン演じる主人公に羽田美智子が絡むが、２０１９年の東京フィルメックスでの４Ｋデジタルリマスター版の世界初上映に際して「良い夢をご覧ください」とメッセージした本作は一体何？

　次代は清朝末期、舞台は高級遊郭。遊郭での室内シーンばかりを繋ぎ合わせた本作の陰影に満ちた撮影は素晴らしい。長回しのシークエンスも多少退屈だが素晴らしい。しかし、肝心の物語は？

　有名スターの共演も、「良い夢」も悪くはないが、やっぱりホウ・シャオシェン監督の真の価値は『悲情城市』のような問題提起にあるのでは？

————＊————＊————＊————＊————＊————＊————＊————

■□■ホウ・シャオシェン大特集開催！観たかった本作を！■□■

　台湾の巨匠、侯孝賢（ホウ・シャオシェン）監督が２０２０年台湾金馬奨終身成就奨を受賞！そんな「ホウ・シャオシェン監督デビュー４０周年記念」として、シネ・ヌーヴォで６月２６日から２３日の間「ホウ・シャオシェン大特集」が開催された。そのラインナップの中には、前から観たいと思っていた本作があった。しかも、今回は「4K デジタルリマスター版」で劇場初上映だから、こりゃ必見！さあ、その出来は？

■□■なぜ遊郭を舞台に？なぜ大スターを？なぜ松竹が出資？■□■

　ホウ・シャオシェン監督の代表作は、何と言っても『悲情城市』（89年）（『シネマ１７』３５０頁）。私が同作をはじめて観た時の衝撃は大きかった。それより以前の『冬冬の夏休み（冬冬的假期）』（84年）（『シネマ44』１９８頁）、『ナイルの娘（尼羅河女兒）』（87年）（『シネマ44』１９７頁）のような、ほのぼのとした温かい作品とは全く異質の、「ニ・

146

二八事件」に切り込むという、監督生命をかけた同作の問題提起性は素晴らしかった。また、『ホウ・シャオシェンのレッド・バルーン（紅気球之旅）』（０７年）（『シネマ２０』２５８頁）も彼流の鋭い問題提起があったし、直近の監督作品たる『黒衣の刺客（聶隠娘刺客）』（１５年）も若々しさに満ちた素晴らしいエンタメ作品だった。

　ところが、本作は１９世紀末の清朝末期の上海のイギリス租界に軒を連ねる高級遊郭を舞台に、そこに出入りする男たちと娼婦たちの関係を描き出したものだ。ホウ・シャオシェン監督は、なぜこの時期（１９９８年）にそんな映画を作ったの？また、本作は日本の松竹が一部出資して製作されたうえ、当時「チームオクヤマ」女優として活躍していた羽田美智子が主役の１人である沈小紅役で登場している。松竹の共同出資は『憂鬱な楽園（南國再見、南國）』（９６年）に続くものだが、それは一体なぜ？さらに、本作は主演のトニー・レオンの他、女優陣にはミシェル・リーやカリーナ・ラウ等のビッグ・ネームが名を連ねている。ホウ・シャオシェン監督の初期作品では無名の俳優をうまく使っていい効果を生んでいたのに、なぜ本作ではそんな有名スター志向になったの？

　本作については、そんないくつかの疑問がある。その答えは如何に？

■□■清朝末期における、旦那衆 vs 高級遊郭の遊女の生態は？■□■

　去る６月５日に観た『HOKUSAI』（２０年）では、町人文化が花開いたと言われている徳川の文化文政時代における遊郭の遊女たちの生態を知ることができた。そこでは、飲食と踊り、そして遊女との色恋沙汰の他、浮世絵という芸術の趣が強調されていた。ところが、本作に見る清朝末期の上海のイギリス租界に軒を連ねた高級遊郭に通う旦那衆の遊びは単純なじゃんけんゲームだから、レベルが低い。

　とは言っても、遊郭の経営を成り立たせるには、如何にいい女の子を集めて働かせるかがポイントだが、遊郭という舞台を通した「男と女の営み（色恋沙汰）」は、時代や国が違っても所詮同じだから、本作では何よりも主人公のワン（王蓮生）（トニー・レオン）と２人の遊女、シャオホン（沈小紅）（羽田美智子）とホェイジャン（張蕙貞）（ウェイ・シャホェイ）を巡る"恋模様"に注目したい。

■□■主人公と２人の遊女との三角関係が焦点だが・・・■□■

　ワンは上海からやってきた役人（官僚）だが、本作では仕事をしているシーンは全くなし。彼は、旦那衆が集まった宴会で適当にじゃんけん遊びをしているだけだ。しかし、ワンは今、長年親しい関係にあったシャオホンが別の男に心を寄せているという噂を聞いてイライラしているらしい。ワンは、嫉妬心の中からそんな噂を教えてくれたホェイジャンと結婚してしまうが、やがてホェイジャンも不倫していることを知り、ホェイジャンとも別れてしまうことに。本作はそんな"メインストーリー"を、遊郭を舞台にした室内シーンの中で展開していくだけだから、ある意味で退屈・・・？

　そんな"三角関係"が生まれる中で、ワンと別れたシャオホンは、経済的には恵まれないまま若い恋人と新しい人生を歩もうとしているそうだが、その展開は？他方、ワンの方

も、上海でろくな仕事もしていないのに、生まれ故郷の広東に出世して戻れることになったらしいから、そりゃラッキー。なるほど、なるほど。しかし、そうだからと言って、本作は一体どんな物語になっていくの・・・？

　ホウ・シャオシェン監督は、２０１９年の東京フィルメックスでの４Ｋデジタルリマスター版の世界初上映に際して、「良い夢をご覧ください」というメッセージを寄せているが、さて、これだけのストーリーでホントに良い夢を見ることができるのだろうか？

■□■陰影に満ちた撮影に注目！吸っているのはアヘン？■□■

　近時の邦画は明るく美しい画面ばかりだが、孤島の灯台における新旧２人の灯台守だけで物語を紡いだ『ライトハウス』（１９年）は、モノクロで正方形のスクリーンが"売り"だった。本作はカラーだが、本作の"売り"も、それと同じく陰影に満ちた撮影だ。本作のパンフレットには、「李屏賓（リー・ピン・ビン）撮影による光線設計も、それ自体が芸術品のように素晴らしい」と書かれているが、まさに、本作ではその素晴らしさを堪能したい。

　デンマークの女流監督スサンネ・ビアは、あっと驚くようなクローズアップ撮影が特徴。彼女の監督作品である『アフター・ウェディング』（０６年）（『シネマ１６』６３頁）をはじめて観た時は、「デンマークにすごい女性監督を発見！人間描写の深さと独特の映像美は特筆物で、韓国のキム・ギドク監督を知った時と同じような衝撃が走った」と書いた。本作には、そんなクローズアップは登場せず、逆に"長回し撮影"が特徴だが、じゃんけん遊びをメインにした旦那衆の宴会シーンにも、個室におけるワンのイライラシーンやワンとシャオホンたちの痴話喧嘩シーンにも、"長回し撮影"はピッタリ。そのため、私たち観客も、一瞬上海の高級遊郭でそんな宴会に参加している気分に浸ることができる。

　ちなみに、私が体験した中国式宴会では、おいしい食べ物が次から次に運ばれていたが、本作に見る旦那衆は、ワン以外は老人ばかりだから料理の量はそれほどでもない。飲んでいる酒も、アルコール度数が６０％以上になる白酒ではなさそうだ。本作で非常に気になるのは、宴会席ではじゃんけんゲームに忙しいからやっていないものの、個室での飲食シーンになると必ず登場する、長いキセルで何かを吸っているシーン。あれは水タバコ？それともアヘン？その真相は？ちなみに、本作は韓子雲（ハン・チーユン）と張愛玲（チャン・アイリン）の原作『海上花列伝』を映画化したものだが、原作ではそれをどのように表現しているのだろうか？

■□■ストーリーの面白さは？問題提起性は？■□■

　前述のように、本作はワンと２人の遊女、シャオホンとホェイジャンとの確執がメインストーリー。これは、ワンを専属の旦那としているシャオホンが５年も他の客を取ることがなかったにもかかわらず、ワンがホェイジャンを買ったことによって生じたトラブルだ。遊郭ではそんなことは日常茶飯事のはずだから、私にはなぜそれがトラブルになるのか自体よくわからない。しかし、シャオホンにはシャオホンの言い分があることはスクリーン

を見ているとよくわかる。お坊ちゃま育ち（？）のワンがそれに対して頭ごなしに反論できないのは仕方ないが、私に言わせれば、シャオホンの主張には何の正当性もなく、ワンの主張（弁解）が正当だ。金を払って遊郭に来ているワンが、それくらいのことで、シャオホンから文句を言われる筋合いはないはずだ。

　他方、本作のサブストーリーは、ツイフォン（黄翠鳳）（ミシェル・リー）にシュアンチュウ（周双珠）（カリーナ・ラウ）がアヘン入りの酒を無理やり飲ませようとするもの。そんな事態になったのかは、こちらも女同士の突っ張り合いによるものだが、このサブストーリーは心中未遂事件に発展していくから面白い。しかも、そこで注目すべきは、ツイフォンがシュアンチュウにアヘンを入れた酒を飲ませて心中を図ろうとするシークエンスだ。しかし、そんなものがホントに飲めるの？本作を観ていると、本物のアヘンを飲むのは、酒に入れても難しいことがよくわかる。

　ちなみに、高級遊郭はもちろん“アヘン宿”ではないが、当時の遊郭ではアヘンの使用はどの程度許されていたの？鋭い社会問題提起をするホウ・シャオシェン監督なら、そんな点にも触れてほしかったが、残念ながら、本作にはそんな点への言及はない。もちろん、それはそれで仕方ないが、このサブストーリーも、そうだからと言って一体何なの？本作は、美しい撮影が魅力的な“遊郭モノ”と考えればそれで十分満足できるものだが、私にはどうしてもそんな不満が・・・。

２０２１（令和３）年７月２８日記

Data

監督：ダニエル・シュミット

脚本：パスカル・ジャルダン／ダニエル・シュミット

原作：ポール・モラン『ヘカテとその犬たち』

出演：ベルナール・ジロドー／ローレン・ハットン／ジャン・ブイーズ／ジャン＝ピエール・カルフォン／ジュリエット・ブラシュ

ヘカテ
デジタル・リマスター版

1982年／スイス・フランス映画
配給：コピアポア・フィルム／108分

2021（令和3）年7月23日鑑賞　　テアトル梅田

■□■ショートコメント■□■

◆『ヘカテ』ってナニ？何のことかさっぱりわからないこのタイトルは、ギリシャ神話の女神の名前だ。Wikipediaによると、ヘカテは「死の女神」、「女魔術師の保護者」、「霊の先導者」、「ラミアーの母」、「死者達の王女」、「無敵の女王」等の別名で呼ばれ、トリカブトや犬、狼、牝馬、蛇（不死の象徴）、松明（月光の象徴）、ナイフ（助産術の象徴）、窪みのある自然石等がヘカテの象徴とされるらしい。しかして、本作は、そんなヘカテのような美しい人妻、クロチルドのファム・ファタールぶりを描く物語だ。

　「ファム・ファタール」とは、フランス語で男にとっての「運命の女」、「男を破滅させる魔性の女」を意味するもの。映画におけるその典型は、私見では『氷の微笑』（92年）でシャロン・ストーンが演じた女だが、本作のそれは、俳優としての活動のほか、「ヴォーグ」誌専属のモデルとしても有名で、2018年には史上最年長の73歳で同誌の表紙を飾るなど、生涯現役のモデルとして活躍を続けているローレン・ハットン。チラシには刺激的な肢体が写っている上、予告編でもそれが強調されていたから本作は必見！

◆本作の原作は、外交官であり、第二次大戦後の亡命先のスイスでココ・シャネルの伝記も執筆した、戦間期の文壇の寵児ポール・モランの小説『ヘカテとその犬たち』。本作冒頭は、第二次世界大戦中の中立国スイスの首都ベルンで開かれているフランス大使館主催の豪華絢爛なパーティーの会場で、外交官の男ジュリアンが物思いにふけっているシークエンスから始まる。その追憶の相手は、約10年前、赴任した北アフリカの植民地で出会い、狂ったように愛した謎のアメリカ人妻クロチルドだ。そんな導入部を経て、時代は一気に10年前にさかのぼり、白いスーツ姿で北アフリカの植民地に赴任したフランス人の外交官ジュリアン・ロシェル（ベルナール・ジロドー）が、あるパーティーではじめてクロチルド（ローレン・ハットン）に出会い、一目で惹かれていくシークエンスが描かれる。ジュリアンの最初の任地が最悪に近い北アフリカになったのは、きっと彼の成績があまり良くなかったためだろう。着任するなり、住居、オフィス、秘書、家具等すべての準備が整っているにもかかわらず、「足りないのは情婦（愛人）だけ」と語っているジュリアンの姿

を見ていると、この男はホントに仕事をする気はあるの？そんな疑問が湧いてくるが・・・。

◆アメリカ人女性であるクロチルドがなぜ北アフリカのフランスの植民地に１人でいるの？それを巡っていろいろな噂があったのは当然。また、着任早々のジュリアンがクロチルドと付き合っているらしい、という噂もすぐに広まったが、クロチルドは一体何者？知り合ってすぐに“いい関係”になったことからわかるように、クロチルドはジュリアンにとって“便利な女”だが、クロチルドの“秘密性”は高かったらしい。クロチルドの夫は軍人で、今はシベリアに赴いているそうだが、それは一体なぜ？また、クロチルドはほぼいつでもジュリアンの“お相手”をしてくれているようだが、地元の子供たちと何かヤバいことをしていることを暗示するシークエンスがチラホラと。こりゃ一体ナニ？

　ジュリアンは何度もクロチルドに対して、「君は何者だ？」と質問していたが、それに対するクロチルドの答えは「私はあなたの望む女だ」と答えるだけ。たしかに“愛人”としての彼女の美貌とセックスは申し分のないもの。それなら、ジュリアンはそれで十分満足すべきでは？私はそう思うのだが、ジュリアンはクロチルドの秘密性が深まれば深まるほどそれを知りたくなっていったため、イライラ、カリカリが次第に高まっていくことに。そうすると、もはや外交官の仕事も手につかなくなり、無断欠勤が続く状態に。こりゃダメだ。エリート外交官のバカさ加減が、丸出しに・・・。

◆出会った直後からすぐに“いい仲”になった美男美女には、すぐに何か一波乱が起こりそう。本作にはそんな展開を期待するはずだ。ところが、本作はジュリアンがクロチルドの秘密性（＝ファム・ファタール性）を探ることに夢中になる中で、勝手に消耗し、勝手に破滅に向かっていく姿を描くだけだから、途中から少し飽きてくる。

　クロチルドの美しさはずっと続いているし、セックスシーンも魅力的だが、あっと驚くベッドシーンがあるわけではないから、面白いストーリー展開がなければ、飽きてくるのは当然だ。そんな展開の中、とうとうジュリアンは本国に召喚されてしまったから、これにて、２人の関係も、ジュリアンの外交官としての人生もジ・エンド・・・？

◆そう思ったが、本国に戻り外交官として平凡な仕事を続けていると、ジュリアンは少しずつ出世していったから、アレレ。いったん外交官になってしまうと、競争のない社会では何とかなるらしい。もっとも、そんな体たらくだから、第二次世界大戦以降、フランスの国力はガタ落ちになっていったのかも・・・。それはともかく、その結果、ジュリアンは「スイスのベルンに行くか、それともシベリアに行くか」という二者選択権が与えられたからビックリ。さらに、そこでジュリアンがシベリア行きを選択した結果、ラストに向けて思わぬ“男同士のご対面”が実現し、一波乱起こるかも？そう思っていたが、アレレ・・・。

　本作ラストは、それなりに出世したジュリアンが、黒いスーツ姿で登場し、黒いドレス姿のクロチルドとベルリンで再会するシークエンスになるが、それは現実？それともジュリアンの幻想？導入部でも白いスーツ姿と白いドレス姿での初対面が印象的だったが、そんなシークエンスと、このラストの黒服同士のご対面シーンを比較すれば興味深い。しかし、他方でこの１０年間、ジュリアンという外交官は一体どんな仕事をし、どんな成長をしたの？それが大きな疑問だ。　本作には期待していただけに、鑑賞後の失望感も大きいものに。

２０２１（令和３）年７月２８日記

表紙撮影の舞台裏（38）
―卓球台を購入！我と思わん者はいざ！―

1）東京五輪の開催は絶対無理！コロナ禍での強硬開催はナンセンス！私はそう確信しつつ、『シネマ48』の表紙には、私が聖火ランナーとして疾走する勇姿（？）を採用した。もっとも、これはホンモノではなく、東京の明治神宮外苑にある旧スタジアムの体験コーナーでの勇姿だ。そこで開催中の「近代オリンピック100年・思い出の東京オリンピック1964」を訪れると、女子体操のコマネチをはじめとする懐かしい写真でいっぱい。入場行進で日本選手団が着用した、赤と白のブレザーとズボン、スカートの展示も良かったが、自由に聖火トーチを持って走ることができる体験コーナーの企画はグッド！その結果『シネマ48』の表紙写真がバッチリ完成したわけだ。

2）幻と消えるはず！そんな私の確信とはウラハラに、無観客を条件として実行（強硬？）された「東京2020」での日本選手団の活躍は目覚ましかった。内村航平の鉄棒からの落下は残念だったが、ガンを克服した池江璃花子の力強い泳ぎは感動を呼んだ。1964年の五輪では「東洋の魔女」の金メダルが語り草だが、東京2020では、卓球勢の活躍が日本中の注目を集めた。

3）柔道が日本のお家芸なら、卓球は中国のお家芸。日本勢がいくら頑張っても中国の壁は厚い。誰もがそう思っていたが、何と①新種目の男女混合ダブルスで、水谷隼と伊藤美誠ペアが中国のペアにゲームカウント4対3で勝ち、金メダルを獲得したからビックリ。その快挙に日本中が湧いた。さらに、②女子団体で伊藤、石川佳純、平野美宇が銀、③女子シングルスで伊藤、男子団体で水谷、丹羽孝希、張本智和が銅、と史上最多計4個のメダルを獲得したからすごい。夏季五輪で女子初の金銀銅3つのメダルを獲得した伊藤には、表彰金として1,000万円が贈られた。

4）そんな刺激を受けて、私は9月に卓球台を購入した。考えてみれば、卓球台なんて高級な会議机に比べれば安いもの。3〜5万で購入できる。問題は設置場所だが、坂和事務所2階の大会議室はちょうどいい広さだ。私は、中学時代は学校帰りに卓球場に寄り道して友人たちと真剣勝負を楽しんでいた。学生時代は学生運動に忙しく卓球に縁がなかったが、第26期司法修習生として1972年4月に松戸寮に入ると、寮内の卓球台でよく遊んでいたし、寮の卓球大会にも出場した。そのため、私の腕前は五輪レベルには程遠いが、それなりのものだ。

5）もっとも、卓球台を購入・設置しても、相手がいなければ無意味。それをクリアしたのは、公私ともに親密度を深めている㈱合家の姑婷婷小姐が卓球選手だったこと。そんな話題で盛り上がる中、一気に購入へと進んだわけだ。さあ、我と思わんものはいざ！

2021（令和3）年10月18日記

Data

監督：白石和彌

脚本：池上純哉

原作：柚月裕子

出演：松坂桃李／鈴木亮平／村上虹郎／西野七瀬／音尾琢真／早乙女太一／渋川清彦／毎熊克哉／筧美和子／青柳翔／斎藤工／中村梅雀／滝藤賢一／矢島健一／三宅弘城／宮崎美子／寺島進／宇梶剛士／かたせ梨乃／中村獅童／吉田鋼太郎／小栗基裕

孤狼の血 LEVEL2

2021 年／日本映画

配給：東映／139 分

2021（令和3）年8月22日鑑賞　　　梅田ブルク7

★★★★★

SHOW-HEYシネマルーム

👀 みどころ

　松坂桃李演じる"ヒロダイ君"こと広島県警の日岡は、大上先輩亡き後、どんな巡査に成長？他方、3年間のムショ生活を模範囚で終えた（?）、鈴木亮平演ずる上林の"悪の化身"ぶりは？

　『孤狼の血 LEVEL2』を、原作にはない上林を登場させたオリジナル・ストーリーにしたのは一体なぜ？巡査のくせに日岡がベンツを乗り回し、ヤクザ勢力の均衡の上に"我が世の春"を謳歌しているのは一体なぜ？「わしゃ必ずそのデカ見つけ出して、地獄見せちゃるけえ」vs「口答えしょーんは、全員ブタ箱叩きこんじゃる」のセリフがピッタリの両雄のカーチェイスは？肉弾相撃つ激突は？

　近時の邦画には珍しく、"韓国ノワール"色漂うホンモノぶりをしっかり味わいたい。ここまでのレベルの完成度を見れば、『LEVEL3』にも大いに期待！

——— * ——— * ——— * ——— * ——— * ——— * ——— * ——— * ——— * ———

■□■消えゆくヤクザ。その実態は？ヤクザ映画の秀作が！■□■

　2021年8月20日付朝日新聞は、「耕論」・「オピニオン＆フォーラム」欄一面に「消えゆくヤクザ」と題して、3人の"識者"の論考を紹介した。その問題意識は「暴力団対策法が成立して今年で30年。ピーク時で20万人近くいたとされる暴力団員は、3万人以下に減った。『ヤクザ』はこのまま消え去るのか。それは警察や社会の勝利なのか」だ。

　その中で、『ヤクザと家族　The Family』（21年）（『シネマ48』160頁）等をプロデュースした河村光庸（映画プロデューサー）は、「不寛容な社会　格好の標的」と題して、「失敗や恥を受け入れ、やり直せる機会が与えられるか。ヤクザの存在を考えた時、そんな寛容さこそが、今の社会に求められているのではないかと思うのです。」とまとめている

が、これはあまりにもありきたり。他の２本も、いかにも朝日新聞的な「ありきたり」か
つ「きれいごと」の内容だった。しかし、映画界では今、ヤクザを主人公にした秀作が次々
と生まれている。『シネマ４８』では、"暴対法"施行後のヤクザは？その新旧二態"と題
して『すばらしき世界』（２１年）（『シネマ４８』１５４頁）と『ヤクザと家族　The Family』
を取り上げた。そして、私は両作品とも星５つと評価した。

　他方、"老ヤクザの更生"をテーマにした『すばらしき世界』で主人公を演じた役所広司
は今、ソニー損保の CM でガソリンスタンドの店員やガードマンなどの役をコミカルに演
じているが、「警察じゃけえ、何をしてもええんじゃ。」というあっと驚くセリフがピッタ
リ板につく悪徳刑事・大上役を演じたヤクザ映画の秀作が『孤狼の血』（１８年）（『シネマ
４２』３３頁）だった。同作で大上刑事はバディとなった広島大学出の新米刑事・日岡秀
一（松坂桃李）と共にハチャメチャな違法捜査もいとわずに大奮闘したが、志半ばにして
死亡。しかし、大上は死して何を残したの？

　私は同作の評論のラストの"見出し"を「次作の主役はヒロダイ君！その成長と変身に
期待！」としたが、今それが「Part 2」ではなく「Level 2」として登場！近時、TV では
『極道の妻』シリーズが何度も放映されているが、かつての東映ではヤクザ映画が全盛を
誇っていた。しかして、暴対法施行後３０年の今、"消えゆくヤクザ"はホントにホント？
映画では秀作ぞろいだが・・・。

■□■旧ソ連の保守派クーデター未遂からも３０年！■□■

　新型コロナウイルス騒動以降、私が生まれた日本国はますます"内向き志向"が強まる
と共に、太平洋戦争中の"自粛警察"や"隣組"による相互監視・密告体制が強まってい
る。さらに、「欲しがりません、勝つまでは」の思想までが蔓延している。そんな中で前述
の暴対法施行３０年が語られたが、目を世界に転ずれば、２０２１年は１９９１年８月１
９日に旧ソ連で起きた「保守派（守旧派）クーデター未遂」事件から３０年になる。朝日
新聞はそれをほとんど取り上げていないが、そんなニュースを大きく取り上げているのは
日経新聞と読売新聞だ。ソ連邦は正式には「ソビエト社会主義共和国連邦」だが、１９９
１年当時の「ゴルバチョフ書記長（大統領）」、「ペレストロイカ」、「エリツィン大統領」等
のキーワードは知っていても、それが世界的にどれほど重要な事件だったのかを知る人は
少ないだろう。それから３０年経った今、あの「保守派クーデター未遂事件」をしっかり
検証したい。

　他方、ヤクザ映画は刑務所からの出所シーンで始まるものが多いが、本作もそれと同じ。
韓国ではそこで白い豆腐を食べるのが常だが、日本ではそんな習慣はなく、１９９１年（平
成３年）に徳島刑務所を出所してきた上林成浩（鈴木亮平）は、子分たちから盛大なお迎
えを受けることに。世話になった（？）刑務官・神原（青柳翔）に丁寧にあいさつする姿
は『すばらしき世界』で観た主人公と同じだから、きっと上林も彼と同じように出所後は
ひたすら更生の道を・・・。そう思っていると、上林が最初に向かった報復の相手は、ピ

アノ教室を営む神原の妹・千晶（筧美和子）だったから、アレレ、アレレ。ストーリーは正反対の方向に。

　それはそれとして楽しみたい（？）が、ここで３０年前のソ連の「保守派クーデター未遂事件」と同じようにしっかり復習しておかなければならないのは、今から３年前の１９８８年（昭和６３年）に広島の呉原市（架空の地名）を舞台として繰り広げられたヤクザ抗争だ。本作でも冒頭に少しだけ写真とナレーションでそれが紹介されるが、『孤狼の血』では“ヒロダイ君”と冷やかされていた日岡秀一刑事（松坂桃李）の３年後は如何に？彼は、今は亡き大上刑事から警察上層部の不正が書かれた帳簿と狼の図柄が印象的なライターを譲り受けていたが、その成長ぶりは？吉永小百合と共演した『いのちの停車場』（２１年）では、いかにも今風の人の良い青年として「まほろば診療所」の運転手役を演じていた松坂桃李が、本作ではあっと驚く風貌と共に、大上先輩をはるかに凌ぐほどの“バケモノ刑事”に成長しているので、それに注目！

　「東京２０２０」では内村航平の鉄棒での大失敗もあったが、伸び盛りの若いアスリートたちの成長と活躍が目立っていた。それらと比べても、日岡の成長はすごいものだが・・・。

■□■キネ旬が“国産ノワールの最新章”を特集！これは必読■□■

　『キネマ旬報９月上旬号』は、「白石和彌氏／国産ノワールの最新章」と題して、冒頭の６～３３ページにわたって本作を大特集した。その問題意識は次のとおりだ。すなわち、

> 平成最後の年。
> 日本映画における看板俳優を主演に掲げ、東映印を深く彫りこんだやくざ映画の復活に往年のファンは歓喜し、唸った。
> 大きすぎる存在は復活を祝福し、その死は同時に過去を清算し、次世代へと血を継ぐ象徴となろう。
> あれから３年。
> 待望のシリーズ第二弾は、東映製作陣の導火線に火を点けた傑作の原作に敬意をもってオリジナルの物語に挑んだ。松坂桃李は、驚くほど役所広司の正当な継承者となった。
> そして白石和彌は、日本を越え、また現代を超え、未来へとつながる
> 映画や映画作りを模索していると言えよう。

　これを読めば、よほど力を入れ込んでいることが明らかだ。この特集では、出演者や監督インタビューも面白いが、とりわけ、①「やくざ映画は憤りと悲しみの時代に再生する」（伊藤彰彦）（２１頁）、②「白石和彌［監督］レジェンド、『仁義なき戦い』との決別」（轟夕起夫）（２４頁）、③「止まるな白石、名匠にもなるなかれ」（塩田時敏）（３０頁）、④「白石和彌、ノワールに懸ける本気度」（八幡橙）（３２頁）は興味深い。これらは前述した朝日新聞の３本の論考より、よほど読みごたえがあるので、こりゃ必読！

■□■鈴木亮平がビッグに！体格も演技も高橋英樹越え！？■□■

　私は『０からの風』（０７年）（『シネマ１５』２１４頁）の鑑賞を契機に塩屋俊監督と懇

意になり、以降『きみに届く声』（０８年）（『シネマ２１』１８８頁）、『ふたたび swing me again』（１０年）（『シネマ２５』９２頁）、『種まく旅人～みのりの茶～』（１１年）（『シネマ２８』１５１頁）の製作に関与すると共に、彼が主催していた「塩屋俊アクターズクリニック」の忘年会などにも毎年参加していた。また、「HIKOBAE　PROJECT」にも多額の出資をしていたが、彼は２０１３年６月５日、公演先の仙台市の楽屋で倒れ、そのまま５６歳で死亡した。

他方、本作で上林役を演じた鈴木亮平は２００６年から「塩屋俊アクターズクリニック」に所属し、塩屋俊の下で演技を学んだ俳優だ。彼の映画デビューは『椿三十郎』（０７年）（『シネマ１６』２７頁）。そんな鈴木亮平を塩屋俊が満を持して主役に起用したのが、『ふたたび swing me again』だった。同作で見た俳優・鈴木亮平に私は大いに期待したが、その後、彼はなんと『HK 変態仮面』（１３年）に“変態仮面”役で登場したから、ビックリ。これは一体何？なぜこんな脇道を？そう思っているうちに塩屋俊監督が他界したが、塩谷俊亡き後、彼は多くの映画や TV ドラマに起用された。その出世作になったのは、２０１８年の NHK 大河ドラマ『西郷どん』での主役起用だ。それに対して、映画ではこれといった出世作がなかったが、「わしゃ必ずそのデカ見つけ出して、地獄見せちゃるけえ」、「ほんなら殺してくれんね？」等のセリフがいかにもピッタリの“極悪ヤクザ”上林成浩役を演じた本作は、彼の出世作になるはずだ。

考えてみれば、私が高校生の頃に毎週観ていた日活の青春映画では、吉永小百合 vs 浜田光夫、和泉雅子 vs 山内賢、松原智恵子 vs 渡哲也等のコンビが大人気だった。そんな中、体格がよく、ハンサムなのになぜかいい役に恵まれなかったのが、高橋英樹だった。『青い山脈』（６３年）での彼の姿を見れば、そのみじめさが明らかだ。しかし、彼はその体格を生かした『男の紋章』（６３年）での着流し姿がいかにもピッタリだったため、『男の紋章』シリーズが彼の出世作になった。その結果、それまで圧倒的に差をつけられていた浜田光夫が１９６６年の暴行事件による目の大怪我のために急失速したのに対し、高橋英樹は急成長していった。そう考えると、「上林成浩の存在感なしには本作は成り立たない！」とまで言われている本作が、俳優・鈴木亮平の出世作になること間違いなし！

■□■県警とヤクザの関係は？敵の敵は味方！その鉄則は？■□■

去る８月１５日、アフガニスタンの首都カブールがタリバンの手によって陥落した。その後、カブールの空港から国外に脱出しようとする群衆の姿を映したニュース映像は全世界にショックを与えた。トランプ前大統領とバイデン現大統領はその責任を巡って“サヤ当て”を演じているが、アフガニスタンの“新政権構想”をめぐる米英と中ソを軸とする“せめぎ合い”は如何に？

戦争をめぐっては、「敵の敵は味方」が鉄則だが、暴対法施行３０年を迎えた今の日本でも、警察とヤクザを巡っては、「敵の敵は味方」の鉄則がまかり通っているの？警察のマフィアへの潜入を描いた傑作は『インファナル・アフェア』（０２年）（『シネマ３』７９頁）、

『インファナル・アフェア　無間序曲』（０３年）（『シネマ5』３３６頁）、『インファナル・アフェアⅢ　終極無間』（０３年）（『シネマ１７』４８頁）だが、同じテーマの傑作は韓国ノワールに多い。秦の始皇帝の時代から権謀術策の限りを尽くした抗争を何千年も繰り返してきた中国がその点に長けているのは当然だし、中国と日本との板挟みで長年苦しんできた韓国でもそれは同じ。しかし、そもそも、同一民族で、騙し合いが苦手な日本人は、「敵の敵は味方」の理解に疎い。

(C) 2021 「孤狼の血 LEVEL2」製作委員会

その点について私は、『孤狼の血』の評論で「中東も朝鮮半島も本作の抗争と同じ？」という見出しで書いた。しかして、3年前の暴力団抗争の"手打ち"を裏で仕切り、表向き抗争を終わらせた日岡は今、階級こそ巡査のままながら、殉職した先輩刑事・大上に代わって暴力団組織と繋がりを持ちながら、目的のためには違法な捜査方法もいとわず、広島の「治安」を守っていた。そんな日岡にとっては、綿船組組長兼仁正会会長・綿船陽三（吉田鋼太郎）率いる仁正会と、前作で殺された初代会長・五十子正平（石橋蓮司）の後を継いだ2代目五十子会会長・角谷洋二（寺島進）率いる五十子会が、ヤクザビジネスで仲良く共存していくことが不可欠。つまり、そんなバランスの中でこそ、広島県警の巡査・日岡の役割が果たせるというものだ。日岡はそのバランスを保つため、恋仲（？）である「スタンド華」のママ・近田真緒（西野七瀬）の弟・幸太（村上虹郎）を"スパイ"として巧みに使っていたが・・・。

　平成3年の広島呉原市のヤクザ社会はそんな微妙な均衡の上に成り立っていたが、今、五十子会の組員だった上林が刑務所からシャバに戻ってくると？

■□■原作は？物語も上林もあえてオリジナル！それはなぜ？■□■

　前作『孤狼の血』の原作は柚月裕子が書いた小説『孤狼の血』。このシリーズは、①『孤狼の血』、②『凶犬の眼』、③『暴虎の牙』の3部作で構成されているから、『孤狼の血　Level 2』と題された本作は、前作の続編である『凶犬の眼』を映画化したもの。私はそう思い込んでいたが、おっと、どっこい。そうではなかった。つまり本作は、『孤狼の血』シリーズの1つという位置づけだが、第2部『凶犬の眼』の映画化ではなく、完全なオリジナル・ストーリーらしい。したがって、本作のメインキャラクターになる上林も、原作にはないオリジナルキャラクターだから、白石和彌監督を中心とする製作スタッフは思い切ったことをしたものだ。

158

しかし、仮に原作者が「そんなことは許さない！映画化に当たってはあくまで原作に忠実に！」と主張すれば、ひと悶着起きること必至だが、パンフレットにある、原作者・柚月裕子による「小説から受け継いだものが映画として昇華され」では、「今回は、原作にはないオリジナル・ストーリーでしたので、どんな日岡が現れるのか。とにかくワクワクしながら待っていました。」と話しているから、やれやれ。しかし、白石和彌監督はなぜそんな冒険を？それは、『キネマ旬報９月上旬号』の２４頁を熟読すればよくわかる。そんな工夫によって、日岡は比場郡城山町の駐在所に飛ばされる前の呉原東署刑事二課の巡査として、上林と対決する本作のラストシークエンスが活きることに。なるほど、なるほど・・・。

■□■悪の化身が猪突猛進！上林の破滅性は？その出自は？■□■

　本作のオリジナルキャラクターである上林は、邦画には珍しい"悪の化身"として造形されているうえ、それが生半可ではなく徹底しているので、それに注目！それも『キネマ旬報９月上旬号』（３２頁）の「白石和彌、ノワールに懸ける本気度」を読めばよくわかるが、「日本映画の暴力描写は生ぬるい」との反省の上に、韓国ノワールに登場する様々な"悪の化身"を目指したのは大正解。その"目標レベル"は、例えば、『アジョシ』（１０年）（『シネマ２７』５１頁）のチェ・テシク（ウォンビン）、例えば『犯罪都市』（１７年）（『シネマ４２』２６８頁）のチャン・チェン（ユン・ゲサン）だ。邦画でも、①園子温監督の『冷たい熱帯魚』（１０年）で観た村田幸雄（でんでん）や村田愛子（黒沢あすか）（『シネマ２６』１７２頁）、②白石和彌監督の『凶悪』（１３年）で観た木村孝雄（リリー・フランキー）（『シネマ３１』１９５頁）等は、"悪の化身"としての凄みを見せていたが、近時の邦画は彼らの強烈さを喪失していた。しかして、本作の上林は？

　それは、出所早々、ピアノ教師・千晶の目の玉をくりぬいて殺してしまう残忍さを見れば明らかだ。これが出所する時に刑務官の神原に対してあんなに丁寧にあいさつをしていた男の仕業？まさか、そんな・・・。誰でもそう思うところだが、彼の"出自"を調べてみると、虐げられた子供時代の父親殺し、母親殺し

(C) 2021 「孤狼の血 LEVEL2」製作委員会

の残忍さが急浮上！そんな上林にとっては、ただ１人だけ、親と慕っていた五十子正平会長が殺された後の、広島呉原市のヤクザと県警の蜜月状態が許せないのは当然だ。最初は舎弟頭の佐伯昌行（毎熊克哉）ら数名を率いて総勢５０名の尾谷組と争ったが、その牙はその後すぐに２代目五十子会や、さらに、仁正会に向かっていくことに。

その迫力はすさまじいし、俳優・鈴木亮平の上林役の役作りは素晴らしい。前述したように、高橋英樹は着流し姿の若き2代目組長姿がよく似合っていたし、鶴田浩二や高倉健の後を継ぐ"正統派任侠モノ"の主人公がよく似合っていたが、高橋英樹と同じように、体格が良くてハンサムな鈴木亮平は、スーツ姿で風を切って闊歩し、ハチャメチャに暴れ回る姿がよく似合う。そのセリフも、前半の「ほんなら殺してくれんね？」はもちろん、後半の「わしゃ必ずそのデカ見つけ出して、地獄見せちゃるけえ」も唯一無二の素晴らしさだ。本作では、そんな上林の猪突猛進ぶりを堪能したい。

■□■凸凹コンビの合い性と捜査力は？県警上層部の思惑は？■□■

殺人事件の捜査は必ず2人1組のコンビになるから、興味の1つはそのコンビの組み方。しかして、前作ではハチャメチャ刑事の大上と凸凹コンビを組んだ広島大学出身の"ヒロダイ君"の本作のコンビは、定年間近の警部補・瀬島孝之（中村梅雀）になるから、その凸凹コンビの合い性と捜査力は？漫才で誰と誰が組み、どんなコンビ名をつけるかは芸人の勝手だが、広島県警本部でそんな日岡・瀬島コンビを命じたのは、管理官の嵯峨大輔（滝藤賢一）。嵯峨は"ピアノ教師殺人事件"を捜査するコンビを、なぜ日岡と瀬島にしたの？その思惑は？

(C) 2021「孤狼の血 LEVEL2」製作委員会

白昼堂々、大勢で家の中に押し入り、レイプを含む残忍な殺し方をした事件なら、犯人はすぐに挙がるはず。近々TVドラマの人気シリーズ『科捜研の女』の劇場版も公開されるが、近時の科学捜査の進展はすごいから、指紋はもちろん、被害者の体内に残された体液などを調べれば、すぐに犯人は挙がるはずだ。私はそう思っていたが、日岡ほどの優秀な刑事でもなかなか上林の逮捕状が取れないから、アレレ。その一因は、五十子会元会長・五十子正平の死亡後、日岡の"闇の仲介"で平穏に収まっていた呉原市のヤクザたちが、上林の登場によってかき回され始め、日岡はその折衝に忙しいことにあるが、原因はそれだけ？ひょっとして、県警の上層部が"ピアノ教師殺人事件"の犯人として上林を挙げることを、何らかの目的で妨害しているのでは？それくらいのことは、日岡の知恵をもってすればすぐにわかるはずだが、なぜ彼はそこに思い至らないの？その一因は、やはり出所後すぐに尾谷組に喧嘩を売ったのに続いて、2代目五十子会会長・角谷洋二にもハチャメチャぶりを示して

いる上林への対策が忙しいため？日岡はそのため、自ら"スパイ"の近田を上林組に派遣
したが、そんなチョロい工作で、今や天にも昇る勢いの上林に対処できるの？他方、仁正
会に対しては「しばらく我慢してくれ」、「しばらく待ってくれ」の一点張りだが、これで
は仁正会を収めることはできないのでは？

　本作のオリジナル脚本はよくできているが、上林に関しての欠点は、なぜ、あれほど死
んだ五十子正平一筋の生き方が決められるのか、についての説明が不十分なこと。そして、
日岡に関しての欠点は、"スパイ"のチンタを巡るストーリーが甘すぎることだ。スタンド
「華」が尾谷組の庇護下で生きていることを公言するのなら、日岡はママの真緒との恋仲
（？）は極秘にする必要があるし、店への出入りも控えるのが当然。また、本作での日岡
とチンタとの連絡の取り方を見ていると、それは"スパイもの"としては小学生レベル。
そう思わざるを得ない。大上亡き後、呉原市のヤクザの均衡を一手に取り仕切っていた日
岡だったが、上林登場後のこんな難局を、どう乗り切るの？

■□■高坂の登場はサービス過剰？今ドキこんな新聞記者が？■□■

　近時の政治の劣化は目に余るものがあるが、それ以上にひどいのがマスコミの劣化。ア
ホバカとまでは言わないまでも、TVのバラエティ番組のレベルの低さは論外だし、ニュー
ス番組でも"見るべきもの"、"聞くべきもの"は少ない。少なくとも、大量のお笑い芸人
をコメンテーターとして配置したくだらないニュース番組は即刻中止してもらいたいもの
だ。近時は、TVと同じように、新聞や雑誌、週刊誌の記者たちの取材能力の劣化も顕著。
"文春砲"だけが時折威勢よく発射されているが、朝日新聞をはじめとする大手新聞の記
事は今やありきたりのものばかり・・・？そう思っていると、本作に見る安芸新聞社の記
者・高坂隆文（中村獅童）は？

　８月２４日には、福岡の特定危険指定暴力団である工藤会トップの野村悟総裁に対する
死刑判決が下された。各大手新聞記者がこれを一面トップで報道したのは当然だが、各社
はこれまでこの事件や裁判を、どれだけ報道していたの？私が知る限り、その報道はほと
んどなかったはずだ。死刑判決が出たのでビックリして各社ともそれを一面に掲載したも
のの、その分析の不十分さは目を覆うばかりだ。広島県呉原市のヤクザ抗争を大手新聞や
安芸新聞がこれまでどのように報道してきたのかは知らないが、今、高坂は何を嗅ぎまわ
っているの？

　中村獅童演じる高坂記者は、一匹狼であることは明らかだが、呉原市で３年前に起きた
ヤクザ抗争や、その"手打ち"の実態を探る作業がたった１人でできるはずはない。また、
高坂はカメラマンも兼ねているが、取材もカメラも記事の執筆もすべて１人でできるはず
はない。したがって、安芸新聞の高坂記者の描き方はあまりに現実離れしていると言わざ
るを得ない。高坂記者が柚月裕子の原作に登場しているのかどうかは知らないが、本作で
彼が果たすさまざまな中途半端な役割（？）を見ても、彼を登場させるサービスは過剰だ
ったのでは？また、今ドキ、こんな新聞記者がいるはずないことも明白だ。

161

■□■ラストのカーチェイスは？両雄の激突は？■□■

　重量級の上林に比べると、細身の日岡はミドル級だから、両者が同じ条件でプロレスで
もボクシングでも何でもありのルールでリングに上がれば、やっぱり上林の方が強そうだ。
しかし、警察とヤクザが激突すれば、組織力と数に置いて警察が勝っているから、両雄が
現実の世界で激突すれば、やっぱり日岡の勝ち？私はそう思うのだが、それは日岡が巡査
とはいえ、広島県警の組織をバックにしていることが大前提。つまり、あまりに自分勝手
な行動をとる日岡が県警の上層部から干されてしまえば、そもそも両雄の激突すら実現し
ない可能性もある。しかして、現実に警察官である日岡が手錠を掛けられて留置所にぶち
込まれてしまうと・・・？

　前作の大上以上の"化け物警官"に成長した日岡を象徴するセリフは「口答えしょーん
は、全員ブタ箱叩きこんじゃる」。そして、上林の暴力の矛先が、尾谷組から五十子会へ、
さらに仁正会まで拡大してくる中で、仁正会が「もはや我慢できねえ」とばかりに反撃に
出ようとすると、日岡は実際に「口答えしょーんは、全員ブタ箱叩きこんじゃる」とした
が、それはしょせん無理な話・・・？

　ヤクザは何事にも見栄が大事だから、幹部が乗る車はベンツに決まっているが、本作で
は巡査に過ぎない日岡がベンツに乗っていたから、相棒の瀬島はビックリ。そんな日岡の
ベンツは本作全編にわたって大活躍するのでその動向に注目したいが、本作ラストでは、
邦画には珍しいド派手な日岡と上林のカーチェイスが登場するので、それに注目！しかも、
この時日岡の手には手錠がかけられたままだから、これでは運転に不利なことは明らかだ。
しかして、なぜ日岡はそんな状態で上林の車を追いかけることに？さらに、本作のクライ
マックスは、両雄の肉弾相撃つ激突になるので、それにも注目！激突した両者の車が吹っ
飛んだ後の2人の激突には、拳銃だけでなく日本刀も登場するので、それにも注目！しか
して、最後の勝者は？

■□■『Level３』に向けた伏線は？日岡は今どこに？■□■

　中国では『戦狼2　ウルフ・オブ・ウォー（战狼2）』（17年）が大ヒットした（『シネ
マ41』136頁）が、その戦いの舞台はアフリカだった。それに対して、"孤狼"たちが
戦う『孤狼の血』の舞台は広島県の呉原市。井上靖の小説『蒼き狼』（59年）の主人公は
若き日のチンギス・ハンだったが、いつの時代でもどこの国でも、"狼"の生き方は興味深
い。前作で志半ばで亡くなった（？）大上刑事が日岡に残したライターは、毎日愛用され
ていることがスクリーン上で再三表現されるが、その図柄は狼だ。しかして、本作のストー
リーが終結した後、今は広島県警を離れ、比場郡城山町の駐在所に1人で赴任している
日岡の姿が登場するので、それに注目！

162

ヤクザの勢力均衡の維持という大テーマに日夜頭を悩ませていた広島県警巡査時代に比べると、いわゆる "村の駐在さん" に転身した今の日岡は表情も穏やかだ。そんな田舎村にはもちろんヤクザはいないし、上林が起こしたような残忍な殺人事件など起きるはずもない。それに代わって、そこでは村人から「狼が出没して困っている」との申立てが・・・。それに対して日岡は、「ニホンオオカミはすでに絶滅しているよ」と説明した

闘うヤツしか生きられない。

裏社会、警察、マスコミ、誰もが裏切る、潰しあい。

8.20 FRI ROADSHOW

孤狼の血 LEVEL 2

(C) 2021「孤狼の血 LEVEL2」製作委員会

が、ある日、村を挙げての "狼狩り" に出動してみると・・・?ふと何かの声を聞いたと感じ、ふと何かの姿を見たと感じた日岡が1人、隊列を離れて山の上に踏み込んでみると・・・。

　柚月裕子の原作をここまで格調高い映画に作り上げた『孤狼の血』シリーズだから、そんなストーリーで始まるであろう『Level 3』にも大いに期待したい。

2021（令和3）年8月25日記

163

Data

監督：橋本一
脚本：河原れん
出演：柳楽優弥／田中泯／永山瑛太
／玉木宏／阿部寛／瀧本美
織／津田寛治／青木崇高／
辻本祐樹／浦上晟周／芋生
悠／河原れん／城桧吏

HOKUSAI

2020年／日本映画
配給：Ｓ・Ｄ・Ｐ／129分

2021（令和2）年6月5日鑑賞　TOHO シネマズ西宮 OS

★★★★★

👀👀 みどころ

　大谷翔平もすごいが、葛飾北斎もすごい！世界で一番有名な日本人アーティストは、９０年の生涯で３万点以上の作品を描いたが、その生きザマは？

　まずは、時代背景が大切。徳川の文化文政時代は町人文化が花開いた時期。そう思っていたが、意外や意外、ヨーロッパのルネサンスとは大違いで、幕府による表現の自由への規制は相当厳しかったらしい。そんな中、アーティストの才能を見出し発掘していた、稀代のプロデューサーの役割は？

　才能は、才能とのぶつかり合いの中、ライバルとのぶつかり合いの中で生まれるもの。本作前半ではそれをしっかり確認し、後半では、老いてなお"表現の自由を守ることに命を懸けた北斎の生きざまを確認したい。"伝記もの"ながら、大いに楽しめかつ勉強になった本作に拍手！

――＊――＊――＊――＊――＊――＊――＊――＊――＊――

■□■葛飾北斎は世界で最も有名な日本人アーティスト！■□■

　２０２１年４月１１日のオーガスタでの松山英樹選手の日本男子初のメジャー優勝にびっくりなら、さる６月６日の全米女子オープンで見た笹生優花と畑岡奈紗という日本人同士のプレーオフと、笹生優花の「１９歳３５１日」での史上最年少優勝には、さらにビックリ。"国力"も"知力"も"財力"も落ちてしまった今の日本だが、まだまだ捨てたものではない！そんな希望をもつことができたが、あなたは世界で一番有名な日本人アーティストが誰か知っている？それは、９０年の生涯で描いた作品３万点以上、孤高の絵師葛飾北斎！そのことは、ゴッホ、モネらに影響を与え、米ＬＩＦＥ誌の「この１０００年で最も偉大な功績を残した１００人」にレオナルド・ダ・ヴィンチなどと並び、日本人でただ一人、葛飾北斎が選ばれていることからも明らかだ。

　私は、新藤兼人監督の『北斎漫画』（８１年）を観ていないが、朝井まかての原作をＴＶ

ドラマ化したNHKの『眩（くらら）～北斎の娘～』を興味深く観たので、葛飾北斎とその娘・眩（くらら）の活躍ぶりはよく知っている。したがって、本作は必見だが、気になるのは、柳楽優弥と田中泯がダブル主演すること。この2人で青年期と老年期を演じ分けるそうだが、そんな戦略の成否は？

　柳楽優弥は是枝裕和監督の『誰も知らない』（04年）（『シネマ6』161頁）で、カンヌ国際映画祭最優秀男優賞を日本人初、史上最年少で受賞したことで一躍有名になったが、その後は、鳴かず飛ばず（？）、伸び悩み状態（？）が続いている。他方、ダンサーだったという田中泯は、『たそがれ清兵衛』（02年）（『シネマ2』68頁）以降、次々と出演作を増やし、直近の『いのちの停車場』（21年）では、誕生日が3日しか違わない吉永小百合の父親役として抜群の存在感を見せていた。そんな2人の俳優が演じる葛飾北斎の"連続性"は？この手の映画は伝記映画になってしまうと、面白さが損なわれてしまうものだが・・・。

■□■時代は？絵師の身分は？プロデューサーは？■□■

　16～17世紀のヨーロッパに"ルネサンス"があったように、日本の徳川時代にも、浮世絵や歌舞伎、遊郭を中心とした町人文化が花開いた、"文化文政の時代"（1804年～1830年）があった。北大路欣也扮する徳川家康は今、NHK大河ドラマ『青天を衝け』の冒頭で"ガイド役"をしているが、徳川300年間を貫いた「士農工商の身分制度」を確立させたのが、この家康。そのため、徳川時代では、町人はいくら金を持っていても身分は低かったし、浮世絵師や歌舞伎役者には今風の"アーティスト"という称号は与えられず、下の下の身分。私はそう思っていたが、本作導入部を見ると、意外にそうでもないらしい。

　本作前半の主人公は葛飾北斎ではなく、絵や本の版元であり、出版販売もしている耕書堂の店主、蔦屋重三郎（阿部寛）。彼は、「ルネサンスの三大発明」たる、火薬、羅針盤、活版印刷術の一つである活版印刷によって、日本でも当時実用化されていた浮世絵の版元として大いに稼いでいたらしい。質素を好む幕府や武士たちは、浮世絵のようなエロチックなアートは世の秩序を乱すものとして排斥しようとしていたが、所詮男も女もスケベな動物。蔦屋がいま最も重宝している、美人画のアーティスト・喜多川歌麿（玉木宏）の絵は飛ぶように売れていたらしい。すると、本作導入にみる蔦屋は、当大稀代の敏腕プロデューサー！？

　そんな位置づけだが、ある日、蔦屋の屋敷にお上の家宅捜索が入り、店に並んでいた作品はすべて焼却処分されてしまったから、さあ大変。そんな中、蔦屋は「今日、俺の家に捜索が入ったのは、俺が最も『出るクイ』だったからだ」と自画自賛し、「お上の規制などクソ喰らえ」とばかりに、"表現の自由"に固執し、更なるアーティストと更なる商品開発に挑む決意を固めていたから立派なものだ。そんな蔦屋はある日、才能を秘めた葛飾北斎（柳楽優弥）の作品を見て、一目で心を奪われたが・・・。

165

■□■歌麿、写楽、馬琴 vs 北斎。男たちの葛藤は？■□■

　６月１５日の TV と新聞は、一斉に去る５月３０日に小林亜星が８８歳で死去していたことを報じた。私たちは阿久悠、筒美京平、中村泰士、なかにし礼達に続いて昭和から平成にかけての大衆音楽を彩ってきた巨星、才能を次々と失ったことになったから残念。しかし、浮世絵や歌舞伎、遊郭などの町人文化が開いた“文化文政の時代”の江戸の町には今、蔦屋がプロデュースするアーティスト・歌麿が全盛期を迎える中、新たに彗星の如く現れた東洲斎写楽（浦上晟周）が異彩を放っていた。努力するのではなく好きなものを好きなだけ描いていく、それができれば一番いいが、写楽にはそれができるし、それ以外の絵は描かないらしい。それを聞いた歌麿が嫉妬したのは当然だが、それによって自己を失ってしまうほどのショックを受けたのが北斎だ。蔦屋から「なぜ絵を描いているのか？」と聞かれても言い返せない自分の未熟さに腹立たしいのはもちろん、歌麿から「おめえの描く女には色気がない」と一方的に切り捨てられてしまう始末だった。さらに、自分はせっかくの蔦屋からの誘いに応じなかったのに、近時、蔦屋から重宝がられている写楽から「何かお気に障りましたか」とやんわり、上品に、しかも真正面から問われると、北斎に返す言葉がなかったのも当然だから情けない。

　“巨星、小林亜星堕つ！”その報を受けて「密かに彼をライバル視していた」と告白（？）したのが、“浪花のモーツァルト”ことキダ・タロー。小林亜星がレナウンの「ワンサカ娘」や「日立の樹（この木なんの木）」等で大ヒットを飛ばしたのなら、俺だって「とれとれピチピチカニ料理〜」のフレーズが印象的なカニ道楽の CM ソングが大ヒット。たくさんの素晴らしい芸術作品は、そんな多彩な才能の競い合いと男たちの葛藤の中から生まれてくるものなのだ。

　しかし今、蔦屋が贔屓にしている遊郭の大広間で開催している「チーム蔦屋」の宴会の席で、歌麿は江戸中にその名を轟かせていた花魁の麻雪（芋生悠）といい仲になりながら仕事に励むと宣言していたし、彗星の如く現れた天才・写楽も、自分流の「頑張る宣言！」をしていた。ちなみに、北斎には耕書堂に身を置く物書きの瑣吉（のちの滝沢馬琴）（辻本祐樹）がおり、彼は誰彼となく至る所で衝突を繰り返す北斎に対して心のこもったアドバイスをしていたが、さあ北斎は？

　北斎が子供の時の名前は勝川春朗。腕は良いが描きたいものしか描かず、描きたい時は気が済むまで描き続けるサマだから、人付き合いはまるでダメ（性格が悪い？）。その挙句、兄弟子を殴って師匠から破門にされ、食うことすらままならない生活を送っていた中、せっかく蔦屋から「俺のところに来い」と誘われたのに、それも拒否。そして今、遊郭の大広間の中で自分の席を失い飛び出してしまったのだから最悪だ。一人ぼっちの彼を応援する者は、今や１人もいない。アーティストはファンや支援者を持ってこその価値。そう考えると、せっかくの北斎の才能もこのままでは埋もれたままで終わることに・・・？

166

■□■美人画より波と富士を！俺は俺の描きたいものを！■□■

　私は大学1回生の正月に、1人で石川県にある内灘の海に行ったが、それは五木寛之の小説『内灘夫人』（69年）を読んだことがきっかけだった。もっとも、愛媛県松山市に生まれた私は、住居は市内の中心部だったが、電車で20分ほどの梅津寺（ばいしんじ）海水浴場には何度も通っていたし、母方の両親は郡中という伊予灘の海沿いにあったから、海と遊ぶのは大好きだった。そんな私には、失意のまま旅に出た北斎が今、目の前に広がる圧倒的な海の迫力や波の音、潮の香り等を描きたいと考え、それを砂浜に描き殴った北斎の心境がよくわかる。私もあの時、誰もいない海辺に大きな字で「〇〇、△△」と書いたことを今でもよく覚えている。アーティストの北斎にとって、それがアートの転機になったらしいからすばらしい。自分の感じるままに海と砂浜を描いた「江島春望」を持ち帰って江戸の蔦屋に見せると、彼の反応は？

　北斎のそこでの言葉は、「ただ描きてえと思ったもんを、好きに描いただけだ。いらねえんなら、言ってくれ」だったが、それは以前のように不貞腐れたものではなく、自信に満ち溢れていたから、それを“稀代のプロデューサー”である蔦屋が見逃すはずはない。蔦屋の「おめえ、やっと化けたな」の言葉は北斎にとって何とも嬉しいものだった。残念ながら、北斎の開眼を見届けたかのように、その数日後蔦屋は急逝してしまったが、北斎のその後の海と波を中心に描く活躍は？

　ちなみに、やっと「俺は、美人画よりも波と海を」、「俺は俺の描きたいものを」と自分の絵に開眼した北斎は以降、海と波をテーマにした絵で次々とヒットを飛ばすことに。さらに、北斎は、武家出身の戯作者・柳亭種彦（永山瑛太）と出会ったことで、2人のコンビの作品も快進撃を続けることに。この種彦の戯作（小説）は、北斎が描いた挿絵付きの妖怪話だから、今風に言えば、新聞や週刊誌の挿絵付きの連載小説だが、その物語の面白さと挿絵との絶妙なマッチが大人気を呼ぶことに。

■□■68歳で脳卒中を克服！娘と旅へ！創作意欲は？■□■

　葛飾北斎は徳川家康と同じように、年を取るにつれて健康に留意したらしい。そんな甲斐あって、彼は68歳にして脳卒中をお手製の薬で克服したというからすごい。

　他方、本作は私が心配したように、後半からは“伝記モノ”になってしまうが、それで

も荒れ果てた家の中で北斎（田中泯）の創作意欲は衰えず、娘のお栄（河原れん）や弟子たちと共に充実した日々を送っていた。種彦との共同作業は今も続いているからそれもすごいが、種彦が新しく出した「修紫田舎源氏」は若者の間で人気を集めたそうだから、2人の読者リサーチ能力は、蔦屋がいなくなっても的確だったようだ。

　さらに、北斎は脳卒中を克服した後、右手に痺れが残ったものの、それでも「病にかかった今だから、見えるものがきっとあるはずだ」と種彦に述べ、娘のお栄を残して一人旅に出かけたから、それもすごい。そして、今度は、海の遥か先に見える富士山や、峠道の頂上でご来光を受けて紅く染まった富士山を目に焼き付け、それをモノにしようとすることに！そんな中で生まれた作品が「富士越龍」、「赤富士」等だが、その出来栄えは？

■□■表現の自由を守れ！その戦いは？その結末は？■□■

　葛飾北斎の作品では、第1に「冨嶽三十六景」が、第2に「男浪」、「女浪」が、第3に「赤富士」が有名。しかし、本作後半のテーマになる「生首の図」を知っている人は少ないのでは？これは、柳亭種彦が非業の死を遂げたことを受けて北斎が描いたものだが、こんな絵を描いて大丈夫なの？老年期の北斎を主人公とするクライマックスでは、その顛末、すなわち、徳川の文化文政の時代を生きた葛飾北斎の、"年老いてなお盛んな表現の自由を守れ！"の戦いが描かれるので、それに注目。2021年6月23日現在、大リーグの大谷翔平は6試合連続ホームランを放ち、ホームラン数でトップに並んだうえ、3度目の週間最優秀選手（MVP）に選ばれるなど、絶好調！投手としても既に3勝を挙げているから、"二刀流"は絶好調だ。しかして、本作のスクリーン上では、年老いた北斎の創作と反権力闘争との"二刀流"に注目！

　北斎の挿絵とセットにした種彦の戯作は人気を博していたが、それは北斎が老年期に入ってからもなお続いていたからすごい。しかし、今の幕府は、歌麿の美人画もエロチックすぎるとして規制し、歌麿も逮捕される事態となっていたから、その規制は昨今の香港以上・・・？そんな状況下、種彦は読本「修紫田舎源氏」を上梓し、若者の間で人気を集めていたが、同時にそれは市井の風紀を乱すものとみなす幕府から厳しい処分を受ける行為でもあった。柳亭種彦の名前でヒットを続けている戯作の作者がレッキとした武士であることがバレたら、一体どうなるの？そのことにうすうす気付いている幕府配下の武家組合"小晋請組"の組頭・永井五右衛門（津田寛治）が調査を進めていくと・・・。

　今や香港の「表現の自由」はすっかり失われてしまったが、2021年6月に大阪のシネ・ヌーヴォ等で開催される2021年の第5回香港インディペンデント映画祭では、香港理工大学のキャンパス内で、学生たちと警察が対峙する姿を描いたドキュメンタリー映画『理大囲城』が上映される。しかして、本作に見る種彦の命運は？そんな悲しいストーリーを知った上で、映画北斎が描いた、「生首の図」をしっかり鑑賞したい。

2021（令和3）年6月25日記

Data

監督・脚本：黒崎博
出演：柳楽優弥／有村架純／三浦春
　　　馬／イッセー尾形／山本晋
　　　也／三浦誠己／宇野祥平／
　　　尾上寛之／渡辺大知／葉山
　　　奨之／奥野瑛太／土居志央
　　　梨／國村隼／田中裕子
声の出演：ピーター・ストーメア

SHOW-HEYシネマルーム

★★★

太陽の子

2021 年／日本・アメリカ合作映画
配給：イオンエンターテイメント／111 分

2021（令和3）年8月9日鑑賞	TOHO シネマズ西宮 OS

👀 みどころ

　戦局厳しき中、京都帝国大学の荒勝研究室では原子爆弾の研究を！そんな事実を心強いと受け止める？それとも・・・？私はそんなテーマが大好き。したがって、今年の終戦記念日に向けた映画はこれで決まり！そう思ったが、こりゃ所詮 TV ドラマの延長！？

　研究レベルが低かったのは仕方ないが、本作で描かれる若き科学者たちの青春模様は一体何？荒勝文策教授のセリフはカッコいいが、その実態は？

　原爆投下直後の広島調査の映像もナンセンスだが、最悪は、クライマックスに設定された比叡山登り。こりゃ一体ナニ？この登山の決行は一体いつ？

　断片的に残っている荒勝文策証言をここまで膨らませた黒崎博監督の脚本と演出は如何なもの？8月6日と8月9日、そして8月15日の整合性を一体どう考えているの？

───＊───＊───＊───＊───＊───＊───＊───＊───＊───＊───

■□■日本でも原爆研究が！あの時代、京大の荒勝研究室は？■□■

　１９４１年１２月７日の真珠湾攻撃を契機として太平洋戦争が始まったが、アメリカの原子爆弾製造計画たる「マンハッタン計画」が始まったのは、翌１９４２年８月だ。原子爆弾開発の可能性については、１９３５年に京都帝国大学の湯川秀樹が中間子（原子核の中で陽子と中性子を結合させる媒介）の存在を理論的に予言した時点ですでに明らかになっていた。そして、米国の科学者アインシュタインは、１９３９年にアメリカのルーズベルト大統領宛てに提出した、原子爆弾の開発を求める書簡に署名している。つまり、平和主義者として有名だったドイツ出身のアインシュタインをはじめとする多くのアメリカの科学者たちは、ナチス・ドイツが核エネルギーを使った新しいタイプの極めて強力な爆弾を作ることを強く懸念しており、その懸念が「マンハッタン計画」に繋がったわけだ。U

169

ボートをはじめ、全世界を驚かせる兵器開発と戦力増強を急速に進めていたナチス・ドイツは、当然原子爆弾の研究・開発も進めていたから、アメリカの科学者たちの危機感は強かった。したがって、イギリス本土空爆とそれによるイギリスの屈服（降伏）を第一義的に追求していたヒットラーの関心が、原子爆弾よりそちらに向かっていたのは、ある意味でラッキーだったかもしれない。

　日本における原子爆弾研究の出発点は、１９４１年５月に、陸軍航空技術研究所から理化学研究所へ「ウラン爆弾製造の可能性について」の研究依頼をしたことにはじまる。ところが、東京が空襲されたため、理研での研究は中止され、新たに海軍の要請により、京都帝国大学の荒勝研究室での原子爆弾開発の研究が始まった。しかして、その研究室の研究の実態は？そのスピードは？その成果は？

■□■強すぎるテーマ！ＴＶドラマでＯＫ？いや絶対映画に！■□■

　『キネマ旬報』８月下旬号は『映画　太陽の子』を６７頁から７７頁にわたって特集している。そして、その冒頭には次のとおり書かれている。

> 『太陽の子』というテレビドラマが２０２０年８月１５日、ＮＨＫで放送されたが、今年公開される映画はそれの劇場版ではない。映画を作ったうえで、テレビドラマに編集されたものが昨年のテレビ版であった。
> そのからくりも解き明かすほどに、
> 「太陽の子」はやはり本来映画であるべきだった—。

　また、本作の脚本を書き、監督した黒崎博の「インタビュー」では、「デリケートな問題、映画にしなくてどうするんだ」というタイトルで、①「強すぎるテーマ、２０１１年を経て」、②「映画人の狂気で科学者の狂気を描く」、③「１２０分の映画から８０分のドラマに」、④「柳楽、有村、三浦のエネルギーを伝えたい」の４つに分けて、熱い思いを語っている。

　私は、近時日本で大流行している人気ＴＶドラマの劇場版映画は好きではない。その代表が『相棒』だし、近々公開される『マスカレード・ナイト』等もそうだ。しかし、『キネマ旬報』７月下旬号が、「日本映画、三様」として挙げている、近々公開されるＴＶドラマの劇場版映画である、①『科捜研の女―劇場版―』、②『マスカレード・ナイト』、③『映画　太陽の子』は、別モノ！？昨年８月１５日にＴＶ放映された『太陽の子』を見逃していた私にとっては、そんな「強すぎるテーマ」を、そんな熱い思いで映画化した本作は必見だが・・・。

■□■コロナ禍での五輪の可否は？８月６日の本作公開は？■□■

　私はコロナのパンデミック化が始まった２０２０年の春頃から、「東京２０２０の開催は無理」と予言していた。その予言どおり（？）、東京五輪は一年延期されたが、２０２１年７月２３日に強行（？）開催された。その開催中にコロナの第５波が襲来し、爆発的感染拡大が広がる中、８月６日の広島原爆の日を迎え、更に８月８日には閉会式を迎えた。メ

ダル獲得数が史上最高となったこともあり、日本国は一方ではそれなりの高揚感に包まれたが、他方では「五輪ナンセンス」との声も強い。

そんな中、私が異様に感じたのは、例年広島で開催されている８月６日の「原爆記念日」の報道の少なさだ。五輪開催に明確に反対した朝日新聞は、８月６日、吉永小百合の「詩で伝える原爆と福島」と題する長文のインタビュー記事を掲載したが、その他の新聞やテレビでは広島の「原爆記念日」の報道は極端に少なかった。これを見ても、ワクチン敗戦に至った日本人のバカさ加減と同じように、メダル獲得に熱狂する日本人のバカさ加減は明らかだ。東京２０２０でのメダル獲得一色になっている日本のマスコミは、自己批判を含む反省が必要なのでは？

そんな状況下の２０２１年８月６日に公開された本作に私は大きく期待したが・・・。

■□■柳楽優弥に拍手！だが、この脚本では？この展開では？■□■

本作導入部では、１９４４年９月当時における京都帝大の荒勝文策研究室の姿が描かれる。難しい物理学の理論をセリフや数式で説明していく若き科学者・石村修の役は難しいはずだが、『HOKUSAI』（２０年）で若き日の葛飾北斎役を見事に演じた柳楽優弥は、それを事もなげに熱演している。本作導入部ではさらに、修の幼なじみの朝倉世津（有村架純）や、今は軍人として戦地にいる弟の裕之（三浦春馬）との関係（三角関係？）が手際よく描かれる。それを見ていると、当時の時代状況や主人公たちの人間関係がすべてよくわかるが、そんなにすべてよくわかることは、映画ではいいことなの？

そんな疑問を持ちながら見ていると、時代は１９４５年の初夏に移っていく。初夏というからには梅雨は開けているはずだから、６月末ないし７月初めのはず。しかし、１９４５年８月６日には広島に原子爆弾が落とされ、８月１５日には終戦を迎えているのだから、以降のストーリー展開は忙しくなるはずだ。そう思っていたが、本作ではそこからおもむろに（？）、弟の裕之が突然自宅に戻ってきたり、修が遠心分離器を巡って急に良いアイデアを思いついたりと、ストーリーが展開していくのでそれに注目！

しかし、戦局厳しき中、なぜ裕之が自宅に戻ってきたの？それは、部隊が配置換えになった機会に、肺を治すようにと軍医から休暇を与えられたためだが、ホントにそんなのあり？また、修が思いついたアイデアはそれなりのものだが、それを実験する時間は一体どれくらいあるの？近時の邦画の“分かりやすさ”はそれ自体が悪いわけではないが、私にはストーリーをつまらなくしているとしか思えない。それは、黒崎博監督作品である、現在放送中のNHK大河ドラマ『青天を衝け』も同じだ。そのため、実は近時の私は、２０１９年の『いだてん〜東京オリムピック噺〜』に続いて今年のNHK大河ドラマに興味を失いつつあるのだが・・・。

■□■若き科学者たちの葛藤は？荒勝文策教授の信念は？■□■

兄の修は科学者、弟の裕之は軍人だが、それは軍人だった父親との関係でも、２人を分け隔てなく育てている母親フミ（田中裕子）との関係でも了解済みのこと。また、この２

人の男性の間にある（？）世津との関係においても、それは了解済みであることはストーリー展開を見ているとよくわかる。しかし、本作が描くこの3人の"三角関係"（？）については、後に不可思議な展開になっていくので、それに注目！

　他方、当時の大学院生を含む日本男児が、兵役に就く意義をどう考えていたのかについては、荒勝研究室に集う若き科学者たちの間で葛藤があったのは当然。そして、本作ではそこにかなり力点を置いて描いているので、それに注目！荒勝研究室には、木戸貴一助教授（三浦誠己）、岡野真三助教授（宇野祥平）、清田薫助手（尾上寛之）の3人が荒勝教授を支えていたが、その下で原子爆弾開発の研究に意欲を燃やす若き科学者（大学院生たち）は、修の他、修の1期上の花岡喜一（渡辺大和）、堀田茂太郎（葉山奨之）、村井正史（奥野瑛太）たちがいた。彼らの熱き議論は、対立すると内ゲバ状態になってしまうが、それを押しとどめつつ、あるべき方向性をまとめていくのがリーダーの荒勝文策教授だ。黒崎博脚本によると、その論旨は彼のセリフのとおり、「もし、我々が核分裂をコントロールし、そのエネルギーを自由に使えるようになれば、戦争はなくなる。世界を変えるために科学をやるのだ。科学者なら大きな夢を語れ」というものだが、あなたはホントにそれで納得できる？

　パンフレットにある浜野高宏（プロデューサー）の「第二次世界大戦下における日本の『核兵器の研究』とは？」と題された「HISTORY」を読むと、そこには「原爆に『名を借りて』原子物理学を継続し、若手研究者を戦後に温存しようという配慮から引き受けたのだろう」という記載がある。現にスクリーン上でも、戦局厳しき中、結果を見出せない研究に疑問を抱き、「俺は軍隊に行く」と宣言して出征した堀田を、荒勝教授が病気だと偽って研究室に戻すストーリーが描かれるが、これがホントなら、そりゃナンセンスでは？

172

■□■疑問①裕之はなぜ自殺未遂を？人物像の掘り下げは？■□■

本作導入部は１９４４年９月から、本筋は１９４５年の初夏から始まる。しかし、本作では全編を通して京都の町や荒勝研究室の平穏さが目立ち、敗戦直前の空襲警報に苦しむ国民の姿はほとんど描かれない。東京大空襲が１９４５年３月１０日、大阪大空襲も１９４５年３月１３日だから、いくら古都京都に空襲が少なかったとはいえ、この危機感のなさは一体何？

さらに本作では、母親の配慮で若い者同士３人が丹後の海で戯れるシークエンスが描かれる。私に言わせれば、病気のために一時的に帰宅している軍人の裕之が海水浴に行くという設定そのものがナンセンスだが、そこで三角関係（？）だった３人が、三者三様の思いを打ち明ける青春事情もナンセンス。さらに、帰りのバスがエンストし、３人が他の乗客たちと一緒に野宿する中、裕之がいなくなり、１人海の中に入って自殺を図るというストーリーはこりゃ一体何？柳楽優弥、有村架純、三浦春馬という俳優は今の時代状況下でベストだが、黒崎博監督の人物像の掘り下げはどうなっているの？

以下、本作の疑問点を挙げていくが、これが私の疑問①だ。

■□■疑問②広島調査は？玉音放送は？■□■

本作のテーマは"日本における原爆製造"だが、戦局が悪化していく中での荒勝研究室の研究レベルは、到底そんなレベルではないことはすぐにわかる。修が思いついたグッドアイデアは遠心分離機の能力を高めるもので、それなりの成果を上げたようだが、沖縄が落ち、本土決戦が叫ばれている戦局下、そんなレベルの研究に一体何の意味があるの？

そんな疑問で悶々としていると、いきなり荒勝教授が広島に新型爆弾が投下されたニュースを聞いているシーンになるからビックリ。それ以上に驚いたのは、その直後スクリーン上は修を含む荒勝研究室の面々が列車に乗って広島調査に赴いていることだ。列車の扉を開けると、彼らの目の前には一面焼け野原になった広島の風景が・・・。これはたしかに映像としてはインパクトが強いが、被爆直後の広島があんなに人っ子１人いない状況で修たちを待ち受けていたの？また、あんなに簡単に被災直後の広島での現地調査ができたの？

本作では、修が「核が分裂していく姿は危険だけれども美しい」と世津に語るシークエンスに象徴されるように、"美しさ"が目立っている。それと同じように、修たちが見た被爆直後の広島は、焼け野原ながら何とも美しい風景として描かれている。しかし、これはあまりにナンセンス！ちなみに、パンフレットにある「原子爆弾開発と第二次世界大戦をめぐるおもな動き」によれば、長崎に２発目の原爆が投下された翌日の８月１０日に、「荒勝研究室などによる広島調査始まる」と書かれている。これは、きっと史実なのだろうが、その実態は本作に描かれたようなものでなかったことは絶対間違いない。しかるに、本作のような描き方は一体何？こりゃバカげているとしか言いようがない。

さらにナンセンスなのは、８月１５日に天皇陛下の玉音放送が本作には全く描かれてい

ないこと。これは、本作ラストのクライマックスを比叡山のシーンに設定したためだが、荒勝研究室は2回目の広島調査をいつに設定していたの？そして、それに同行したいと申し出た修の、何とも奇抜な提案はいつ思いつき、いつ実行したの？余りにも史実を無視したこんな脚本はナンセンスという他ない。

■□■疑問③いざ比叡山へ！そんなバカな！■□■

　今年のNHK大河ドラマ『青天を衝け』では、冒頭の北大路欣也扮する徳川家康の登場にビックリさせられたが、それなりの歴史ストーリーを興味深く鑑賞してきた。しかし、ストーリーが進むにつれて、次第にエンタメ色とバラエティ色が強まってくると・・・。

　パンフレットにある黒崎博監督の「INTERVIEW」の中で、「ラストの山のシーンも印象的です。」という質問に対して、黒崎博監督は「荒勝教授が原子爆弾を見るために比叡山に登ろうと言ったという証言が残っていました。本当かどうか分からないのですが、僕はその一言がこの物語のキーになることは間違いないと思い、どんなフィクションになっても使いたいと考え、映画では主人公に言わせています」と語っている。これを読んで私は、本作のクライマックスの設定は黒崎博監督の"確信犯"だとわかったが、8月6日に広島に原爆が落ち、8月9日に長崎に原爆が落ち、8月15日に玉音放送が流れたのは、動かせない事実。たったそれだけの期間の中、修が「3発目の原発が京都に落とされるかもしれない」と考えたことくらいはオーケーだとしても、科学者としてそれを実際に見聞するために比叡山に登ると発想し、それを実行する物語をスクリーンに描くのは、いくらフィクションだとしてもそりゃ無理だ。

　黒崎博監督は、前記発言に続いて「真実を突き止めるために、誰かを傷つけてもかまわないとどこかで思う主人公というのは、ある種狂っていますし、その狂気は非常に罪深い。でもひょっとするとそういう狂気がないと科学って前に進んでいかないのかも知れないという気もするし、分からない。何がどこまで許されるのか、ただそれはぜひ、観て下さった人にたくさん考えてもらえたらいいなと思いました。ハードなテーマを含んでいることは間違いないけど、届けばいいなと思います。」と語っているが、これも私に言わせれば大きくピントがずれていると言わざるを得ない。若き科学者としての修が、ある種狂っていても別にそれは問題ではないし、私はそれが罪深いとは思わない。私が疑問に思うのは、「荒勝教授が原子爆弾を見るために比叡山に登ろうと言ったという証言が残っていた」ことに注目して、本作のクライマックスのような脚本を書き、その演出を堂々とやっていることだ。

　ちなみに、『キネマ旬報』8月下旬号では、本作について星4つをつけた須永貴子氏を除いて、山田耕大氏、吉田広明氏は、共に星2つの低評価の上、かなり厳しい評論をしているので、是非それも読んでもらいたい。

２０２１（令和3）年8月13日記

Data

監督・脚本：吉田恵輔
企画・製作：河村光庸
出演：古田新太／松坂桃李／田畑智
子／藤原季節／趣里／伊東
蒼／片岡礼子／寺島しのぶ
／野村麻純

★★★★

空白

2021 年／日本映画
配給：スターサンズ、KADOKAWA／107 分

| 2021（令和 3）年 9 月 25 日鑑賞 | TOHO シネマズ西宮 OS |

みどころ

　「最高傑作を撮る」。そんな宣言下、ヒットメーカーの吉田恵輔監督が挑んだのは、"アメリカ映画の父"と呼ばれているＤ・Ｗ・グリフィス監督の『イントレランス』（１９１６年）の日本版。笑いを完全に封印した俳優・古田新太が演じる"怒れる男"は絶対ヘン！同感、共感できない男だが、中学生の娘が交通事故で死んでしまうと・・・？

　"多視座"と"多世界"は似て非なるもの。本作は"変な奴"のオンパレードだから、その多視座ぶりをしっかりと！

　マスコミのアホバカぶりにはうんざりだが、自殺や自殺未遂が起きても視座の変わらない怒れる男の"変身"は一体どこから？こんな映画にハッピーエンドが似合わないのは当然。私はそう思うのだが、意外や意外・・・。

───＊───＊───＊───＊───＊───＊───＊───＊───＊───

■□■タイトルの意味は？英題『intolerance』の理解は？■□■

　最近の邦画は、物語だけではなく、タイトルも"わかりやすい説明調"のものが多いが、本作のタイトルはシンプルに『空白』。本作を企画・製作した河村光庸氏は、パンフレット冒頭で「特筆すべきは『寛容度が極めて低い』ことです。『他人を受け入れない。』『他人に興味がない。』孤立や孤独と背中合わせの『不寛容』"intolerance"は日本社会全体の大きな課題であることを如実に物語っているのです。」と問題提起をしたうえ、「イントレランス（不寛容）はこの作品の英語タイトルにしましたが、しかし果たして、この時代を『不寛容』と言う言葉で言い表せるのでしょうか？我々は"生きづらさ"や"閉塞感"とも違う、『からっぽ＝空白』な時代を生きているのではないでしょうか？」と更なる問題提起をしている。これを読めば、本作のタイトルを『空白』としたことの狙いや、英題で『intolerance』としたことが十分に理解できる。

175

"intolerance"（＝不寛容）という単語を知っている日本人は少ないだろうが、"アメリカ映画の父"と呼ばれている D・W・グリフィス監督の代表作にして不滅の名作『イントレランス』（１９１６年）と聞けば、同作を知っている映画ファンは多いはずだ。①古代バビロンの崩壊を描く＜バビロン篇＞、②キリストの悲運を描く＜ユダヤ篇＞、③聖バーソロミューの虐殺を描く＜中世篇＞、④ストライキで職を失った青年と乙女の純愛を描く＜現代篇＞という、一見何の関連もない４つの物語が完全に並行して進んでいく２時間４３分の本作を私は DVD で鑑賞したが、「愛と寛容」をキーワードとした同作からは、"intolerance"（＝不寛容）というタイトルの意味が見事に浮かび上がってくる。河村光庸氏はそんな映画を意識しながら本作の英題を『intolerance』とした上、邦題を『空白』としたわけだが、この邦題と英題の意味はどこまで伝わるのだろうか？

■□■万引き容疑で逃走中に交通事故！責任の所在は？■□■

　本作は吉田恵輔監督が「最高傑作を撮る」と宣言し、「笑いを完全に封印した」うえで書いた脚本。スーパーで万引き容疑をかけられた女子高生の添田花音（伊東蒼）が、店長の青柳直人（松坂桃李）から追跡される中、突如幹線道路上に飛び出したため、若い女性・中山楓（野村麻純）の運転する車にはねられ、さらに倒れた花音を避けることができないまま、急ブレーキの中で引きずっていったトラックによって、無残な状態で死亡（即死）してしまう。本作は、そんなところから本格的な物語が始まっていく。

　スクリーン上で見る花音の行為が、万引きなのか否かの判断は微妙。したがって、それを見咎めた青柳が花音の手を取って事務室に連れて行こうとした行為の是非や、店の外に逃げ出した花音を青柳が全速力で追いかけていくことの是非の判断は難しい。あんな状態で公道を追いかけっこすれば、通行人にぶつかる危険や交通事故に出遭う危険は当然だ。そう考えれば、最初に花音とぶつかった車も、その後倒れた花音を引きずったトラックも、避けることのできなかった事故として免責！刑事事件の不起訴や無罪は当然だし、車の方にスピード違反や前方不注視等の過失がなければ過失相殺もされず、民事の損害賠償でも基本的に請求棄却になるはずだ。

　もっとも、そんな法律論で本作冒頭の事故を分析し、割り切ってしまうと、その後の本作の脚本は成り立たなくなってしまうのだが・・・！

■□■この "怒れる男" は絶対ヘン！同感、共感できず！■□■

　『パラサイト　半地下の家族』（１９年）（『シネマ４６』１４頁）等で見る、韓国を代表する俳優ソン・ガンホはどんなシリアスな役を演じてもどこかユーモラスなところがある。彼と同じような顔立ちであるため（？）、本作で "日本のソン・ガンホ" を目指した古田新太は、本作では笑いを封印されてしまったこともあって、本作導入部に見る "怒れる男" 添田充は同感、共感できない人物像になっている。

　充は自分の船を持った漁師だが、自分の下で働く半人前の野木龍馬（藤原季節）を口やかましく叱っている姿は如何なもの！また、シングルファーザーとして一人娘の花音に厳

しく接しているようだが、これでは微妙な年頃の女の子の教育など、到底無理だ。さらに、食事中に鳴った携帯を見て、「お前には携帯はまだ早い」とは一体ナニ？今ドキ携帯は誰でも必需品だ。それなのに、自分に相談のないまま花音に携帯を与えたのが、別れた元妻の松本翔子（田畑智子）だと知り、翔子をボロクソに怒鳴っている姿を見ると、このオヤジは一体ナニ？昭和の時代にはこんな頑固おやじが時々いたが、平成の３０年間が終わり、令和の時代に入った今、いくらなんでもこんな一方的な"怒れる男"はとっくに絶滅し、存在しないのでは？本作の脚本を書いた吉田恵輔監督、その点は如何に？そんな"怒れる男"が警察署の霊安室で花音の遺体と対面すると？そして、その後の充の行動は如何に？

■□■変な奴のオンパレード！多視座 vs 多世界とは？■□■

　私は新聞の映画批評を切り抜いているが、そこにはいい加減なものが多い。しかし、ときどき興味深いものもある。その１つが、２０２１年９月２４日付日経新聞夕刊の「シネマ万華鏡」に載った社会学者・宮台真司の「『同じ世界』を生きて弔う」と題した評論だ。そこでは、「多視座と多世界を区別しよう。『多視座』とは、一つの世界を生きる複数の視座があること。『多世界』とは、異なる世界を生きること。多視座の場合、『同じ世界』を共有した上で評価が分岐すると意識されるが、多世界の場合、そもそも人々が『同じ世界』を生きていない。多視座から多世界へ。米国のＱアノン的陰謀論や地球平面説の流行が象徴する。」と問題提起している。

　そんな鋭い問題提起のとおり、本作では花音の死亡事故を巡って、充の視座から充が起こす様々なアクションが描かれる。充が最初に文句をつけたのは、スーパーの店長、青柳。その"論理"は「お前が娘の手を引っ張っていなければ・・・」、「お前が娘を追っかけなければ・・・」。挙句の果ては、「お前が万引きだと決めつけていなければ・・・」だが、その当否は？そんな充の（あまりに身勝手な）視座に平行して、本作では、結局スーパーの閉店まで追い込まれてしまう青柳の視座や、結局自殺にまで追い込まれてしまう楓の視座も描かれていく。本件交通事故の責任を"弁護士の視座"で考えれば、関係者が取るべき視座も行動もただ１つのはずだが、なかなかそうはいかないのが本作に見るような現実だ。したがって、宮台氏が最後にまとめているように、本作の登場人物たちが「誰もが『同じ世界』を生きておらず、調停はもはや不可能に見えた。」のは仕方ない。なるほど、この評論は卓見！その説得力に敬服！

■□■問題を劇場化するマスコミにうんざり！悪意の編集まで■□■

　２０２１年９月後半のマスコミ報道は自民党総裁選挙の一色になったが、それに文句をつけたのは野党。４人の候補者が連日総裁候補としての自説を論じ合えば、それだけで自民党の支持率が上がり、それでなくても影の薄い野党がより埋没してしまうのは当然だ。そのため、各番組は番組のラストに少しだけ野党の意見も付け加えるようになったが、そこには大きな意味はない。自民党の支持率が復調し、１１月に予定される衆議院議員総選

挙で勝利すれば、その最大の功績は、自ら引退してしまった "最後の将軍" 徳川慶喜と同じように、総裁選への立候補を断念してしまった菅義偉前総理かも？常日頃からアホバカ・バラエティばかり垂れ流しているマスコミを苦々しく思い、ニュース報道の在り方に大きな不満を持っている私は、そんな自民党総裁選のニュースだけは楽しく拝見、拝聴していた。それに比べて、全然気に入らないのが、本作の交通事故を巡るマスコミ報道だ。

　充の乱暴な物言いや暴力寸前の行動をメディアのカメラが追いやすいことはよくわかるが、そんな単純な報道姿勢は如何なもの？また、スーパー店長の "過去のロリコン騒動"（？）を掘り下げていく報道姿勢も如何なもの？そして、何よりも私がバカバカしく思うのは、そんな事件を面白おかしく SNS で拡散させていく若者たちの実態だ。SNS 効果によって、充の家には「お前の娘は犯罪者！」、そしてスーパーには「ロリコン野郎！」との落書きが。日本はよほど平和でヒマな国であることが、こんなところからありありと見えてくる。投票当日、二階幹事長に「今日はだれに投票しましたか？」と質問するアホバカ記者がいたが、本作でもアホバカ・ワイドショーがスーパーを訪れ、青柳に対して悪態をつく充の姿にしっかり迫っているので、それに注目！

　私は、問題を劇場化して報道するマスコミにうんざりだが、本作でも、ある日、某テレビ局は営業を再開した青柳の単独インタビューに成功。そこで青柳は、「逃げ出した相手を追って何が悪いんだって気持ちもあります」と率直な気持ちを語っていたが、その後の「一生かけて償う」という発言をカットして流してしまうのは、あまりに悪意的な編集だ。その日から、それを見た充による青柳への攻撃はより狂気を増していくことに。

■□■年増女もヘン！中学校もヘン！まさにイントレランス！■□■

　女優・寺島しのぶは『赤目四十八瀧心中未遂』（０３年）や『キャタピラー』（１０年）（『シネマ25』２１５頁）で、主役として素晴らしい演技を披露していたが、今はさまざまな脇役として存在感を放つ役に徹している。本作で寺島しのぶは、先代からスーパーに勤めるおばさん、草加部麻子役を演じているが、そのキャラは？スーパーが万引き被害の防止に苦労しているのは当然だし、あのとき、青柳がとった行動は決して悪くはない。そう確信している麻子が、青柳の行動の正当性を主張し、充と対立したのは当然。しかし、青柳が充に対して謝罪し、反省の姿勢を見せれば見せるほど、「青柳は悪くない」と主張する麻子との対立が激化していくのは当然だ。すると、そんなトラブルの姿をカメラで追えば、モーニングショーの視聴率は確実にアップ。いやはや、何とも嫌な世の中になったものだ。『座頭市』のセリフで言えば、これぞ、まさに「アア… いやな渡世だなア……」となるし、これこそまさに、本作の邦題『空白』そのものだ。

　他方、充が花音の通っていた中学校にまで文句を拡大し、「化粧している子のリストを出せ」と迫るのはあまりにも理不尽。しかし、そんな要求にもまともに対応できないのが現在の学校らしい。原理原則論だけで平行線のまま乗り切ろうとしている校長に対して、担

任の若い女性教師・今井若菜（趣里）は充の迫力に押されたためか、あるいは善意のためか、密かにクラスメイトの女の子たちから事情聴取を実施。再び中学校を訪れた充に対して、彼女は「クラスメイトは花音のことにほとんど興味を持たず、印象の薄い生徒だった。」「したがって、化粧品の万引きを強要するいじめはなかった」と説明したが、充はそれに納得せず、「隠蔽するならこっちにも考えがある」と激昂しながら切り返してきたから、アレレ。そこであっと驚いたのは、校長が「生徒の姉が青柳に痴漢されたらしい」と耳打ちしたこと。この責任転嫁は、一体ナニ？それを聞いた充が、青柳の追及にますますのめりこんでいったのは当然だ。しかして、充はある時はスーパーに現れ堂々と万引きしようとし、またある時はラーメン店のカウンターで青柳の隣に座り心臓を突き刺すような罵詈雑言を吐き、逃げる青柳のあとを追い回し、またある時は予期せぬ時間に突然スーパーの前に立ちはだかる、等の行動に出たから、青柳は大変だ。

　ここまでやられると、いくら若くて元気な青柳でも限界？そのため、スクリーン上にはあっと驚く風景と、それを危機一発で救う麻子の姿が登場するので、それに注目。とにかく、スクリーン上には、こりゃハチャメチャ！そんな世界が次々と広がっていくことに。

■□■怒れる男の変身は？不寛容からの脱皮は？■□■

　自民党総裁選挙では、河野太郎候補の失速という意外な現象にビックリしたが、本作では“怒れる男”、充の意外な“変身”にビックリ。充の視座のハチャメチャさはハッキリしているが、そのハチャメチャな視座を貫くことができるのは、相手が対抗してくるからだ。すると、相手がすんなり充のハチャメチャな視座に基づく主張を認めてしまったら？それは、ある意味ではイエス・キリストが説いた「右の頬を殴られたら左の頬を差し出せ」と同じようなものだが、本作でそれを実践するのが、充からの追及の前に自責の念に駆られて自殺してしまった楓の母親・緑（片岡礼子）だ。楓の葬儀に赴いた充は、静かに対応した緑に対して「俺は謝らないぞ！俺は何も悪くないぞ！」と充特有の視座に固執したが、それに対する緑の対応は？交通死亡事故の現場検証は不起訴案件でも起訴案件でも不可欠だから、本作で充が青柳に対して現場検証を強いるシークエンスは、弁護士の私の目にはナンセンス。しかし、『空白』と題する映画には大きな意味がある。そんな“強要”によって青柳の心はますます崩壊してしまったわけだが、これまた独特の視座で青柳を支え続ける麻子の支援の中、スーパーの再建はできるのだろうか？

　本作中盤で、充は自分を慕う男・野木まで切り捨ててしまったから、「親父さんの船を首になったらホストにでもなりますよ」と冗談を言っていた野木は別の職場で働いていたが、充が再び船に乗り始めると、アレレ、アレレ？充のような“怒れる男”が変身すれば、それを受けて、他者も変身していくの？そして、そんな中で“イントレランス”（不寛容）からの脱皮ができるの？すると、ひょっとして『空白』というタイトルにされた本作はハッピーエンドに？本作ラストのそんな展開は、あなた自身の目でしっかりと！

２０２１（令和3）年9月29日記

179

SHOW-HEY シネマルーム

★★★★

いのちの停車場

2021 年／日本映画
配給：東映／119分

2021（令和3）年6月1日鑑賞 ／ 梅田ブルク7

Data

監督：成島出
脚本：平松恵美子
原作：南杏子『いのちの停車場』（幻
　　　冬舎文庫刊）
出演：吉永小百合／松坂桃李／広瀬
　　　すず／南野陽子／柳葉敏郎
　　　／小池栄子／伊勢谷友介／
　　　みなみらんぼう／泉谷しげ
　　　る／森口瑤子／中山忍／松
　　　金よね子／小林綾子／菅原
　　　大吉／国広富之／西村まさ
　　　彦／石田ゆり子／田中泯

👀👀 みどころ

　　東京五輪開催を2か月後に控えた今、日本の "ワクチン敗戦" は明らかだ。その責任の第1は政府の対応に、第2は医療体制（の不備）にある。ワクチンの打ち手を巡っても医師会の問題点が明らかだが、なぜそんな根本問題にメスが入らないの？

　　62歳にして、東京の救急救命センターから金沢の「まほろば診療所」の在宅医に変身。その理由は？ "終末期医療" とは？ "在宅医療" とは？新旧の年収の差は？

　　今や "最後の映画スター" ともいえる吉永小百合作品には、いつも "優等生" ばかり集合。それは宿命だが、"理想的な奴" ばかりが集まれば必然的に終末期医療、在宅医療も良い結末に！？それも悪くはないが、"安楽死" を巡る父娘の確執について、成島出監督の「ラストシーンは、観てくださる方に委ねたいと思っています」は少しずるいのでは？

—— * —— * —— * —— * —— * —— * —— * —— * ——

■□■122本目で初の女医役に！父親との年齢差は？■□■

　　"サユリスト" の私が「スカパー！」「e2byスカパー！」の『祭りTV！ 吉永小百合祭り』にゲスト出演したのは2008年10月。吉永小百合が113本目の『まぼろしの邪馬台国』（08年）（『シネマ21』74頁）に出演した時だった。女優・吉永小百合の転換点になったのは、高倉健と共演した『動乱』（80年）だが、それから既に40年。出世作となった『キューポラのある街』（62年）から数えると60年だから、時が経つのは早い。

　　南杏子の原作で描かれた、金沢にある「まほろば診療所」の在宅医・白石咲和子（吉永小百合）の設定は62歳。本作導入部は、東京の救急救命センターで救急医として働く咲和子が "ある事件" の責任を取って退職し、故郷の金沢に戻るシークエンスから始まる。娘が戻って

来てくれたため、父親の白石達郎（田中泯）が嬉しそうに咲和子を金沢駅で出迎えたのは当然だが、仙川徹（西田敏行）が３代目の院長を務めている「まほろば診療所」の在宅医への転職は、医師の出世レースとしては明らかに敗北。年収がいくらに減ったのかは明らかにされないが・・・。

それはともかく、１９４９年１月２６日生まれの私は今年７２歳を迎えた。それなりに元気なつもりだが、２０１５年９月の大腸がんの手術、２０１６年１１月の胃がんの手術等を経て、いろいろとガタが来ていることは認めざるを得ない。しかし、１９４５年３月１３日生まれの吉永小百合は元気いっぱい。というより、若さも美しさもいっぱいで、今の御年７６歳とは到底思えない。ちなみに、本作で父親役を演じた田中泯は１９４５年３月１０日生まれで吉永小百合とはたった３日しか誕生日が違わないのに、本作の田中泯は８７歳の父親役だから、その扱いの差にビックリ！

■□■コロナ敗戦、ワクチン敗戦はなぜ？日本の医療体制は？■□■

中国と比べても、米国や英国と比べても、日本が"ワクチン敗戦国"となったことは間違いない。そもそも、新型コロナウイルスの感染者が欧米とは２桁も違うのに、なぜ早々に病床がひっ迫し、医療体制が崩壊してしまうの？そもそも、国民皆保険の制度まで完備させている日本は、医療技術においても医療体制においても、世界のトップクラスではなかったの？そんな疑問と怒りは連日のコロナ報道で増幅されていったが、①医療体制の問題点、②病床不足の問題点、③民間病院・公立病院の在り方、医師の配置の在り方の問題点、④圧力団体としての医師会の問題点、等々に本気でメスを入れる専門家、コメンテーターは橋下徹弁護士（元大阪府知事・元大阪市長）等、ごく一部を除いてほぼいなかった。

ちなみに、自衛隊の投入という大決断の中、東京・大阪での６５歳以上の高齢者への大規模接種がやっと始まったが、自治体ごとに行う接種は遅れ気味。大阪市でもワクチンの"打ち手"として医師を募集しているが、その日当は How much？６月１日付経新聞夕刊は、一方では任務に当たる医官・看護官の手当ては「１日３千円」、「災害派遣などの日当１６２０円を参考に、作業の特殊性を加味して決めたという」と紹介し、他方で「大阪市が運営する大規模接種会場（インテックス大阪）で接種を行う医師は日当１０万５千円（日曜祝日１２万円）で集められた」と比較して報じているが、なぜマスコミはそういう問題点を明示しないの？

また、ワクチンの量は確保できても、１日１００万回接種を標榜する菅首相は、その"打ち手"をどう確保するの？それを巡っては当初、歯科医師が、それに続いて救急救命士や臨床検査技師が候補に挙がったが、それに反対したのは一体ダレ？その反対の理由は一体ナニ？そんな現実に目を向ければ、日本の医療体制の根本問題や医師会の問題点等が見えてくるはずだ。

■□■咲和子先生の転職は敗北？彼女は脱落医師？■□■

２０１０年の『孤高のメス』（１０年）（『シネマ２４』８０頁）で臓器移植問題に鋭いメ

スを入れた成島出監督は、２０１７年に自ら肺がんの手術を受けたことによって、さまざまな医療の問題点に向き合ってきたらしい。そして、南杏子の原作と出会い、更に医師役をやってみたいという“７６歳のマドンナ”からの希望などが交わる中、本作の企画が動き始めたそうだ。

咲和子はもともと東京の大病院の救急医だから、超エリート医師。できればその年収も明示してほしかったが、定年を迎えれば一体いくらの退職金をもらい、次はどんな優雅なポストに就くの？順調にいけば、彼女はそんな立場の医師だが、本作では部下の１人だった野呂聖二（松坂桃李）がいらざることをしたことについて、病院側はメンツを守ろうとしたため、咲和子はそれに盾ついて退職することに。もっとも、この程度の問題でいちいち退職していたら、すでに何度も辞表を書いていたはずだ。ちなみに、『ドクターＸ～外科医・大門未知子～』シリーズ（１９年）での「私、失敗しないので！」が口癖（？）の、米倉涼子演じる女医・大門未知子の強気一辺倒の権威への抵抗の演技は面白いが、あれは若さの表れ。それに対して、６２歳の咲和子が本作導入部で見せる啖呵はカッコいいものの、あれは現実にはあり得ないもので、映画だけの世界だ。

それはともかく、本作導入部に見る医療体制の問題点は、まさに今回“コロナ敗戦”と“ワクチン敗戦”を迎えた日本国の医療体制の問題点を示していると言わざるを得ない。

■□■終末期医療、在宅医とは？訪問看護、地域医療とは？■□■

私は南杏子の『いのちの停車場』（幻冬舎文庫刊）を知らなかったが、パンフレットでは同作を次のように紹介している。すなわち、

> ある事情から、３８年間務めた救急医を辞めて、故郷・金沢の「まほろば診療所」で訪問診療医となった６２歳の咲和子。８７歳の父との限られた時間を過ごしながら、在宅医療の現場で彼女が直面した、老々介護や終末期医療、積極的安楽死の問題など、医療の現実に向き合う人間ドラマ。

(C) 2021 「いのちの停車場」製作委員会

松山の実家で１人で過ごしていた私の父親は２０１７年２月２０日に１０２歳で他界したが、私はその世話を全くしていなかった。そのため、私は“在宅医療”のことを全く知らなかったが、本作は「ケース１　末期の肺がん患者」、「ケース２　脳出血で入院後、在宅治療をする胃ろう患者」、「ケース３　脊髄損傷の四肢麻痺患者」、「ケース４　再発したがん患者」、「ケース５　末期のすい臓がん患者」、「ケース６　小児がん患者」、「ケース７　骨折をきっかけにドミノ式に病に冒される老人」が登場し、咲和子がそれぞれのケースでいかに患者と向き合うのかが描かれるから、それをしっかり鑑賞し、“終末期医療”、“在宅

医”とは、“訪問看護”、“地域医療”をしっかり学びたい！

■□■新米医師は金沢のまちを自転車で！■□■

　私は昔から金沢のまちが大好きで、よく訪れていた。そんな中、たまたま金沢の法律事務所で弁護士として働いていた娘が金沢の弁護士と結婚し、夫の両親の近くで生活することになったため、金沢はより身近な街になった。金沢は、兼六園とそのすぐ隣にある金沢城公園が有名だが、近江町市場にはおいしい海の幸がいっぱいあるし、ひがし茶屋町や主計町茶屋街も情緒がある。さらに、長町武家屋敷跡界隈やにし茶屋町には、“加賀百万石”の歴史を残す、美しい佇まいの街並みが残っている。

　本作が『いのちの停車場』とタイトルされたのは、第一義的には在宅医・咲和子の職業上の意味だが、副次的には彼女・咲和子が生まれ育った実家が、かつて路面電車の停車場だった井原台駅の近くにあるためだ。さすがに路面電車は廃止されているが、この井原台駅は今なおバス停として利用されているらしい。本作のパンフレットには、この井原台駅という停車場や「まほろば診療所」、「BAR STATION」をはじめとして、さまざまなロケ地について興味深い「Production Note」があるので、それは必読！

　「停車場」とは何ともなまめかしい響きの言葉（？）だが、私たち団塊の世代の男は、「停車場」と聞けばすぐに、奥村チヨが歌って大ヒットした「終着駅」を思い出すはず。「落葉の舞い散る停車場は、悲しい女の吹きだまり」の歌詞から始まるこの歌は、「一度離したら二度とつかめない、愛という名のあたたかい心の鍵は」というラストの歌詞の“世界観”を歌ったものだが、本作の停車場は

(C)2021「いのちの停車場」製作委員会

どんな物語の舞台になるの？その1つは、父親が語る、咲和子が子供の頃、雨が降ると子供を抱きかかえた妻が停車場まで迎えに来てくれた、という思い出話。誰にもそんな忘れられない子供時代の思い出があるはずだが、本作のそれは、ぐっと心に迫ってくる。もう1つは、この停車場とその周辺が、かつて咲和子の隣に住んでいたという中川朋子（石田ゆり子）と咲和子との数日間の語らいの場になること。がんを患い、5年前に手術をしたが、再発が見つかった朋子は、幼馴染の咲和子を頼って「まほろば診療所」にやって来たわけだ。そして、咲和子と朋子しかわからない子供時代の懐かしい場所を歩きながら、いのちの重さについて語り合う中で、朋子は最先端の治験にチャレンジするという重大な決断を下すことに。

■□■仙川が理想的な医師なら、野呂も理想的な若者■□■

　『敦煌』（88年）で精悍な漢人部隊の隊長役を演じた西田敏行も、今や好々爺の役がピ

ッタリ似合う年齢に。「まほろば診療所」は原作者・南杏子の体験に基づく設定だろうが、医師としての理念や病院経営の在り方はもとより、人柄、雇用姿勢、更には「BAR STATION」との付き合い方等、この医師はすべての面で理想的！それはともかく、『釣りバカ日誌』シリーズ（８８年）の浜崎伝助役では、三國連太郎演じるスーさんこと鈴木一之助の地位と経済力に頼りっぱなしの西田敏行が、本作では「BAR STATION」で食事をしながら咲和子から日常業務の報告を聞くだけの３代目のオーナー院長ながら、６２歳にしてなお在宅医として進歩し続ける咲和子を温かく見守る、理想的な医師役を演じているので、それに注目！

(C) 2021 「いのちの停車場」製作委員会

他方、本作では導入部で医師でもないのに医療行為をした責任を取らされようとしていた若者・野呂が、真っ赤なベンツに乗って、「まほろば診療所」での勤務を始めた咲和子を尋ねたところから本格的なストーリーが始まっていく。野呂は、医大を卒業しながらなかなか医師国家試験に合格できないそうだから、かなりの劣等生。なるほど、それはこの真っ赤なベンツへのこだわりを見ているとよくわかる。そう思っていると、意外にも、この若者も理想的な若者だ。『孤狼の血』（１８年）（『シネマ４２』３３頁）では、「警察じゃけえ、何をしてもええんじゃ。」とほざく、役所広司扮する先輩刑事に圧倒されていたが、広島大学を卒業して刑事になったため「ヒロダイ（広大）」と呼ばれていた若造刑事もそれなりの役割を果たしていた。その「ヒロダイ」を演じていた松坂桃李は、８月２０日に公開される『孤狼の血 LEVEL２』では、先輩を超える悪刑事役を主役で演じるらしい。そのチラシでの彼の姿を見ると、髭ボーボーのサングラス姿がよく似合うが、そんな松坂桃李が本作では吉永小百合映画の共演者として、とことん"理想的な若者"、野呂役を！

医師国家試験に受かるかどうかと、死に直面している末期がんの子供やじいさんたちとどう向き合うかは別問題。それは当然だが、ここまで他人の気持ちや痛みが理解でき、適切な行動がとれるのなら、医師国家試験くらい簡単に受かるのでは？「まほろば診療所」で看護師をしていた姉を交通事故で失った妹の星野麻世（広瀬すず）は、その後一念発起

して看護師試験に合格し、今は「まほろば診療所」の訪問看護師として仙川院長と二人三脚で頑張っていたのだから、その励ましを受ければ、再度の医師国家試験に合格することくらい朝飯前。

■□■ケースそれぞれの、医師と患者の姿（物語）に涙！■□■

私は成島出監督の『八日目の蟬』（11年）（『シネマ26』195頁）が大好き。同作の問題提起は鋭かった。また、『孤高のメス』もタイムリーな社会問題提起作だった。そんな成島出監督だから、本作のケース1〜7で描く個々のエピソードは、それぞれ現在の在宅医療の問題点、限界を示しながら、それぞれ説得力のある展開を見せている。

ちなみに、脊髄損傷の四肢麻痺患者・江ノ原一誠（伊勢谷友介）が見せる「ケース3」の最新医療と最先端治験へのチャレンジは多少誇張気味だが、逆に前述の再発したがん患者・中川朋子の「ケース4」は、最新医療と最先端治験へのチャレンジが裏目に出る悲しいケースとして対比されているから、それに注目！また、末期の膵臓がん患者・宮嶋一義（柳葉敏郎）の「ケース5」では、突然野呂が長年会っていない息子役になり切って、死に際にある親父との涙のシークエンスを展開していくので、それに注目！これらの「ケース」を、咲和子はすべて野呂と星野の協力を得ながら進め、その中で、それぞれがそれぞれ成長していくわけだ。

■□■父親との約束の重さは？安楽死の要件は？その実行は？■□■

それに対して、「ケース7」の、骨折をきっかけにドミノ式に病に冒される父親・達郎と咲和子との向き合い方は如何に？なぜ、ここに野呂と星野が登場しないのかは疑問だが、きっとそれは"安楽死"というテーマがあまりに重く、かつプライベートな問題であるため。父親と娘との間の"安楽死"の約束は、咲和子が金沢に帰って来てからすぐに交わされていたが、現実に達郎が大腿骨骨折をし、誤嚥性肺炎、脳梗塞による半身麻痺にむしばまれてくると、いよいよ現実の課題になって

くることに。咲和子は毎日忙しいのだから、当然「まほろば診療所」全体としての訪問看護の対象とすべきだが、いよいよすべての治療が限界だと悟り、達郎から約束の履行を迫られた時、さて、咲和子はどうするの？そして、本作はそれをどう描くの？

そう思っていると、「BAR STATION」で深刻な顔つきの咲和子の相談を聞く仙川の態度は少しいい加減・・・？プロの女流囲碁棋士である中川朋子が死亡したショックで打ちひしがれる咲和子を抱きしめ、力づける姿にはさすが経験豊富な「まほろば診療所」の3代目院長と感心させられたが、ここでの"安楽死"を巡る対応は全然サマになっていない。ちなみに、西田敏行は「Interview」で「咲和子先生の結論は、当然だろうと思いました」、

「でも、安楽死がいいとか、自然死でなければ駄目だとか、そういうことを決めつけた教条的な映画ではないので、この映画をきっかけに、安楽死についても考える機会を作っていただけたら、という思いです」と語っているが、これでは安易すぎるのでは?

"安楽死"は刑法上の殺人行為。それは現行法制上はっきりしているが、他方、「安楽死」を決めるための4つの要件もはっきりしている。それは、①患者が耐え難い肉体的苦痛に苦しんでいる、②死が避けられず、死期が迫っている、③肉体的苦痛を除去・緩和するために方法を尽くし、ほかに代替手段がない、④生命の短縮を承諾する患者の明示の意思表示がある、の4つだ。さあ、成島監督は、本作クライマックスでそれをどう描くの?

■□■咲和子は父親とどう向き合うの?その描写は肩透かし!■□■

A Morning of Farewell

命ある時間は、なぜ同じではないのだろう?

感動のヒューマン医療巨編、誕生。

そこは、自分らしく輝ける場所。

INOCHI NO TEISHABA

いのちの停車場

吉永小百合
松坂桃李　広瀬すず

南野陽子　柳葉敏郎　小池栄子　伊勢谷友介　みなみらんぼう　泉谷しげる
森口瑤子　中山忍　松金よね子　小林綾子　菅原大吉　岡広富之　西村まさ彦
石田ゆり子　田中泯　西田敏行

5月21日公開
www.teisha-ba.jp

(C) 2021「いのちの停車場」製作委員会

それを期待していたが、本作の結末はアレレ・・・。本作のクライマックスは私にはかなりの肩透かしだ。パンフレットの「Director Interview」で彼は「ラストシーンは、観てくださる方に委ねたいと思っています」と語っているが、こりゃハッキリ言って"逃げ"なのでは・・・?

さらに、吉永小百合本人も「Interview」で「最後の仙川先生とのシーンでも、咲和子は、そこで何かを決意したのではない。仙川先生のあたたかい声を背中に受けて、自分自身でさらに深く考えなくてはという気持ちで、『BAR STATION』を後にしたような気がしました」と語っているが、これもハッキリ言って"逃げ"なのでは?

父親のベッドの部屋に朝日が差し込む最後のシークエンスは美しいが、いくら何でもここまで観客に委ねるのは如何なものもの・・・?私はそう思うのだが・・・。

2021（令和3）年6月7日記

Data

監督：山田洋次
脚本：山田洋次 朝原雄三
原作：原田マハ『キネマの神様』（文
　　　春文庫）
出演：沢田研二／菅田将暉／永野芽
　　　郁／野田洋次郎／北川景子
　　　／寺島しのぶ／小林稔侍／
　　　宮本信子／リリー・フランキ
　　　ー／前田旺志郎／志尊淳／
　　　松尾貴史／広岡由里子／北
　　　山雅康／原田泰造／片桐は
　　　いり／迫田孝也／近藤公園

SHOW-HEY シネマルーム

★★★★

キネマの神様

2021年／日本映画
配給：松竹株式会社／125分

2021（令和3）年8月9日鑑賞　TOHOシネマズ西宮OS

👀 みどころ

　日本映画の黄金期は１９５０年代！映画人口は１０億人！１９４９年生まれの私はその姿をよく知っているが、スマホとSNS時代を生きる今の若者たちはそれが想像できる？

　深作欣二監督の『蒲田行進曲』（８２年）の舞台は東映の京都撮影所だったのに対し、「松竹映画１００周年記念作品」たる本作の舞台は、松竹の大船撮影所をモデルにした蒲田撮影所。若き日の山田洋次監督を投影させた助監督のゴウは、そこで仲間たちとどんな活躍を？

　他方、それから約５０年後のゴウは？山田洋次監督作品では、その対比が面白い。志村けんに代わるジュリーこと沢田研二は、今どんなダメ老人に？なぜこんな生きザマを？彼の夢はどこに散ったの？そして、その再生は？

　人間いつかは死ぬのだが、どこでどう死ぬかは俺の自由！死ぬまでそんなワガママを押し通し、自分の夢に生きた主人公に拍手！

―――＊―――＊―――＊―――＊―――＊―――＊―――＊―――＊

■□■日本映画の黄金期は１９５０年代！映画人口は１０億人■□■

　１９４９年に愛媛県松山市の中心部に生まれた私は、小学校１、２年生の頃から両親に連れられて中村錦之助、東千代之介、美空ひばりの映画をよく観に行った。じっと座っていることに飽きた私に、母親はよくおにぎりやお菓子を与えてくれていたものだ。また、父親が時々出かける一流映画館での試写会にもよく同行したが、これは夕方の上映だったので、家に帰るのは９時頃になった。そのため、電気の消えかけた商店街を眠い目をこすりながら歩いて帰った記憶も強い。中学３年生頃からは、１人で３本立て５５円の映画をよく観に行っていた。

　日本映画の黄金時代は１９５０年代だが、山田洋次監督が松竹に入社したのは１９５４

年。当時は松竹、東宝、東映、大映、日活の「五社協定」がまかり通っていたが、あらゆる製作所では次々と映画が製作され、質・量ともに充実していた。当時の映画人口は１０億人を超えていたから、日本人は大人も子供も平均して、年に１０本の映画を観ていたことになる。もちろん、映画館は今のようにきれいではなく、座席指定でもなく、総入れ替え制でもなかった。今の若者はそんな映画全盛時代の映画館を知らないだろうが、せめて想像してもらいたいものだ。

　しかして、本作の主人公ゴウこと円山郷直（菅田将暉）が今、助監督として働いている松竹の大船撮影所をモデルにした蒲田撮影所では、映画関係者はそれぞれどんな営みを？

■□■『蒲田行進曲』から約４０年！撮影所の活気・活性は？■□■

　映画のことを「シネマ」と言うか「キネマ」と言うかは好みの問題だが、「キネマの世界」という歌詞が入った『蒲田行進曲』という曲が一世を風靡したのは１９８２年。今から約４０年前だ。Wikipediaによれば、同曲は松竹映画『親父とその子』（２９年）の主題歌として発表され、１９２９年（昭和４年）８月に日本コロムビアからレコードが発売されて流行歌となり、松竹キネマ（現・松竹株式会社）蒲田撮影所の所歌としても採用されたそうだ。後に、深作欣二監督の『蒲田行進曲』（８２年）の主題歌として使われた同曲は、松坂慶子・風間杜夫・平田満の３人が歌って大ヒット。映画も、第５６回キネマ旬報で日本映画ベスト・テン１位をはじめ、各賞を総ナメにした。その舞台になったのは、東映の京都撮影所。主役は新選組副長土方歳三を演じる"銀ちゃん"こと倉岡銀四郎（風間杜夫）で、ヤス役の平田満と大部屋女優役の松坂慶子がそれに絡んでいた。そこでは、銀ちゃんが、まさに銀幕の大スターとして君臨していた。

　それに対して、本作の舞台になるのは、山田洋次監督の分身ともいえるゴウが助監督として働いている松竹の蒲田撮影所だ。そこで君臨しているのは、出水宏監督（リリー・フランキー）やスター女優の桂園子（北川景子）たちだが、「俺だっていつかは」、そんな思いでゴウは日々の業務に励むと共に、密かに『キネマの神様』と題する新作映画の構想を温めていた。

　映写技師のテラシンこと寺林新太郎（野田洋次郎）はそんなゴウの親友だが、自分の才能の限界を自覚する彼の夢は映画製作ではなく、小さな映画館のオーナーになること。その名は、「テアトル銀幕」にするそうだが、さて、その夢の実現は？また、撮影所近くの食堂の看板娘・淑子（永野芽郁）は、撮影所のみんなに可愛がられながら毎日楽しく働いていた。出水監督は時々、「ぼちぼち嫁に・・・」といらざるお節介をしていたが、彼女が密かに想っている恋のお相手は？『蒲田行進曲』でも、東映の京都撮影所は誰かが命懸けで挑まなければならない"階段落ち"を含む素晴らしい映画の完成に向けて活気にあふれていたが、それは本作に見る蒲田撮影所も同じだ。

　本作導入部では、平成の"失われた３０年"を経て、どんどん沈み込んでいる今の日本映画とは全然違う、そんな蒲田撮影所の活気と活性に注目！

■□■志村けん死す！本作は頓挫？いやいや、ジュリーが！■□■

　山田洋次監督が「松竹映画１００周年記念作品」として『キネマの神様』に挑戦！その主役は志村けん。そう聞いただけで、なんとなくストーリーが想定でき、主人公の演技も想像していたが、２０２０年３月２９日、新型コロナウイルスの感染により死亡！このニュースによって、新型コロナウイルスの恐ろしさが改めて日本国中に広まったが、本作の製作もそれによって頓挫？誰もがそう思ったが、いやいや、何の何の！日本映画界の人材は多い。亡き志村けんの代わりに、年老いたゴウ役を演じるのは一体誰？

　それは、グループサウンズ全盛期には、「ザ・タイガース」のリードボーカルを務め、ソロになってからは『勝手にしやがれ』で、何ともカッコいいレコード大賞歌手になった"ジュリー"こと沢田研二だから、ビックリ。決して演技はうまいとは言えないが、年齢的には私と同級生の彼が、今は若き日の面影が全く見えない妻の淑子（宮本信子）に苦労ばかりかけているダメ親父（じじい役）を演じている。

　助監督として活躍を続け、ついに自分の書いたシナリオ『キネマの神様』の映画化では、監督に抜擢されたゴウはその５０年後の今、なぜこんな無類のギャンブル好きで、妻の淑子からも、娘の歩（寺島しのぶ）からも見放されているダメ親父になり果てているの？１度はすべての借金を清算したはずなのに、娘の職場まで借金取りが押し掛けてきたのは、一体なぜ？怒りが頂点に達した歩は、父親から通帳を取り上げ、「競馬はダメ」と宣言したが、そこで面白いのは「映画館通いはオーケー」と宣言したこと。だって、こんな父親でも、映画館通いをしてくれれば、お金はほとんどかからないのだから。

　そんな状況になれば、フーテンの寅さんならすぐに家を飛び出て旅に出ていたが、さて、ゴウの行き先は？

■□■親友は夢を現実に！コロナ禍、名画座の経営は？■□■

　初監督作品『キネマの神様』の撮影に挑んでいたゴウは、なぜそれに失敗したの？それは本作を観てのお楽しみだが、失意の中で映画界を去っていったゴウとは正反対に、今のテラシン（小林稔侍）は自分の夢を実現し、「テアトル銀幕」の館主としてさまざまな名画を上映していた。家を追い出されたゴウが行くところはそんなテラシンの映画館しかなかったが、そこで昔の名作を見ていると、スクリーン上にはかつての仲間たちが次々と・・・。

　本作の完成については、コロナによる志村けんの死亡による主役の変更だけでなく、脚本の変更も余儀なくされた。コロナのパンデミック化が続く中、日本でも緊急事態宣言が相次ぎ、飲食店や大規模商業施設、そして映画館も休業を余儀なくされた。映画館の営業がなぜ制限されるのか私には全然納得できないが、それによって名画座系の単館映画館の経営が苦しくなったのは当然だ。そんな中、政府への支援要請やクラウド・ファンディングが登場したが、変更された本作の脚本ではそんなシークエンスも登場するので、それにも注目！

　ちなみに、今ゴウの妻になっているのは５０年後の淑子だが、若き日、蒲田撮影所で淑

189

子にラブレターを書いていたのはテラシンだ。本作前半の、蒲田撮影所における映画製作を巡る青春模様の中では、山田洋次脚本らしく、微妙な"三角関係"も描かれるが、結局その勝者と敗者は？また、その意思決定は誰が？そんな青春時代を経て、今なぜ淑子はゴウの妻になっているの？ちなみに、淑子は偶然テアトル銀幕でテラシンと再会し、アルバイトをしているという設定だが、これはちょっとおかしいのでは・・・？

■□■安易な設定、安易な再生だが、おとぎ話ならOK！■□■

ヨーロッパの映画、とりわけフランスの映画はクソ難しいものが多いし、邦画でもその路線を目指すものは多い。しかし、山田洋次監督作品は、その逆の分かりやすいものが多い。そんな山田洋次監督が挑んだ「松竹映画１００周年記念作品」では、『キネマの神様』というタイトルを見ても、分かりやすさが命綱となる。全５０作も続いた『男はつらいよ』シリーズでは、結局フーテンの寅さんの"ダメ男"ぶりが治ることはなかった。あれだけ自由気ままに生き、自由気ままに死んでいったのだから、彼はある意味で幸せだったはず。

しかし、本作のゴウを見ていると、７８歳になった今、娘の歩が最大の難敵になっているし、従順だった妻の淑子も今や完全に歩の味方になってしまったから、家の中にゴウの居場所がなくなってしまったのは仕方がない。しかし、彼は寅さんと違って"渡世人"ではなく、単なる遊び好きの老人に過ぎないから、すぐに家に戻ってこざるを得なかったのも仕方ない。そこで面白いのは、いかにも平成生まれの今ドキの若者と言える歩の息子の勇太（前田旺志郎）の存在とキャラだ。

世代の違いを含め、勇太とゴウの間には何の価値観の共有もないから、祖父と孫という血縁関係はあっても、実生活では何の縁もゆかりもない。そんな２人の"ある作業"を通じて、真の信頼が誕生していくストーリーに注目！それは、たまたま、かつてゴウの初監督作品として製作していた『キネマの神様』の脚本を勇太が読み、その素晴らしさに感激したためだが、これはまさに"令和の奇跡"としか言いようがない。

しかして、その後の本作のストーリーは、何とも安易な設定で進行し、落ちぶれていたゴウが一躍"時の人"となって華麗なる再生を果たすから、それに注目！これはいくら何でも現実無視の設定であり、安易すぎる人間再生の物語だが、「松竹映

190

画１００周年記念作品」たる本作をおとぎ話と考えれば、それでオーケー！

■□■北川景子の瞳に注目！時空を超えて！アイデアに拍手！■□■

篠原哲雄監督の『真夏のオリオン』（０９年）（『シネマ２２』２５３頁）の評論で、私は「北川景子の敬礼姿に注目！」と書いた。それは、出撃していく恋人に、お守りとして自分の書いた「真夏のオリオン」という曲の楽譜を手渡した後のカッコいいシークエンスだが、彼女のキリリとした姿の美しさは今でも強く私の記憶に残っている。それと同じように、本作では、北川景子の大きく、つぶらな瞳に注目！

歳を取れば、誰でも昔の良き時代を楽しく思い出すのは当然。２０２４年４月に弁護士生活５０周年を迎える私は、目下『頑張ったで　５０年！』の出版に向けて、楽しい思い出を整理中だが、「松竹映画１００周年記念作品」として本作に挑み、しかも、そのタイトルを『キネマの神様』とした山田洋次監督なら、その舞台が蒲田撮影所になったのは当然だ。しかし、本作を単なる回顧物語にしたのでは意味がない。本作の主人公はゴウだが、その青春時代と、７８歳の老人になった今をどう対比させて描き、さらに、映画のラスト（大往生）をどう設定すればいいの？それを考え抜いた山田洋次監督は、何年か前に、「アメリカ映画で、エリザベス・テイラーの瞳にスタッフが映りこんでいる」という話を聞いたことを思い出し、「それを使った映画が作れないか」と考えていたところ、「スターの瞳をズームアップしていくと、いつの間にか何十年も前の世界に帰っていくというアイデア」を思い付いたらしい。しかして、本作の前半には、蒲田撮影所で銀幕の大スターのオーラをまき散らしている大女優・桂園子（北川景子）の瞳が大きくクローズアップされるシーンが登場するので、それに注目！これは、本作のクライマックスに向けてどんな伏線に？

７８歳にして『キネマの神様』の脚本で脚本賞を受賞したゴウは、その後は祝賀パーティー続き。コロナ禍では本来それも控えるべきだが、７８歳の頑固じじいのゴウには、そんな自制心はないようだ。妻の淑子は酒量が急に増えてきたゴウを心配していたが、今日はテアトル銀幕でかつての大女優・園子が主演する懐かしい名作が上映されるから、ゴウにとってそれは必見！車いすに乗り、久しぶりに妻の淑子、娘の歩と共にテアトル銀幕に乗り込んだゴウは、コロナ対策として１席ずつ空けられた座席に座ってスクリーンを凝視していたが、園子が登場してくると、ゴウは思わず彼女に声をかけてしまうことに。すると、アレアレ不思議。その声を聞いた園子は、スクリーンを超え、時空を超えてゴウの隣の席に座りこんできたからビックリ！さあ、そこで２人はどんな会話を？

もちろん、こんなバカげた設定はナンセンスだが、「松竹映画１００周年記念作品」の『キネマの神様』と題する山田洋次監督作品ならこれもオーケー！

２０２１（令和３）年８月１３日記

Data

監督・脚本・編集・絵：池田暁
出演：前原滉／今野浩喜／中島広稀
　　　／清水尚弥／橋本マナミ／
　　　矢部太郎／片桐はいり／嶋
　　　田久作／きたろう／竹中直
　　　人／石橋蓮司

SHOW-HEY シネマルーム

★★★★

きまじめ楽隊のぼんやり戦争

2020 年／日本映画
配給：ビターズ・エンド／105 分

2021（令和 3）年 4 月 1 日鑑賞　　　　テアトル梅田

👁👁👁 みどころ

　今年のアカデミー賞では、『ノマドランド』（20 年）と『ミナリ』（20 年）の
"頂上決戦"が見もの。両者ともシリアスながら、わかりやすく人間の生きザ
マを考えさせる名作だが、映画はアイデア！そんな視点からは、セリフの棒読
みから始まる、奇妙なタイトルの本作は興味深い。

　ヒットラー率いるナチス時代のドイツ国民と同じように、「天皇陛下、万
歳！」と叫んで死んでいった戦前の日本国民は"思考停止状態"だったが、平
和憲法に守られ、戦後７６年間も戦争と縁のないまま生きてきた今の日本国民
も、ほとんど"思考停止状態"？

　本作はそんなズキリ！とするテーマに肉迫！そんな期待にピッタリだが、残
念ながら脚本はイマイチ！しかし、問題提起の視点は良し！練度を向上した次
作に期待したい。

＊───＊───＊───＊───＊───＊───＊───＊

■□■奇妙なタイトルに注目！セリフは棒読み！こりゃ一体？■□■

　本作は第２１回東京フィルメックスで審査員特別賞を受賞した、池田暁監督の長編第４
作だが、『きまじめ楽隊のぼんやり戦争』って一体ナニ？この奇妙なタイトルは何を意味し
ているの？私は予告編を数回観たうえ、それなりの事前情報を持っていたから、冒頭に登
場する４人の"きまじめ楽隊"と、主人公らが暮らす津平（つひら）町の一日の姿を見て
"きまじめ楽隊"と"ボンヤリ戦争"の"実態"を少しは把握することができた。しかし、
事前情報なしで本作を観れば、何じゃこの奇妙な映画は！？そういう違和感でいっぱいに
なるはずだ。

　本作の主人公・露木（前原滉）は、楽隊が奏でる音楽で目覚め、身支度をして仕事場に
向かう日常だが、４人の楽隊の動きが変なら、露木の動きも変。それ以上に変なのは、次々

に登場してくる津平町の人々の動きだが、なぜ彼らはこんな動き方を？そしてまた、なぜこんな抑揚のない棒読みの喋り方をしているの？こんなセリフ回しならプロの俳優でなくても出演できそうだが、本作で町長の夏目を演じる石橋蓮司は演技派。また、物知りな煮物屋店主・板橋を演じる嶋田久作も、気まぐれな定食屋店主・城子を演じる片桐はいりも、超個性的な演技派だ。そんな演技派俳優に、あえて本作のようなセリフの棒読みを強いているのは、もちろん池田暁監督だが・・・。

■□■津平町の１日は？ここの住民はみんなヘン？■□■

津平町の住民は揃いも揃ってヘンだが、それはスクリーンを観ている我々が勝手にそう思うだけで、きっと本人たちはそう思っていないはず。露木も同僚の藤間（今野浩喜）も勤務先は津平町の第一基地。本作導入部では、朝９時から始まる２人の丸１日の"仕事"が描写されるので、それに注目！「では、作業を始めてください」の掛け声から始まる彼らの仕事は、姿勢を低くとって銃を構え、太津（たづ）川の向こう側に向かって撃ち続けることだが、彼らはなぜ毎日そんな仕事を？

露木と藤間は昼休憩ではいつも近くの定食屋で昼飯を食べているが、そこには「うちの息子は優秀な兵隊さんだからね」という"自慢話"をネタにしている店主・城子（片桐はいり）が登場。また、露木は帰り道ではいつも板橋煮賣店で夕食の買い物をしているが、そこでは情報通の板橋（嶋田久作）からさまざまな情報が入ってくる。さらに、ストーリーが進んでいく中で、新たに"技術者"として第一基地にやってくる仁科（矢部太郎）や、煮物泥棒の三戸（中島広稀）、そして町長の息子の平一（清水尚弥）等が登場し、次々と面白い物語（エピソード）を展開していくので、それに注目！

このように、津平町の住民は揃いも揃ってヘンな奴ばかり。そして、この町での１日は、一方では"戦時中"という緊迫感もあるが、他方では"戦時中"とはいえ、のどかな面も・・・。これは、「朝鮮戦争」が今なお終戦せず、北朝鮮と"停戦状態"にある韓国の１日と同じようなもの・・・？

■□■興味の継続は？ワンパターン？チャップリンとの比較は■□■

もっとも、本作の"奇妙さ"は冒頭から導入部、更に中盤を通じてすべてワンパターンだから、冒頭と導入部ではそれに引き込まれたが、中盤になると少し飽きてくる。ちなみに、４月２日付日経新聞夕刊で、本作を星二つと低評価している宇田川幸洋（映画評論家）は、一方で「淡々と、架空のまちの戦時の日常がつみかさねられる。グロテスクに誇張された小津映画とでもいった趣。美術と撮影からくる、つげ義春的ともいえる雰囲気には魅力もある」と書きながら、他方で「だが、登場人物の一様な機械人形化は、見ていていくつであり、そのくりかえしに苦痛すら感じてくる」と書いているが、私もそれに同感だ。また、『キネマ旬報』４月下旬号の「REVIEW　日本映画＆外国映画」では、詩人、映画監督で私と同じ１９４９年生まれの福間健二氏も星２つの低評価で、「笑えなかった」、「池田ワールド。そう言うテイストの徹底ぶりは認めたいが、頻出する食べ物の扱い方が

気色わるい」と書いている。

　本作の池田暁監督は脚本・編集・絵も担当し、フル活躍しているが、本作における彼の最大の功績はアイデア。彼の頭の中に生まれたアイデアが『きまじめ楽隊のぼんやり戦争』というタイトルに結実しているわけだ。冒頭に見る奇妙な楽隊の姿と、導入部で見る津平町の１日の姿、そして、その中で暗示される川の向こう側の太原町の脅威を感じ取ることができれば、本作の面白さに身を乗り出してしまうはず。しかし、本作ではその面白さが長続きせず、登場人物たちの奇妙な動きにも飽きてしまうからそれが残念！

　ちなみに、無声映画時代のチャップリンの名作は、俳優・チャップリンの奇妙な動きに全く飽きがこないうえ、面白いストーリーが次々と展開していくから、今日まで"名作"と評価されているわけだ。それに比べると、明らかに本作はストーリー構成がイマイチだ。

■□■太津川の向こう側は？私の第１の疑問は？■□■

　本作で途中から気になるのは、太津川の向こう側はナニ？ということ。川の向こう側は太原（たわら）町だが、そこにはどんな人たちが住んでいるの？町長は、「今日も向こう岸からの脅威が迫ってきています！どんな脅威かは忘れましたが、皆さん、とにかく頑張りましょう！」と訓示していたが、川の向こう側の脅威の具体的な内容は全くわからない。また、城子も盛んに戦いが激化している川上にいる息子の自慢話をするものの、その戦いの具体的な内容はさっぱりわからない。韓国と北朝鮮に分断された朝鮮半島では、韓国側から見る北朝鮮の脅威は具体的だが、本作ではそれがサッパリわからないところがミソだ。ナチス・ヒットラーの暴虐ぶりを特集したＢＳ１の番組『映像の世紀』（９５年〜９６年）を観れば、ヒットラーがユダヤ人の脅威を強調することによってドイツ国民の対抗心を高め、一致団結させたことが明らかだが、さて、津平町は太津川向こう岸にある太原町のどんな脅威に備え、日々戦争をしているの？

　本作のストーリー構成（脚本）には疑問点がたくさんあるが、その第１は、本作中盤、突然主人公の露木が楽隊への転勤を命じられること。今日の戦争（仕事）を終え、帰り支度をしている露木がいきなり上司の川尻から「露木くん、明日から楽隊ね」と言われたところから後半の奇妙なストーリーに移行していくわけだが、そもそもなぜ露木は第一基地勤務の兵隊から楽隊院に転勤させられたの？それがサッパリわからないうえ、本作ではそれを説明しようとする意欲は全く見えないから、私にはアレレ・・・。

■□■負傷兵は？泥棒は？町長の息子は？女性は？■□■

　本作のストーリー構成（脚本）についての私の疑問はたくさんある。それらはすべて、第１の疑問の続きともいえるもので、具体的には①川の向こうからの敵の弾で右腕を負傷した藤間のその後の扱い、②煮物泥棒で逮捕された三戸は兵隊にさせられて冷遇されるのに対し、同じ漬物泥棒として逮捕されるべき平一は、町長の息子だからという理由だけで警官に出世すること、③津平町では町長が帰庁する際に川尻の妻・春子（橋本マナミ）と見知らぬ女がお見送りをする習慣があるところ、ある日、町長が川尻に「何だ。奥さん代

えたのか?」と質問し、「はい、子供ができないもので」と答えた川尻に対して「じゃあ仕方ないね」と言って、その後、いとも簡単に川尻の妻が変わること、等だ。

『パラサイト　半地下の家族』(19年)(『シネマ46』14頁)は韓国社会の格差問題に鋭いメスを入れた問題提起作だったが、日本でも格差と安倍政権・菅政権を批判する声が喧しい。池田暁監督が本作に上記のようなストーリー(エピソード)を盛り込んだのは、そんな日本社会の流れに沿ったものなのかもしれない。ちなみに、町長の息子のエピソードは、ひょっとして東北新社に勤務する菅総理の長男と総務省幹部の接待問題を皮肉ったもの?また、春子へのあり得ないような女性差別のストーリーは、森喜朗元東京オリンピック・パラリンピック競技大会組織委員会会長の女性蔑視発言への当てつけ?この問題は両者とも、本作が製作された後に発生したものだから、それはあり得ないが、なぜ本作に上記のようなストーリー(エピソード)を盛り込む必要があったの?

■□■なぜ「美しき青きドナウ」をトランペットで?■□■

本作後半は、露木が転属させられた伊達(きたろう)率いる"きまじめ楽隊"のストーリーがメインになっていく。津平町の住民は今の日本国民と同じように"思考停止状態"にあるが、それは"きまじめ楽隊"も同じ。さらに、町長はもとより、煮物屋店主の板橋と定食屋店主の城子を典型として、津平町のほとんどの住民は"思考停止状態"にあるが、そんな中、唯1人「なぜ・・・?」「どうして・・・?」と本作全編を通して素朴な質問をするのが、主人公の露木だ。

そんな露木には、川上の戦争で奮闘している息子のニュースばかりに一喜一憂している城子たちと違って、ほんの少しの"真実"が見えてくるらしい。その1つが、家の前で露木の耳に聞こえてきたかすかな音(音楽)を頼りに、川のほとりに行く中で露木の耳にハッキリ聞こえてきた川の向こう岸からのトランペットの音色だ。そのトランペットを吹いているのは、向こう岸にかすかに見える女性・・・?もしそうなら、同じ曲をこちら側から向こう岸に向けて吹いたら、反応してくるのでは・・・?これは、素朴な質問をすることに躊躇しない露木なればこその発想だったが、実際に、露木の耳に入ってきたヨハン・シュトラウス2世の「美しく青きドナウ」を露木が向こう側に向かってトランペットで吹いてみると・・・?3月13日観た中国映画『八佰 (The Eight Hundred)』(20年) では映画終了後、字幕と共に流れてきた曲が「ダニー・ボーイ」だったことにビックリさせられたが、本作はナゼ「美しき青きドナウ」なの?北朝鮮と韓国は「北緯38度線」を挟んで対峙しているが、ひょっとして韓国側から北朝鮮に向けてこの曲をトランペットで吹いたら、北朝鮮から反応が・・・?

■□■ラストは新部隊と新兵器!その威力は?きのこ雲は?■□■

第二次世界大戦の終盤は原子爆弾をどの国が先に開発し実用化するかが焦点になった。今でも北朝鮮はアメリカに対抗するためには核兵器をいかに保持し続けるかがポイントと考えているらしい。それと同じように、架空の時代の架空の都市・津平町も、新兵器の開

発に余念がなかったらしい。そのことは、情報通の板橋煮物屋の店主が当初から「この町にすごい部隊がくるらしいよ」と語っていたことからも明らかだ。もっとも、津平町の町長は物忘れがひどいから、喋っている内容は支離滅裂だし、板橋も「何がすごいのですか?」と聞かれると「何かがすごいらしいよ」と返すばかりだから、会話のワケの分からなさは全く同じだ。このように奇妙なタイトル、奇妙なセリフ回し、奇妙なストーリーで進んでいく本作は、露木以外の登場人物はすべて"思考停止状態"が際立っている。しかし、よく考えてみると"大東亜共栄圏"の建設という理想を唱えて中国大陸に進出していった旧大日本帝国の国民はかなり"思考停止状態"だったし、戦後、「平和憲法」の幻想の下で平和を76年間も享受し続けている現在の民主主義国・日本の国民もほとんど"思考停止状態"だから、津平町の住民たちと同じようなもの・・・?

　そんなことを考えながら本作後半のストーリー展開を観ていると、ある日遂に新部隊と新兵器が登場!楽隊の重厚な音楽とともに登場した新部隊と新兵器は、その設置を終えると、轟音とともに弾を太原町に向けて発射。その数秒後に起きた太原町の光景は?そのすさまじさは、まさに1945年8月6日に広島に投下された原子爆弾と同じ。また、巨大なきのこ雲の姿も同じだ。すると、これで太原町は崩壊?それとも、新兵器には新兵器で報復?そんな新部隊と新兵器の恐ろしさは、あなた自身の目でしっかりと!

2021（令和3）年4月7日記

よく似たテイストの映画が次々と!

1)『きまじめ楽隊のぼんやり戦争』は、架空の町での架空の戦時体制を描く、何とも奇妙なテイストの映画だった。2021年3月23日付日経新聞夕刊は、そんな本作に続いて、①佐々木想監督『鈴木さん』(今冬公開予定)、②河合健監督「なんのちゃんの第二次世界大戦（5月8日公開）を紹介し、「『ぼんやりした総動員体制』に現代日本が映る」ことを指摘した。

2)上記①も、「戦時下と思われる架空の町が舞台。45歳以上の未婚者は住民資格を失う条例ができ、介護施設を営むヨシコは近く町を追われる。未婚の女友達は入隊した。住民は工作員がいないか監視している。そんな時、ヨシコの前に身元不明の男が現れる。」というものだ。

3)上記②は、「実際の戦争を題材にしながら、架空の町で建設予定の平和記念館を巡る騒動を描く。市長の祖父は戦時中に反戦を訴えたと言われる元教師。彼を顕彰する施設にBC級戦犯の遺族である石材店の家族たちが反対する。戦時下に何があったのか。そんな問いを投げかけるが、主な登場人物は戦後生まれ。行動の根拠は個々に違う。」というものだ。本作に続いて、上記①、②は必見!

2021（令和3）年4月28日記

Data

監督・脚本：三澤拓哉

プロデューサー：ウォン・フェイパン

出演：守屋光治／中崎敏／森優作／永嶋柊吾／堀夏子／小篠恵奈／ロー・ジャンイップ／成嶋瞳子／大河原恵／平田真人／八戸邦子／磯貝幸毅／中川香果／清水形／松詠人／本田由捺／桐山雄気／朝倉倭士／宮岡亜実／福地冷緒／三澤啓吾

SHOW-HEY シネマルーム

★★★★★

ある殺人、落葉のころに

2019年／日本、香港、韓国合作映画

配給：イハフィルムズ／79分

2021（令和3）年5月1日鑑賞　シネヌーヴォ

👀 みどころ

　ヨーロッパの巨匠たちの作品は"説明不足"で"クソ難しい"ものが多いが、それはなぜ？まだ20歳代の三澤拓哉監督の本作も、いかにも意味シンなタイトルを含めて説明不足気味だが、その出来栄えは？

　中国でも韓国でも30歳前後の若手監督の躍進が目立っているが、それらに対抗できる数少ない日本の若き才能に注目！

　文革時代ラストの中国に登場した「四人組」は悲惨な末路を辿ったが、湘南を舞台にした"高卒4人組"の青春群像劇の展開と結末は如何に？ちなみに、本作のタイトルの意味については、本作ラストに見る『戦艦ポチョムキン』（25年）で有名な"モンタージュ理論"の応用に注目！

―― * ―― * ―― * ―― * ―― * ―― * ―― * ―― * ―― * ――

■□■中国、韓国に負けるな！日本にも20歳代の注目監督が■□■

　中国の胡波（フー・ボー）監督、顧暁剛（グー・シャオガン）監督、毕赣（ビー・ガン）監督らは、いずれも1989年前後に生まれた才能豊かな若き男たち。また、韓国のキム・チョヒ監督、キム・ドヨン監督、ユン・ダンビ監督らも、同じく1989年前後に生まれた才能豊かなアラサー女子たちだ。このように、中国、韓国の映画界では才能のある若手監督が次々と登場しているが、日本の映画界における若き才能の登場は？

　それはかなり心もとないが、そんな状況下でも『3泊4日、5時の鐘』（14年）で長編映画監督デビューした1987年生まれの三澤拓哉監督は、私の最大の注目株だ。同作は、1980年生まれの深田晃司監督と女優兼映画監督である杉野希妃が三澤拓哉の若き才能を見出したことによって完成した作品で、北京国際映画祭注目未来部門最優秀脚本賞を受賞した。湘南の茅ケ崎館を舞台にした男女7人の青春群像劇たる同作は、女同士のバトルや若い男女の恋模様の他、教授とゼミ生との「不適切な関係」など、杉野希妃の人間観察

眼の鋭さとアイロニーがいっぱいの、メチャ面白い作品だった（『シネマ37』144頁）。

これは三澤拓哉監督の生まれが湘南の茅ケ崎であるためだが、それは本作も同じ。もっとも、桑田佳祐や加山雄三の地元としても有名な湘南や茅ケ崎は、陽気で明るい海辺の町のはずだが、パンフレットにある映画評論家・轟夕起夫のレビュー、「風の中にたゆたう『答え』」で「三澤拓哉監督の〈湘南シリーズ第2弾〉と呼んでもいいかもしれない。」と書かれている本作の舞台、湘南はかなり陰湿だ。それは、『ある殺人、落葉のころに』という意味シンなタイトルからも容易に想像できる。

さあ、2020年の大阪アジアン映画祭で、「JAPAN CUTS Award」を受賞した本作は、一体どんな映画？興味津々だ。

■□■小さな映画でも、韓国・香港そしてアジアン映画祭で！■□■

映画は作るのも大変だが、上映し、収益を上げるのはそれ以上に大変。そのため、監督と共にプロデューサーが大きな役割を担うことになる。三澤監督の第1作たる『3泊4日、5時の鐘』は女優である杉野希妃がプロデューサーを務めたが、本作では香港版『十年』（15年）を監督したウォン・フェイパンがプロデューサーを務めている。

同作は、日本・タイ・台湾の共同プロジェクトとして、それぞれの国の「10年後」を描く、①『十年』（香港版）、②『十年』（タイ版）（17年）、③『十年』（日本版）（18年）（『シネマ43』312頁）の元になったヒット作だから、三澤監督がそんなウォン・フェイパンとタッグを組んだことの意義は大きい。その事によって、本作は"日本映画の枠を超えた新しいアジア映画"に高められたわけだ。それを受けて、本作は、①2019年10月に釜山国際映画祭、②2019年11月に香港アジアン映画祭、③2020年3月に大阪アジアン映画祭、で上映された後、④2020年10月に茅ケ崎で先行上映され、⑤2021年2月に大阪のシネヌーヴォで上映されるに至ったわけだ。

私は藤元明緒監督、渡邉一孝プロデューサーがタッグを組んだ第1作『僕の帰る場所』（17年）（『シネマ41』105頁）、第2作『海辺の彼女たち』（20年）に出資し、その劇場公開の協力を続けている。同作も小さな映画ながら、第30回東京国際映画祭「アジアの未来」部門グランプリを受賞したが、本作も小さな映画ながら、韓国、香港、アジアンの上映に至ったことに拍手！

■□■主人公は4人の同級生。卒業後の職場は？力関係は？■□■

『海辺の彼女たち』はベトナムから日本にやってきた3人の技能実習生の女性を主人公とし、青森の寒々とした海辺を舞台とした鋭い社会問題提起作だった。それに対して、本作は暖かい海辺の町・湘南を舞台にした、4人の同級生、俊（守屋光治）、知樹（中崎敏）、和也（森優作）、英太（永嶋柊吾）を中心とした青春群像劇。幼なじみの"4人組"が同じ地元の高校を卒業し、和也の父親が経営している伊藤土建に4人そろって就職するという設定は、「邦画の枠を超えた新たなアジア映画」という謳い文句とは裏腹の、いかにも今ドキの"内向きニッポン"の表れだ。しかも、高校時代までは何の利害関係もない屈託の

ない友人関係でいられたはずの4人組だが、雇い主が和也の父親で、和也はその後継者ともなると、4人組の力関係には少しずつ変化が・・・。

　普通は、和也がそれを自制するものだが、スクリーン上では逆に、和也が、「お前ら誰に雇われているんだ」的な態度をとっているから、アレレ。たしかに、伊藤土建の社長は和也の父親だが、そうだからといって、二代目の和也が同級生だった3人の親友を子分扱いしていい、ということにはならないはずだ。具体的には、自動販売機の前で和也が知樹に対して、「俺の前で携帯をいじるな！」と叱責している姿にビックリ。また、この4人は、いつも知樹が寝泊まりしている伊藤土建の倉庫内でトランプゲーム（賭けトランプ）に興じていたが、そこに英太の彼女・沙希（小篠恵奈）がやってくると、そこでも和也は英太に対して「いつも言っているだろ、職場に女を入れるな！」と命令口調で・・・。

　4人とも同じ職場で同じように働き、いつも仲良くトランプゲーム（博打）をやっていたが、その後、次々と“あの事件”、“この事件”が起きてくると、4人の力関係は大きく変わっていくことに・・・。『海辺の彼女たち』では、最悪の状況下でもベトナムからやってきた3人の女の子たちの結束は固かったが、さて、同じ湘南に住み、同じ職場で働いている日本人の若者4人組は・・・？

■□■ “あの事件”、“この事件”が4人組をバラバラに！■□■

　かつて中国では文化大革命を主導し、毛沢東の後継者を狙った、江青、張春橋、姚文元、王洪文の「四人組」が注目されていたが、その末路はバラバラで哀れなものだった。それと同じように、本作でも次々と起こる“あの事件”、“この事件”によって、4人組は次第にバラバラに。三澤監督はそれを今ドキの邦画のように、何でも説明調の演出とは正反対の、チラリチラリと小出しにしながら演出していくので、それに注目！

199

第1の事件は、4人組を結びつける原動力になっていた、高校時代の恩師の突然の死亡。4人組を含めた葬儀参列者がビックリしたのは、その喪主が誰も知らなかった未亡人・千里（堀夏子）だったことだ。ええ〜、先生はいつ再婚していたの？しかも、そのお相手があんなに若く美しい女性だったとは！先生は、なぜそれを内緒にしていたの？

　第2の事件は、伊藤土建の社長（＝和也の父親）の借金の処理のため、和也が仕方なく産業廃棄物の不法投棄に手を染めること。それに同行したのは和樹だけだったが、そんな犯行がもたらす波紋は？

　第3の事件は、4人組がいつもの倉庫内で例外的に英太の彼女・沙希を参加させてトランプゲームと酒宴に興じた後のレイプ（未遂）事件の発生。沙希は「和也にやられた！」と英太に訴えたが、それを伝え聞いた和也は「そんなはずないだろう。ぶつかっただけだ」とシャーシャーと答えていたが、さて、真相は？

　以上の他にも、本作中盤には、こともあろうに恩師の未亡人である千里と俊がいい仲になった（？）り、和也の母親といがみ合いを続けていた祖母が突然いなくなったうえ、死体で発見されたり、およそ湘南の町には不似合いな、不穏かつ陰湿な事件が発生するので、それらに注目！これらの事件が4人組をバラバラにしていったのは明らかだが・・・。

■□■説明不足は不親切？それとも絶妙な演出テクニック？■□■

　昔からヨーロッパの名画系映画は説明不足の面が強く、監督がその映画で何をアピールしたいのかは、「観客自身が考えてください」と主張するものが多い。それと正反対なのが日本のTVドラマで、そこではストーリーがわかるようにすべてが説明調になっている。「犯人は誰だ」をテーマにしたミステリー作品でさえ、最後には名探偵がすべての謎を解き明かし、ネタバレをするのが一般的だ。

　1年間を通して放送されるNHK大河ドラマならそれでもいいが、2時間弱で編集すべき映画の演出が、ホントにそれでいいの？深田監督らの影響を受けながら、そんな映画の演出法を学んだ三澤監督は、当然ながら自分の映画では説明不足型を選び、観客には自ら考えさせる演出を目指している。もっとも、前作『3泊4日、5時の鐘』は明るい青春群像劇だったから、説明不足もそれなりに楽しいものだった（？）が、『ある殺人、落ち葉のころ』というタイトルに象徴される本作のような実に鬱陶しい展開では、観客は2時間弱ずっとイライラしながらよくわからないストーリーを見続けることになる。もちろん、パンフレットに書かれている「ストーリー」はほんの要旨だけだし、“ネタバレ情報”としてネット上に投稿されている文章には明らかな誤りがあるほどだ。

　本作は、冒頭の「私は覚えている」という女性のナレーションから始まるが、これは一体誰が語っているの？そして彼女は一体何を覚えているの？ひょっとして、彼女は前述した第1の事件、第2の事件、第3の事件等の真相を知っているの？いやいや、そんなことはあり得ないはずだ。このような、いかにも思わせぶりでミステリアスな演出が過度になると嫌味になる危険性もあるが、さて、本作は？

■□■ "ある殺人"の演出はモンタージュ理論の応用で！■□■

　私は２００７年にキネマ旬報社の映画検定３級に合格したが、その時『映画検定　公式テキストブック』（キネマ旬報映画総合研究所編）で勉強したのが"モンタージュ理論"。これは元々はフランス語で「（機械の）組み立て」という意味だが、視点の異なる複数のカットを組み合わせて用いる技法という「映画用語」として有名になっている。モンタージュ理論が効果的に使われた例は、ソ連映画『戦艦ポチョムキン』（25 年）で、とりわけ乳母車が階段を転がり落ちる場面は"モンタージュ理論"の応用として有名だ。しかして、本作ラストでは、コカ・コーラの瓶が坂道を転がり落ちていくシーンで、『戦艦ポチョムキン』で観たそんな"モンタージュ理論"が登場するので、それに注目！

　本作中盤までは他の３人と同じ作業服だった和也が、後半からはスーツ・ネクタイ姿に変身するが、これは彼が伊藤土建の２代目社長に就任したため。そんな和也は今、何かあるたびに知樹と英太に金（小遣い？）を与えていたが、それは一体ナゼ？他方、もともと和也とは少し距離があった俊は、千里といい仲になってくるとさらに和也との距離を広げ、伊藤土建から去っていったが、それは一体ナゼ？きっと俊にはそれなりの理由があるのだろうが、和也にはそれがわかっていなかったのでは？すると、そんな２人が偶然出会うと・・・？そんな場合和也は前と同じように俊が頭を下げてあいさつするのが当然だと考えるだろうが、俊の方は・・・？

　本作ラストでは、地下道を歩いていた和也が偶然俊とすれ違うシークエンスが登場する。そして、それと相前後してコカ・コーラの瓶が坂道をゴロゴロと転がり落ちていく場面が・・・。これが"モンタージュ理論"の応用だとすれば、それは一体何を意味するの？『ある殺人、落葉のころに』という本作のタイトルに思いを巡らせながら、それくらいはしっかり理解して、本作を鑑賞しなければ・・・。

■□■三澤監督は『日本春歌考』を本作の参考に！？■□■

　私が大学に入学した１９６７年４月当時はフォークソングの全盛時代で、マイク眞木がギターの弾き語りで歌った「バラが咲いた」や荒木一郎の「空に星があるように」が大ヒットしていた。映画でも大島渚監督の『日本春歌考』（67 年）が大ヒットしていた。そこで歌われていた「一つ出たホイのヨサホイのホイ」から始まる「ヨサホイ節」は、コンパの席になるといつも手拍子で歌われていた「春歌」だ。しかして、パンフレットの中の「Interview」で三澤監督は、「企画書には参考作品として、『マルホランド・ドライブ』（２００１、デヴィッド・リンチ）と『日本春歌考』（１９６７年、大島渚）を挙げてました」、「男子４人の空想する部分や今見てるものは何なのかという感覚、あと音楽など、『日本春歌考』は結構意識してました」と語っている。

　私はリアルタイムで『日本春歌考』を観ていないが、機会があればぜひ本作と対比しながら、再度鑑賞したいものだ。

２０２１（令和３）年５月１０日記

★★★★

なんのちゃんの第二次世界大戦

2020年／日本映画
配給：なんのちゃんフィルム／112分

2021（令和3）年7月22日鑑賞	シネ・ヌーヴォ

🎬 **Data**
監督・脚本：河合健
出演：吹越満／大方斐紗子／北香那
／西めぐみ／西山真来／高
橋睦子／藤森三千雄／きみ
ふい／細川佳央／河合透真

👀 みどころ

　私たち団塊世代では、"なんのちゃん"と言えば南野陽子のことだが、本作のそれは、BC級戦犯の遺族として闘い続けている"南野軍団"の孫娘。10歳の彼女は、怪文書の送付活動を続ける祖母らと共に、"まやかし"の平和記念館設立を進める"市長派"と対峙していたが・・・。

　平成最後の年、少子高齢化が進む関谷市は、外来種となる亀の大量繁殖に悩んでいたが、子供達にもなぜか大きな"分断"が！この混乱は一体なぜ？

　1989年生まれの河合健監督にとって、太平洋戦争とはナニ？BC級戦犯とはナニ？そんな疑問が本作のタイトルに凝縮！本作の大テーマは"混沌"だが、そのハチャメチャぶりは・・・？

―――＊―――＊―――＊―――＊―――＊―――＊―――＊―――＊―――＊

■□■へんてこなタイトルの、何とも奇妙な戦争映画が次々と■□■

　2021年8月15日の終戦記念日に向けて、今年のシネ・ヌーヴォは「太平洋戦争から80年　戦争映画特集」を7月30日から9月2日まで開催し、『激動の昭和史　沖縄決戦』（71年）や『東京裁判』（83年）等のオーソドックスな戦争映画の名作を特集するが、その前の7月には、『なんのちゃんの第二次世界大戦』というへんてこなタイトルの戦争映画が公開された。今年の3月には『きまじめ楽隊のぼんやり戦争』（20年）（『シネマ48』270頁）という、これまたへんてこなタイトルの奇妙な戦争映画が公開されたが、2021年3月23日付日経新聞は、「架空の戦時体制に映る現代日本」、「ぼんやりした総動員描く」と題して、①『きまじめ楽隊のぼんやり戦争』、②『なんのちゃんの第二次世界大戦』、そして、今冬公開予定の③『鈴木さん』の3本を特集し、編集委員の古賀重樹氏が解説しているので、これは必読！

　『きまじめ楽隊のぼんやり戦争』について、私は「残念ながら脚本はイマイチ！しかし、

問題提起の視点は良し！練度を向上した次作に期待したい」と書いたが、さて本作は？

■□■関谷市では、平和記念館設立派と戦犯遺族が激突！■□■

　本作の時代は、平成最後の年。舞台は、少子高齢化が進み、外来種である亀の大量繁殖問題に悩まされている架空のまち、関谷市だ。そして、終戦７５年の平和記念館設立を目指す清水昭雄市長（吹越満）と、「平和記念館設立を中止せよ。私は清水正一を許さない」という怪文書を送りつけた、南野和子（大方斐紗子）との"激突"が本作のメインストーリーだ。

　車椅子で登場する、昭雄の祖父である正一（藤森三千雄）は今１０５歳だが、戦争中も教師だった彼が反戦を訴え続けてきたというのが市長の自慢だ。ところが、BC級戦犯の遺族で、石材店を営んでいる和子らは、それを真っ向から否定。正一がホントに反戦論者なら、戦争で死亡した自分の息子に「國勝（くにかつ）」などという名前をつけるはずがない、というのが和子らの主張だが、さて、真相は？

■□■河合監督の問題意識は？本作の狙いは？■□■

　私たち団塊世代は、子供の頃に公開されたフランキー堺主演の『私は貝になりたい』（５９年）（『シネマ４３』３４０頁）を知っているから、BC級戦犯のこともよく知っている。また、毎年８月１５日の終戦記念日に向けて戦争映画の名作が次々に公開されたから、"あの戦争"のことについてもそれなりに知っている。しかし、戦後７４年も経った今、「日本はアメリカと戦争したの？ウソ？」という若い子がいるそうだから、「BC級戦犯って一体何？」という質問が出ても仕方ない。１９８９年生まれの河合健監督は、そんな問題意識の下で本作を作ったそうだ。

　本作のパンフレットには次のとおり書かれている。すなわち、

僕が戦争に対して切実に感じること。
それは戦争の悲惨さよりも前に、語り手によって事態が簡単に崩れ落ちてしまう恐ろしさだ。
何があったのか、誰が悪いのか。
人に聞けば聞くほど、もうわけが分からなくなってくる。
この混乱、何かと似ているなと思ったら、今の政治に対しても同じだった。
その感覚をそのまま映画で表現しようと思った。
平成生まれの僕と太平洋戦争との不透明な距離感。
どうか、実感してほしい。

河合健

　私は本作鑑賞後に、１９８９年生まれの河合健監督の舞台挨拶を聞いたが、そこで彼の口から語られたのは、上記と全く同じ内容だった。

　そんな問題意識から作られた本作のテーマは"混沌"だが、さて、その展開は如何に？

■□■ "なんのちゃん"こと南野マリ登場！■□■

　本作は、清水市長派vs南野家の対立を描くストーリーだが、登場人物も多いから、その点はきちんと整理しておく必要がある。まず、清水昭雄市長を支えるのは、①秘書の美香（きみふい）、②スチールカメラマンの麻呂（細川佳央）、③平和推進委員会の書記係のタツオ（河合透真）の3人。次に、妻の圭子（河合佳子）、娘の瑞稀（藤原佳奈）たちだ。さらに、その背後には、平和推進委員会を応援する多くの市民がいるらしい。

　それに対して、平和記念館設立反対闘争を続けている南野石材店の店主は"和子ばあさん"だが、地元のスナック「なんのちゃん」のママをしている娘の南野えり子（高橋睦子）や、えり子の長女の紗江（西山真来）らも、"南野軍団"の強力な構成員。そして、後半から本作の主人公として登場してくる南野マリ（西めぐみ）は、紗江の娘だ。スナック"なんのちゃん"には、清水市長だけでなく平和記念館設立推進派の面々も客として訪れ、懸命にえり子を説得しているが、えり子の反対の意志は強いらしい。また、スーダンで国際

ボランティア活動をしている紗江は、「関谷市の平和記念館設立という"狭い視点"ではなく、広く世界平和に目を向けよう」と主張し、平和推進委員会に単身で乗り込んで

くるから、そのパワーはすごい。

　さらに、10歳のマリは、男勝りな気性でメチャ元気。本作中盤、大量繁殖している外来種の亀の取り扱いを巡って、2人の男の子と、女の子ながら1人で対決する姿は感動的と言ってもいいほどだ。そんな"なんのちゃん"こと南野マリは、本作後半からどんな活躍を？私たち団塊世代では、"なんのちゃん"といえば南野陽子のことを指していたが、本作の"なんのちゃん"は、和子ばあさんのひ孫にあたる、この南野マリのこと。しかし、『なんのちゃんの第二次世界大戦』って一体何？これはサッパリわけがわからない！まさに、本作は混沌・・・。

■□■クライマックスに向けた大混乱と"混沌"ぶりに注目！■□■

　平成生まれの河合監督にとっては、若い人たちがBC級戦犯を知らないのは当然のこと。そのため、河合監督はあえて本作の一方のメインキャラクターに、"BC級戦犯の遺族"である和子ばあさんを設定したわけだ。それに対して、今なお車椅子で生きている105歳

の正一を「反戦を訴えたまちの偉人」に祭り上げながら平和記念館の設立に邁進している清水市長は、一見常識的で正統派に見えるが、その実態は？来たるべき市長選挙にも盤石の態勢を整えている清水市長は自信満々だが、娘の瑞稀が韓国旅行に行って勝手に整形手術を受けたり、家族間でワケの分からない貴族言葉を使う等、家族の結束のインチキ性も浮かび上がってくる。もちろん、市長宛てに怪文書を送り付けるという南野軍団の"暴挙"は許されるべきではないが、そうかといって、清水市長のウソっぽい平和記念館設立運動も、まさに今の日本の薄っぺらで実体のない民主主義を象徴していると言わざるを得ない。しかして、この両者の言い分は、どちらが正しいの？もちろん、その正解はないし、河合監督も本作でそれを示すつもりはないから、本作をいかに作るかは、ある意味で自由で気楽なもの・・・？

　河合監督は脚本上のテクニックとして（？）、早々に和子ばあさんをスクリーン上から退場させたうえ、後半からはオーディションで発見したという天才少女、西めぐみを主役に仕立てて、その大混乱と"混沌"ぶりを見せていくので、それに注目！７月２６日には宮沢りえ主演の『ぼくらの七日間戦争』（８８年）がテレビ放映されるが、本作後半からクライマックスにかけては、正一の誕生日会と、オープンにこぎつけた平和記念館のセレモニーを巡ってハチャメチャな大混乱が勃発！そこでは、マリ率いる子供軍団も、「スパルタクスの反乱」ならぬ、亀を使った大反乱を見せるので、それにも注目！

■□■同年生まれの監督、日中比較！やっぱり中国の方が上！■□■

　１９８９年は、日本はバブルが崩壊した年であると共に、昭和の時代から「失われた１０年」を含む低成長の平成の時代に入った、分かれ目の時代。それに対して、６月４日に天安門事件が起きた中国にとって１９８９年は、大激動の年だが、以降、鄧小平の改革開放政策に導かれて中国流の社会主義的資本主義が急成長していくことになる。そんな、１９８９年生まれの河合監督と同世代の中国人監督が、『凱里ブルース（路辺野餐）』（１５年）（『シネマ４６』１９０頁）や『ロングデイズ・ジャーニー　この夜の涯てへ（地球最后的夜晩）』（１８年）（『シネマ４６』１９４頁）の毕贛（ビー・ガン）監督、そして『象は静かに座っている（大象席地而坐）』（１８年）（『シネマ４６』２０１頁）の胡波（フー・ボー）監督だ。

　私が本作を観た７月２２日は、河合監督が舞台あいさつのため来阪し、上映後１０分ほど彼の話を聞くことができたが、その内容はパンフレットに書いてあるものと全く同じで、観客に向けた直接のアピール力は乏しかった。本作での彼の狙いは、脚本の決定稿から「教えてなんのちゃん」などを含む、分厚いパンフレットの中にすべて込められているが、そのエッセンスは前述のとおり。そして、たしかに本作にはその狙い通りの"混沌"ぶりがタップリと詰め込まれている。しかし、中国の同世代監督である毕贛監督や胡波監督作品の物凄いアピール力に比較すると・・・？その出来の差は明らかだ。そう私は思うのだが・・・。

２０２１（令和３）年７月２８日記

Data

監督・脚本：石井裕也
出演：池松壮亮／チェ・ソヒ／オダ
　　　ギリジョー／キム・ミンジェ
　　　／キム・イェウン

SHOW-HEY シネマルーム

★★★

アジアの天使

2021 年／日本映画
配給：クロックワークス／128 分

2021（令和3）年7月6日鑑賞	シネ・リーブル梅田

みどころ

　石井裕也監督が韓国を舞台に、"ぶっ飛んだ物語"を展開させる本作の狙い
は何？"アジアの天使"の姿、形は如何に？

　主人公は2人の兄弟だが、その性格は正反対！そこにかつてのアイドル歌手
が加わった"はぐれ者3人組"の江陵（カンヌン）への旅は、如何に？

　『川の底からこんにちは』（09年）では"石井魔術"にぞっこんだったが、
さて本作は？

——— ＊ ——— ＊ ——— ＊ ——— ＊ ——— ＊ ——— ＊ ——— ＊ ——— ＊ ———

■□■石井裕也監督に注目！近時の活躍は？■□■

　石井裕也監督の最新作として、『茜色に焼かれる』（21年）と本作がほぼ同時に公開さ
れた。『茜色に焼かれる』は尾野真千子主演による母と子の、かなり"変わった物語"だっ
たが、韓国を舞台に、池松壮亮、オダギリジョーと韓国のスターを混在させた本作も、か
なり"変わった（ぶっ飛んだ？）物語"だ。私は石井監督の商業デビュー作たる『川の底
からこんにちは』（09年）（『シネマ25』164頁）の奇妙なタイトル、奇妙な物語、そ
して、ヒロイン満島ひかりの魅力にぞっこんだったが、以後の作品は少し平凡。しかし、
奇妙なタイトルの本作は必見！そう思ったが・・・。

■□■石井裕也監督と韓国との接点は？この出会いは？■□■

　石井監督自身は裸になって韓国映画界に飛び込み、韓国スタッフと一緒に仕事をする中
でさまざまなものを見つけたそうだから、本作はきっと、日韓関係が最悪になっている今、
そんな体験を本作のテーマとタイトルに込めたもの！きっとそうだろうが、私にはそもそ
も妻を病気で亡くした弟の青木剛（池松壮亮）が、1人息子の学（佐藤凌）を連れて、韓
国で怪しげな商売を営んでいる兄、透（オダギリジョー）の元に飛び込むという設定が納
得できない。

　いくら兄から調子のいい言葉で韓国行きを勧められたとしても、兄の性格や生き方のい

い加減さを誰よりも熟知している弟なら、それが洒落だということくらいわかるのでは？また、剛は腐っても（？）小説家なのだから、妻が死亡したからといって、日本の家を売り払うという一大決心をしてまで、あえて言葉も通じない韓国での父子の生活を選択する必要など、ないのでは？

■□■アイドル歌手との出会いは？■□■

他方、かつてのアイドル歌手チェ・ソル（チェ・ソヒ）と剛との"出会い"も不自然だ。剛はある日、客のいない中でライブをしている元アイドル歌手であるソルと目が合ったようだが、その後、本作ではクッパ食堂で1人泣きながら酒を飲んでいるソルとの、言葉が通じないままワケの分からない展開の"出会い"が描かれていく。しかし、これって漫画・・・？いやいや、これがれっきとした本作のテーマであり、ロミオとジュリエット風の恋物語の出発点になっていくから、アレレ。

「言葉が通じないけど、悲しみの目は分かる」というのがいかにも小説家らしい剛の"言い分"だが、後に2人は"それなり"の英語で"それなり"の会話を交わしているから、会話を欲するのなら英語で喋ればいいだけだ。こりゃ一体ナニ？

■□■ソル様御一行3名の江陵（カンヌン）行きはなぜ？■□■

商売上の相棒に騙された透は、剛から責められる中、新たに「ワカメの輸出で儲ける」と宣言し、2人は海辺にある江陵（カンヌン）を目指すことに。他方、兄のジョンウ（キム・ミンジェ）の勧めで、妹のポム（キム・イェウン）と共に列車に乗って江原道に向かっていたのがソル様御一行3名。彼らが目指すのは、江原道にある母親のお墓参りだが、そんな日韓の"はぐれ者"同士を結び付けるのが、剛の息子、学だ。しかし、そのストーリーもいただけない。おもそも、9歳になる学が、なぜ列車の中で迷子になるの？また、通路で1人で歩いているだけで、なぜ彼が迷子だとわかるの？

本作のテーマは、透が語る「韓国では、メクチュ チュセヨ（ビールください）とサランヘヨ（愛しています）だけ話せばいいんだ」ということらしい。それはそれでいいのだが、ロミオとジュリエットの出会いを描く脚本には、それなりの必然性がなければ・・・。

■□■なぜ128分の長尺に？エピソードを詰め込み過ぎ？■□■

本作は128分と結構長い。また、本作の最後に登場してくる、何ともダサい（？）"アジアの天使"（芹澤興人）の姿にもビックリだが、本作がそんな長尺になっているのは、くだらないエピソードを詰め込み過ぎているからだ。日韓両国の相互理解はあり得ない。したがって、妹ソルと剛の恋模様もあり得ない、そう断言していたジョンウだったが、そんな兄妹たち御一行と透・剛兄弟が、心の交流を始めるのは、ソルを追ってきたプロダクション社長との"対決"。しかし、このエピソードもかなりバカバカしい。

また、お墓に向かう車にガソリンを補給した際の、ラジエーター修理の要否や、お墓参りの際にソルのお腹が痛くなり、病院に担ぎ込まれるエピソードも、全く意味が分からない。そもそも、携帯も通じない山の中で、車もエンストした状況下、一体どうやってソルを病院に連れて行ったの？また、病院代は？そこで私は、ひょっとしてこれは、ソルが社長の子供を妊娠したのでは？そんなゲスの勘繰り（？）をしてしまったが、結局単なるストレスだったとは何なの？その他、本作の脚本には？？？

■□■アレレ、アレレ？この結末は如何に？■□■

　韓国のお墓がなぜあんな山の上にポツリと1つだけあるのかは知らないが、とにかくジョンウとボム兄妹のお墓参りが無事に終われば、何らかの恋模様を期待してソル様御一行に同行しただけの透・剛兄弟の珍道中もおしまい。そして、本作もこれにてジ・エンド。多くの観客がそう思ったはずだが、そこで突如、近くにあるソルの叔母さんの家に泊まることになるからアレレ。しかも、そこには美しいソルの従妹テヨン（チャン・ヒリヨン）がおり、叔母さんとテヨンは久しぶりに会ったソルやジョンウとボム兄妹を大歓迎してくれたからさらにアレレ。これなら、最初からここにきて、叔母さんやテヨンたちと一緒にお墓参りをすればいいのでは・・・？

　さらにハチャメチャなのは、ここでテヨンに一目ぼれしたらしい透が「俺はもういいから、お前、ソルに告白しろ」と、例の「メクチュ　チュセヨ」と「サランヘヨ」とけしかけたことだ。その言葉に励まされた（？）剛は、いつものように1人で待っている（？）ソルに口説きの言葉をかけるわけだが、ここまで同じことを何度もやられると・・・。

　もっとも、そこで2人を結び付けるのがお互いのエンジェル（天使）で、それが本作のテーマになっているから、それはしっかり注目しておく必要がある。その後、またワケの分からない学の失踪劇（？）を経て、今度はソルの失踪（？）。しかして、1人で浜辺に座るソルがそこで見たものは？なるほど、これが“アジアの天使”なの？私の目にはその姿かたちは最悪に見えたが・・・。　　　　　　　　2021（令和3）年7月7日記

208

SHOW-HEY シネマルーム

★★★★★

明日の食卓

2021年／日本映画
配給：KADOKAWA、WOWOW／124分

| 2021（令和3）年6月4日鑑賞 | シネ・リーブル梅田 |

Data

監督：瀬々敬久
脚本：小川智子
原作：椰月美智子『明日の食卓』（角川文庫／KADOKAWA 刊）
出演：菅野美穂／高畑充希／尾野真千子／柴咲楓雅／外川燎／阿久津慶人／和田聰宏／大東駿介／山口紗弥加／山田真歩／水崎綾女／藤原季節／真行寺君枝／大島優子／渡辺真起子／菅田俊／烏丸せつこ／宇野祥平

👀 みどころ

　同じ名前の10歳の息子を持った3人の母親たち。菅野美穂、高畑充希、尾野真千子の3人が椰月美智子の原作と瀬々敬久監督の演出下、如何なる母子のドラマを？

　冒頭の"揉み合い"は一体ナニ？それがわかる終盤までに展開される3つの物語はそれぞれ興味深いが、いずれの家庭も崩壊に向かって一直線！そう思っていると、事態は意外にも…？

　一見ハッピーエンド（？）の本作ラストは、明日への希望？それとも、単なる梅雨の晴れ間？あなたはどう考える？

――― ＊ ――― ＊ ――― ＊ ――― ＊ ――― ＊ ――― ＊ ――― ＊ ――― ＊ ――― ＊

■□■瀬々敬久監督が椰月美智子の原作で母と子のドラマに！■□■

　瀬々敬久監督は2010年の『ヘヴンズ ストーリー』（10年）（『シネマ25』187頁）で第61回ベルリン国際映画祭で国際批評家連盟賞等を受賞した後、『64―ロクヨン― 前編』（16年）（『シネマ38』10頁）、『64―ロクヨン― 後編』（16年）（『シネマ38』17頁）を代表作とし、近時は『菊とギロチン』（18年）（『シネマ42』158頁）、『友罪』（18年）（『シネマ42』165頁）、『楽園』（19年）（『シネマ46』145頁）等々の問題作を次々と発表している、今が旬の監督。そんな瀬々監督が椰月美智子の原作『明日の食卓』（16年）（角川文庫／KADOKAWA 刊）を元に、母と子のドラマに挑戦！

　原作は、自分の子育て体験の中から小学3年生の石橋優とその母親の物語を生み出した1970年生まれの女流作家・椰月美智子の『明日の食卓』。本作が面白いのは、石橋ユウという10歳の同じ名前を持つ3人の母親たちを比較・対照させながら描いたことだ。それを繋ぐのは今はやりのSNSだが、3つの家庭の3つの物語は如何に？そこから見えてく

209

るさまざまな人間の本性は？

■□■3人の女優は？尾野真千子は別の監督で別の母親役を！■□■

　本作で描かれる、3人の石橋ユウと3人の母親たちは次のとおりだ。

①神奈川在住、43歳のフリーライター・石橋留美子（菅野美穂）。夫・豊（和田聰宏）はフリーカメラマン。息子・悠宇（外川燎）10歳。

②大阪在住、30歳のシングルマザー・石橋加奈（高畑充希）。離婚してアルバイトを掛け持ちする毎日。息子・勇（阿久津慶人）10歳。

③静岡在住、36歳の専業主婦・石橋あすみ（尾野真千子）。夫・太一（大東駿介）は東京に通い勤務するサラリーマン。息子・優（柴崎楓雅）10歳。

　ちなみに、尾野真千子は石井裕也監督の『茜色に焼かれる』（21年）で、何とも風変わりな母親役（？）を演じたばかり。同作では、夫が理不尽な交通事故で死亡した後、賠償金を拒否し、1人で息子を守りながらフーゾク嬢をも物ともせずに生きるたくましい母親役（？）だったが、本作はそれとは正反対の母親役だ。静岡の実家に建てているマイホームは立派だし、毎日新幹線で東京に通う夫を車で駅まで送迎するのも楽しそう。しかも、息子はいい子で優等生だから、あすみの家庭は『茜色に焼かれる』とは違って、順風満帆。そう思ったが・・・。

　『茜色に焼かれる』での尾野真千子のような母親・加奈役を本作で演じるのは高畑充希。コンビニとクリーニング店の掛け持ち仕事は大変だが、借金の返済も済ませた、というからエライ。大阪弁のうまさにもビックリ。そんな母親の頑張りを毎日見ていれば、子は順調に育つはずだが・・・。

　3人の母親の中で最初から不安いっぱいなのは留美子。2人の男の子の兄弟喧嘩は相当なものであるうえ、フリーカメラマンの夫は浮気の疑いをはじめ、かなりヤバそうだ。留美子は戦場のような子育ての日々を、ブログ「鬼ハハ＆アホ男児Diary」に綴っていたが、そのフォロワー数は？ひょっとして、その出版は？留美子はある日、それを先輩の編集者・成田依子（渡辺真起子）に相談したが・・・。

■□■留美子の家庭は崩壊！加奈の家庭も崩壊！なるほど！■□■

　本作中盤は、母親の奮闘にもかかわらず、3つの石橋家がいかに崩壊していくかが描かれる。私は留美子役を演じる菅野美穂については、NHKで放送された特別番組『坂の上の雲』（09年〜11年）での"凛とした演技"が強く印象に残っているが、本作では"絶叫型の演技"が目立つ。しかし、職を失い父親になり切れないような夫と毎日接していたら、それもやむなし？他方、私も男2人兄弟の弟だったが、スクリーン上の兄弟喧嘩を見ていると、少し不自然な点も・・・？留美子の家庭の問題は、亭主の出来の悪さが大きなウエイトを占めていることは明らかだから、離婚さえすればかなりの問題は解決するのでは？

　本作では留美子、あすみに比べて加奈の頑張りぶりが目立っている。"大阪のおばちゃん"の典型のような母親・石橋よしえ（烏丸せつこ）もたくましいが、娘の加奈もそれを受け

継いだようで、母親以上にたくましい。脚本では（原作では？）そんな加奈を痛めつけるため（？）、クリーニング店のリストラ、弟・石橋正樹（藤原季節）の登場による金の無心や通帳窃盗などの物語を登場させていく。それによって、固い絆で結ばれていた加奈と勇の絆が壊れていく様を描こうとしているが、私の感想ではそれには少し無理がある。私にも幼い頃、母親に気を遣う中で、「あれも言えない」、「これも言えない」という気持ちが鬱積していたが、勇から「オカンはほんまはぼくのことも嫌いなんや！」と言われてしまうと・・・。

■□■あすみの場合は？あすみの家庭の崩壊は凄惨！■□■

留美子、加奈の家庭の崩壊も大変だが、それと比べてもあすみの家庭の崩壊は凄惨だ。あすみは、①夫は真面目なサラリーマン、②我が子・優はいい子で優秀、③隣に住む姑・石橋雪絵（真行寺君枝）とは程よい距離で、いい関係。そう信じていたが、実は・・・？

私が小学生の時代にもいじめはあったが、それは今のような陰湿なものではなかった。また、男同士やグループ同士での喧嘩もあったが、それも今のような陰湿なものではなく、大人に成長するための酸いも甘いも噛み分けるステップのような感じがあった。ところが、あすみの息子・優を見ていると？私が小学生の頃は"サイコパス"などという洒落た言葉はなかったが、ある日、豹変した優の表情とそのセリフを見ていると、これぞ、まさに"サイコパス"。さらに、登場するたびに毎回どことなく不気味な雰囲気を漂わせていた雪絵を、優が「汚い」と言いながら踏みつけている姿を見ると・・・？「スープの冷めない距離」というのは何とも言い言葉だが、石橋あすみ家におけるその実態は？

■□■冒頭の揉み合いは？その結末は？犯人は？■□■

本作は冒頭に暗いスクリーン上で2人が揉み合うシークエンスが登場した後に、3人の母親の物語が紹介されていく。ある新聞紙評は、「ユウという名前の息子が母親の手にかかって命を落とす不明瞭な映像が冒頭で示されてから、3つの家庭の物語が始まる」と解説されているが、残念ながら私にはそのシークエンスがそういう意味だと分からず、まさに"不明瞭な映像"だった。これは一体ナニ？

他方、本作には3人のメインの女優の他、烏丸せつこや真行寺君枝等の"かつての名女優"が登場する。さらに驚くべきは、私は全然わからなかったが、本作には『紙の月』（14年）（『シネマ35』108頁）等で有名な大島優子も登場している上、①あすみの息子・優の同級生・レオン君の母親・竹内かおり役の水崎綾女、②あすみの友人・菜々役の山口紗弥加、③加奈と対立するデリヘル嬢で息子・勇の同級生の母親・西山明奈役の山田真歩、等の、出番は少ないながら重要な役割を果たす女優が多数出演しているので、それにも注目！

しかして、本作の3つのストーリーがそれぞれ悲劇的な結末を迎える中で登場するのが、殺人犯・耀子（大島優子）と留美子との面会シーンだ。殺人犯との面会シーンには、キム・ギドク監督の『ブレス』（07年）（『シネマ19』61頁）をはじめとするさまざまな名作

があるが、本作の面会シーンでは一体何が語られるの？パンフレットの「Director Interview」の中で、瀬々監督は「劇中で大島さんの演じる「耀子」と直接顔を合わせるのは留美子だけですが、留美子を演じた菅野美穂さんと大島さんには、どことなく似た雰囲気も感じられる。ガラス越しに対面するシーンで、ガラスに写った２人の顔が重なっていくと、お互いが自分の分身と向き合っているようにも見えませんか？」と語っているが、さて、あなたはこれで納得できる？

■□■女たちの再生は？ハッピーエンドは如何なもの？■□■

　なぜか近時の邦画には、有望監督が、女や母親たちの生き方に焦点を当てた名作が集中している。そんな視点で私が注目したのが、石井裕也監督の『茜色に焼かれる』（２１年）（『シネマ４８』１４８頁）、内田伸輝監督の『女たち』（２１年）、瀬々敬久監督の本作『明日の食卓』の３本だ。２０２１年５月１７日付日経新聞では、編集委員の古賀重樹氏が「日本の映画が描き始めたコロナ禍の社会」、「逆境の中に芽生える希望」というテーマで両作を比較検討していた。そこでは、『女たち』については、「分断の中に生まれる和解への糸口を示した」と、『茜色に焼かれる』については、「追い詰められたシングルマザーが必死に生きる姿を描く」と解説されていた。

　しかして、本作は菅野美穂、高畑充希、尾野真千子の三者三様の母親たちの苦闘の様が描かれるが、さあ、そのそれぞれの結末は？

　私はそれに注目していたが、瀬々監督の収束の仕方は、意外や意外、ハッピーエンド（？）に向かっていくので、アレレ？それはちょっと違うのでは？もっともこんな収束の仕方をみれば、本作を『明日の食卓』とタイトルした意味も分かってくるが、それでもやっぱり、本作でこんな収束の仕方はないのでは？ちなみに、本作のチラシには、「どこにでもいる、私たちと同じ、普通の人でした。」という大文字に続いて、「石橋ユウ、１０歳。同じ名前の息子を持つ３人の母親たち。住む場所も環境も違う彼女たちは、それぞれが子育てに奮闘しながらも、息子を心から愛する幸せな家庭を築いていたはずだった。だがある日、ひとりの「ユウ」君が母親に殺された——どこで歯車が狂ってしまったのか。なぜこのような事件を起こしてしまったのか、そして「ユウ」の命を奪った母親は誰なのか・・・。三つの石橋家がたどり着く運命は、あなたの運命そのものかもしれません。」と問題提起されている。これを読むと、本作は殺人事件を巡るミステリー映画なの？一瞬そう思ってしまう。

　ところが、チラシには他方で、「我々に共感と問題意識を喚起しながら、ラストには希望の光を与えてくれる第一級のエンタテインメントが誕生した。」とも書かれている。これは一体どう理解すればいいの？さらに、別の新聞紙評では「３人が、それぞれ顔をあげる終盤は印象的だが、その視線の先にあるのは果たして明日への希望か、単なる梅雨の晴れ間か。」と書かれていたが、この筆者はどう理解しているの？鑑賞後、私の頭の中の混乱は、深まるばかりだったが・・・。　　　　　　　　　　２０２１年（令和３年）６月９日記

Data

監督：内田伸輝
出演：篠原ゆき子／倉科カナ／高畑
　　　淳子／サヘル・ローズ／筒井
　　　茄奈子／窪塚俊介

★★★★★

女たち

2021年／日本映画

配給：シネメディア、チームオクヤマ／97分

2021（令和3）年6月12日鑑賞　｜　TOHO シネマズ西宮 OS

👀 みどころ

　近時、石井裕也監督の『茜色に焼かれる』、瀬々敬久監督の『明日の食卓』、そして本作と、母親をテーマにした名作が相次いで公開されている。コロナ禍で社会が一変する中、有為の監督たちが逆境の中でも芽生えてくる"希望"の在り方に目を向けたわけだが、そのそれぞれの問題提起は如何に？

　本作のメインテーマは、半身不随の母親と、その介護をしている一人娘との確執。「もう、やってられねえよ！」そんな心の叫びが、美人女優、篠原ゆき子演じるアラフォー女の口から聞こえそうだが、この母娘バトルは？

　タイトルの『女たち』とは一体ナニ？それは、もう一人の美人女優、倉科カナを見ればわかるし、外国人介護士の女性サヘル・ローズの奮闘ぶりや、さらに自殺した養蜂家の妹、筒井茄奈子の登場を見れば、よくわかる。説明調を全面的に排した、非メジャー邦画の良さを、本作でしっかり味わいたい。

———＊———＊———＊———＊———＊———＊———＊———＊———＊———＊———

■□■内田伸輝監督に注目！女優・篠原ゆき子にも注目！■□■

　私がずっと注目している女優・杉野希妃がプロデュースした、内田伸輝監督の『おだやかな日常』（12年）（『シネマ30』209頁）は、2011年の3.11東日本大震災を受けて、園子温監督の『ヒミズ』（11年）（『シネマ28』210頁）や『希望の国』（12年）（『シネマ29』37頁）と同じように、原発事故から必然的に生じた放射能汚染問題をテーマにした問題提起作だった。

　しかして、コロナ禍の今、内田監督は閉塞した日本から本作でどんな物語を紡いでいくの？私は4月15日に石井裕也監督の『茜色に焼かれる』（21年）（『シネマ48』148頁）を鑑賞し、6月12日に本作を鑑賞したが、2021年5月17日付日経新聞では、編集委員の古賀重樹氏が「日本映画が描き始めたコロナ禍の社会」、「逆境の中に芽生える

希望」というテーマで両作を比較検討しながら解説している。そこでは、前者は「追いつめられたシングルマザーが必死に生きる姿を描く」のに対し、後者（本作）は「分断の中に生まれる和解への糸口を示した」と解説されている。さあ、本作で内田監督はどんな切り口を？私はまずは、それに注目したい。

　他方、『おだやかな日常』は私がはじめて見た美人女優・篠原ゆき子が女優・杉野希妃と対決した面白い映画だった。女優・篠原ゆき子は青山真治監督の『共喰い』（１３年）ではセックスシーンにも果敢に挑戦する熱演を見せた（『シネマ３１』３０頁）うえ、その後もさまざまな映画や TV で大活躍、大躍進を続けている。いつ、漢字の“友希子”からひらがなの“ゆき子”に変わったのかは知らないが、本作ではそんな女優・篠原ゆき子にも注目！

　私は昔から秋吉久美子と吉永小百合が大好きだし、歌手・南沙織も大好きだが、私見では、篠原ゆき子はこの３人を足して３で割ったような魅力が・・・。

■□■高畑淳子がすごい母親役を！■□■

　本作と同じ日に観た『ブラックバード　家族が家族であるうちに』（１９年）は、“安楽死”と真正面から向き合ったすばらしい映画だった。また、同作ではアカデミー主演女優のスーザン・サランドンとケイト・ウィンスレットの“母娘対決”が見ものだった。同作の母親は ALS（筋萎縮性側索硬化症）患者だが、「管やパイプに繋がれて人工呼吸や人工栄養補給されるのは真っ平ごめん！」と考えた彼女が、その症状が軽度の今のうちに、安楽死を決意したところから、総勢８名の家族たちによる“最後の晩餐”のストーリーが展開していった。

　それに対して、本作で高畑淳子が演ずる美咲の母親・美津子は、すでに右半身が麻痺し、呂律が回らない状態下で介護が不可欠となる中、介護人の介護を受けながら娘の美咲にきつく当たる日々を過ごしていた。美咲の父親は自殺したそうだが、美津子に言わせれば、それは美咲のせい。そして、東京の大学を卒業しても就職氷河期の中、希望の仕事に就くことができず、恋愛も結婚もうまくいかず、故郷に戻り、アラフォー独身女の今に至っている美咲は、どうしようもなく“ダメ娘”らしい。毎日毎日そんな悪態をつかれながらの美咲の生活が辛いのは当然だから、いつかそんな“母娘のバトル”対決のシークエンスが・・・？

　“ハリウッド・ビューティー”のシャーリーズ・セロンが『モンスター』（０３年）（『シネマ６』２３８頁）で見せた体形とモンスターぶりにはびっくりさせられたが、美人女優にとってそんな汚れ役への挑戦は大きな決意がいるはずだ。高畑淳子が美人女優かどうかは別として、本作に見る高畑淳子の“いじめ母さん”ぶりは迫力がある。いくら美咲が実の娘だと言っても、今ドキここまでハッキリ物が言えるケースはまずないのでは？したがって、本作後半に勃発する、お互いに堪忍袋の緒が切れた中での“母娘バトル”は物凄いシークエンスになっている。６月１０日に観た『はるヲうるひと』（２１年）でも似たようなシークエンスがあったが、そちらは喚くばかりで、バトルの必然性が全く見えなかった。

それに比べれば、本作に見る"母娘"の殺し合い一歩手前の喧嘩シーンは、邦画史上に残る名シーンになっているから、本作に見るそれに注目！

■□■美咲の心の拠り所は香織！タイトルに納得！■□■

　そんな美咲の心の拠り所は、小学校の同級生で、今は美しい自然の中で一人静かに蜂と暮らしている養蜂家の香織（倉科カナ）。内田伸輝監督作品は、メジャーの邦画やTVドラマと違って、"説明調"が全くないため、なぜ香織がここでこんな生活をしているのかは全くわからない。しかし、一人黙々と蜂蜜作りに精を出して働いている香織の姿は美しい。東京でのオフィス仕事は若者たちの一つの憧れかもしれないが、他方でこんな田舎暮らしがあることを、とりわけコロナ禍の今、しっかり見せてくれるのはうれしい。しかし、香織は笑顔をほとんど見せない上、時々手伝いに来る美咲と話をしていても、どこか寂し気、そして、はかなげだ。それは一体なぜ？

　香織を演じた倉科カナは、『ぼくたちと駐在さんの７００日戦争』（０８年）（『シネマ１８』６１頁）や『夢売るふたり』（１２年）（『シネマ２９』６１頁）等で私もよく知っている女優だが、これまで特に意識したことはなかった。本作でも、美咲の友人の養蜂家としてスクリーン上に登場している間は、そのレベルだった。しかし、本作中盤、激しく雨が降り続く中、一人テントに置いた食卓に着いて、チーズやパスタを食べ、ワインを飲みながら、一人寂しさに打ちひしがれ、大量の睡眠薬を飲んでいく香織の"一人芝居"は美しいうえ、実に素晴らしい。「自殺シーンなら、これがナンバー１」ともいえる、内田伸輝監督のこの演出の見事さと、女優・倉科カナの素晴らしい演技力に拍手！

本作にみる、主演の篠原ゆき子、母親役の高畑淳子、そして、美咲の親友・香織役の倉科カナの三者三様の演技を見れば、本作のタイトルが、『女たち』とされていることにも納得！

■□■この裏切りは！？母娘の対決は？女の不信は？■□■

　２０２１年６月に入り、やっと菅首相が声高に叫ぶ"一日１００万回"を目指してワクチン接種が進んできたが、これは一番手の"医療従事者"に続く、二番手の"６５歳以上の高齢者"を対象としたもの。若者たちは一体いつ接種できるのか、さっぱりわからない。そんな中、現在開催中のG7（主要国首脳会議）では、東京五輪開催を前提にストーリーが進んでいるようだが、ホントにマスク下で五輪が開催されたら、次々と問題が起きる可能性がある。それでなくても、マスク生活を余儀なくされ続けている日本国民が今や疲れ果て、ストレスがたまり続けていることは明らかだ。

　そんなコロナ禍、毎日毎日、こんな母親・美津子（高畑淳子）のこんな圧力下に置かれている美咲（篠原ゆき子）の精神状態が、マスクの下に隠されているその美しい顔と裏腹に、毎日苦痛に歪んでいることは明らかだ。スクリーン上では導入部でそんな美咲の唯一の支えだった彼氏・直樹（窪塚俊介）があっと驚く"裏切り"を見せるので、それに注目！そんなシークエンスは逆にユーモラスな雰囲気もあるが、現実は深刻だ。直樹（の家族）が被害届を出さなかったから美咲は刑事処分にはならなかったが、美咲の絶望感はいかばかり。そんな問題を発生させた美咲の精神状態がより不安定になったのは仕方ないが、そうかと言って、務めている地域の学童保育所でチョンボをしたのは、やはり美咲の責任だ。そんなトラブルで学童保育所も事実上クビにされた美咲を更に襲った危機は、思いもかけない親友・香織の自殺だった。それが前述した"最も美しいシーン"だが、なぜ香織が？香織は美咲とは違って、自立した女ではなかったの？

■□■外国人介護人の奮闘は？もう１人の若い女性は？■□■

　私も一部出資した藤元明緒監督の『海辺の彼女たち』（２０年）（『シネマ48』１３５頁）は、第３３回東京国際映画祭「アジアの未来部門」グランプリの受賞等、予想以上の評判を広げている。日本の若者たちのダメぶりが顕著になっている今、同作に見るベトナムからの技能実習生をはじめとして、いわゆる「３K」職場での外国人労働者の活躍が日本では目立っている。と言うより、今や、彼ら彼女らがいなければ、厳しい「３K」職場の１つである介護の現場を担う人材の確保はできないだろう。

　そんな私の目には、本作で直樹の代わりにやってきた外国人の介護士・田中マリアム（サヘル・ローズ）の真面目な奮闘ぶりに納得。当初、担当者が変わったとしてマリアムがやってきた時、美咲も母親もそれに納得できず、すぐに抗議の電話をかけていたが、マリアムの仕事ぶりを見ていると、その真面目さに感心。その上、その心遣いは？

　前任者、直樹のダメ男ぶりと対比すれば、なおさらこのマリアムの奮闘ぶりが目立つから、そこでも『女たち』というタイトルに納得することに・・・

■□■後半からは香織の妹も登場！『女たち』の一員に■□■

　他方、養蜂家の香織からは最悪の形で縁を切られてしまった上、実の母親の首を絞め続けたことによって、少し前なら、あわや“尊属殺人罪”の重罪に処せられていたかもしれない美咲が“戻ってくる所”は母親の家しかなかった。しかし、美咲の心のよりどころであった香織が自殺してしまったことで、美咲の心は空虚なままだったが、ある日、香織の“職場”を訪れると、アレレ、蜂蜜作りに精を出している先客がいたからビックリ！

　当初は、「あの〜あなたは？」と互いにぎこちないあいさつを交わしていたが、その若い女性が香織の妹凛（筒井茄奈子）だとわかると、お互いのことは香織からよく聞かされていたので、たちまち２人が打ち解けあうことに。もっとも、香織を突然失ったことによって、美咲が心に大きな空白を抱えてしまったのと同じように、突然姉を失った凛の心の空白も大きかった。そんな２人が、誰もいない“仕事場”で互いに寄り添う姿は、これも香織の自殺シーンと同じように非常に美しいので必見！しっかり味わいたい。

■□■母と娘の再生は？蜂蜜の効用は？■□■

　導入部はもとより、本作の中盤から後半にかけても、美津子と美咲母娘はもとより、一見世間から隔離されながらも独自の世界で自由に生きていたと思われていた香織も大きな問題を抱えていたことを容赦なく描き出した本作では、女たちの再生はあり得ない。そんな結論になりそうだが、さて本作の結末は？

　香織は自殺してしまったから、その心の中はわからないし、その再生はありえない。しかし、香織亡き後、香織のファームにやって来た妹の凛は、その後、姉のやり方に従った蜂蜜作りをうまくこなしているらしい。もちろん、それを美咲は手伝っているが、その中で新たにわかったのは、マリアンは香織が作ったはちみつをこよなく愛していたこと。マリアンはこのはちみつを食べると、それだけで幸せになれたそうだが、それって一体どんな味？私にはそれがわからないが、それは妹の凛には、そして、美咲にもわかるらしい。

　美津子と美咲との母娘バトルは、母親の死亡寸前まで進んだから、その仲直りは難しい。誰でもそう思うが、逆にあそこまでなりふり構わずお互いをぶつけ合ったから、お互いに悪いものを出し尽くした。そう言えれば、仲直りの糸口も・・・？１９５０年代に世界を二分した“米ソ冷戦”はケネディーVSフルシチョフの時代に、「ひょっとして、核戦争に・・・」という最悪の事態を迎えたが、幸いなことに、ソ連の内部崩壊とそれに伴う弱体化の中で、雪解けムードになっていった。どんな激しい母娘バトルを繰り広げようとも、ファームのはちみつを手伝っている美咲の帰る場所は美津子の家しかない。

　本作ラストはそんなシークエンスになるが、そこで頼りになるのは、介護士のマリアンがいることだ。そして、母娘バトルの結末と女たちの再生のきっかけになる本作の小道具が、今は凛が作っている蜂蜜。マリアンの言う通り、この蜂蜜を食べればどんな人間でも幸せになれるとすれば、さあ、本作に見る女たちの再生は如何に？それは、あなた自身の目でしっかり確認してもらいたい。

２０２１（令和３）年６月１４日記

Data

監督：松本壮史
脚本：三浦直之、松本壮史
出演：伊藤万理華／金子大地／河合
　　　優実／祷キララ／小日向星
　　　一／池田永吉／篠田諒／甲
　　　田まひる／ゆうたろう／篠
　　　原悠伸／板橋駿谷

★★★★

サマーフィルムにのって

2020年／日本映画
配給：ハピネットファントム・スタジオ／97分

| 2021（令和3）年8月14日鑑賞 | シネ・リーブル梅田 |

みどころ

　大学や高校の映研サークルは多いが、ハダシらが所属する三隅高校の映画部のレベルは？

　現在の主流は“キラキラ青春もの”だから、『武士の青春』構想を温めている“時代劇オタク”のハダシは反主流派。クライマックスの脚本が書けず悩んでいたが、「彼しかいない！」と確信する凛太郎を発掘すると・・・。

　座頭市や眠狂四郎の世界とSF世界との融合はかなり無理筋だが、映画撮影に燃やす青春のキラキラぶりは面白い。目下公開中の話題作『キネマの神様』（21年）と対比しながら、“ハダシ組”の奮闘とクライマックスでの殺陣（の迫力？）に注目！

―――＊―――＊―――＊―――＊―――＊―――＊―――＊―――＊―――＊―――

■□■北京電影学院で“実験電影”学院賞の授賞式に出席！■□■

　私は2015年6月29日に、私が主席スポンサーになった北京電影学院“実験電影”学院賞の受賞席に出席した。その日程は次のとおりだ。

＜1日目（6月28日）＞
1）北京電影学院到着後、劉旭光教授たちに挨拶
2）「北京电影学院“实验电影”学院奖获奖影片放映暨颁奖典礼」を告知する巨大な立て看板にビックリ
3）坂和を歓迎する北京蒙古往事特色餐厅の夕食会に出席。数々のモンゴル式儀式の洗礼を受けた。

＜2日目（6月29日）＞

1）学院長室での学院長との対談後、音響棟、アニメ棟、俳優棟を見学
2）１８時半から、「北京電影学院"実験电影"学院奖获奖影片放映暨頒奖典礼」が開始
3）組委会主席・王鴻海副学院長から坂和の紹介後
　評宙委員会主席の特頒此証の授与
　王鴻海副学院長の自筆の書の授与
4）委員会主席坂和の講話
5）"実験电影"学院奖大奖受賞者に、王鴻海と坂和から賞状と１万元の授与 **(写真⑫)**
6）授賞式参加者全員で集合写真
7）後海の烤肉季での夕食会で集合写真

　次に、その受賞式での私のスピーチは次のとおりだ。

受賞式スピーチ　２０１５．６．２９（月）北京電影学院にて

弁護士兼映画評論家　坂和章平

1）皆さん、こんばんは。私は日本からやってきた坂和章平です。１９４９年１月生まれの私は今年６６歳です。私は、２００７年１０月１０日にここ北京電影学院で「私の中国映画論」と題する講演を行いました。その時の聴講生の１人が北京電影学院を卒業して早稲田大学に入学し、今年同大学の博士号を取得した劉茜懿（リュウ・チェンイ）さんです。その劉茜懿さんと北京電影学院の教授であるお父様の劉旭光（リュウ・シューグアン）さんたち御一行が昨年７月に日本の大阪にある事務所と自宅を訪問してくれた際、私が北京電影学院"実験电影"学院賞のスポンサーになることが話し合われ、今年それが実現することになりました。本当に人間の縁とは不思議なものだと思うとともに、こんなかたちで私なりの日中友好活動が深められることを嬉しく思っています。

2）私は子供の頃から大の映画好きでした。それが高じて、２００１年に事務所を自社ビルに移転しホームページを開設すると同時に趣味のページをつくりました。そして以降、弁護士兼映画評論家として年間２５０～３００本の映画を観て、そのすべての評論を書き続けています。『SHOW－HEYシネマルーム』と題するその映画評論本は、ここ１５年間で３５冊になりました。とりわけ中国映画が大好きでその鑑賞数は２５０本を超えています。

3）そんな私にとって、本日こんな立派な会場で、こんな栄えある北京電影学院"実験电影"学院賞の受賞式に出席しご挨拶できることは本当に光栄です。劉茜懿さんとお父様の劉旭光教授、さらには副学院長の王鴻海（ワン・ホンハイ）教授や霍延霄（フォー・ティンシャオ）教授、劉暁清（リュウ・シャオチン）教授、敖日力格（アオリゴ）教授たちに心からお礼申し上げます。今回の作品はそれぞれ優秀な作品ばかりでした。本日の授賞式が充実した意義あるものになることを期待しています。本日は本当にありがとうございました。

■□■三隅高校映画部の活動は？レベルは？ハダシの夢は？■□■

　私は『幸福のスイッチ』（０６年）の鑑賞を通じて同作の安田真奈監督と知り合い、彼女が神戸大学映画研究部の顧問をしていた関係で、２０１０年１２月１１日には神戸大学映画研究部の定期上映会に出席する機会を得た。同日上映された同サークルに集う部員らが作った映画（短編）のレベルは、さすがに北京電影学院のレベルには及ばないものの、それなりのものだった。他方、上野樹里主演の『サマータイムマシン・ブルース』（０５年）は、タイムマシンを巡って思いがけない事態に巻き込まれるSF研究会に集うサークル部員たちの姿を描く面白い映画だった。同作では、そのサークル活動のレベルの高さにビックリさせられた（『シネマ8』１５０頁）が、それに比べて、三隅高校映画部のレベルは？

　『サマーフィルムにのって』と題された本作の主人公は、元乃木坂４６の伊藤万理華扮するハダシ。「ハダシ」はもちろん、ハダシの幼なじみである「ビート板」（河合優実）も、「ブルーハワイ」（祷キララ）もすべて“あだ名”だが、なぜハダシらの本名が最後まで明かされず、“あだ名”で呼び合っているの？それに対して、映画部のリーダーで、現在撮影中の“キラキラ青春もの”の監督を務めている花鈴（甲田まひる）は本名だし、ハダシが発掘し、「絶対この男こそ、ずっと温めてきた映画『武士の青春』の主役に！」と決めた、別の高校の生徒・凛太郎（金子大地）も本名だから、その対比をしっかりと。

　本作は冒頭、花鈴が監督している“キラキラ青春もの”で「大好きだあ！」と大声で叫ぶシーンが登場するが、ハダシはそんな脚本とそんな演出に不満。そのため、部活終了後はビート板と２人で「ある拠点」に入って大好きなDVDを観ることに。そこに剣道部のブルーハワイも遅れてやってきたが、興が乗ってくると、ハダシとブルーハワイは大好きな『座頭市』の殺陣シーンを実演するほどに。ハダシはここでは自分の心を開放することができるらしい。しかし、『武士の青春』の脚本は一応できているが、その映画化の見込みは全く立っていない上、そのクライマックスは何度書き直しても納得できないらしい。そんな悶々とした状況では、高校生活最後の夏休みも無為のうちに過ぎてしまいそうだが・・・。

■□■時代劇オタクのベスト１は？雷蔵は？三船、仲代は？■□■

　本作は、過去にドラマ・CM・MVなどを手掛けてきた松本壮史の初長編監督作品だが、“時代劇オタク”のヒロインという主役の設定は、誰のアイデア？私は元乃木坂４６の伊藤万理華は全然知らないが、今時の若者はみんな知っているはずだ。逆に、私は勝新太郎の『座頭市』シリーズや記念すべき第１作『座頭市物語』（６２年）を知っているし、１９６１年からの『悪名』シリーズも、１９６５年からの『兵隊やくざ』シリーズもよく知っている。また、「円月殺法」で有名な市川雷蔵の『眠狂四郎』シリーズもよく知っているし、三船敏郎と仲代達矢のクライマックスでの激突が、宮本武蔵vs佐々木小次郎の「巌流島の決闘」と同じくらい有名になった『椿三十郎』（６２年）等の時代劇の名作をよく知っている。しかし、今ドキの若者はそれらを全く知らないはずだ。ところが、映画部に結集し、“キラキラ青春もの”を目指している花鈴たち主流派に屈しないハダシは、彼らとは全く違うらしい。

　しかして、時代劇オタクのハダシがベスト１に挙げる作品は何？彼女の憧れの俳優は

誰？幼馴染のブルーハワイは剣道部だから、時代劇ごっこをやるとビシッと決まっていたのは当然だが、ほうき棒を居合剣に見立てて繰り出す、『座頭市』もどき"居合に見るハダシの腕前は？

　もっとも、本作導入部のそんなシークエンスは、私のような団塊世代のおじさん（じいさん？）には興味深いが、若者たちはどんな興味でそれを観ているの？元乃木坂４６の伊藤万理華目当てでやってきた若者は、そんな導入部を見てもさっぱりわからないだろうから、ヒロインと共感できるものがないのでは？そんな心配をしたが、意外に本作の観客は若者から老人まで幅広かったから面白い。これは一体なぜ？

■□■主役を発掘！凛太郎はなぜ固辞？なぜ急にSF色が？■□■

　『サマータイムマシン・ブルース』はSF研究会に集う高校生のひと夏の青春模様がテーマだったから、ある意味で馬鹿げた（？）SFストーリーでもそれを十分楽しむことができた。しかし、本作に突然SF色を登場させることの是非は？

　かねてから『武士の青春』の主役に据える高校生が見つからないことに悩んでいたハダシがある日、「名作時代劇特集」をやっている古びた映画館で発掘したのが、名作鑑賞後涙している高校生の凛太郎。姿・形・身長はもとより、憂いを含んだ表情や目線だけでストーリーを伝えられるキャラは素晴らしいうえ、時代劇への愛着や理解も抜群だから、ハダシが「彼こそ『武士の青春』の主役で決まり！」と考えるのは当然だ。それによって、クライマックスの脚本は未完成ながら、その映画化に踏み切る決心をすることに。

　これにはビート板もブルーハワイも大喜びだが、肝心の凛太郎は主役へのキャスティングを固辞したから、アレレ・・・。何事にも相手の気持ちに気を使い、一定の距離を保ち、相手の心の奥底に踏み込まないことになれている今ドキの常識的な女の子ならそれで諦めるところだが、花鈴の"キラキラ青春もの"に張り合ってでも『武士の青春』の映画化を決めたハダシの押しは強い。本作と同日に観た『ジャングル・クルーズ』（２１年）のヒロインたる英国の女性医師の押しの強さも超一流だったが、ハダシもそれに負けないほど主役への登板を凛太郎に迫り、既成事実を積み上げていったが、ある日、凛太郎の親友から「僕と凛太郎は未来からタイムトラベルで地球にやってきた未来人。どうしても映画の主役にはなれない」と言われると・・・？

　本作中盤は、そういう分かったような分からないようなストーリーが展開していくので私にはイマイチだが、凛太郎は主演俳優として登場するの？結論としては、ハダシの弁護士顔負けの交渉術によってそれが実現したからラッキー。また、当初はぎこちなかった凛太郎たちの演技もリハーサルを重ねる中でサマになってきたのもラッキーだが、今なお決まらないクライマックスの脚本と演出は？

■□■キラキラ青春ものに比べると時代劇の製作費と稽古は？■□■

　７３歳の私が今風の"青春キラキラもの"に興味がないのは仕方ないが、年齢による劣化を差し引いても、私が中高校生の時に観ていた１９６０年代の青春モノはもっと面白かったのでは？それを言うと愚痴になってしまうが、製作費の観点や稽古の観点から考えても"青春キラキラもの"と"時代劇"とは大違いのはずだ。

ちなみに、広島の原爆記念日である８月６日から山田洋次監督の『キネマの神様』（２１年）が公開された。同作は「松竹映画１００周年記念作品」だが、それでも製作費の観点からは、『たそがれ清兵衛』（０２年）（『シネマ２』６８頁）、『隠し剣 鬼の爪』（０４年）（『シネマ６』１８８頁）、『武士の一分』（０６年）（『シネマ１４』３１８頁）という「山田洋次時代劇三部作」とは大違いのはずだ。また、「山田洋次時代劇三部作」では、それぞれ真田広之、永瀬正敏、木村拓哉という時代劇の主役が十分に務まる名俳優が起用されていたから、殺陣の稽古も少なくて済んだはずだ。また、堺雅人が主演を務めた『武士の家計簿』（１０年）（『シネマ２６』１５６頁）は、時代劇とはいえ見せ場となる殺陣は登場しなかったから、殺陣の稽古は不要だった。しかし、ハダシの初監督作品となる『武士の青春』では、至る所に殺陣が登場する上、クライマックスの一案は『椿三十郎』で観た三船敏郎 vs 仲代達矢の激突と似たようなものだったから、その稽古は大変だったはず。そう考えると、"キラキラ青春もの"ならともかく、そんな本格的時代劇を夏休みの間で完成させるのは大変だ。
　本作後半は、ハダシ監督の演出によるそんな映画作りの現場風景が描かれるので、『キネマの神様』のそんなシークエンスと比較・対照しながら楽しみたい。

■□■文化祭での２本立ての上映は？このラストの是非は？■□■

　本作導入部では、花鈴ら主流派に対する反主流派のハダシの反発が描かれるが、花鈴組 vs ハダシ組の相違点や対立点は本格的に描かれない。これはいかにも今風の甘〜い（？）演出だし、後半では製作期限が迫る中、花鈴組とハダシ組が協力し合う風景まで描き出すから、アレレ。こんなキレイ事がまかり通れば何も問題はないが、現実はそうではないはずだ。
　それはともかく、今日の文化祭では晴れて花鈴監督とハダシ監督の両作品が異例の２本立てで上映されることに。先に花鈴作品が上映され、次はいよいよ『武士の青春』だが、上映ギリギリまでハダシが会場に現れないからビート板とブルーハワイはソワソワ。トラブルの原因は、凛太郎を巡るハダシと花鈴の三角関係（？）の他、未来からやってきた男である凛太郎が本作の上映を契機として未来に戻らなければならないこと。さらに、それを巡ってスクリーン上ではややこしいストーリーがごちゃごちゃと描かれたうえ、凛太郎が何やら不吉な予言を口走ったことがハダシの心に大きなわだかまりを生んでいた。その言葉は「未来の世界では映画はなくなっている」というものだが、それはホントにホント？もしそうだとすれば、今『武士の青春』を作ることの意味は？
　そんなややこしい問題が未解決のまま今、『武士の青春』の上映はクライマックスの演出が終わろうとしていたが、何とそこでハダシは「フィルムを止めて」と命じたから、"ハダシ組"のスタッフはもとより観客もビックリ！ええ、そんなことってあるの？こりゃ、いくら何でもハチャメチャでは！？そんな、あっと驚く展開の中、スクリーンならぬ舞台上では、凛太郎とハダシによるクライマックスの殺陣が大展開！それはそれで大きな"見モノ"だが、なぜそんなクライマックスが実現できたの？"その全貌"と"その是非"はあなた自身の目でしっかりと！

２０２１（令和３）年８月２０日記

Data

監督・脚本：タナダユキ
出演：高畑充希／柳家喬太郎／大久
　　　保佳代子／甲本雅裕／佐野
　　　弘樹／神尾佑／竹原ピスト
　　　ル／光石研／吉行和子

★★★★

浜の朝日の嘘つきどもと

2021 年／日本映画
配給：ポニーキャニオン／114 分

2021（令和3）年9月18日鑑賞	シネ・リーブル梅田

👀 みどころ

　『百万円と苦虫女』（０８年）と同じように、『浜の朝日の嘘つきどもと』も奇妙なタイトル。茂木莉子（もぎりこ）と名乗る若い女性・浜野あさひが、閉館寸前のミニシアター「朝日座」を訪れるところから始まる本作の脚本は、タナダユキ。こりゃ面白くないはずがない！

　福島中央テレビ開局５０周年の記念作としてドラマと映画を同時に作る企画に、福岡出身の同監督が抜擢されたのはなぜ？故郷のミニシアターを愛する気持ちは私も同じだが、さすが彼女は女性の心理の描き方がうまい。あさひが奇妙な女教師と過ごす高３の夏休みの是非を含め、当たり前の規律を当たり前のように押し付けない同監督のスタイルは心地よい。

　地域に根差すミニシアターの再建は、クラウドファンディングで！それはそれでわかるが、あさひはなぜそんな奮闘を？タナダユキ監督特有の、温かく、人情味豊かなオリジナルストーリーをしっかり味わいたい。

—— ＊ —— ＊ —— ＊ —— ＊ —— ＊ —— ＊ —— ＊ —— ＊ —— ＊

■□■福岡出身監督が福島で大活躍！ＴＶと映画の脚本を！■□■

　タナダユキ監督は、『百万円と苦虫女』（０８年）で第４９回日本映画監督協会新人賞を受賞して注目された（『シネマ２０』３２４頁）が、私はその前の『赤い文化住宅の初子』（０７年）（『シネマ１３』２１４頁）を観て、俄然、１９７５年生まれの女性監督に注目していた。彼女は両作とも監督と脚本を兼ねていたが、そのスタイルは、以降の『四十九日のレシピ』（１３年）（『シネマ３１』５１頁）、『ロマンス』（１５年）（『シネマ３６』２１１頁）等すべてに共通している。それは、もちろん本作も同じだが、実は本作の脚本は、「福島中央テレビさんから『ドラマと映画を同時に作りたい』」、「福島が舞台であれば、あとは自由でいい」、「東日本大震災や復興のことも、前面に出さなくていい」という条件で

223

書かれたものらしい。TVドラマ『浜の朝日の嘘つきどもと』は福島中央テレビ開局５０周年記念として、２０２０年１０月３０日に福島県内で放送され、全国でもオンエアされたそうだ。

　しかし、なぜ九州の福岡出身の彼女が福島県で登用されたの？福岡といえば、武田鉄矢、小柳ルミ子、チェッカーズの藤井フミヤ等さまざまな著名人を輩出しているが、福岡と福島は薩摩・長州 vs 会津の対決を持ち出すまでもなく、"水と油"。同じ日本人間でも価値観が大きく違っているはずだ。しかるに、なぜ福岡出身のタナダユキ監督が、福島中央テレビで登用されたの？本作のパンフレットを読んでも、そこまでは書かれていないが・・・。

■□■テーマは震災・復興！いやいや、テーマは映画館！■□■

　福島中央テレビの開局５０周年記念としてオリジナルドラマを企画。そう聞くと、そのテーマは当然震災、あるいは復興。誰でもそう発想するはずだが、前述の条件で企画を引き受けた彼女は、テーマを映画館とすることに。松山市内の自宅近くに私が中高校時代に通った懐かしい映画館があるのと同じように、福岡出身のタナダユキ監督も生まれ故郷によく通った懐かしい映画館があるはずだ。しかして、同企画では、その懐かしい映画館を福島県の南相馬にある映画館「朝日座」とすることに。

　イタリア映画の名作『ニュー・シネマ・パラダイス』（８９年）（『シネマ１３』３４０頁）の舞台は、シチリア島にある映画館「パラダイス座」だった。そして、主人公の少年トトは、そこで映写技師のアルフレードから仕事を教えてもらっていたが、残念ながら「パラダイス座」は全焼。その原因は、フィルムに火がついてしまったことだが、私は同作を見てはじめて映画フィルムの"可燃性"を学ぶことができた。

　しかして、本作冒頭に見る「朝日座」の支配人・森田保造（柳家喬太郎）と、ある目的を持って「朝日座」に乗り込んできた茂木莉子（高畑充希）との最初の出会いは、森田があるフィルムを燃やしている場面だったからビックリ。まさか、『ニュー・シネマ・パラダイス』と同じように火事になることはないだろうが、森田はなぜそんな行動を？

■□■２人の女優がグッド！落語家もグッド！■□■

　タナダユキ監督は、『百万円と苦虫女』で女優・蒼井優のユニークな魅力を最大限引き出していたが、それと同じように『四十九日のレシピ』では永作博美の、『ロマンス』では大島優子の魅力をうまく引き出していた。パンフレットの「タナダユキ監督インタビュー」で彼女は、「高畑充希さん演じる茂木莉子というキャラクターは、どのように生まれましたか？」という質問に対して、「昔から、すごい嘘つきで口の悪い女の子を描いてみたいと思っていたんです（笑）」と答えている。高畑充希は、私が瀬々敬久監督の『明日の食卓』（２１年）で俄然注目した女優。同作では、菅野美穂、尾野真千子という２人のビッグネームに一歩も引かない熱演で難しい母親役を演じていたが、本作では、肩の力を抜いた森田との掛け合いがうまくツボにはまっている。さらに、少し厚かましい（？）が、高１～高３の役も演じているので、それにも注目！

(C) 2021 映画『浜の朝日の嘘つきどもと』
製作委員会

他方、屋上で飛び込み自殺の疑いをかけられた高1の莉子と奇妙な出会いをし、奇妙な指導をしていく、ユニークな教師・田中茉莉子役を演じるのは、お笑い芸人出身の大久保佳代子。私は、この大久保佳代子も相方の光浦靖子も名前と顔は知っているが、全然興味がなかった。しかし、本作での大久保佳代子の演技を見て、これはなかなかのものだ、と再評価することに。

さらに、落語家の映画界進出といえば、山田洋次監督や吉永小百合御用達（？）の笑福亭鶴瓶が有名だが、本作では森田役を落語家の柳家喬太郎が演じている。某局の朝のニュース番組でコメンテーターをしている落語家の立川志らくは自信過剰気味だし、正論ぶっているので私は全く好感を持てないが、本作に見る俳優・柳家喬太郎はグッド。口の悪い莉子から「おっさん」と呼ばれ、「朝日座」の売却を世話している同級生よりかなり老けて見える森田は、『ニュー・シネマ・パラダイス』の映写技師と同じように、いやそれ以上に、生き方や喋る内容が哲学的だ。彼はあの時、なぜサイレント映画の名作『東への道』のフィルムを燃やしていたの？さらに、彼はなぜ「朝日座」の売却を決意したの？逆に、なぜ莉子の口車に乗ってクラウドファンディングによる「朝日座」の継続に同意したの？

"残念な結末"を迎える中での、彼の心境は如何に？長い間映画館と共に歩む人生を送りながら、若い時に観客の1人である茉莉子から「2本立てのラインナップが最悪だ」と言われてしまった森田の映画人生を考えながら、落語家・柳家喬太郎の俳優としての演技をしっかり味わいたい。

■□■ "浜野あさひ"はなぜ孤立？父親との確執は？■□■

本作は、「茂木莉子」と名乗る女性が「朝日座」の支配人・森田と出会うところから物語が始まり、「朝日座」の存続のために奮闘する姿がメインストーリーになっていく。他方、それに並行するサブストーリーとして、莉子がなぜ本名の「浜野あさひ」に拒否感を持ち、仲間から孤立し続けていたのかが描かれていくので、それにも注目！2011年3月11日に起きた東日本大震災は莉子が高1の時。これはもちろん大惨

(C) 2021 映画『浜の朝日の嘘つきどもと』
製作委員会

事だが、タクシー会社で除染作業員の送迎を担当していた莉子の父・浜野巳喜男（光石研）は、独立してタクシー会社を起こし、懸命に働いた結果、やがて莫大な利益を上げたと噂をされるようになり、莉子は友達がひとりもいなくなってしまったらしい。コロナ禍の中

で旅館・ホテル業界は最悪だが、他方で"ステイホーム"をターゲットにしたデリバリー事業は善戦しているから、コロナ禍も暗い面ばかりではない。しかし、莉子はそんな父親のせいで友達が1人もいなくなってしまったから、アレレ。

　そんな莉子が1人で屋上に立っていた高2の時に出会ったのが、同じように屋上を勝手に自分の居場所にしていた数学教師の茉莉子だ。飛び降り自殺の話題をシャーシャーと口にしながら、人の心の中にズケズケと入り込んでくる変な教師・茉莉子が大の映画ファンだったため、それにつられて莉子も映画ファンになることに。巳喜男は自分が立ち上げたタクシー会社の名前を、何とも安易に娘の名前の「はまのあさひタクシー」にしてしまったから、たまらないのは娘。以降、いじめられるのが嫌さに、自分の名前を嫌いなってしまったのは仕方ない。なるほど、そんなことがあったため、あさひは森田と会った時に、「茂木莉子」と嘘の名前を！

■□■17歳の夏休みは同棲中の女教師と！その是非は？■□■

　17歳といえば、青春真っ盛り。私たち団塊世代の17歳は、昭和39年の東京五輪を終え、高度経済成長が始まったところだから、17歳の若者たちは元気いっぱい。映画では日活の青春モノが、歌では舟木一夫の「高校3年生」や西郷輝彦の「17歳のこの胸に」等が大ヒットしていた。それに対して、高1の時に2011年（平成23年）3月11日の東日本大震災に遭遇したあさひは、父親との確執、高2の時の屋上での茉莉子先生との出会いを経た高3の時は、母親と共に東京で生活していた。しかし、高3の1学期で学校をドロップアウトしてしまったから、平成の時代を生きていたあさひの青春（＝17歳）は、昭和の青春を謳歌した私たち団塊の世代とは違い、悲惨なものだった。そんなあさひがある日ぶらりと訪れたのは、郡山にある茉莉子先生の家（アパート）だ。

　いかに夏休み中とはいえ、高3の女の子の家出は由々しき問題だが、茉莉子先生があさひの母親に電話すると、母親は娘の"家出"を事実上了解した（？）からビックリ。もっとも、快くあさひを受け入れた茉莉子先生の方は年下の男と事実上の同棲中で、男をしょっちゅう家に引き込んでいたから、そんな時にはあさひは家から出て行かざるを得なかった。それでも2人にとってそんな自由気ままな夏休みは快適だったらしい。しかし、夏休みが終われば・・・？そして、母親が"娘の保護願い"を警察に届け出ることになると・・・？あさひが実家に戻りさえすれば、母親は被害届を提出しない。そんな条件をあさひが呑んだため、茉莉子先生は警察の留置所から釈放されたが、その後の2人の生活は？

　あさひは高校卒業後、東京の映画配給会社に勤め、それなりにまともな生活をしていたが、茉莉子先生の方は相変わらず若い男をとっかえひっかえしながら、学校では独特の教師生活を送っているはず。あさひはそう思っていたが、さて、事態は意外にも・・・。

■□■師弟の別れは？連れの男は？遺言は？■□■

　男同士の師弟関係は長く続くことが多いが、女同士のそれが長く続くのは少ない。映画を通じた、また、お互いのハチャメチャな性格の共通性に根を張った（？）あさひと茉莉

子先生との師弟関係が順調に進んだのは、実質的にはあさひが高3の夏休みだけだったが、それは他に類を見ない（？）濃密な関係だった。そのため、２０１９年、東京の映画配給会社に勤めていたあさひの元に「茉莉子先生が病に倒れた！」との連絡が届くと、あさひはすぐに郡山の病院へ。再会した茉莉子先生の元にはベトナム人の若者チャン・グオック・バオ君（佐野弘樹）が付き添っていたが、この２人の関係は異例の長さらしい。すると、この男女関係はひょっとして本物？

　あさひの出自や父親との確執、そして自殺願望（？）や高校のドロップアウト、更に家出等々、あさひの事情については茉莉子先生との語らいの中でタイムリーに説明されるが、さて茉莉子先生の出自や教育への思い、そしてバオ君への思いは？それは、余命数ケ月宣告を受けた中であさひの訪問を受けた茉莉子先生の口から少しずつ語られるので、それに注目！そんな茉莉子先生があさひに残した遺言が、南相馬にある「朝日座」の再建だが、茉莉子先生はあさひになぜそんな遺言を？

■□■朝日座の買戻しは？ヒロインの奮闘は？資金の調達は？■□■

　なるほど、なるほど。冒頭のあさひと森田との初のご対面はそんなバックグラウンドの中で実現したものだ。もっとも、それならそれで、あさひは偽名など使わず、はっきり説明した方が話はスムーズに進むはずだが、コトを順序に沿って常識的に運ぶことができないのがあさひの性分らしい。したがって、いきなり娘みたいな女の子からフィルム燃やしを中止され、クラウドファンディングをやらされるようになった森田が戸惑ったのは当然だ。しかし、森田だって、本心では「朝日座」の再建を望んでいたのは当然だ。もっとも、不動産（「朝日座」）の売買契約が締結されていれば、その解約には受け取った手付金の倍返しが必要だし、本作を観ていると、解体が前提だったようだから、もし森田が売るのを中止すれば、解体費用１０００万円も要求されるらしい。クラウドファンディングでの早速の入金に喜んだものの、その金額は１２０～１３０万円程度だから、とてもとても・・・。その上、「朝日座」再建をぶち上げ、地域の人々へのビラ配りなどの奮闘を始めたあさひ（＝茂木莉子）に対して、はじめのうちは「朝日座」を愛する南相馬の住民たちの目は温かかったし、再開した映画館への出入りも良かったが、ある日それがピタリと止まってしまったから、アレレ。これは、買い主側が、「映画館より温泉センターの方が地域の人々の役に立つ」と逆宣伝を始めたためだが、なるほど、それにも一理はある。

　しかして今、解体作業を目の前にしている莉子と森田は、完全に敗北を認め、互いの奮闘を慰め合っていたが・・・。

■□■なぜこんなどんでん返しに？映画ならこれが可能だが■□■

　こんな映画のラストはハッピーエンドと決まっている。そう思っていたが、意外や意外、本作はあさひの夢が破れ、「お互い、よく頑張りましたね。」で終わるの？いやいや、タナダユキ監督が福島中央テレビ開局５０周年記念作品として書いた脚本や映画がそんな結末になることはあり得ない。そう思っていると、案の定。本作ラストの大団円では、①クラ

ウドファンディング額の増加、②駆けつけてきたバオ君が明かす、茉莉子先生のバオ君への遺言、そして遺贈を受けたバオ君への「朝日座」への５００万円の寄付、そして③「誰にも内緒だが・・・」の前提ながら、莉子の父親・巳喜男の１０００万円の寄付、等々が明かされるので、それに注目！

(C) 2021 映画『浜の朝日の嘘つきどもと』製作委員会

私が中高校生時代を過ごし、中３、高１時代の週末にはいつも通っていた松山市内の３本立て５５円の映画館は、日本の高度経済成長とバブル経済の中で閉鎖されてしまったし、そもそも松山市の街並みそのものが大きく変わってしまった。本作冒頭に見る「朝日座」の２階建ての堂々とした建物は正面が"広場"といってもいいほどの大空間に面しているから、立地は最高。したがって、この建物が解体されず、南相馬に移住し、「朝日座」と共に生きていく、と決心したあさひが、新たな支配人になって運営していくことができればそりゃ最高だ。大阪では私が時々通っているユニークな映画館シネ・ヌーヴォが有名だが、同館のラインナップは素晴らしいし、経営の工夫と努力は涙ぐましいものがある。

ちなみに、私は先日、『全国８５劇場 ミニシアターのある町へ。〜映画の余韻と楽しむお散歩ガイド〜』(JTBパブリック刊) という小冊子を購入した。そこには、シネ・ヌーヴォはもとより、東京のポレポレ東中野や岩波ホール、京都の出町座など１５のミニシアターが特集されているが、地方では広島のシネマ尾道と佐賀のシアター・シエマしか掲載されていない。また、同書は日本全国のミニシアター７０を掲載しているが、残念ながら「朝日座」はそこに入っていない。つまり、南相馬の「朝日座」は同書に特集されるほど有名ではないわけだ。それは残念だが、「朝日座」の新たな支配人になった茂木莉子には、同書の改訂版に掲載してもらえるように頑張ってもらいたい。同書の目次には、シネ・ヌーヴォの若き支配人である山崎紀子氏の写真が載っているが、その改訂版には、ぜひ茂木莉子の写真を！

２０２１（令和３）年９月２９日記

228

Data
監督・脚本・原作：佐藤二朗
出演：山田孝之／仲里依紗／佐藤二
　　　朗／坂井真紀／今藤洋子／
　　　笹野鈴々音／駒林怜／太田
　　　善也／向井理／大高洋夫／
　　　兎本有紀

SHOW-HEYシネマルーム

★★★

はるヲうるひと

2021 年／日本映画
配給：AMG エンタテインメント／113 分

2021（令和3）年 6 月 10 日鑑賞 ｜ テアトル梅田

■□■ショートコメント■□■

◆本作は何ともけったいなタイトルだが、演技派で多様な才能の持ち主・山田孝之の主演だし、美人女優・坂井真紀も出演している。しかし、原作、脚本、監督の佐藤二朗って一体誰？チラシには「鬼才・佐藤二朗が放つ豪華キャスト人による狂演―これは、映画を超えた魂の記録なのかも知れない」と書いてある。また、ストーリーを読むと、本作の舞台は至る所に「置屋」が点在する島らしい。そして、「三兄妹」のいる「ある置屋」を仕切る、凶暴凶悪な性格で恐れられている長男の真柴哲雄は、佐藤二朗監督自身が演じているらしい。

　そんな事前情報と予告編を見ただけで、こりゃ必見！そう思ったが、『キネマ旬報』6月下旬号での「REVIEW　日本映画＆外国映画」を読むと、3人の評論家の評価は星2つ、3つ、2つと低評価だ。しかし、やっぱり観ておかなくっちゃ！

◆冒頭、兄の哲雄にこびへつらい、子分のように従っている次男の得太（山田孝之）が、島にやってきたお客にポン引きするシークエンスが描かれる。それを見ただけでアレレ、このセリフ回しは一体ナニ？また、哲雄に支配され、得太をバカにしているという「かげろう」在籍の4人の個性的な遊女たちが登場してくると、バカバカしいセリフ回しとギャグ狙いのようなバカキャラたちの共演にアレレ。

　さらに、長年の持病を患い床に伏しているという長女・いぶき（仲里依紗）がうっとうしいセリフ回しで登場し、哲雄の素人芸が凄みを見せてくると、もうウンザリ。１０分ほどで席を立とうと思ったが、端っこに客がいたため、何とか我慢して1時間。そこまで観れば、半分あくびしながらでも、最後まで観なければ・・・。

◆本作は全編を通して名優・山田孝之の「受け」の演技が目立つ。それに対して、哲雄役の佐藤二朗と病気の妹役の仲里依紗は「攻め」の演技に徹している（？）。しかし、佐藤二朗の不気味さは漫画的だし、仲里依紗の一見儚げな演技もシラケるばかりだ。

また、ミャンマー男のばかばかしいセリフにうんざりなら、ラストにウェディングドレスを着る不細工な遊女にもウンザリ。美人女優・坂井真紀演じる遊女の"仕切り"があったからなんとか最後まで座っていたが、佐藤二朗監督は、よくぞまあこんな原作、こんな脚本、とりわけこんなセリフとこんなキャラの脚本を書いたものだ。

◆チラシには「"虚ろな凶悪"と"透明過ぎる鬱屈"が、愛を求め彷徨っている・・・」という大きな文字が躍っている。このフレーズを観れば、私には佐藤二朗監督は日本版キム・ギドクを目指しているように思えてくる。
　スクリーン上で哲雄が語る"虚ろ"の漢字と"嘘"の漢字を巡る"哲学"は面白い。それを見ていても、本作はいかにもキム・ギドク的だ。しかし、私に言わせればこりゃ"偽悪趣味"としか言いようがない。したがって、それを集大成したスクリーンは醜悪そのもので、キム・ギドク監督の世界とは全く似て非なるものだ。
　チラシに踊る「日本映画界のキーパーソンたちによる"狂演"＝アンサンブル　「映画への愛、そして狂気の献身」によって生み出された映画を超えた魂の記録」が"虚ろ"なら、チラシに満載されている著名人たちのさまざまな絶賛の言葉もすべて"虚ろ"だ。

◆上記の『キネマ旬報』6月下旬号で、北川れい子氏は、「売春島の売春宿とは、かなりご大層な設定で、何やら時空の異なる世界の話のよう。そんな世界で生きる3人兄妹の愛憎が、澱んだ空気の中で進行していくのだが、どうも映画自体が独り相撲を取っているようで、いまいちピンとこない。」と書いているが、私は全くそれに同感。また、氏は続いて「格別土着性とか宿命的な要素があるわけでもないし。むろん、人間の業とか、出口なし的な状況を描いた寓話としてみることも可能だが、それにしては兄妹の関係も娼婦たちのエピソードも表面的でありきたり。山田孝之が受身演技ばかりなのももの足りない。」と書いているが、これにも全く同感だ。

◆私が本作を観ながらずっと考えていたのは、かつてこんな"醜悪"としか言いようのない最悪の映画があった、ということ。そこで思いだしたのが、松本人志監督の『大日本人』（07年）（『シネマ15』410頁）。その評論で私は「こんな映画の一体何が面白いの・・・？また、キーワードとなる『ヒーローの表と裏』にしても、マゾヒスティックで不気味なだけ・・・？したがって、この映画は今年断トツのワースト1！そう断言した以上、いくら多勢に無勢となっても、また百万人の敵と立ち向かうことになっても、反論に対してはきちんと再反論していかなければ・・・」と書いた。
　本作のばかばかしさは、それ以来。なお、そこでは星1つとした理由を詳しく書いたが、本作への不満はこの評論で十分だろう。独りよがり、醜悪、キモいギャグにうんざり。また、喚けばいいというものではない。喚きゼリフのオンパレードにもうんざりだ。
２０２１（令和3）年6月14日記

Data

監督・脚本：横浜聡子
原作：越谷オサム『いとみち』（新
　　　潮文庫刊）
出演：駒井蓮／豊川悦司／黒川芽以
　　　／横田真悠／中島歩／古坂
　　　大魔王／ジョナゴールド／
　　　宇野祥平／西川洋子

いとみち

2021 年／日本映画
配給：アークエンタテインメント／116 分

2021（令和3）年7月6日鑑賞	テアトル梅田

■□■ショートコメント■□■

◆本作のチラシには「けっぱれ！」、「わぁ、三味線弾ぐ」の文字が踊っている。また、本作は、「心に染み入る日本のソウルミュージック—津軽三味線がつむぐ珠玉の人間ドラマ。祖母、父と共に三世代で暮らし、家族愛に包まれていた少女が、社会の荒波をたくましく生きる人々とふれあい、成長する—」と紹介されている。そんな本作は、越谷オサムの同名の大ベストセラー青春小説を映画化したものだ。

　本作の主人公（ヒロイン）は、青森県弘前市の高校に通う高校 1 年生の相馬いと（駒井蓮）。祖母ハツエ（西川洋子）、父親耕一（豊川悦司）と共に暮らすいとは、内気で人付き合いが苦手。その一因は、訛りがきつく、会話をすること自体が苦手なためだが・・・。

◆私は横浜聡子監督作品をこれまで観たことないが、チラシには、「オール青森ロケ。鬼才横浜聡子監督が『市井の人々』を描いた最高傑作」と書かれている。"鬼才"と書かれているのだから、園子温監督や韓国の故キム・ギドク監督のような鋭い問題提起が特徴！もちろん、そんな監督は脚本も自身で書いているはずだから、その問題提起に期待！

　チラシに映るメイド姿に三味線という主人公の変わったスタイルも面白そうだが、こりゃ映画も必見！そう思ったが・・・。

◆本作のクライマックスは、きっとヒロインいとがメイド服姿で弾く三味線のライブ。したがって、映画としては、いとがメイド喫茶でアルバイトを始める人生模索模様とともに、ライブに至るまでの血の滲むような三味線の稽古風景が描かれるはずだ。

　ちなみに、陳凱歌（チェン・カイコー）監督の『北京ヴァイオリン』（02年）は、出生の秘密とそれに伴う父子愛をバックにしながら、13歳のチュン少年が弾く"チャイ・コン"ことチャイコフスキーのヴァイオリン協奏曲が圧巻で感動的だった（『シネマ5』299頁）。すると、本作も、それと同じように・・・？

　そう思っていたが、スローテンポで進む本作には、いとが祖母から三味線を習うシーク

エンスはいつまで待っても登場しない。いとの亡くなった母親は、相当な弾き手だったそうだが、さて、いとの腕前は？

◆私は喫茶店は大好きだが、メイド珈琲店には1度も行ったことがない。そもそも、あんな店に行く客は、何を求めているの？それについて、私は、ある時、ある事情でいとと"対決"した父親が娘にぶちまける言葉と同感だ。

　故郷Uターン組の店長、工藤優一郎（中島歩）も、シングルマザーメイドの葛西幸子（黒川芽以）も、さらに、漫画家志望の若いメイド福士智美（横田真悠）も、みんな面白いキャラだが、そもそも津軽の、あんなビルの、あんな場所にあるメイド珈琲店の経営が成り立つの？

　コロナ禍では真っ先につぶれるはずだが、本作ではオーナーの成田太郎（古坂大魔王）が某犯罪で逮捕されてしまったから、店の存続は到底ムリ！だらだら続くエピソードの末に、そんな結末が待ち受けていたが・・・。

◆原作小説がどんな展開でいとのライブ公演のクライマックスに至るのかは知らないが、本作後半では、つぶれかけたメイド珈琲店の再建策として、いとの三味線ライブが企画されていくのがストーリーの核になる。しかし、1人のメイドの三味線ライブだけで観客を集め、メイド珈琲店を再建することが可能なの？

　それを考えただけでも本作の（脚本の）非現実性は明らかだが、スクリーン上は粛々とそんなストーリーが展開していく。しかし、そこでもいとの三味線の練習風景は登場しないから、アレレ・・・。

　しかして、本作のクライマックスに見る、いとの三味線演奏は？『北京ヴァイオリン』では、ラストでチュン少年が北京駅で弾く"チャイ・コン"が感動的な"心で弾く音楽"になり、涙・涙・涙のエンディングになっていた。同作では、そのクライマックスに至るまでのチュン少年と田舎に帰ろうとする父親との"再会"が感動の伏線だった。それと同じように（？）、本作でもメイド服姿で三味線ライブの本番に挑むいとの前には、メイド喫茶やメイド服を嫌い、山に"家出"していた父親が下山して客として店にやって来るので、それに注目！やっぱり父親は父親、娘は娘だということだ。そんな父親を見たことによって、いとの奮闘はさらにアップするはずだから、そのライブ熱演はあなたの目でしっかりと！

　もっとも、私が思うに、この程度のストーリーの映画なら116分の長編ではなく、30分程度の短編で十分なのでは？

2021（令和3）年7月7日記

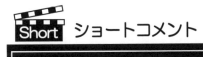 ★★★

Data	2021-110
監督	瀬々敬久
脚本	林民夫、瀬々敬久
原作	中山七里『護られなかった者たちへ』(NHK出版刊)
出演	佐藤健／安部寛／清原果耶／林遣都／永山瑛太／緒形直人／岩松了／波岡一喜

護られなかった者たちへ

2021年／日本映画
配給：松竹／134分

2021（令和3）年8月24日鑑賞　　内覧目的用DVD

👀 みどころ

東日本大震災から１０年。震災復興は進んだの？まちづくりの視点からは "否" だが、仙台で起きた連続殺人事件を巡るミステリーにも、あの大震災の影響が・・・？

日本国憲法２５条は、「健康で文化的な最低限度の生活を営む権利」を保障し、「生活保護法」を定めているが、その実態は？

そこに鋭く切り込んだベストセラー作家、中山七里の同名小説の映画化に挑んだのは、瀬々敬久監督だが、さて、その出来は？

ストーリー展開は面白いが、ラストの大団円は如何なもの？

―――＊―――＊―――＊―――＊―――＊―――＊―――＊―――＊―――＊―――＊

◆ベストセラー作家・中山七里の同名小説は "東日本大震災から１０年" を経て、震災復興が進む（遅々として進まない？）仙台で起きた、連続殺人事件をめぐるミステリー。全身を縛られたまま放置され、餓死させられるという状態で発見された被害者は、２人とも元仙台市青葉区福祉保健事務所勤務の男だった。その犯人は一体誰？その動機は？

日本国憲法２５条は「すべて国民は、健康で文化的な最低限度の生活を営む権利を有する。国は、すべての生活部面について、社会福祉、社会保障及び公衆衛生の向上及び増進に努めなければならない。」と定めており、それを担保する法律の１つとして「生活保護法」があるが、その実態は？日本社会の "生活保護" をめぐる問題点は根深いが、そうかといって、なぜこんな連続殺人事件にまで？そんな社会問題の映画化なら、『６４　ロクヨン　前編』（１６年）（『シネマ３８』１０頁)、『６４　ロクヨン　後編』（１６年）（『シネマ３８』１７頁）の瀬々敬久監督が最適！

◆本作の主役として登場する若者・利根泰久役を演じた佐藤健を私は全然知らなかったが、宮城県警捜査一課の刑事・笘篠誠一郎を演じた阿部寛は私の大好きな俳優。また、本作では震災から１０年後の今、福祉保健事務所のケースワーカーとして働いている円山幹子がストーリー構成上のキーウーマンになるが、その女優・清原果耶も私は全然知らなかった。

他方、倍賞美津子演じる老婆・遠島けいはどんな役割を？さらに、あわや第3の被害者に
なりかけるのが、吉岡秀隆演じる上崎岳大。彼は現在は国会議員だが、かつては福祉保健
事務所の職員だったらしい。したがって、その事件にも生活保護に絡む深い病根が・・・？

　ちなみに、本作をDVD鑑賞した8月24日には、福岡の特定危険指定暴力団である工藤
会トップの野村悟総裁に対する死刑判決が下された。直接証拠の乏しいこの事件で、死刑
判決を下すのは至難の業だが、本作に見る連続殺人事件の容疑者を特定し、その逮捕に向
かうことがそんなに難しいの？笘篠と蓮田智彦（林遣都）の凸凹コンビの問題点は顕著だ
が、捜査会議に出席している数十名、いや百名近くにのぼる捜査員たちは一体何をしてい
るの？私にはそんな疑問が強いが・・・。

◆生活保護をめぐる問題点は多いが、本作における幹子の目を通してみる問題点は如何
に？彼女がケースワーカーを志した動機は何？そして、ケースワーカーとして今、何を実
現しようとしているの？それは、震災直後に利根と共に遠島けいの生活保護申請のために
奮闘する姿を見ればよくわかる。国に頼ることを渋っていたけいは、やっと生活保護申請
に同意したはずなのに、その後、なぜ勝手にそれを取り下げてしまったの？
　瀬々敬久監督はそんな問題点を本作で如何に描くのだろうか？私はそこに注目したが、
残念ながらイマイチ・・・。

◆阿部寛が全編英語のセリフに挑戦したマレーシア映画『夕霧花園』（19年）は、3つの
時間軸を移動させながら、美しいカメラワークで興味深いストーリーを紡いでいた。それ
と同じように、本作でも“震災直後”と“震災から10年後”という2つの時間軸を移動
させながら、2つの殺人事件の捜査を通じて、生活保護の問題点を浮き彫りにしていく。
しかし、『夕霧花園』では庭園作りの謎はもとより、“山下財宝”や“金のユリ”等々のキ
ーワードが謎に包まれていたから、結局、阿部寛演じる日本皇室庭師が日本軍のスパイだ
ったのか否かは分からないまま、ストーリーが展開していた。
　ところが、本作では利根の目つきを見ているだけで最初から犯人は分かってしまうし、
その動機もすぐに見えてくる。近時の邦画は分かりやすさが目立つが、それって映画作り
の上でいいことなの？そう考えると、そもそも『護られなかった者たちへ』というタイト
ルも、あまりにわかりやすいものでは？
　本作ラストは大団円に至る（？）が、そんな結末をどう考えればいいのだろうか？たし
かに納得感は大切だが、こんなにみんなが納得してしまう結末にして何が面白いの？私は
そう思わざるを得なかったが・・・。

2021（令和3）年8月25日記

| **Short** ショートコメント | ★★★ | **Data** | 2021-115 |

監督：	タカハタ秀太
脚本：	藤井清美／タカハタ秀太
原作：	佐藤正午『鳩の撃退法』（小学館刊）
出演：	藤原竜也／土屋太鳳／風間俊介／西野七瀬／佐津川愛美／桜井ユキ／柿澤勇人

鳩の撃退法

2021年／日本映画
配給：松竹／119分

2021（令和3）年9月4日鑑賞　TOHOシネマズ西宮

👀 みどころ

　映像化は不可能！そんな形容（称賛？）がピッタリの原作小説が、直木賞作家、佐藤正午のそれだ。

　"鳩"といえばどうしても、２００９年の政権交代で誕生した鳩山由紀夫総理や平和の象徴（使者）を思い出すが、本作の"鳩"とは一体ナニ？

　藤原竜也の演技はさすがだから、「この男が書いた小説（ウソ）を見破れるか？」と聞かれると、答えは「・・・」だが、そんな演出の当否は？主人公は納得しても、さて、観客の納得度は？

―― * ―― * ―― * ―― * ―― * ―― * ―― * ―― * ――

◆『キネマ旬報９月下旬特別号』の「REVIEW　日本映画＆外国映画」では、ある１人から「冒頭のシーンからひたすらセリフが薄ら寒く、回想ショットで説明を重ねれば重ねるほどリズムはもたつく」と書かれ、星１つ。もう１人は、星３つだが、その評価はボロクソだ。

　「映像化不可能」と言われた直木賞作家・佐藤正午の名作が、まさかの実写化！それが本作の謳い文句だが、この低評価はなぜ？

◆主人公は、かつて直木賞を受賞した作家・津田伸一（藤原竜也）。そんな設定は少し嫌味だが、主人公はなぜ今、富山市内のデリヘル嬢の送迎ドライバーまで身を落としているの？そんな津田役を、美男子の代表のような藤原竜也が演じる意外性は買うものの、「作家とは何か？」を考えるについて、本作の津田が語る哲学には大いに疑問がある。

　ここまで落ちぶれても、俺が今書いている小説はあくまでフィクション。彼は編集者の鳥飼なほみ（土屋太鳳）に対して、再三そう力説していたが・・・。

◆『鳩の撃退法』というタイトルは全く意味不明。本作は、沼本（西野七瀬）がバイトをしているコーヒーショップで、『ピーターパンとウェンディ』を読んでいた津田が、別の席で１人本を読んでいた幸地秀吉（風間俊介）に話しかけるところから本格的なストーリー

235

が始まっていく。そこに至るまでの1つ1つのストーリーも、それ以降の1つ1つのストーリーも、それぞれそれなりの合理性はあるのだが、どれもこれも少しずつ変。登場人物も多岐にわたるから、そのキャラやストーリーを追っていくだけでも大変だが、1つ1つのストーリーのつながりは説明されないから、観客は全体像が全くつかめない。

　もちろん、本作はそれが狙いなのだが、それらのストーリーを物語っている（書いている？）津田はそれが分かっているの？どうも、そうではないらしい。そのことが、少しずつ見えてくると・・・？そしてまた、「事実は小説よりも奇なり」の格言（？）を思い出してくると・・・。

◆チラシでの本作の謳い文句は、「この男が書いた小説（ウソ）は、現実（ホント）になる。」、「この男が書いた小説（ウソ）を見破れるか。」だが、これを節目節目の回想シーンで説明されると、思わずシラーとなるのは私だけ？

　"鳩"といえば、どうしても２００９年の自公連立政権から民主党政権への交代で生まれた鳩山由紀夫総理を思い出す。また、鳩といえば、平和の象徴（使者）というイメージが強いが、本作の鳩はそれとは全然違うので、それに注目。しかし、そんなネタでニセ札事件のストーリーを作っていいの？

　他方、本作では本の栞の代わりに津田が１万円札を使っているのがミソだが、あんなに金に困っている男がなぜそんな習慣を？それは誰がどう考えても変だ。また、ニセ札騒動勃発に津田が驚かされたのは当然だが、本作に見る３００万円の札束のチェックはいくら何でも変！

◆本作は、たくさんの小さなストーリーから構成されており、最後にそれが１本につながるわけだが、本作後半から登場してくる倉田健次郎（豊川悦司）は誇張し過ぎで、あまりに不自然。前半では、"都市伝説"と言われるほど、裏社会を牛耳るドンとして"隠然たる力を持つ陰の男"のイメージを徹底させているのに、後半ではあまりにその姿をさらけ出し過ぎのでは？

　パンフレットには、「注：この物語はフィクションです。実在の人物や団体とは関係ありません。僕、津田伸一以外は。」のオチがついているし、１１９分すべてを疑った後の映画のオチとしてもなるほど、と納得だが、映画そのものの出来はさて・・・？

２０２１（令和３）年９月８日記

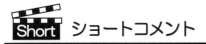

Short ショートコメント ★★★	Data	2021−118

マスカレード・ナイト

2021年／日本映画
配給：東宝／129分

2020（令和2）年9月8日鑑賞	東宝試写室

Data 2021−118
監督：鈴木雅之
脚本：岡田道尚
原作：東野圭吾『マスカレード・ナイト』（集英社刊）
出演：木村拓哉／長澤まさみ／小日向文世／梶原善／泉澤祐希／東根作寿英／石川恋

👀 みどころ

　今や、大みそか恒例の「紅白歌合戦」は、老人にはワケの分からない曲ばかりになっている。すると、ホテル・コルテシア東京で開催される、大みそか恒例の「マスカレード・ナイト」の方が面白い！？

　観客はそうであっても、殺人予告を阻止し、犯人逮捕が至上命令の敏腕刑事と、お客様ファーストを貫くホテルウーマンは大変。さあ、木村拓哉 vs 長澤まさみの凹凸コンビ（水と油コンビ？）の活躍は如何に？

　第1弾が46億円の大ヒットなら当然第2弾も！それも悪くはないが、グレード・アップの具合は如何に？

———＊———＊———＊———＊———＊———＊———＊———＊———＊———

◆ベストセラー作家・東野圭吾の『マスカレード』シリーズは累計発行部数470万部を突破し、屈指の人気を誇っている。その第1作を映画化した『マスカレード・ホテル』（19年）（『シネマ43』251頁）は、興行収入46.4億円の大ヒットになったから、昨今の邦画界は、即第2弾を！

　第1作は、何とも"濃い"、キムタクこと木村拓哉と長澤まさみのダブル主演が、第1のポイント。一流ホテルに次々と押し寄せてくる変な客のオンパレードが第2のポイント。そして、その中で如何に犯人をゲットするかが、推理小説としての肝だった。そのレベルは、今ドキのTVドラマの水準を十分超えるものだった。

　同作が面白かったのは、刑事の仕事 vs ホテルマンの仕事を対比させた凸凹コンビを際立たせたこと。キャストもスタッフも、そして見どころもストーリーのポイントもそんな第1作をそのまま踏襲した本作は、更にその点が強調されているので、それに注目！

◆殺人犯逮捕のために人を疑うのが刑事だが、お客様を信じ、仮面を剥がないサービスを提供するのがホテルマン。したがって、客のワガママは何でも！それが一流ホテルのサービスだが、私はイマイチそれが納得できない。そして、それは新田浩介刑事（木村拓哉）も同じだから、ストーリーはそんな凸凹コンビの軋轢（？）を軸として展開していくこと

になる。

　１２月３１日の大晦日、ホテル・コルテシア東京で開催される年越しパーティー、通称「マスカレード・ナイト」への参加者は約５００名。ある日、警察に届いた匿名の密告状によれば、数日前に都内マンションの一室で起きた不可解な殺人事件の犯人が、そこに現れるそうだ。しかし、参加者全員が仮面で仮装する年越しパーティーの中で殺人犯を見つけ出し、逮捕するのは到底不可能！誰もがそう思ったが・・・。

◆小説でも映画でも、ストーリーを面白くするためなら何でもあり。それを実践することによって、ドラマとしての面白さを盛り上げている『マスカレード』シリーズでは、チョー個性的かつチョー怪しい人物が次々とコルテシア東京を訪れてくるのが定番だ。

　それが本作では、①日下部篤哉（沢村一樹）、②曽野昌明（勝村政信）、③曽野万智子（木村佳乃）、④狩野妙子（凰稀かなめ）、⑤仲根緑（麻生久美子）、⑥貝塚由里（高岡早紀）、⑦浦辺幹夫（博多華丸）等々だが、これらの客の本性は？そして、これらの客の中に密告状で指摘されている殺人犯はホントにいるの？

　殺人犯を含むこれらの客の「仮面」はさまざまだが、新田刑事はタイムリミットの午前０時までに、それらの「仮面」の裏に隠された真実に辿りつくことはできるのだろうか？

◆他方、密告状を受け取った警視庁捜査第一課が総力を上げて犯人逮捕に向かったのは当然。そこで、第１作と同じように、捜査一課管理官の尾崎（篠井英介）は、ホテル・コルテシア東京内に大規模な「現地対策本部」を設け、徹底的な指揮を執ることに。その指揮下に入る稲垣係長（渡辺篤郎）、能勢刑事（小日向文世）、本宮刑事（梶原善）、関根刑事（泉澤祐希）等のスタッフは前作と同じだ。

また、コルテシア東京の総支配人は前作と同じ藤木（石橋凌）だが、山岸尚美（長澤まさみ）は今やコンシェルジュに出世している上、アメリカへの栄転を巡って、彼女のライバルになるフロントクラークの氏原祐作（石黒賢）が登場するので、その出世競争（？）にも注目！

◆以上のように本作の登場人物は多いが、ストーリーは近時の邦画の定番どおり（？）分かりやすいので、しっかり楽しみたい。もちろん、そのストーリー展開の中で、あっと驚く人物像も設定されているので、それはあなた自身の目でしっかりと！

２０２１（令和３）年９月１３日記

第５章 中国

Data

製作総指揮：チャン・イーモウ
総監督：ニン・ハオ
出演：グォ・ヨウ／ホアン・ボー／
　　　ワン・バオチャン／リウ・ハ
　　　オラン／ドン・ズージェン／
　　　トン・リーヤー／ファン・ウ
　　　ェイ／タオ・ホン／チャン・
　　　イー／ダン・チャオ／イエ
　　　ン・ニー／スン・リー／シェ
　　　ン・トン／マーリ

★★★★★

愛しの故郷
（我和我的家乡／My People, My Homeland）

2020年／中国映画
配給：wow cool entertainment／152分

| 2021（令和3）年5月29日鑑賞 | シネ・ヌーヴォ |

👀👀 みどころ

　２０１９年９月には、１９４９年の中華人民共和国建国７０周年を記念して、チェン・カイコーが総監督を務めた『愛しの母国（我和我的祖国）』（１９年）が製作・公開された。７つのオムニバス・ストーリーで構成された同作は、祖国の７つの歴史的瞬間と関わった７組の、名もなき人々の物語を描き、国民一人一人の目線から大きな時代の流れを捉えたもので、興行収入５００億円、中国映画歴代興行収入 TOP ８の歴史的大ヒットを記録した。

　その姉妹編として、張藝謀（チャン・イーモウ）製作総指揮の下で企画されたのが本作。本作はそのタイトル通り、中国の東西南北中、５つの地域の市井の人々を描くもので、５つのオムニバス・ストーリーはそのすべてが温かい中国流コメディタッチが貫かれている。また、その１つである『続・Hello　北京（北京好人）』は、『愛しの母国』で最も好評だった『北京你好』の続編になっているそうだ。

　２０２０年１０月１日の国慶節に公開された本作も、国慶節期間の４日間で最速で興行収入１０億円を突破する記録的大ヒットとなり、その勢いはなお継続中。そんな本作を、緊急事態宣言が続く閉塞状況下、シネ・ヌーヴォで鑑賞できたことに感謝！

――＊――＊――＊――＊――＊――＊――＊――＊――＊――＊――

■□■中国映画では、今や"第７世代監督"が大活躍！■□■

　中国では、今や"第７世代監督"と呼ばれる、１９９０年代前後に生まれた"若き才能"が大活躍。その代表が『シネマ４６』に収録した①『凱里ブルース（路辺野餐）』（１５年）（１９０頁）や、『ロングデイズ・ジャーニー　この夜の涯てへ（地球最后的夜晩）』（１８年）（１９４頁）の毕赣（ビー・ガン）監督、②『象は静かに座っている（大象席地而坐）』

（１５年）（２０１頁）の胡波（フー・ボー）監督。③『巡礼の約束（阿拉姜色）』のソンタルジャ監督、④『ザ・レセプショニスト（接線員）』の盧謹明（ジェニー・ルー）監督等だ。

■□■ "第6世代"は今や次々と巨匠に！■□■

　"第7世代"に先立って、"若き才能"を発揮させてきたのが"第6世代監督"と呼ばれる監督たち。その代表として、『シネマ44』の第6章「第6世代監督に注目！」では、①『山河ノスタルジア（山河故人）』（１５年）（２４６頁）、『帰れない二人（江湖児女）』（１８年）（『シネマ４５』２７３頁）の賈樟柯（ジャ・ジャンクー）監督、②『二重生活（浮城謎事）』（１２年）（２５１頁）、『ブラインド・マッサージ（推拿）』（１４年）（２５８頁）の婁燁（ロウ・イエ）監督、③『ラサへの歩き方　祈りの２４００ｋｍ（岡仁波斉）』（１５年）（２６５頁）の張楊（チャン・ヤン）監督を収録している。

　彼ら以外の著名な"第6世代"としては、④『薄氷の殺人（白日焔火）』（１４年）（『シネマ３５』６５頁、シネマ４４』２８３頁）、『鵞鳥湖の夜（南方車站的聚会）』（１９年）（『シネマ４７』１９８頁）の刁亦男（ディアオ・イーナン）監督、⑤『苦い銭（苦钱）』（１６年）（『シネマ４１』１２５頁、『シネマ４４』３０７頁）の王兵（ワン・ビン）監督、⑥『薬の神じゃない！（我不是药神）』（１７年）（『シネマ４７』２０７頁）の王易冰（ワン・イービン）監督、⑦『ＴＨＥ　ＣＲＯＳＳＩＮＧ〜香港と大陸をまたぐ少女〜（過春天）』（１８年）（『シネマ４８』２１５）の白雪（バイ・シュエ）監督、⑧『大地と白い雲（白云之下）』（１９年）（『シネマ４９』掲載予定）の王瑞（ワン・ルイ）監督等を挙げることができる。

　また、『シネマ４８』に収録した『春江水暖〜しゅんこうすいだん（春江水暖）』の顧暁剛（グー・シャオガン）監督や『羊飼いと風船（气球）』の万玛才旦（ペマ・ツェテン）監督も"第6世代監督"だ。

■□■ "第5世代"もなお健在！両トップが大活躍！■□■

　"第6世代"、"第7世代"に対して、１９８０年代に"中国ヌーベルバーグ"として彗星の如く登場したのが"第5世代監督"。その両トップが、張藝謀（チャン・イーモウ）監督と陳凱歌（チェン・カイコー）監督だ。

　"第5世代"のチャン・イーモウ監督作品については、『シネマ5』の「これぞ中国映画」で、①『紅いコーリャン（红高粱）』（８７年）（７２頁）、②『菊豆（菊豆）』（９０年）（７６頁）、③『古井戸（老井）』（８７年）（７９頁）、④『活きる（活着）』（９４年）（１１１頁）、⑤『ＨＥＲＯ（英雄）』（０２年）（１３４頁）、⑥『項羽と劉邦―その愛と興亡（完全版）上集「西楚覇王」下集「楚漢争覇」』（９４年）（監督：洗杞然（スティーヴン・シン）、総監修：チャン・イーモウ）（１４０頁）、⑦『あの子を探して（一個都不能少）』（９９年）（１８８頁）、⑧『初恋のきた道（我的父親母親）』（００年）（１９４頁）、⑨『至福のとき（幸福時光）』（０２年）（１９９頁）を収録している。

　また、チェン・カイコー監督作品については、『シネマ5』で①『黄色い大地（黄土地）』

（８４年）（６３頁）、②『大閲兵』（８５年）（６９頁）、③『さらば、わが愛／覇王別姫』（９３年）（１０７頁）、④『始皇帝暗殺（荊軻刺秦王）』（９８年）（１２７頁）を収録している。

　近時、チェン・カイコー監督は⑤『空海-KU-KAI- 美しき王妃の謎（妖猫伝）』（１７年）（『シネマ４１』１１２頁、『シネマ４４』１２２頁）を発表したが、これは期待外れだった。他方、チャン・イーモウ監督は近時、⑩『妻への家路（帰来）』（１４年）（『シネマ３５』１４４頁、⑪『楊貴妃 Lady Of The Dynasty（王朝的女人・楊貴妃）』（１５年）（『シネマ３９』３０３頁、『シネマ４４』１１１頁）、⑫『グレートウォール（The Great Wall）』（１６年）（『シネマ４０』５２頁、『シネマ４４』１１６頁）、⑬『影武者（影）』（１８年）、『シネマ４５』２６５頁））等を発表しているが、そこでは本来のホンワカ路線（？）と例外的なド派手路線（？）が交代で登場してくるのが目立っている。

　しかして、今回、チェン・カイコー監督は『愛しの母国（我和我的祖国）』（１９年）を、そしてチャン・イーモウ監督は『愛しの故郷（我和我的家郷）』（２０年）を発表！全然知らなかったが、今回『愛しの故郷』をシネ・ヌーヴォで上映していたため、５月２９日に鑑賞！

■□■本作は共通のテーマに沿って、５つの物語から！■□■

　本作は『愛しの故郷（我和我的家乡）』というテーマに沿って、５つの物語から構成されている。その目次と監督は次のとおりだ。

第１話.『続・Hello　北京（北京好人）』（約３０分）
　監督：宁浩（ニン・ハオ）

第２話.『空からUFOが！（天上掉下个UFO)』（約３０分）
　監督：陈思诚（チェン・スーチェン）

第３話.『最後の授業（最后一课）』（約３０分）
　監督：徐峥（シュー・ジェン）

第４話.『故郷への旅（回乡之路）』（約３０分）
　監督：邓超（ダン・チャオ）、俞白眉（ユー・バイメイ）

第５話.『マーリャンの魔法の筆（神笔马亮)』（約３０分）
　監督：闫非（イェン・フェイ）、彭大魔（ポン・ダーモ）

２０２１（令和３）年６月７日記

Data

製作総指揮：チャン・イーモウ
監督：ニン・ハオ
出演：グォ・ヨウ／チャン・ジャン
　　　イー／チャン・ユー／ハオ・
　　　ユン／リュー・ミンタオ

★★★★★

愛しの故郷（我和我的家乡／My People, My Homeland）
第1話　続・Hello　北京（北京的好人）

2020年／中国映画
配給：wow cool entertainment／152分（第1話：約30分）

2021（令和3）年5月29日鑑賞　　シネ・ヌーヴォ

👀 みどころ

　"なりすまし"モノは面白い映画が多いが、健康保険証を使った"なりすまし"はレッキとした詐欺罪。しかし、中国の国民的俳優、葛優（グォ・ヨウ）が"フーテンの寅さん"と同じように、愛嬌よく演じると・・・？

　人情色とコメディー色は絶妙！ドタバタ喜劇風の展開ながら、現代の中国の問題点をチクリと風刺する小話はメチャ面白い！

　しかして、本作ラストのオチは？やはり、中国映画は面白い！

―― *―― *―― *―― *―― *―― *―― *―― *―― *

■□■あの名優、葛優が登場！■□■

　日本と同じように中国にも名優がたくさんいるが、張藝謀（チャン・イーモウ）監督の『生きる（活着）』（94年）（『シネマ5』111頁）で、激動の中国現代史をたくましく生き抜いた主人公を演じ、妻役の鞏俐（コン・リー）と共に強烈な印象を残した名優が葛優（グォ・ヨウ）。彼はたくさんのヒット作に出演しており、近時は馮小剛（フォン・シャオガン）監督の大ヒット作『狙った恋の落とし方。（非誠勿擾）』（09年）に主演したが、チャン・イーモウ監督が製作総指揮を務めた本作の第1話『続・Hello　北京』では、その葛優が登場！

　舞台は北京。第1話『続・Hello　北京』は、本作の姉妹編ともいえる陳凱歌（チェン・カイコー）監督の『愛しの母国（我和我的母国)』（19年）の1作である『北京你好』の"続編"という位置づけらしい。しかして、本作の物語は、駐車場の管理人をしている主人公・張北京（葛優（グォ・ヨウ）の従弟である表舅（張占義（チャン・ジャンイー）が、フードデリバリーサービスの配達の途中でちょっと仕事をさぼって張の家を訪れるところから始まるが・・・。

■□■手術代は多少銭？健康保険は？■□■

やってきた客が従弟の表舅だと一瞬気づかなかったのは、張が表舅に会うのが久しぶり、ということもあるが、表舅がどことなく弱っていたためだ。表舅は今、喉にできた甲状腺の腫瘍が大きくなっており、その手術代が７〜８万元かかるらしい。少し前なら２万元で手術ができたそうだが、そりゃ大変。さらに、どちらにしてもそんな大金は持ち合わせていないし、そもそも彼は健康保険に入っていないから、どうしようもないのが実情らしい。

そんな"告白"をあまり深刻ぶらずに話してくれたからまだ良かったが、張もそんな大金を出してあげることなど到底無理。もちろん、表舅はそれは分かっているから、サラリと報告だけして、またすぐバイクに乗って配達に出かけたが、さて、何かいい手はないの・・・？

■□■よし、俺の保険証を！そうだ"なりすまし"で行こう！■□■

デンゼル・ワシントンが主演した『ジョンＱ -最後の決断』（０２年）（『シネマ２』１３７頁）は、日本のような国民健康保険（国民皆保険）の制度がない米国の悲哀をテーマにした問題提起作だった。突然の心臓疾患を宣告された息子の手術代は How much？保険が使えなければ、心臓移植手術などとてもとても・・・。そこで下したジョンＱの"最後の決断"は、息子の命を救うため"病院ジャック（医師ジャック）"を決行することだったが、本作の張は、表舅に甲状腺腫瘍の手術を受けさせるため、自分の健康保険証を使う（不正使用）ことを決断！

アラン・ドロンが一人二役を演じた『アラン・ドロンのゾロ』（７５年）やレオナルド・ディカプリオが一人二役を演じた『仮面の男』（９８年）では、双子の兄弟が"なりすまし"に成功していたが、さて、本作の張と表舅は？気の小さい表舅は、張が打ち出した大胆な計画（詐欺）に最初から及び腰だが、典型的な中国人（？）の張は、自分の高血圧の病状を利用して堂々と病院内に入り込み、表舅になりすますことに成功！とぼけた味を演じさせれば、葛の演技力はまさに世界一だ。しかし、ちょっとした手違いで、自分の喉にメスが入れられる事態になったから、張は大変。さあ、張と表舅はそんな危機をどう切り抜けるの？

■□■未遂だったから微罪で！人情色とコメディー色は絶妙！■□■

日本の名優、渥美清のライフワークは言うまでもなく、『男はつらいよ』シリーズの、フーテンの寅さん役だが、なぜあのシリーズは５０作も続いたの？『男はつらいよ』に続くシリーズとして企画されたのは、西田敏行と三国連太郎コンビによる『釣りバカ』シリーズだが、同作もなぜ２２作まで続く長期シリーズになったの？それは、主人公のキャラが誰からも愛されるものであるうえ、パターン化された（させた？）ストーリー展開の中で、人情色とコメディー色が絶妙で、毎回程よくミックスされているからだ。

もっとも、寅さんには失恋が良く似合うから、いくら美女のマドンナが登場しても結ばれないのがミソだった。しかし、ひょっとして、山田洋二監督の采配ミス？そう思わせるような形で、寅さんと、浅丘ルリ子扮するリリーが結ばれそうになったが、やっぱりそれ

244

は無理だった。

　中国の名優、葛優がいかにも、これぞ中国人というイメージで演じる詐欺師まがいの男は、実にピッタリな役柄だから、本作の張役をまさに水を得た魚のように楽しそうにその役を演じている。しかし、自分の喉を、メスで切り取られる直前、なりすまし犯行がバレてしまったから、大変。もっとも、それによって、表舅への手術もなくなったから、一安心だ。しかして、警察の前で、表舅は張に対していかなる対応を？俺はこの男から唆されて、なりすまし手術を受けようとしただけだ。悪いのは、（首謀者）の張。そんな展開になっていくもの。そう思っていたが、いやいや、実は正反対！そのうえ、なりすまし詐欺は、幸い未遂で終わったから、表舅は微罪で処理されることに。よかったね。まさに人情色とエンタメ色は、こうあるべきだ。

■□■最後のオチは？だから、やっぱり中国映画は面白い！■□■

　コロナ禍が続く中、旅行・観光業者は大きな痛手を受けているが、私も中国旅行はもとより、とんと飛行機にも乗っていないことを実感中。私は飛行機の中ではいつもイヤホンを耳に当てて、ANAの機内オーディオプログラム（スカイオーディオ）を聞いているが、その半分は音楽、半分は落語だ。落語では常に最後のオチがポイントだが、さて名優、葛優が、まさに適役を得て、持ち前の演技力を発揮している本作のオチは？

　落語に大家さんと借家人が登場する場合、大家さんが物知りで、借家人はとぼけた奴と相場が決まっている。他方、とぼけた亭主と、長年連れ添っているカカア（妻）は、しっかり者と、これも相場が決まっている。しかして、本作では、葛優演じる張は独り身だが、大それた犯行がバレて、2人とも大目玉を食らったのち、表舅はまたデリバリーの仕事に戻っていたが、その時点で、表舅には妻がいたことが明らかになる。張が住んでいるのは北京市内だが、表舅が住んでいるのは、河北省衡水市で、北京から250kmほどの場所らしい。本作ラストは、その表舅が住む、河北省衡水市での、別れのシークエンスになるが、そこで表舅の妻・玲子（劉敏涛）が語ったこととは・・・？なんだそれなら最初からこんな事件を起こすなよ！思わずそんな茶々を入れたくなったが・・・？だから中国映画は面白い！

　尚、ネット資料を調べると、本作には①"大白兔奶糖"というミルク味のキャンディー、②流しのギター弾き、③憧れの車等で、日本人には容易にわからない"コメディー色"も散りばめられているそうだから、中国通の人や、中国語のわかる人は、それにも注目！

2021（令和3）年6月3日記

SHOW-HEY シネマルーム

★★★★★

Data
監督：チェン・スーチェン
出演：ワン・バオチャン／ホアン・ボー／トン・リーヤー／ワン・イェンホイ／ワン・シュン／ドン・ズージェン／リウ・ハオラン

愛しの故郷（我和我的家乡／My People, My Homeland）第2話　空からUFOが！（天上掉下个UFO）
2020年／中国映画
配給：wow cool entertainment／152分（第2話：約30分）
2021（令和3）年5月29日鑑賞　　シネ・ヌーヴォ

👀 みどころ

　貴州省の黔南は険しい山に囲まれた田舎村だが、ある日、上空に UFO が出現！そんなマスコミ報道が過熱すると、調査団や観光団が次々と！

　こりゃ確実に一儲け！そんな村長や開発業者の思惑と若き発明家の純真な恋心との対比に注目！彼がさまざまなアイデアで次々と発明品を世に送り出すのは一体何のため？また、彼の作業場はどこにあるの？

　ええ？すると、ひょっとしてあの UFO も・・・？

─── ＊ ─── ＊ ─── ＊ ─── ＊ ─── ＊ ─── ＊ ─── ＊ ─── ＊ ─── ＊ ──

■□■貴州は南部の田舎町。険しい山にUFOが！■□■

　私は現在 HSK4級の試験に向けて勉強中だが、「過去問」をやっていると、中国各州の特徴をテーマにした問題がよく出てくる。それによると、貴州省は雲南高原の東部にあり、高い山や深い谷が多く平地が少ないエリアらしい。春秋戦国時代（B.C.8～B.C.3）に、ここにあった独立国 "夜郎国" の物語は有名だ。また、貴州省にはミャオ族、プイ族、トン族、スイ族、イ族など少数民族が多く、「少数民族の故郷」と呼ばれている。

　私は２００４年１１月２８日～１２月５日に雲南省の黔南旅行に行ったが、貴州省はそのすぐ東側にある省だ。しかして、本作によると、本作の舞台である貴州省の黔南は、険しい山が多いため、その発展が大きく遅れているらしい。

　本作冒頭に登場する小さな村の集会の姿は、まるで１９６０～７０年代の中国のようだが、村にある巨大な電波望遠鏡の上空に突如、謎の飛行物体が飛行してきたから、村中は大騒動に！「これは UFO に違いない！」とマスコミが報道したため、瞬く合間に村にはUFO視察ツアー一団があふれ、村は観光客でいっぱいに。村を訪れたそんなTVスタッフを、村長、商人、村の発明家が歓迎することになったが・・・。

■□■第２話の舞台は貴州省の黔南！■□■

貴州省の省都は貴陽。ガイドブックによると、貴陽は現在発展中の都市で、町のあちこちで高層ビルの工事が行われているらしい。しかし、本作の舞台である貴州省の黔南はかなりの田舎村らしい。

鞏俐（コン・リー）主演の『たまゆらの女（周漁的火車）』（０３年）は、雲南省の建水に住む白磁の染付け絵師・周漁（チョウ・ユウ）と四川省の重慶に住む無名の詩人・陳清（チェン・チン）との遠距離恋愛を描く名作だったが、その距離は遠く、恋人と会うためには１０時間以上かかったらしい。それに対して、険しい山が多い貴州の黔南では、距離はわずか１キロしか離れていない。ところが、ここでは険しい山のために恋しい男女が会うことは容易ではないらしい。

本作の底流にはそんな悲しくも美しいテーマが流れているから、それにも注目！発明家はそんな事情のため思い出の彼女・董文化（佟丽娅（トン・リーヤー））と会うことも恋することも、そして結婚することもできないらしい。しかし、そんなハンディキャップがあるからこそ、彼の発明意欲はメラメラと燃え盛り、さまざまな有益な発明を次々と！

■□■主人公は？多種多様な登場人物たちは？■□■

そんな田舎村の黔南だったが、UFO騒動のおかげで土産店にはツアー客がいっぱい。なお、黔南は高さが５００ｍもある世界一巨大な電波望遠鏡が有名で、レストランの名物料理はこの望遠鏡型の鍋に入れて提供されるので、それにも注目！

TVプロデューサー・老唐（王宝强（ワン・バオチェン））がそんな村を訪れたのは、もちろんUFOの真偽を確かめるため。その取材を受け、接待（？）するのは、村長・王守正（王砚辉（ワン・イェンホイ））、村の開発業者・王出奇（王迅（ワン・シュン））、そして、村の若き発明家・黄大宝（黄渤（ホアン・ボー））たちだ。こんな場合、王守正が何を狙うのか、王出奇が何を狙うのかはハッキリしているが、黄大宝は何を目指しているの？

第２話は導入部を見ている限り、ドタバタ喜劇の感が強い。しかし、しばらくすると本作の主人公は黄だとわかってくる。しかし、黄はあくまでも表面に出ず、UFO騒動で沸き返っている村の中で今もひっそり研究に励んでいるだけだから、第２話の展開は読みづらい。多種多様な登場人物たちは曲者ぞろいだが、さて第２話はどんな展開に？

■□■コメディ色が満載！さすがチェン・スーチェン監督！■□■

中国では、２０２０年の春節では『僕はチャイナタウンの名探偵３（唐人街探案３）』（２１年）が公開され、大ヒットしているらしい。私もオンライン試写で鑑賞したが、同作では日本から妻夫木聡、三浦友和、長澤まさみ等が出演しているから、日本で公開されれば大ヒット間違いなし！

第２話の陈思诚（チェン・スーチェン）監督、主演、ワン・バオチャンらは『僕はチャイナタウンの名探偵３』のスタッフと同じだから、第２話も『僕はチャイナタウンの名探偵３』と同じようなコメディー色が満載！王守正や王出奇の"欲の深さ"はいかにも中国

風だが、黄は純真そのもの。だって、彼の発明の根（意欲）はすべて、わずか1キロしか離れていないにもかかわらず、山が険しいためなかなか会うことができない恋人を思う気持ちから生まれているのだから。いずれにしても、彼の発明品はすべてユニーク。その1つは、山道を転がって降りる巨大なボール。なるほど、この中に入れば自分の足で歩かなくても山道を下れそうだが、その副作用は？本作では、さすがチェン・スーチェン監督！そう思えるコメディー色をしっかり楽しみたい！

■□■UFOは本物？それとも・・・？■□■

　張藝謀（チャン・イーモウ）監督が製作総指揮を務めた『愛しの故郷』全5話は、すべて詐欺師（まがい）の男を主人公にしたもの。しかし、第2話では、王守正や王出奇はいかにも中国的な儲け主義で、詐欺師色がプンプン匂うものの、黄には詐欺師色は全くない。逆に、董を思う彼の気持ちや、董に会うために一生懸命続けている研究・発明の姿を見ていると、彼の誠実さが浮かび上がってくる。

　ところが、第2話のラストで明かされる黄の巨大な研究室の内部は如何に？さらに、そのことから明らかにされていく、冒頭に登場した巨大なUFOの実態とは？

２０２１（令和3）年6月7日記

Data
監督：シュー・ジェン
出演：シュー・ジェン／ファン・ウェイ／タオ・ホン／チャン・イー

SHOW-HEY シネマルーム

★★★★★

愛しの故郷（我和我的家乡／My People, My Homeland）
第3話　最後の授業（最后一课）

2020年／中国映画

配給：wow cool entertainment／152分（第3話：約30分）

2021（令和3）年5月29日鑑賞　｜　シネ・ヌーヴォ

👀 みどころ

　中国映画には"古き良き時代"を思い出させる「学校モノ」がよく似合うが、米国と競争するほどの強国になった中国では、それは今いずこ？

　ならば、はるか昔にあった記憶を再現！年老いた教師の記憶が若き日の1992年に戻ったのなら、教え子の我々も！

　なるほど、そんな大仕掛けの「最後の授業」とは？

——＊——＊——＊——＊——＊——＊——＊——＊——＊——＊——＊——

■□■中国映画には「学校モノ」がよく似合う！■□■

　私は『シネマ5』に「学校特集」と題して①『子供たちの王様（孩子王）』（87年）（『シネマ5』267頁）、②『草ぶきの学校（草房子）』（99年）（『シネマ5』270頁）、③『思い出の夏（王首先的夏天）』（01年）（『シネマ5』273頁）を収録した。そのことからわかるように、中国映画には「学校モノ」がよく似合う。

　しかして、本作第3話の『最後の授業』は、今はアルツハイマーで苦しむ教師（范伟（ファン・ウェイ）が、中国東部、浙江省杭州の千島湖を訪れて授業をする物語だが、第3話は①、②、③のような素朴一色ではなく、今風のギャグもほどよくちりばめられている。基本はあくまで「中国映画の王道」たる、ほんのり温かく、かつ懐かしく、というものだから、その良さをしっかり味わいたい。

■□■"教師役"で思い出すのは、やっぱりあの名作！■□■

　第3話の舞台は、中国東部の浙江省杭州（らしい）。杭州は西湖や蘇東坡等で日本人にもよく知られており、私の中国旅行の経験も多い。しかし、杭州が千鳥湖というダム湖の美しい風景で知られていることは、本作を観てはじめて知ることに。ネット情報によれば、本作の最後に登場する美しくライトアップされた小学校は、千鳥湖の近くに存在するうえ、実際の小学校で19年より使われているそうだ。ちなみに、『草ぶきの学校』に登場した学

校は、中国江蘇省蘇州の太湖のほとりの小学校だった。

『初恋のきた道』（００年）（『シネマ５』１９４頁）は教師の駱長余（ルオ・チャンユー）が彼の故郷である華北の三合屯の草ぶきの学校に帰郷するところから始まった。同作で、ヒロインのおさげ髪で赤い服を着た美少女を演じた章子怡（チャンツイイー）はもちろんだが、教師役のルオ・チャンユーを演じた鄭昊（チョン・ハオ）も実にカッコ良かったが、本作の教師、ファン・ウェイは？

■□■記憶ははるか昔に！ならばそれを再現■□■

第３話の教師ファン・ウェイは、若い頃はカッコ良かったのかもしれないが、今は年をとり、持病の脳梗塞で倒れ、記憶喪失に苦しんでいた。そんな彼の記憶は１９９２年に戻ってしまっているらしい。そこで、かつての彼の教え子たちは、老教授を助けるために、子供たちが当時の勤務地である杭州の山村へ出ていき、村人総出であの頃の小学校を再現することに。

『シネマ５』で特集した前述の３本の映画は、いかにも「これぞ古き良き時代の中国映画！」だった。それに対して、近時の『少年の君（少年的你）』（１９年）を観れば、年間１千万人を超える「高考」の競争を巡る今の中国社会の病巣がよくわかる。「古き良き時代の学校」は、近々鑑賞予定の『ブータン 山の教室』（１９年）くらいしかなくなったの？

■□■今は２４色の絵の具だが昔は水墨画、それでもいい画が■□■

スイスで水墨画を指導していた老教授ファン・ウェイがなぜ杭州の千島湖にある小さな小学校に赴任し、水墨画を教えていたのかはよくわからないが、第３話『最後の授業』では、日本の"やらせ"まがいのバラエティー番組のような低俗なものになりかねないストーリーが次々と展開していくので、それに注目！

１９９０年当時のファン・ウェイの教え子たちは、もちろん今は大人。したがって、当時の小学校の生徒役を演じるのは、彼らの子供たちだ。大人たちは１９９２年当時のファン・ウェイ先生の教え方はもちろん、あの当時の貧しい学校環境をよく知っているから、それを再現する努力をすることは可能。しかし、今はぜいたくな暮らししか知らない彼らの子供たちがうまく１９９２年当時の小学生を演じることができるのだろうか？

2021（令和3）年6月3日記

Data

監督：ダン・チャオ／ユー・バイメイ

出演：イェン・ニー／ウー・ジン／ワン・ユエン／ダン・チャオ／ワン・ズーウェン／スン・リー／ユエ・ホン

★★★★★

愛しの故郷（我和我的家乡／My People, My Homeland）
第4話　故郷への旅（回乡之路）

2020年／中国映画
配給：wow cool entertainment／（第4話：約30分）

2021（令和3）年5月29日鑑賞　｜　シネ・ヌーヴォ

👀 みどころ

　中国は広いから、飛行機網はしっかり整備されている。しかし、ファーストクラスに座って故郷に凱旋しているセレブの隣に座ってきた"自称リンゴ商"の男は何者？ひょっとして詐欺師？

　"インフルエンサー"って何？中国、陝西省のムース砂漠でおいしいリンゴがホントに作れるの？そんな話題も含め、第4話のあっと驚く面白さをしっかり味わいたい！

―――＊―＊―＊―＊―＊―＊―＊―＊―＊―＊―

■□■中国映画には詐欺師まがいの物語がよく似合う！■□■

　レオナルド・ディカプリオが主演した『キャッチ・ミー・イフ・ユー・キャン』（02年）は天才詐欺師の物語だった（『シネマ3』93頁）が、私の持論では、詐欺師の主人公が最もよく似合うのは断然中国映画。1本目の『続・Hello　北京』の名優、葛優（グォ・ヨウ）なんか、詐欺師の役をやらせれば、そりゃ最高！

　『イチかバチか―上海新事情』（00年）（『シネマ5』340頁）はリストラされた労働者を主人公にしたタイトル通りの面白い映画だったが、そこでは"儲かる話"を巡るインチキめいたストーリーが次々と展開していった。また、張藝謀（チャン・イーモウ）監督の『幸せ三部作』の1つである『至福の時』（02年）（『シネマ5』199頁）は大連を舞台にした面白い映画だったが、涙、涙また涙の感動作である同作も、よく考えてみれば、通貨偽造罪と詐欺罪は成立するか？という法的論点を含む詐欺師まがいの中年おじさんの物語だった。他方、フーテンの寅さんは、バナナのたたき売りはやっていても、それはレッキとした仕事で、決して詐欺師ではない。邦画ではそんな寅さんがピッタリだが、中国映画では詐欺師まがいの物語がよく似合う・・・？

■□■第4話の主人公も詐欺師？同級生は本物のセレブだが■□■

第4話の主人公は、導入部の飛行機内の言動でたちまち詐欺師ぶりを露呈してしまう男、喬樹林（鄧超（ダン・チャオ））。マネージャーと共にファーストクラスに乗り込んできた女性、閆飛燕（閆妮（ヤン・ニー））は本物のセレブだが、喬はなぜこの飛行機に乗り込んできたの？

　喬はファーストクラスの閆の隣の席に座り込み、気安くあれこれ話しかけてきたが、彼の本来の席は一般席。客室乗務員からそれを指摘されると、喬は仕方なく自分の席に戻ったが、「私はリンゴ商」と自己紹介していたこの男は、ホントにムース砂漠で世界一おいしいリンゴを製造し、販売しているの？ひょっとして、この男も詐欺師では？また、喬の話では、喬と閆は同じ学校の同級生だそうだが、それってホント？閆は今、小学校の４０周年式典で祝辞を述べるために故郷に向かうこの飛行機に乗り込んでいるのだが、喬はなぜ同じ飛行機に？

■□■セレブのインフルエンサーはご招待！だが、この男は？■□■

　私はＡＫＢ４８の『ヘビーローテーション』はよくカラオケで歌っていたが、『インフルエンサー』が発売された時は、そもそも『インフルエンサー』とは何か？がサッパリ分からなかった。もし、銀座の飲み屋で「インフルエンザ」とリクエストしたら、馬鹿にされていたはずだ。

　しかして、本作に“本物のセレブ”として登場する閆飛燕は、ネットショップで有名なインフルエンサーだ。彼女が今、飛行機に乗り込んでいるのは、故郷の陝西省ムース砂漠にある小学校で開かれる、母校の設立記念日の式典に招待され、久々に帰郷するためだ。それに対して、閆がたまたま飛行機内で一緒になった男、喬は、自称リンゴ商。彼はムース砂漠で、世界一おいしいリンゴを製造し販売しているそうだが、その話はどこまでホント？もっとも、飛行機内での話や小学校に到着してからの話を総合して聞いていると、喬と閆が同じ小学校の同級生だったことは間違いなさそうだが・・・。

■□■第4話の舞台は？広大な果樹園はどこに？■□■

　喬と閆の故郷である、陝西省ムース砂漠は、陝西省・内モンゴル自治区・寧夏回族自治区に位置する“中国四大砂漠”の一つだそうだ。第4話では、閆が喬と共に車に乗って故郷の発展状況を視察するシークエンスが登場するので、私たちも一緒にそれを視察することができる。しかして、喬の言う壮大な果樹園は一体どこに？

　第4話でも、注目点は主人公、喬の詐欺師ぶりだが、そんな喬であっても、彼の故郷を思う気持ちや世界一おいしいリンゴを作りたいという熱い思いは十分理解できる。そんな男をどこまで評価できるのかはよくわからないが、中国映画ではそんな詐欺師めいた主人公がよく似合うことは間違いない。

　なお、第4話には『戦狼 ウルフ・オブ・ウォー（战狼2）』（１７年）（『シネマ４４』４３頁）の監督・脚本・主演の呉京（ウー・ジン）が休憩地のレストラン店の店主役で友情出演しているので、それにも注目！　　　　　２０２１（令和3）年6月3日記

Data

監督：イェン・フェイ／ポン・ダー
　　　モ
出演：シェン・トン／マー・リー／
　　　ウェイ・シャン

SHOW-HEY シネマルーム

★★★★★

**愛しの故郷（我和我的家乡／My People, My Homeland）
第5話　マーリャンの魔法の筆（神笔马亮）**

2020 年／中国映画
配給：wow cool entertainment／152 分（第5話：約30分）

2021（令和3）年5月29日鑑賞　｜　シネ・ヌーヴォ

👀 みどころ

　今の北朝鮮にとって中国は力強い味方。それと同じように、建国直後の中国
にとって、社会主義の先輩たるソ連は尊敬と憧れの対象だから、ソ連の美大へ
の絵画留学は最高の名誉。

　そのはずだが、第5話では何とも奇想天外な展開（＝偽装工作）が続いてい
く。

　これは一体なぜ？タイトルの意味を含めて、そんな小噺の面白さをしっかり
味わいたい！

—— * —— * —— * —— * —— * —— * —— * —— * —— * ——

■□■中国共産党は結党１００年！その目玉は？■□■

　5月31日付読売新聞は、「中国共産党１００年」の連載の1つとして、「スター起用　１
００作放送予定」、「『愛党ドラマ』若者狙う」と題して、「中国で共産党をたたえるドラマ
や映画が続々と制作されていること」を報じた。「中国メディアによれば、２０２１年7月
に党が創設１００年を迎えることにちなみ、テレビドラマだけで１００作品近くが年末ま
でに放送される予定」らしい。

そこでは「若手スターを起用した作品が目立っており、習近平政権は若い世代を対象とし
た「愛党教育」に利用する狙い」らしい。その"目玉映画"が7月1日に上映が始まる『１
９２１』。これは、主に２０歳代だった結党メンバー１３人が上海に集まり、第1回党大会
を開く過程を描いた、上海市当局肝いりの作品らしい。

■□■かつては、社会主義の先輩たるソ連への尊敬と憧れが！■□■

　他方、今でこそ中国はロシア（ソ連）を追い越し、社会主義国のトップを走っているが、
社会主義革命を最初に成功させたのはソ連。それが１９１７年の「二月革命」と「十月革
命」だ。１９世紀末から続いた西欧列強による中国の植民地支配と１９３０年代の日本に

よる中国侵攻に苦しんだ中国は、１９４５年にやっと日本に勝利したが、その後、共産党と国民党の対立が続いたため、社会主義国家としての中華人民共和国の成立は１９４９年１０月１日になった。そんな中国の、建国当初の社会主義建設の目標・モデルは、「五か年計画」をはじめ、すべてソ連のものだった。

したがって、建国当時の中国の知識人や芸術家にとって、ソ連に留学するのは最高の憧れ。中国東北部の村に住む画家の馬亮（マーリャン）（沈騰（シェン・トン））も当然そうだと、妻の秋霜（馬麗（マー・リー））は考えていたが・・・。

■□■ソ連の美大へ絵画留学！そりゃ最高！ところが・・・■□■

第５話の冒頭、マーリャンの進路を決める某会議（？）の席に、元女子レスリングの選手だったという妻の秋霜が乗り込み、夫マーリャンをソ連の有名美大に留学させるプロジェクトに入れ込むことに成功！マーリャンは抵抗したものの、秋霜の腕力（？）にはかなわず屈服し、渋々、単身で留学することに。しかし、どうしても故郷の村に戻りたいマーリャンは、現実にはソ連の美大に行かず、故郷の村に戻り、秋霜とのスマホでのやり取りでは、あたかも、ソ連で留学生活を送っているふりを偽装していた。そんなマーリャンの手助けをするのは、村の有力者の魏村長（魏翔）たちだ。

夫の画家としての才能を信じ、ソ連の美大を卒業した後の名声を期待する秋霜は、毎日のようにスマホでマーリャンと連絡を取り、情報交換に励んでいたから、スマホが鳴るたびにマーリャンが受ける緊張感とそこでの偽装工作は大変だ。果たして、秋霜のスマホに写るマーリャンの日常生活のベッドは？壁紙は？調度品は？

■□■妻が視察に！偽装工作の維持は？バレてしまうと？■□■

本作前半はそんなコメディータッチの展開が続くが、中国とソ連を股にかけた大規模な偽装工作はいつまで続けることができるの？秋霜は自宅のリビングリームに飾ってある夫の数々の作品にご満悦だが、スマホによる情報交換だけに満足できなくなった彼女は、遂に夫の視察に乗り込む決意を伝えたから、マーリャンは大変だ。

本作後半からは、マーリャンに協力する村長たちを含め、視察にやってきた妻、秋霜を如何にごまかすか、を巡って更に漫画チックな展開が続いていく。それはかなりバカバカしい展開だが、意外に面白い。しかし、秋霜もバカではないから、ある日、ある時、ある局面でマーリャンたちの偽装工作がバレてしまうと？

さあ、秋霜の怒りは如何に？冒頭で見た秋霜の元女子レスリング選手としての力量に照らせば、マーリャンにはとんでもない処罰（制裁）が待っているはずだ。ところが、いやいや・・・。第５話には何とも言えない温かい結末が待っているので、それに注目！

２０２１（令和３）年６月３日記

SHOW-HEYシネマルーム

★★★★★

唐人街探偵　東京MISSION
（唐人街探案3／Detective Chinatown 3）

2021年／中国映画
配給：アスミック・エース／136分

2021（令和3）年7月10日鑑賞　TOHOシネマズ西宮OS

Data
監督・脚本：チェン・スーチェン
出演：ワン・バオチャン／リウ・ハオラン／妻夫木聡／トニー・ジャー／長澤まさみ／染谷将太／鈴木保奈美／奥田瑛二／浅野忠信／シャン・ユーシエン／三浦友和／ロイ・チウ／ジャニス・マン／シャオ・ヤン／チャン・チュンニン／アンディ・ラウ／チェン・チョーユエン／ソンソ／ヴィクター・マー

👀👀みどころ

　「探偵モノ」にも硬軟があるが、『唐人街探偵』シリーズの"お約束"は、"エンタメ色"と"本格的推理モノ"の両立。ド派手な服装を含め、導入部の東京ミッション入りでは、一瞬これはダメだと思ったが、いやいや。

　密室殺人事件の真相究明、真犯人の発見は探偵たちの究極のテーマ。三浦友和扮するヤクザの親分は、ホントにこんな単純な殺人を？１０億円の報酬も魅力だが、「唐人街探偵」にはそれ以上にプライドが！

　東京ミッションのためには、東京ロケが不可欠。『君よ憤怒の河を渉れ』（７６年）や『マンハント（追捕）』（１７年）以上にそれを楽しみながら、探偵たちの証拠集めのサマに注目したい。「法廷モノ」としてはナンセンス！しかし「探偵モノ」なら・・・。

　クライマックスで解明されていく、あっと驚く密室殺人事件のトリックをじっくり楽しみたい。これなら１０億円の報酬にも納得！

―――＊―――＊―――＊―――＊―――＊―――＊―――＊―――＊―――＊

■□■唐人街探偵とは？CRIMASTERとは？■□■

　刑事は国家権力をバックとして、予算の範囲内とはいえ国家の金を使うことができるから、地域を多方面にまたぐ広域捜査や、大量の警察官を動員する大規模捜査が可能。刑事の中には、アメリカのダーティーハリーのような"はみ出し刑事"もいるが、その多くは『砂の器』（７４年）（『シネマ43』343頁）で丹波哲郎と森田健作が演じた2人の刑事に代表されるような、勤勉で足で稼ぐ捜査が得意なキャラが多い。

　それに対して、探偵は、あえて私立探偵というまでもなく、個人経営の民間人だから、英国のシャーロックホームズや日本の明智小五郎、金田一耕助のような有名な探偵でも、依頼主あっての存在だし、依頼主からお金をもらうことによって経営を成り立たせなけれ

ばならない。シャーロックホームズや明智小五郎は、ともに優秀な助手を持っていたこともあって経営は順調だったようだが、一匹狼（？）の金田一耕助はどちらかというと貧乏探偵（？）。

また、弁護士は探偵と同じように自由業の民間人だが、「法曹一元」を前提とした司法試験は国家試験だから、司法試験に合格し、司法修習を終えれば検事、裁判官と同等になる。しかし、探偵は何の資格もないから、ホンマ物とインチキ物の区別は難しい。そんな中、日本では近時、北海道の札幌を、しかもススキノにある１軒のバーを拠点とする大泉洋と松田龍平扮する探偵の凸凹コンビが生まれ、①『探偵はBARにいる』（１１年）（『シネマ２７』５４頁）、②『探偵はBARにいる２　すすきの大交差点』（１３年）（『シネマ３１』２３２頁）、③『探偵はBARにいる３』（１７年）（『シネマ４１』未掲載）という３本の映画が作られた。それと同じように（？）、中国でも、２０１５年にチンとタンという凸凹コンビの「唐人街探偵」が生まれ、第１作『唐人街探案１』（１５年）は大ヒットしたらしい。同作によると、探偵専用の推理アプリで世界中の探偵が利用している「CRIMASTER」なるものがあり、実際の事件の事件解決率によって探偵がランク付けされているらしい。そこには『探偵はBARにいる』の両探偵はランクインされていないが、日本では野田昊（妻夫木聡）が第３位に、チン・フォン（秦風）（リウ・ハオラン（劉昊然））とタン・レン（唐仁）（ワン・バオチャン（王宝強））のチームが第２位にランキングされているそうだ。その第１作はタイのバンコクが舞台だったが、第２作『唐人街探案２』（１８年）の舞台はニューヨーク、そして第３作の舞台は『唐人街探偵　東京MISSION』のタイトルどおり、東京だ。さあ、チンとタンはどんな事件を解決するために日本に乗り込んでくるの？その依頼主は？その報酬は？

■□■ 「唐人街探偵」の凸凹ぶりは？なぜタイからも探偵が？■□■

勝新太郎と田宮二郎が凸凹コンビを組んだ『悪名』シリーズは面白かったが、『探偵はBARにいる』シリーズの大泉洋・松田龍平の凸凹コンビも面白い。しかして、「唐人街探偵」のボスであるタンと、その甥であるチンの凸凹ぶりは？それは大ヒットした『唐人街探偵』シリーズの１、２を観た人にはおなじみだが、日本ではシリーズ第３作たる本作が初公開だから、本作導入部でのあっと驚くキャラの紹介に注目！

去る７月１日に中国共産党結党１００周年を盛大に祝った中国は、政治・経済・軍事の面でも「アメリカに追いつけ！追い越せ！」と躍起になっているが、それは映画の面でも同じ。前者ではまだ追いつくところまでは行っていないが、映画の面では既に質量ともに追いついた感がある。そんな中国映画に比べれば、日本映画は質量とも劣っていることは否めない。主人公を大泉洋と松田龍平の２人だけ、舞台をススキノだけに絞ってしまった『探偵はBARにいる』シリーズに比べると、『唐人街探偵』シリーズは圧倒的に国際化・大規模化が進んでいる。そのため、本作に登場してくる探偵も、タンとチンを東京に迎え入れる、「CRIMASTER」ランキング３位の野田だけでなく、さらに、タイからジャック・

ジャー（トニー・ジャー）探偵も東京にやって来るから、この元ムエタイ王者にも注目！

　本来なら、ここで「CRIMASTER」にランキングされているそんな探偵諸氏の自己紹介をすべきかもしれないが、本作冒頭では彼らの自己紹介のためのド派手な、いかにも「これぞ今の中国」と思わせるアクションが用意されているので、それをしっかり鑑賞してもらいたい。ちなみに、私が観たのは「吹き替え版」だが、野田役の妻夫木聡は流暢な中国語をしゃべるそうだから、次回には字幕版を観て、彼の"漢語水平"をしっかり確認したい。本作導入部のアクション（バカ騒ぎ？）やチンとタンの両探偵をはじめ、野田やジャックの服装を見て、何とバカバカしいと思う日本人の年配者がいるかもしれないが、それはそれと割り切って観ていくと、本作のすばらしさもわかってくると思うので、決して途中でブチギレないように。

■□■東京ミッションはインポッシブル？報酬１０億円なら？■□■

　ハリウッドを代表する俳優トム・クルーズは若い時から『ミッション：インポッシブル』（９６年）をはじめとする多くの"インポッシブル"な"ミッション"に取り組んできたが、本作で東京にやってきたチンとタンの「唐人街探偵」に日本の野田探偵から協力依頼されるのは、東南アジアのマフィア「東南アジア商会」会長スーチャーウェイの密室殺人事件。犯人として起訴されたヤクザの「黒龍会」組長・渡辺勝（三浦友和）の冤罪証明だ。「黒龍会」の本拠地で、風呂に浸かりながら渡辺から提示されたその報酬は、何と１０億円。タンはその金額だけでウハウハだが、冷静で頭脳明晰な探偵チンは、あくまで"真実探求"という探偵本来の業務に徹していたから、立派なもの。

　本作の肝は密室殺人事件の究明だから、まずは現場の確認が大切。それは"シャーロックホームズモノ"、"明智小五郎モノ"、"金田一耕助モノ"、さらにアガサ・クリスティーの"ミステリー小説モノ"でも同じだ。密室殺人事件の解明は推理小説の究極のテーマだが、今回私がはじめて知ったのは、ジョン・ディクスン・カーの小説『三つの棺』。その第１７章「密室の講義」によると、密室殺人事件のトリックは①殺人ではなく偶発的な事故、②室内の仕掛けによる殺人、③動物や植物を使った殺人、等の１３種類に分類されるそうだが、今回の事件はそのどれに当てはまるの？

　『唐人街探偵』シリーズの"面白いお約束事"は、アクションコメディと本格ミステリーを両立させたエンタメ作品にすること。その"前者"は、本作導入部でド派手に見せてくれるが、後者もタンとチンが現場検証を行うシークエンスから本格的展開の雰囲気が見えてくる。しかし、現場検証では、事件の夜に渡辺がスーチャーウェイを打撲したことを示す花瓶を発見。さらに、事件直後にスーチャーウェイを病院に運んだ秘書の小林杏奈（長澤まさみ）は、渡辺からセクハラ行為を受けるなど、その夜の渡辺のマナーが最低だったと語ったそうだから、これではスーチャーウェイ殺害の犯人はやっぱり小林に間違いなし！？そうすると、渡辺の無罪を立証してくれという「東京MISSION」の達成は、やっぱりインポッシブル？さらに、そこに警視正・田中直己（浅野忠信）が登場し、花瓶を警察の

手柄として取り上げてしまったうえ、探偵らは捜査の妨害をしないよう警告を受けたから、なおさら「東京MISSION」はインポッシブル？

■□■現場検証の次は死体検分！コント風展開だが、実は？■□■

私は最近、１９８０年代の超人気番組だった、ザ・ドリフターズの『８時だョ！全員集合』の再放送をよく観ているが、これは今でもメチャ面白い！おじさんたちが演じるバカバカしいコントの数々は、先が見えていても笑えるし、先が見えていない、あっと驚くものなら、なおさら笑えるから、思わず見入ってしまう。

しかして、本作のスクリーン上ではかなり手の込んだ現場検証（？）の次には、スーチャーウェイの死体検分を巡って、『８時だョ！全員集合』とよく似た雰囲気のコント（？）が繰り広げられていくので、それに注目！思わずそれに笑い転げていると、"本格的推理モノ"でもある本作では、スーチャーウェイの死体を詳細に分析したタンと野田が不自然な傷跡や奇妙な針穴を見つけていくので、さらにそれにも注目したい。

これらの新発見、新証拠は、後に見る渡辺の裁判で如何なる役割を？

■□■キーウーマン小林杏奈の供述は？その失踪は？■□■

２０００年の第５回「東宝シンデレラ」グランプリを受賞してデビューした長澤まさみは、『世界の中心で、愛をさけぶ』（０４年）（『シネマ４』１２２頁）で第２８回日本アカデミー賞最優秀助演女優賞・話題賞を受賞。その後も順調な活躍を続け、近時は木村拓哉と共演した『マスカレード・ホテル』（１９年）（『シネマ43』２５１頁）で大活躍を見せている。アジアの大スターを多数共演させた本作に、"紅一点"の小林杏奈役として登場させてもらえたのは超ラッキー。本格的人情モノや本格的歴史モノなら他の適役女優が何人もいるが、大スターたちの共演で圧倒する本作では、まさに彼女はピッタリの人選だ。

そう思っていたが、スーチャーウェイの秘書としてカッコよく登場してきた小林は、渡辺からちょっとしたセクハラ（？）を受けて騒ぐレベルのチョイ役？そんな期待外れ感もあったが、小林は殺人事件の現場（＝密室）へ最初に突入し、最初に被害者の身体に触れた重要参考人だから、現場検証と死体検分に続いてタンたちが彼女の供述を聞こうとしたのは当然。ところが、彼女のマンションに入っていくと、小林は何者かに誘拐された後だったから、アレレ・・・。

■□■物語も脱線！？東京ミッションも脱線！？だが面白い！■□■

マンションの防犯カメラから、小林を誘拐したのは強盗殺人で指名手配中の村田昭（染谷将太）であることが判明。ところが、村田は４人の探偵に対して、身代金と３つの難題を要求したため、本作中盤の物語は、４人の探偵たちが東京中を駆け巡らされるはめになるので、さあ、お立合い！そのため、本作中盤は、物語も脱線なら、東京ミッションも脱線していくことに・・・。

ちなみに、コロナを巡って７月１２日から東京には４度目の緊急事態宣言が"発出"された。人流抑制はままならないのが実情だが、人の流れを観察するについて、いつも登場

するのが渋谷のスクランブル交差点。かつて、佐藤純彌監督の『君よ憤怒の河を渉れ』（76年）では、新宿駅西口で待ち合わせた高倉健扮する杜丘冬人を馬上に拾った、中野良子扮する遠波真由美が、１９６８年の"新宿騒乱事件"を彷彿させる大騒動（＝馬での大疾走）を展開していく姿にビックリさせられた（『シネマ18』１００頁）が、あの撮影はどうやって実現したの？また、同作をリメイクした『マンハント（追捕）』（１７年）では、更に見どころいっぱいの、大阪各地のロケの中でのジョン・ウー監督流アクションを大いに楽しむことができた（『シネマ44』１２７頁）が、あの撮影は？

　常に膨大な人数が行き交っている渋谷スクランブル交差点での撮影は不可能だから、なんと本作では（資金力に任せて）、撮影用のオープンセットをわざわざ作ったらしい。オープンセットをネタにした観光客の呼び込みは、とりわけ中国からの来日観光客の増大で広がったが、足利市は、本作と『サイレント・トーキョー』（２０年）（『シネマ48』未掲載）、『今際の国のアリス』（２０年）の３作で活用するため、足利競馬場跡地の１．５ヘクタールの土地に、渋谷スクランブル交差点を再現した映画撮影用のオープンセットを建設したそうだ。『東京MISSION』とサブタイトルが付けられた本作では、それをはじめとする東京のさまざまなロケ地での撮影はもとより、その他の各地でも大規模なロケでの撮影が敢行されているから、それらに注目し、大いに楽しみたい。

　村田から命じられた３つの難題を巡って、タン、チン、野田、ジャックの４人の探偵は、秋葉原、新宿・歌舞伎町等を駆け巡らされることになるが、これは一体ナニ？また、村田から命じられたゲームの勝者は一体誰に？そんなエンタメ色を満開させながら、他方で本格的推理モノの両立を目指す本作は、ここでも、彼らが巡った場所を線でつなぐと"Q"の文字となることから、人質交換の場所は首都圏外郭放水路の「龍Ｑ館」になるだろうと推理する見事な展開（？）になっていく。そして、実際に「龍Ｑ館」に現れた村田は、あらゆる手段でチンを苛立たせようとしていたが、ちょうどその時に、田中たちが到着し、村田を立坑の中に突き落とすチンの姿を目撃することに。そのため、小林は救出されたものの、チンが殺人容疑で逮捕されてしまうから、アレレ・・・。

　『空海―KU・KAI―美しき王妃の謎（妖猫伝）』（１７年）（『シネマ44』１２２頁）では若き日の空海を、NHK大河ドラマ『麒麟（きりん）がくる』では信長役を演じた染谷将太が、本作ではかなり異色キャラの村田役を演じているので、それにも注目！

■□■Ｑの登場！思わずＱアノンを連想！■□■

　「CRIMASTER」で、事件解決率１００％、常に１位に君臨する謎の存在とされているのが"Q"。本作中盤、村田に命じられるまま４人の探偵が競って展開した"東京ミッション"は、結局タンの勝利に終わったが、「龍Ｑ館」では小林は助け出されたものの、村田は死亡し、チンは殺人罪で逮捕されてしまったから、アレレ。これから本作はどんな展開になっていくの？そう思っていると、本作はその後、"Q"の存在と役割が少しずつ提示されていき、トム・ハンクス主演の『ダ・ヴィンチ・コード』（０６年）（『シネマ11』２６

頁）や『天使と悪魔』（０９年）（『シネマ２３』１０頁）のような雰囲気を漂わせていく（？）ので、それに注目！

　ちなみに、２０１９年１１月のアメリカ大統領選挙をめぐっては、「Ｑアノン」の存在と、その陰謀説が注目された。アメリカの"極右勢力"によって構成されている「Ｑ アノン」（ないし単に「Ｑ」）の陰謀論では、世界規模の児童売春組織を運営している悪魔崇拝者・小児性愛者・人肉嗜食者の秘密結社が存在し、ドナルド・トランプ前大統領はその秘密結社と戦っている英雄であり、神に遣わされた救世主として信奉者に崇拝されているそうだ。それに対して、本作で　第１位にランクインされている"Ｑ"とは一体何？どんな組織？それを操っているのは誰？それは、あなた自身の目でしっかりと"

■□■チンは孤立？タイや中国での仲間たちの調査は？■□■

　「龍Ｑ館」の中で拘束され、人質にされている小林を救出するべく、チンが乗り込んでいく姿はカッコいい。ところが、そこで挑発するかのような村田を衆人監視の下で突き落としてしまったのは、チンのミス？それとも、ひょっとしてすべて村田の策略？一方ではそんな疑問も広がっていくが、チンは村田殺害の実行犯として逮捕され、拘留されてしまったから、そうなると渡辺の無罪（冤罪）を証明するための報酬１０億円の探偵業務はアウト・・・？誰もがそう思うはずだが、チンのパートナーのタンは、当然その後も懸命の調査を続けていたし、意外や意外、日本の野田も、タイのジャックも、タイや中国で調査を続けていたから、探偵同士の友情は立派なものだ。

　中国残留孤児をテーマにした山崎豊子の小説『大地の子』とそのテレビドラマは大きな感動を呼んだが、日本帝国主義の中国東北部（満州）への侵略とその後の日本敗戦の中で生まれた"中国残留孤児"というテーマは、同作のみならず、さまざまな人の間で、さまざまな形で存在したのは当然だ。もっとも、本作はそんなシリアスなテーマを扱ったものではなく、エンタメ大作だが・・・。

　他方、日本のヤクザ社会は日本人だけで構成されていたから、１９６０年～７０年代のヤクザ映画に見る抗争は、日本人ヤクザ同士のものだった。しかし、中国マフィアをはじめとする海外からのマフィアが新宿歌舞伎町を中心に乗り組んでくると、『新宿インシデント』（０９年）に代表されるように、新宿でのヤクザ抗争も国際化していくことがわかる（『シネマ３４』未掲載）。本作でも、渡辺率いる「黒龍会」は純日本風のヤクザだが、そんな「黒龍会」が新中華街の開発権を巡って対立したのは東南アジアのマフィア「東南アジア商会」だったから、その抗争は国際的だ。しかし、ボス同士２人だけの密室での頂上会談で、いきなり殺人事件が起きたのは一体なぜ？いやしくも、多数の子分を率いるヤクザ組織の頂点に立つボスが、そんな軽はずみなことをするの？また、小林はたしかに有能な美人秘書のようだが、なぜ日本人の彼女がスーチャーウェイの秘書をしているの？

　警察に拘留されているチンを尻目に、タン、野田、ジャックたちの探偵業務は多方面かつ精緻に展開していったようだが、さて、その成果は？

■□■法廷モノならナンセンス！しかし探偵モノならグッド！■□■

　「法廷モノ」の名作は多いが、本作を「法廷モノ」として考えると、本作ラストのクライマックスとなる法廷シークエンスはハチャメチャ！東京地検特捜部の主任検事・川村芳子（妹）役で導入部に登場していたかつてのトレンディ女優・鈴木保奈美が、ここでは渡辺の殺人事件を審理する法廷の裁判長・川村晴子（姉）役として登場し、本作ラストのクライマックスとなる法廷シークエンスを取り仕切るので、それに注目！もっとも、川村晴子裁判長の役割は、渡辺に対して「最後に何か言いたいことはありますか？」と質問し、「何もありません」と答えられると、「以上で審理を終了し、これから判決を言い渡します」と言うだけ。その後は、法廷に飛び込んできたタ

『唐人街探偵 東京MISSION』DVD&Blue-lay 12月22日発売
Blue-lay 5,170 円(税込)　DVD 4,180円(税込)
発売元：カルチュア・パブリッシャーズ
販売元：TC エンタテインメント
©WANDA MEDIA CO.,LTD. AS ONE PICTURES(BEIJING)
CO.,LTD.CHINA FILM CO.,LTD "DETECTIVE CHINATOWN3"

ンからの「異議あり！」発言を契機に、渡辺の無罪を立証するためのさまざまな新証拠が提出され、それに関する新たな主張が展開されていくので、それに注目！これを見ていると、本作が「法廷モノ」ならハチャメチャで、全くナンセンス！しかし、「探偵モノ」なら・・・？

　密室殺人事件の"謎解き"には、推理力とそれを裏付ける証拠の両者が必要だが、少なくとも渡辺がスーチャーウェイを花瓶で殴打したことは間違いない。そこで問題はその動機だが、それを巡っての４人の探偵たちの調査と推理はお見事だ。また、渡辺が小林にセクハラまがいの行為に及んだことも間違いないようだが、ここでも問題はその動機。まさか渡辺が若い女の身体に飢えていたことはないはずだ。ハチャメチャな法廷シーンながら、その中で本作のクライマックスとなる密室殺人事件の"謎解き"をしっかり鑑賞した私は、ここでその詳細を書くことはできるが、そんなネタバレは厳禁！それは、あなた自身の目でしっかりと！

　シャーロックホームズもアガサ・クリスティーも、その謎解きは面白いし、明智小五郎も金田一耕助も、その謎解きは面白い。それと比べても、本作に見る国際性豊かな"謎解き"（？）や、ヤクザの親分だって所詮は人の子であることの暴露（？）等を含む「唐人街探偵」達の活躍は十分面白い。彼らの能力の高さにも敬服だ。彼らは、次回（第４作）ではロンドンに飛ぶそうだから、その活躍にも大いに期待したい。

２０２１（令和３）年７月１４日記

261

Data

監督：サム・クァー

脚本：ヤン・ウェイウェイ／ジャイ・ペイ

出演：シャオ・ヤン／タン・ジュオ／ジョアン・チェン／フィリップ・キョン／チョン・プイ／オードリー・ホイ

★★★★★

共謀家族
（误杀／Sheep Without a Shepherd）

2019 年／中国映画

配給：インターフィルム、アーク・フィルムズ／112 分

2021（令和3）年7月16日鑑賞	梅田ブルク7

👀 みどころ

　『唐人街探偵』シリーズの第3作『唐人街探偵　東京 MISSION』（21年）は日本でも大評判だが、本作のような「黒馬之作（ダークホース的作品）」があったとは！『万引き家族』（18年）や『パラサイト　半地下の家族』（19年）以上に意味シンなタイトルだが、原題の『误杀』（誤殺）は更に物騒！他方、英題の『Sheep Without a Shepherd』とは一体何？

　「映画を1000本も見れば世界にわからないことなどない」と豪語する映画マニアの主人公が、危機の中、「誰も刑務所に行かせない。これからは父さんがみんなを守る」と宣言したことによって"共謀家族"が誕生！他方、「1000の事件を研究すればわからないことなどない」と豪語する警察局長の強引（ハチャメチャ？）な捜査の展開は？

　衆人監視の中での死体発掘が本作のハイライトだが、そこに見る、あっと驚く結末は？「探偵モノ」なら勧善懲悪のハッピーエンドでオーケーだが、「黒馬之作」たる本作のラストに見る「Shepherd」（羊飼い）の決断は？

―*―*―*―*―*―*―*―*―*―*―*―

■□■危うく見逃し！まさにダークホース作品！■□■

　本作は、「2020年東京・中国映画週間」で『誤殺〜迷える羊の向かう先〜』の題名で上映され、シャオ・ヤン（肖央）が金鶴賞主演男優賞を！また、中国で2019年12月13日に封切られた本作は、封切りの週にいきなり「今週の興行成績」第1位を獲得。その後、翌週封切りの『イップ・マン　完結』（19年）にトップを奪われたものの、2020年が明けた1月半ばに奪い返し、以後3月末まで、両作はトップ争いを繰り広げたらしい。さらに、本作は「2020年映画年間ランキング国産編」で第9位にランクインし、興行収入も約210億円だから、すごい。

私はそんな本作を全く知らず、チラシも見たことがなかった。去る7月1日に中国共産党決党100周年を迎えた中国では、一方では『ウルフ・オブ・ウォー2（戦狼2）』（17年）（『シネマ44』43頁）の後を継ぐような愛国映画に、他方では『唐人街探偵』シリーズの第3作たる『唐人街探偵　東京MISSION』（21年）のようなエンタメ大作に注目が集まっているから、本作を「黒馬之作（ダークホース的作品）」と呼んだサイトもあったそうだが・・・。

■□■原題vs英題どちらもグッド！邦題は？こりゃ興味津々！■□■

本作の原題は『误杀（誤殺）』だが、英題は『Sheep Without a Shepherd』。そして、邦題は『共謀家族』だ。この邦題は、是枝裕和監督の『万引き家族』（18年）（『シネマ42』10頁）やポン・ジュノ監督の『パラサイト　半地下の家族』（19年）（『シネマ46』14頁）の強烈なイメージと結び付けようとする戦略だが、原題とも英題とも全然異質なそんな邦題でホントにいいの？もっとも、原題も邦題も、そのタイトルからそれなりの映画（のストーリー）をイメージできるが、『Sheep Without a Shepherd』という英題からイメージできる映画のストーリーとは？「Shepherd」は「羊飼い」あるいはイエス・キリストのことだが・・・。

後述のとおり、本作には誤ってある男を殺してしまうストーリーが登場するから、『誤殺』はピッタリ！また、警察の追及から逃れるため、主人公の4人家族が必死で完全犯罪のストーリーを共謀するから、『共謀家族』というタイトルもピッタリだ。それに対して、英題がなぜ『Sheep Without a Shepherd』とされたのかはわからないが、導入部には、横暴な警察官が威嚇で羊を射殺してしまうシークエンスが登場するので、そこに注目！しかし、そうだとしても、なぜそんな英題になっているの？

私は、ずっとそれを考えながら観ていたが、あるシークエンスの展開が私の予想通りだったので、なるほど、なるほど・・・。

■□■舞台は？4人家族は？なぜ脱獄シーンが？■□■

本作はれっきとした中国映画だし、『共謀家族』と邦題された4人家族もれっきとした中国人だが、なぜか、舞台は東南アジアのタイ。幼き日に中国からこの地に移り住んできたリー・ウェイジエ（李維傑）（肖央（シャオ・ヤン））は、インターネット回線会社を営みながら、妻のアユー（阿玉）（譚卓（タン・ジュオ））、高校生の娘ピンピン（平平）（許文姍）、まだ幼い妹のアンアン（安安）（張熙然）と共に4人家族で平穏な生活を送っていた。目下の悩みは、反抗期になったピンピンがあまり口をきいてくれないことだが、『ショーシャンクの空に』（94年）が大好きなリーは、暇さえあれば事務所で映画ばかり見ている映画マニアだった。

『万引き家族』や『パラサイト　半地下の家族』のように、導入部はそんな4人家族の自己紹介から入るのが筋だが、なぜか本作冒頭は、刑務所に入っているリーが独房のトイレをこじ開け、汚水が流れる排水路を通り、外に運搬される木棺の中に隠れて脱獄するシークエンスになる。ところが、木棺は土の中に埋められているようだし、マッチを擦って

みると、隣には死体が。驚いたリーは、思わず悲鳴を上げたが・・・。

これは現実ではなく、映画マニアのリーが食堂の主人ソン（頌恩）（チョン・プイ（秦沛））を相手に語る映画ネタのおしゃべりだ。「脱獄モノ」が大好きなら、そのベスト作は、ハリウッドの大スターが共演した『大脱走』（６３年）とスティーブ・マックイーン主演の『パピヨン』（７３年）だが、リーが一番好きなのは『ショーシャンクの空に』だ。そんな彼は、「映画を１０００本も見れば世界にわからないことなどない」と豪語していたが・・・。

■□■警察局長は女性！タイ警察の体質は？その家族は？■□■

一方に「映画を１０００本見れば世界にわからないことなどない」と豪語する男がいれば、他方、「１０００の事件を研究すればわからないことなどない」と豪語する女の警察局長が登場するのが本作のミソだ。住民に顔なじみの警官サンクン（桑坤）（施名帥）は横暴で、露骨に賄賂を要求する警官だから、みんなに嫌われていた。ある日、住民ともめ事を起こしたサンクンは、リーたちの目の前でいきなり拳銃を抜いたからビックリ。さすがに相手を撃つことはなかったが、拳銃音の後には、１匹のヤギが血を流しながら倒れていたから、ビックリ。人間でなくヤギなら、見せしめ的に殺してもいいの？そんなサンクンを尻目に、ある殺人事件の容疑者を尋問し、犯罪トリックを暴いて見せたのが警察局長のラーウェン（拉韞）（陳冲（ジョアン・チェン））。「１０００の事件を研究すればわからないことなどない」と豪語する彼女だが、手段を選ばない彼女のやり方は如何なもの？たまに成功することはあっても、いつかヤバいことになるのでは？

ラーウェンの夫は、市長選挙に出馬している議員デュポン（都彭）（姜皓文（フィリップ・キョン））。その姿を見ていると、表の顔と裏の顔の違いが顕著だ。最有力候補になっている彼は、目下選挙活動に忙しく、めったに自宅で家族と食事をする時間もないから、１人息子のスーチャット（素察）（辺天揚）はわがまま放題に育ったらしい。久しぶりに自宅で妻と話をしたデュポンは、息子に車まで買ってやった妻に対して、「わがまま放題に育てたお前が悪い」と責めていたが、そんな風景を見ていると、こちらの家族でも父親と息子の関係はうまくいっていないようだ。もちろん、しがないインターネット回線の会社をやっているリーの家族と、市会議員と警察局長のデュポンとラーウェン家族の間に、接点など今は何もないのだが・・・。

■□■サマーキャンプは危険がいっぱい！その顛末は？■□■

本作でラーウェン役を演じたのは『戦場の花』（７９年）に１０代の時に出演して高い評価を受けた女優ジョアン・チェン。その後、『ジャスミンの花開く（茉莉花開）』（０４年）（『シネマ１７』１９２頁）、『胡同（フートン）のひまわり（向日葵）』（０５年）（『シネマ１７』４１５頁）、『ラスト、コーション（色、戒）』（０７年）（『シネマ１７』２２６頁）、『四川のうた（二十四城記）』（０８年）（『シネマ３４』２６４頁）等にも出演しているそうだが、どう見ても私には美人女優とは思えない。他方、本作にピンピン役で出演している許文珊（オードリー・ホイ）はその実の娘だそうだが、こちらは母親と違って（？）かなりの美人。せっかく学校からサマーキャンプに行けるエリートとして選ばれたのに、父親がその費用を出せないことにむくれていたが、喧嘩した夜、父親がこっそりそれを用意

してくれたから、ピンピンは喜んでサマーキャンプへ。ところが、そこでピンピンに目を付けた不良のスーチャットがピンピンに近づき、言葉巧みに睡眠薬入りの酒を飲ませたからアレレ・・・？

　その後の展開がスクリーン上で描かれることはないが、その後自宅に戻ったピンピンが部屋に閉じこもってしまう情景を見ると、映画のモンタージュ効果（ショットをつなげて、一つの意味のある映像になるという理論）（『映画検定公式テクストブック』２０１頁）によって、ピンピンがスーチャット達に痛い目にあわされた（レイプされた）ことがはっきりわかる。父親は鈍感だが、母親はそんな娘の様子にピンときたようで、優しく「何かあったら話して」と語りかけると・・・？

■□■ "誤殺" が発生！死体処理は？ここに共謀家族が誕生！■□■

　若いくせに、スーチャットのピンピンへの脅し方は巧妙で、「今夜は楽しもう。」、「もし、時間通りに来なければ、動画をネットにあげるから」と言われると、うぶで何の対抗策も持たないピンピンは？指定された時刻に指定された場所に行くと、そこにはピンピンが待っていたから、スーチャットはウハウハ。そのままコトに及ぼうとしたが、そこに母親がいたからビックリ。母親は、「あなたが誰の息子でも、娘に手を出したら許さない」とスーチャットに立ち向かったが、所詮、力では若い男の方が上。そんな状況下、ピンピンがス

ーチャットのスマホを奪おうと、近くにあった鍬を掴み、振り下ろすから、さあ大変だ。

　そんな "誤殺" が起きたのは、自宅の裏が墓場になっているリーの自宅の物置だ。地元の警察は信用できないため警察に通報せず、スーチャットの死体を自分で始末すると決意したアユーは、ピンピンとともに何とか墓場を掘り起こ

してスーチャットの死体を棺の中に入れたから一安心！？

　他方、その日たまたま遠くへ出張していたリーは、趣味のムエタイを楽しんでいたが、自宅に何度電話しても出ないため、心配になってタクシーで戻ってみると、アレレ、家族は大変な事態に。さあ、リーは、そんな状況下どうするの？そこでのリーのセリフは、「誰も刑務所に行かせない。これからは父さんがみんなを守る」だから、こうなると『共謀家

族』というタイトルがまさにピッタリ！そこで気になるのは、ただならぬ気配を感じて起き出した幼いアンアンが、アユーやピンピンの行動の一部を目撃していたことだが、さて、そこで誕生した"共謀家族"によるその後の共謀は？

■□■アリバイ偽装は？映画の知識を駆使したそのレベルは？■□■

去る７月１０日に観た中国映画の大ヒット作『唐人街探偵　東京 MISSION』の、ラストに見る本格的推理は、見事なレベルになっていた。それに対して、本作中盤は、アユーとピンピンが自宅の墓地に埋めてしまったスーチャットの死体を如何に隠し通すの？そのために如何なる偽装とアリバイ工作をするのか？それをテーマに、リーが大奮闘を続けるので、それに注目！

導入部を見る限り、リーはインターネット回線の会社の経営者としてしっかりした技量を持っているようだし、その仕事ぶりも人柄も地域のみんなに好かれていたようだが、本作中盤で見せる、リーの八面六臂の活躍（偽装工作）は、「彼にはこんな素晴らしい隠れた才能があったのか」と感服させられるレベルのものだから、それに注目！一方で、スーチャットの車の処分を終えたリーは、他方で週末の仕事を兼ねて久しぶりの家族旅行を計画し、それを実行するが、それは何のため？もちろんそれは偽装工作のためだが、そこではどんな仕掛けを？

他方、偽装工作とは別に対策しなければならないのは、警察の尋問に対する家族たちの供述の在り方。どこまで口裏合わせをすればいいの？矛盾点が出てきた時はどうすればいいの？高校生のピンピンは準備すればしっかり対応できるとしても、幼いアンアンは尋問経験豊富な警察の追及にどこまで耐えられるの？そんな心配でいっぱいだが、そこは「映画を１０００本見れば世界にわからないことなどない」と豪語していたリーのこと、本作中盤では、リーたち「共謀家族」のレベルの高さをタップリ楽しみたい！

■□■共謀は大成功！それも束の間、衆人監視下の死体発掘は■□■

リーの偽装工作にもかかわらず、湖に遺棄したスーチャットの車は発見できたが、行方不明になっているスーチャットの死体はどうしても発見できなかったから、ラーウェンは次第に追い詰められていくことに。こうなれば、幼いアンアンを含む４人家族を逮捕して、尋問し、供述の矛盾点を追求する他なし。そんなラーウェンの決断によって、４人家族が揃って逮捕され、矛盾点を探るべく、それぞれ個別に尋問されることになったが、そんな風景は、民主警察国家の日本では考えられないものだ。しかし、中国はもちろん、タイでもそれくらいは当たり前！？

７月１８日には、全勝同士で、横綱白鵬と大関照ノ富士の千秋楽決戦を迎えたが、そのギリギリの攻防戦で勝利したのは、経験豊かな白鵬だった。それと同じように、いくらリーが知能の限りを尽くした偽装工作を施しても、所詮すべてを矛盾なく説明するのは無理。まして、一度は釈放された４人家族も、「映画を１０００本見れば世界にわからないことなどない」と豪語していたリーがそれまでに鑑賞した犯罪映画の数々を精査されてみる

と・・・？その結果、いったん釈放されていた４人家族は再度逮捕されたうえ、ギリギリの脅迫めいた自白を求められたアンアンが、ついにあの日、目にした光景を供述したから、これにて共謀家族はアウトに！？

　しかして、一度はまんまと大成功を収めていた共謀家族の共謀も、アンアンの自供から外堀を埋められ、ついに今日は衆人が監視する中で、警察による死体発掘作業が始まることに。そこには、もちろん４人家族も立ち会っていたが、アユーとピンピンは自らの手で、あの墓地の、あの棺を掘り起こし、その中にスーチャットの死体を入れたのだから、それが掘り起こされれば、その中から今はかなり腐敗しているスーチャットの死体が・・・。

　私たち観客は、現場に集まった共謀家族やタイの市民たちとともにそんなスクリーン上を食い入るように見入ったが、さあ、開けてビックリ玉手箱！棺の中には一体何が？なるほど、なるほど、ここであのエピソードが！

■□■どこか異色の中国映画！原型はインド！監督は台湾系！■□■

　前述のように、本作は舞台がタイに設定されているから、リーたち４人家族は"移民系中国人"。リーがどんな宗教を信じようと自由だが、スクリーン上には、リーが托鉢僧に深々とお辞儀をし、お布施をするシークエンスが２度も登場する。これは、普通の中国映画にはない風景だ。

　また、本作はまず導入部での脱獄シーンにビックリだが、それに続いて、タイに移住して生活している中国人の４人家族の肩身の狭さ（＝差別）が強調されている。その対極にあるのが、町の中で威張り散らしているタイ人警官のサンクンだが、その頂点に君臨する地区警察局長ラーウェンの独裁ぶりも顕著だ。今や「米国に追いつけ！追い越せ！」状態になっている中国映画は、全世界に発信を続けており、『唐人街探偵』シリーズ第３作では「東京 MISSION」達成のために堂々と東京に乗り込んでいた。ところが、本作では、米国で生活する中国人が今なお肩身の狭い思いをしているのと同じように（？）、タイという異国で差別を受けながら生活している中国人家族を主人公にしているので、それに注目！

　本作が長編デビュー作になったサム・クァー（柯汶利）監督は、私が近時注目している『凱里ブルース（路辺野餐）』（１５年）（『シネマ46』１９０頁）と『ロングデイズ・ジャーニー　この夜の涯てへ（地球最后的夜晩）』（１８年）（『シネマ46』１９４頁）のビー・ガン（毕贛）監督や『象は静かに座っている（大象席地而坐）』（１８年）（『シネマ46』２０１頁）のフー・ボー（胡波）監督より少し先輩の、１９８５年生まれの若手だが、マレーシアのペナン出身で、台湾の台北国立芸術大学を卒業して映画界に飛び込んだそうだ。そんな彼は、２０２０年にはシャオ・ヤンも出演した TV シリーズ版『唐人街探案』の４エピソードを監督しているからかなりの注目株だが、やはり純粋の中国大陸系ではなく、マレーシア系であり、また台湾系だ。

　そんなことを考えながらパンフレットを読んでいると、何と本作には原作になった２本のインド映画があるそうだ。それは、①南インドのケーララ州を舞台にしたマラヤーラム

語映画の『Drishyam（ドリシャム／光景）』（１３年）と、②アジャイ・デーウガン主演の
ヒンディー語映画の『ビジョン』（１５年）の２本。そして、本作は、『Drishyam』の正式
リメイク作品としてウィキペディアのクレジットにも、監督・脚本のジートゥ・ジョセフ
監督の名前が挙がっているそうだ。興味深いのは、そのリメイクに際してサム・クァー監
督が本作でさまざまな改変を施していること。その詳細は、松岡環（アジア映画研究者）
のコラム「高度なサスペンスと名演技が織り上げる驚愕の物語」を読めばよくわかるが、
本作を鑑賞するについては、"共謀家族"になってしまった中国人家族の本拠地をタイに設
定したことの意味をしっかり確認したい。そうすれば、なるほど、あのお布施のシークエ
ンスにも納得だし、悪徳警官のサンクンが羊を射殺するシーンにも納得！

■□■勧善懲悪のハッピーエンドでOK？羊飼い最後の決断は■□■

「敵を欺くには、まず味方から欺け！」。そんな金言をどう理解するかは難しい。主君・
浅野内匠頭の仇討ちを決心した家老の大石内蔵助は、そんな戦略で多くの味方を欺くこと
によって、結果的に仇討ちに成功したが、そんなことができる中国人は、諸葛孔明か曹操
くらい？私はそう思っていたが、本作のクライマックスはそんなシークエンスになる（？）
ので、それに注目！その結果、一方では、これまでさんざん警察にいじめられてきたリー
たち４人家族は一躍英雄になったものの、他方では、ラーウェン局長の威信は崩壊してし
まったうえ、市長を目指していたデュポンも失脚してしまうことに。

スーチャットの死体は見つからないままだから、彼はきっとどこかに失踪したのだろう。
世間の目はそんな風に収まっていったが、子供に対する母親の愛は、スーチャットからレ
イプされたピンピンの母親のアユーも、失踪してしまったスーチャットの母親ラーウェン
も同じだ。しかして、本作はメインストーリーがあっと驚く結末を迎えて終了した後、さ
らに、すべてを失った市長候補のデュポンと警察局長のラーウェンがリーに対して「真相
を教えてほしい」とすがるシークエンスになるので、それに注目！

あの時、急遽自宅に戻ったリーは、アユーとピンピンに対して「誰も刑務所に行かせな
い。これからは父さんがみんなを守る」と宣言し、結果的にそれを完全に成し遂げたから、
彼は「Sheep Without a Shepherd」の"羊飼い"としての重責を全うしたことになる。も
ちろん、これは"共謀家族"が総力を結集したことによるものだが、そこにはリーの"羊
飼い"としての様々な苦悩があったはずだ。今、デュポンとラーウェンからの"涙の訴え"
と"心の叫び"を聞かされると、リーのその苦悩はピークに。さあ、そこに見る"羊飼い"
たるリーの最後の決断は？

『唐人街探偵 東京 MISSION』は「探偵モノ」だから、密室殺人事件のトリックを見
破り、真犯人を挙げればそれでハッピーエンドになる。しかし、本作のような"共謀家族"
が勧善懲悪のハッピーエンドで終わっていいの？そんな本作の結末を考えていると、やっ
ぱりサム・クァー監督は大陸系ではなく、マレーシア系！台湾系！

２０２１（令和３）年７月２１日記

Data

監督：デレク・ツァン
原作：玖月晞 オンライン小説『少年的你，如此美麗』
脚本：ラム・ウィンサム／リー・ユアン／シュー・イーメン
出演：チョウ・ドンユィ／イー・ヤンチェンシー／イン・ファン／ホアン・ジュエ／ウー・ユエ／ジョウ・イエ

少年の君
（少年的你／Better Days）

2021年／中国・香港映画
配給：クロックワークス／135分

2021（令和3）年5月14日鑑賞 ／ オンライン試写

★★★★★

👀👀みどころ

　中国に「高考」の制度があることは知っていたが、受験生が１０００万人とは！日本の「共通一次試験」のマーク方式と、こんなにも違うとは！

　いじめと搾取は資本主義特有の現象で、「欲するままに受け取る」理想的な共産主義社会では存在しないのかもしれないが、今の中国では？本作は『ソロモンの偽証　前篇・事件』（１５年）と同じように女子高生の飛び降り自殺から始まるが、その原因はいじめ・・・？

　『泥だらけの純情』（６３年）は吉永小百合演じる令嬢と浜田光夫演じるチンピラとの純愛がテーマだったが、本作に登場するチンピラは"専属のボディガード役"を希望し、それに専念するが、それは一体ナゼ？そこから生まれる２人の"魂の叫び"は如何に？クライマックスに向けて起きるいじめは凄惨なものだが、なぜそこまで？そこから起きる「女子高生殺害事件」の犯人は？刑事たちの捜査は？

　『ソロモンの偽証』に見た校内裁判も興味深かったが、本作ではミステリー調の犯人探しと若い２人の"純愛"に注目しながら、「高考」を生き抜いたヒロインの成長をしっかり確認したい。

―― * ―― * ―― * ―― * ―― * ―― * ―― * ―― * ―― * ―― *

■□■中国の高考とは？そのものすごさにビックリ！■□■

　私が１９７１年に司法試験を受けた頃は、受験生が約２万人で合格者が約５００人、倍率４０倍の厳しさだった。しかし"司法改革"の名の下で始めた法科大学院制度は私の予言どおり大失敗。その結果、２０２１年５月１２日に全国７都市９会場で行われた司法試験の受験者は３４２４人。合格者は１５００名弱だから、その倍率は約２．２８倍という惨憺たる有り様だ。

大学の入試制度も、私が１９６７年に大阪大学法学部に合格した頃は、国立１期、国立２期、私立大学などの区別だったが、その後、①１９７９年から１９８９年までの間は、国公立大学の入学志望者を対象とした共通一次試験（大学共通第１次学力試験）が実施され、続いて、②１９９０年から２０２０年までの間は「大学入試センター試験」に変更され、マークシート方式による受験生の"振り分け"が定着した。そのレベルがどの程度かは"ゆとり教育"の問題点を含めて考える必要があるが、そんな日本と比べ、人口１３億人の中国の大学入試制度はどうなっているの？

　中国史が大好きな私は、中国には昔から"科挙"という超過酷な官吏登用試験制度があったことを知っている。そんな中国では、全国統一の大学入学試験として「高考」が１９５２年にはじめて実施された。その後、毛沢東が主導する文化大革命の方針により１９６６年から１９７６年まで中止されていたが、毛沢東が死去した翌年の１９７７年に再開された。その詳細はネット情報などで調べてもらいたいが、驚くべきは毎年６月７日・８日に行われる「高考」の受験者数は約１０００万人もいること。第２は、国語・数学・英語の各１５０点＋文理選択で、文科総合は歴史・地理・政治で、理科総合は物理・化学・生物の筆記試験であること。第３は国語は語文（現代文・古文・作文）で構成されるうえ、作文では自由な発想が尊重されることだ。こんな試験は受ける方も大変だが採点する方も大変だ。科挙の時代と違って、約９００万人が合格し、そのうち４５０万人までが、四年制大学に合格、残りの４５０万人は三年制の「専門学校」扱いの学校に入れるそうだ。また、地域格差や地域逆格差、そして少数民族加点制度もあるから賛否はいろいろだが、とにかく春節の民族大移動が１５万人という国にふさわしい、ものすごい規模の試験であることは間違いない。私の知っている若い中国人の友人諸君はみんなこの「高考」を経て一流大学に入り、そこからさらに日本語を習得して日本に留学し、日本で仕事についているのだから揃って優秀なのは当たり前。また、日本の若者が揃って彼らに負けるのも、ある意味当たり前？

■□■中国の学校にもいじめが？その深刻さは？対策は？■□■

　私の小学生時代にも中高生時代にも、勉強の世界での"できる子"と"できない子"の区別とは別の、"強い者"による"弱い者"いじめの姿はあったが、今の日本に定着しているような「いじめ」という特別の概念はなかった。学校は勉強を学ぶ場だけでなく、集団生活の在り方なども学ぶ場だが、どうしても学業成績の良し悪しが優先するから、"ガキ大将"はもとより、運動はできても勉強ができないヤツは先生からは誉めてもらえないことになる。すると、授業中の教室という学校のメインの場で存在感を発揮することができないそれらの連中は・・・？そんな生徒たちが徒党を組んで、勉強だけは得意でいつも先生から褒めてもらっている生徒を懲らしめてやろうと思えば、一体どんな行動を？

　理想的な共産主義国家では、誰もが「欲するままに受け取る」ことができるから、資本主義社会のような競争や搾取はない。したがって、そんな理想的な共産主義国家の学校で

はいじめもないはず。確かに理論的にはそうかもしれないが、それは中国共産党が一党独裁的に支配し、理想的な共産主義国家を作っている中国でも、現時点では無理らしい。その理想の実現は何百年も後になりそうだ。高校での「いじめ」をテーマにした本作を観ていると、それがはっきりと！

　日本でも「いじめ」を巡ってはさまざまな法的対策が取られたが、中国でも近時は「校内いじめ防止法」等の法的対策が取られているらしい。ちなみに、ネット情報によると、姚逸葦の論文「いじめの対策と『学校の境界』」があり、そこでは、「中国大陸、台湾、日本のいじめ対策をめぐる比較研究」による詳しい分析があるので、興味のある人はご一読を！

■□■校内で飛び降り自殺が！その原因は「いじめ」？■□■

　２０２０年６月３０日に「香港国家安全法」が制定された香港は、今や"一国二制度"が崩壊し、政府も議会も中国（本土）の言いなり状態になっている。そんな中、香港の俳優エリック・ツァンの息子として当然のように俳優となったうえ、『七月と安生』（１６年）等で監督としても高く評価されている曾國祥（デレク・ツァン）は本作で、中国内陸部の都市の学校を舞台に、いじめ問題に真正面から切り込んだ。

　本作は、女子高生・胡曉蝶（フー・シャオディエ）（張芸凡）が校舎のバルコニーから飛び降り自殺をするシークエンスから始まる。これは、宮部みゆきの原作を成島出監督が映画化した『ソロモンの偽証　前篇・事件』（１５年）と同じだ（『シネマ３６』９５頁）。同作では、その第１発見者が２年Ａ組のクラス委員を務める藤野涼子演じる優等生のヒロインだったが、本作では張芸謀（チャン・イーモウ）監督の『サンザシの樹の下で』（１０年）（『シネマ３４』２０４頁）でデビューした周冬雨（チョウ・ドンユィ）演じる陳念（チェン・ニェン）がヒロイン。チェンはフーの友人だったこともあって、その死体にチェンが着ていたジャージを掛けてやったため、一躍注目されてしまう存在になることに。チェンはフーと一緒に給食を配ったりしていたが、特に仲が良かったわけでもない。そのため、学校からそして警察からその死亡を巡る事情（他殺？自殺？）を聞かれても何も答えられなかったが、全校の先生や生徒が注目する中で、あんな目立った行動をしていいの？ひょっとしてフーの死亡の原因がいじめだったら、次の標的がチェンに向かってくるのでは？

■□■ひたすら勉強！その目的は？家庭環境は？■□■

　本作の本編は、白いブラウスに薄青色のジャンパースカートの制服を着たチェンの姿が中心だが、導入部では英語の教師として生徒たちに発音を教えているチェンの姿が登場する。これを観ていると、なるほど、「高考」のためにあれほど厳しい勉強をしていただけのことはあり！と感心させられるが、「高考」受験後、チェンはどんなコースを経て教師の地位に？フーの飛び降り自殺（？）が起きたのは、「高考」の少し前。いじめ集団のボスは美人だがワガママなお金持ちのお嬢様の魏莱（ウェイ・ライ）（周也（ジョウ・イエ）。それにべったり付き従うのが、羅婷（劉然）と徐渺（張歆怡）の２人だ。

それに対して、チェンには父親がおらず、母親の周蕾（ヂョウ・レイ）（呉越（ウー・ユエ）と2人暮らしだが、その母親も大きな借金を抱える中、チェンの学費を稼ぐため出稼ぎに出かけていた。その仕事は美容パックを売っているようだが、先日チェンが交わした電話では、客から「肌が荒れた」とクレームがついているというから、なにやら怪しげだ。そんなチェンの貧乏生活ぶりはすでにバッチリ、ウェイたちの情報に入っているらしい。ウェイはいじめグループのリーダーながら成績も優秀だから、親からは当然一流大学に入るものと期待されていた。そんなウェイからすれば、あんな貧乏な母親1人娘1人のチェンに、学校の成績や「高考」入試で負けるわけにはいかないのは当然。そう思うと、必然的にフー亡き後、次のいじめの標的はチェンに・・・？

　『サンザシの樹の下で』では、高校3年生のずぶの素人だったにもかかわらず、突然“イーモウ・ガール”として主役に抜擢されたチョウ・ドンユィが、本作では「高考」の受験を控えた高校3年生・チェンの複雑な内面を表現力豊かに演じているので、それに注目！ちなみに、『サンザシの樹の下で』から約10年、必然的に少し老けたはずだが、それでもセーラー服姿ならぬ白いブラウスに薄青色のジャンパースカートの制服姿がピッタリ決まっていることに改めてビックリ！

■□■なぜこんなチンピラと？『泥だらけの純情』を彷彿！■□■

　私が中高校時代に観ていた邦画は「青春モノ」が多かった。そこには大映の姿美千子や高田美和、東宝の星由里子等がいたが、やはりセーラー服姿の女子高生を演じさせれば、日活の吉永小百合と和泉雅子がピカイチだった。それに比べると『ソロモンの偽証　前篇・事件』での藤野涼子は？そして、本作でのチョウ・ドンユィは？

　それはともかく、日活青春映画で吉永小百合の“お相手”を務めた浜田光夫は、高橋英樹と違って演技達者だったから、『愛と死をみつめて』（64年）のような深刻な「純愛モ

ノ」から、藤原審爾の原作を中平康監督が映画化した『泥だらけの純情』（６３年）でのチンピラ役まで幅広い役をうまくこなしていた。しかして、範疇から言えば「学園モノ」、テーマ別で言えば「いじめモノ」たる本作に、なぜかチンピラの刘北山（リウ・ベイサン）（＝小北（シャオベイ）（易烊千璽（イー・ヤンチェンシー）が準主役として登場するので、それにも注目！

　もちろん、受験勉強一本槍の生活を続けているチェンに、シャオベイのようなチンピラの友人がいるはずはないから、シャオベイがチェンと知り合ったのは、チェンがいじめられている（暴行されている）現場に偶然出くわしたシャオベイが、スマホで警察に連絡しようとしたところを見つけられたためだ。そのとばっちりで、チェンも金を取られ、スマホを壊されたうえ、無理やりシャオベイとキスまでさせられたから、この２人の出会いは最悪。しかし、その後チェンがウェイ達による執拗ないじめに遭っていることを知ったシャオベイは？いじめられっ子同士が気が合った、というのはあまりに安易すぎる表現。『泥だらけの純情』は、吉永小百合扮する富豪令嬢が、新宿の盛り場で知り合った浜田光夫扮するチンピラ青年と身分違いの純愛に陥っていく姿を感動的に描いていたが、本作中盤では、デレク・ツァン監督が描く、チェンとシャオベイの“魂の叫び”のような“生態”と“純愛”をしっかり受け止めたい。

■□■学校の調査は？警察の捜査は？チェンへのいじめは？■□■

　『ソロモンの偽証　前篇・事件』、『ソロモンの偽証　後篇・裁判』は学校内でのいじめがテーマだが、宮部みゆきの推理小説が原作だから、自殺か他殺か？他殺だったら誰が犯人か？というミステリー色が強かった。そのため必然的に警察の出番があったが、同作後半は“校内裁判”という面白い設定になっていた。それに対して、本作導入部で見るフーの死亡は自殺の可能性が高いから、その処理は本来学校の調査で進めるべきで、警察の捜査が入る余地は少ないはず。ところが、意外にも本作では、若い刑事のヂォン・イー（イン・ファン）が、いじめを受けているチェンを救うべく奮闘をする中で“第３の主役”のような立場になっていくので、それに注目！相棒となる先輩刑事ラオヤン（ホアン・ジュエ）はそんなヂォンをある意味冷ややかに見つめていたが、さて、ヂォンはウェイたちによるチェンへのいじめをどこまで捜査するの？

　そう思っていると、「高考」の受験日が近づいたある日、チェンはウェイをリーダーとする３人からひどいいじめを受けることになるが、その程度はハンパないのでそれに注目！ここらあたりが中国や韓国映画のすごいところで、邦画ではとてもとても・・・。そんな惨状に陥ったチェンと、前からずっとどうしようもない状態にあったシャオベイとの間に“心の交流”が芽生えたのも当然。『泥だらけの純情』の場合はそれが令嬢とチンピラとの純愛という形で進展していったが、本作のシャオベイはチェンの“専属ガードマン”の役割を選択し、チェンもそれを受け入れるという珍しいパターンになるので、それに注目！

　もともと、シャオベイは特定の職業についているわけでもなく、特定の組織に入ってい

るわけでもないから、２４時間フリー。それならストーカーのように、２４時間チェンの後ろに付き添ってチェンを見守ることも可能ということだ。それはそれで奇妙なスタイルながらも、２人の今あるべき人間関係（男女関係）としてうまく機能していくかに思えたが、あの凄惨ないじめを救えなかった現実を正視すると？そこにおけるシャオベイの責任は？シャオベイの自己嫌悪は？その報復の矛先は？

■□■凄惨な女子高生殺害事件が勃発！その犯人は？捜査は？■□■

　本作ではヒロインのチェンも、もう１人の主人公となるシャオベイも、一般的によく見られる性格ではなく、かなり極端な性格の持ち主だ。さらに、"第３の主役"と言ってもいい若い刑事のヂョンも、熱心さは認めるものの、普通の優等生タイプの刑事ではない。

　それに対して、いじめグループのリーダーであるウェイは、学業成績も優秀な大富豪のお嬢様だけに、わがままだが性格はわかりやすい。彼女にとって、いじめグループのボスとしての活動は勉学の合間のレクリエーション活動（息抜き活動）だったから、そのターゲットだったフーが飛び降り自殺でいなくなってしまえば、次のターゲットを探さなければお楽しみタイムがなくなってしまう。そんな、ウェイにとっては、フーの遺体の前で目立った行動をとったチェンが次のターゲットになっただけのことだが、想定外だったのはチェンの"専属ガードマン"としてシャオベイが付きまとうようになったこと。ウェイにしてみれば、なぜ２人がそんなに強く結びつくのかは全く理解できなかったはずだ。

　もう１つ意外だったのは、予想以上にチェンがしぶとく、なかなか謝罪しないから少し不気味であるうえ、その"専属ガードマン"であるシャオベイも更にその上を行く不気味さを持っていたこと。ならば、ウェイも「考高」の受験を控えているのだから、チェンのいじめを休止すればいいのだが、チェンの態度を見ていると余計ムカついてくるらしい。もっとも、現在パレスチナ自治区のガザ地区をめぐって展開中の、イスラエルとパレスチナ（イスラエル原理主義組織ハマス）との軍事衝突について、イスラエルのメディアが５月１８日に「２０日　停戦合意か」と伝えたように、スクリーン上では、予想以上の反撃を受けたウェイがチェンに対して"停戦合意"を求めるシークエンスが登場するので、それに注目！そんな"謝罪"を受けてチェンはどうするの？他方、今やチェンの苦しみにとことん同意しているシャオベイは、どうするの？また、当初はチェンのいじめを防止しようとしていただけの刑事・ヂョンは、今やどう考え、どういう権限で問題の解決に向かっていくの？

　本作クライマックスの「女子高生殺害事件」を巡る捜査と人間模様は、第３の女性刑事、王立（謝欣桐）も登場させながら、目まぐるしい展開が続いていくので、それはあなた自身の目でしっかりと！そのうえで、チェンの「考高」の合否は？そして、「女子高生殺害事件」の犯人の処置は？それもあなた自身の目でしっかりと！

２０２１（令和３）年５月２１日記

Data

監督：黄家康（ホアン・ジャカン）、
　　　趙霽（チャオ・ジー）
出演：三森すずこ／佐久間大介／杉
　　　田智和／悠木碧／佐倉綾音
　　　／石川界人／本田貴子／柴
　　　田秀勝
ナレーション：沢木侑也

SHOW-HEY シネマルーム

★★★★

白蛇：縁起（吹き替え版）
（白蛇：縁起／White Snake）

2019 年／中国・アメリカ映画
配給：ブシロードムーブ、チームジョイ、面白映画／99 分

2021（令和 3）年 7 月 31 日鑑賞　　TOHO シネマズ西宮 OS

👀 みどころ

『ナタ転生（新神榜：哪吒重生）』（２１年）に続いて、最新の中国流３ＤＣＧアニメの大ヒット作を鑑賞！「ナタ転生」を知らなくとも、「白蛇伝」なら日本でも有名。しかして、本作の舞台は？登場人物は？物語は？

『ナタ転生』は中国映画だったが、本作は米中合作映画。７０億円超の興行収入をゲットしたそうだから、その実力はすごい。宮崎駿の『千と千尋の神隠し』（０１年）、細田守の『時をかける少女』（０６年）等のすばらしさを考えれば、日本のアニメは世界トップ。そう思っていたが、さて・・・？

―――＊―――＊―――＊―――＊―――＊―――＊―――＊―――＊―――＊

■□■『ナタ転生』に続いて『白蛇：縁起』を！■□■

近時は日本でも中国でもアニメが大人気だが、３月に観たのが、最新の中国流３ＤＣＧアニメーションとして大ヒットした『ナタ転生（新神榜：哪吒重生）』（２１年）（『シネマ４８』２２０頁）。私は「ナタ」も「ナタ転生」も全く知らなかったが、同作を見てはじめて、中国人なら誰でも知っている「ナタ」や「ナタ転生」を勉強することができた。

あるネット情報には「興行収入７０億円を突破した『白蛇：縁起』の制作スタジオ・追光動画が４年の年月を費やし、最新の３ＤＣＧ技術を使用したことで、今までにはない新たな神話リメイク作品が完成した」と書かれていたが、２０１９年１月に中国で公開された本作は中国全土を魅了し、興行収入７０億円を突破する大ヒットになったらしい。

「ナタ転生」を知らない日本人でも、「白蛇伝」は知っている。それは、日本の東宝と香港のショウ・ブラザースが合作した『白夫人の妖恋』（５６年）と藪下泰司監督の『白蛇伝』（５８年）等を観れば明らかだ。しかして、なぜ今そんな映画が中国でも日本でも？それは、パンフレットの「Intoroduction」や「監督インタビュー（导演采访）」、「プロデューサーインタビュー（制片采访）」を読めばよくわかるから、それをしっかり勉強したい。

275

■□■『白蛇伝』の舞台は杭州西湖！美しい風景を追想！■□■

杭州の西湖を舞台に、３世代にわたる市井の人々の物語を紡いだ、顧暁剛（グー・シャオガン）監督の『春江水暖～しゅんこうすいだん（春江水暖／Dwelling in the Fuchun Moutains）』（１９年）（『シネマ48』１９９頁）は、タイトルどおり、杭州や西湖の水墨画のような美しさが印象的だった。それと同じように、本作も冒頭、水墨画のような杭州西湖の美しさが見せられた後、白（三森すずこ）、宣（佐久間大介）、そして、白の妹分である青（佐倉綾音）を中心とする『白蛇伝』のストーリーが展開していく。

パンフレットによると、本作がリスペクトを込めて参考にしたのが、『新白娘子伝奇』（９２年）。黄家康（ホアン・ジャカン）監督は、同作をきっかけに『白蛇伝』の前世のストーリーを制作したいと考えるようになったそうだ。杭州西湖が『白蛇伝』ゆかりの地であることは、パンフレットの「白蛇伝とは？（什么是白蛇传？）」で詳しく解説されているが、これを読んでいると、『春江水暖～しゅんこうすいだん』を観た時と同じように、中国旅行で数回観光した西湖の美しさを追想することに！

■□■米中が共同制作！吹き替え版では日本の声優も大奮闘！■□■

近時、映画界ととりわけ最新の中国流３ＤＣＧアニメーションでは、米中協力が大きく進んでいるらしい。そのことは、『ナタ転生』はチームジョイが配給する中国映画だったのに対し、本作はワーナー・ブラザースが共同制作する中国アメリカ映画であることを見ればよくわかる。さらに本作のパンフレットを読めば、日本語吹き替え版を制作するについて、声優陣を中心とする力の入れ方がよくわかる。とりわけ、私が注目したのは、「縁―YUAN―」と題する日本語の主題歌だ。「千年続く恋に落ちて」から始まるこの主題歌は、白と宣の“縁”をテーマにしたもの。本作ラストにこの曲が歌われ、その日本語の歌詞が表示されることによって、日本人の本作への理解度は大きく深まるはずだ。そんな風に本作の日本語吹き替え版制作に協力した日本の声優陣やスタッフたちの大奮闘に拍手！

■□■アニメ制作における日本と中国の競争に注目！■□■

私はアニメ映画はあまり好きではないが、２０２１年の夏も、邦画では『竜とそばかすの姫』（２１年）、『アーヤと魔女』（２０年）等のアニメ映画が公開され、フランスのアニメ映画『ジュゼップ 戦場の画家』（２０年）も公開される。宮崎駿監督の『もののけ姫』（９７年）や『千と千尋の神隠し』（０１年）、そして細田守監督の『時をかける少女』（０６年）（『シネマ12』３９８頁）等を中心に、アニメ映画では日本が次々と名作を送り出してきたから、明らかに中国より先行している。

しかし、『ナタ転生』や本作を観ても、今や中国流の３ＤＣＧアニメーションの美しさは際立っているから、その発展のスピードが早まれば、早晩、日本アニメは中国アニメに追いつかれ追い越されるかも？そんな危機感を持ちながら、アニメ制作における日本と中国の競争に注目していきたい。　　　　　　２０２１（令和３）年８月４日記

第6章
台湾・香港・アジア諸国

★★★★

親愛なる君へ
（親愛的房客／Dear Tenant）

2020 年／台湾映画
配給：エスピーオー、フィルモット／106 分

2021（令和3）年7月1日鑑賞	オンライン試写

Data
監督・脚本：鄭有傑
出演：莫子儀／陳淑芳／白潤音／姚
　　　淳耀／是元介／謝瓊煖／吳
　　　朋奉／沈威年／王可元／陳
　　　雪甄／胡廣雯／朱宥丞

👀👀 みどころ

　第５７回金馬奨で３部門を受賞した本作は、今流行（？）の"同性パートナー"を巡る人間ドラマ。冒頭は殺人と薬物所持を巡る法廷シーンから始まるが、ヒッチコック風のミステリー犯罪ドラマではなく、一つ一つ先行して提示される事実は一つ一つ丁寧に説明されていくので、それに注目！

　もっとも、最後まで分からないのは同性パートナーの死亡。すべての物語はそこから始まったわけだが、最後にはそれに納得！なるほど、なるほど・・・。

———＊——＊——＊——＊——＊——＊——＊——＊——＊——＊——

■□■第５７回金馬奨３部門受賞作のテーマは？■□■

　"台湾のアカデミー賞"と呼ばれる第５７回金馬奨で、最優秀主演男優賞、最優秀助演女優賞、最優秀オリジナル音楽賞の３部門を受賞した本作は、法廷シーンから始まる。手錠を掛けられて法廷に連れて行かれた林健一（ジェンイー）（莫子儀（モー・ズーイー））の容疑は殺人と薬物所持だ。ジェンイーには黙秘する権利と弁護士を付ける権利があることが告げられたが、さて、ジェンイーの対応は？

　私はその後の法廷シーンの展開を期待したが、それは全くなく、スクリーンはすぐ別のシーンに転換する。それは、亡くなった王立維（リーウェイ）（姚淳耀（ヤオ・チュエンヤオ））の弟で、リーウェイの一人息子である王悠宇（ヨウユー）（白潤音（バイ・ルンイン））の叔父さんに当たる王立綱（リーガン）（是元介（ジェイ・ミー））が祖母の周秀玉（シウユー）（陳淑芳（チェン・シューファン））が暮らすマンションを訪れているシークエンスだ。その屋上のペントハウスの間借り人になっているジェンイーもその席で一緒に正月を祝っていたが、祖母と一緒に暮らしているヨウユーはどことなく不機嫌そうだ。また、彼らの全体の雰囲気は、どことなくぎこちない。ヨウユーはお年玉をもらって少しご満悦になった（？）が、ヨウユーの父親は何故そこにいないの？また、ヨウユーの母親は？

　他方、ジェンイーはシウユーやヨウユーと一緒に食卓を囲むことなく、間借りしている

ペントハウスで1人食事をしながら、糖尿病のため壊死してしまった右足の痛みに苦しんでいるシウユーの介護をしていたが、それは一体何のため？また、この導入部のシークエンスの中で、ヨウユーはジェンイーの養子だと言っていたが、なぜジェンイーはそんなことをしたの？何より疑問なのは、そんな生活が続いているのなら、シウユーは当然ジェンイーに感謝しているはずだが、シウユーはある時、ジェンイーに対して、「私に尽くしたら息子が生き返るとでも思っているの？」ときつーい言葉を発していたから、アレレ。

このように、本作導入部は、これらの登場人物を巡るさまざまな問題点を提示してくれるが、本作のテーマは一体何？

■□■なぜジェンイーに殺人と薬物所持の容疑が？■□■

「法廷モノ」には、検事、弁護士、裁判官という"法曹三者"が登場するはずだが、なぜか本作には、女性検事の張麗萍（チャン）（謝瓊煖）しか登場しない。そして、前記2つの導入部が終わった後の本作は、なぜジェンイーが殺人と薬物所持の容疑で法廷に立っているのかを少しずつ見せていく。

その第1弾はチャン検察官によるジェンイーの取り調べだ。そこでは、シウユーが不動産を孫のヨウユーに譲った時に、ジェンイーはヨウユーを養子にしていたのか？と質問されたが、ジェンイーは不動産の名義変更など全く知らなかったらしい。さらに、チャン検察官は「あなたと亡くなったリーウェイとの関係は？」と聞かれると、ジェンイーは、「・・・？」。やっと答えた「屋上のペントハウスの間借り人だ」との答えは正しいが、もちろん質問の趣旨はそんなことを聞くためのものではない。言葉に詰まりながら、結局ジェンイーは「リーウェイと付き合っていた。リーウェイと僕は同性パートナーだ」と答えたが、その意味は？また、「ヨウユーの母親はリーウェイの元妻だ」と答えたが、リーウェイは、なぜ元妻と離婚したの？さらに、「ジェンイーとリーウェイとの同性パートナーの関係については、シウユーから子供のヨウユーには言わないようにと口止めされていた」と答えたから、これにてすべては解明され、全てすっきり！

いやいや、コトは全く正反対だ。思わぬ事態の前に、ジェンイーは「もし僕が女でリーウェイの死亡後、シウユーの世話をしていたなら、同じ質問をするの？」と反論したが、それを聞くと、さらになんとなくモヤモヤ・・・。シウユーが糖尿病による右足の壊死で苦しんでいることは間違いないが、いつどんな状況下でシウユーは亡くなったの？また、薬物所持の容疑とは？

■□■事実の提示を先に！説明は後で！そんな手法で次々と！■□■

私は台湾の鄭有傑（チェン・ヨウジエ）監督作品を本作ではじめて観たが、本作は先に事実を提示して、観客に「それはなぜ？」と疑問を持たせた後に、少しずつスクリーン上でその説明をしていくという手法がとられている。それは映画演出でよく取られる手法だが、本作はそれがトコトン徹底されているので、それに注目！

本作導入部では、ジェンイーに殺人と薬物所持の容疑で裁判にされていることが明示さ

279

れるが、それに続いて明示されるのはシウユーの死亡。足の痛みに苦しんでいたものの、すぐに死亡するとは考えられないはずなのに、なぜ彼女は死んでしまったの？今日、警察官の郭小隊長（呉朋奉）と小蔡（沈威年）がジェンイーのペントハウスを捜索令状を持って捜索したのは、シウユーの死亡に薬物が絡んでいたためだ。もし、ジェンイーのペントハウス内から同じ薬物が発見できれば、不動産取得目的のためにジェンイーがシウユーを殺害したことになるし、ヨウユーを養子にしたのもそのためということになる。そう考えれば、すべて合理的に説明できそうだ。郭小隊長と小蔡はそう考えたが、さて捜索の結果は？

■□■薬物の入手先は？売人との関係は？■□■

"紀州のドン・ファン"こと野崎幸助氏の殺人容疑で、元妻の須藤早貴が逮捕。２０２１年５月の日本列島はこのニュースで盛り上がったが、その決め手になったのは、須藤がネットで覚せい剤を入手していたことが判明したためだ。しかも、須藤はその証拠を隠滅するため、スマホの情報を抹消していたから、それは須藤に不利。本作中盤は、それと同じように、ジェンイーがネット上で、エリック（尤士軒）（王可元）からある種の薬物を入手していた事実や、ジェンイーがスマホ上のその情報を抹消していた事実が判明したから、ヤバイ。

警察の捜査網にかかったエリックを逮捕したことによって、エリックがジェンイーにある種の薬物を売っていたことが判明したが、それはシウユーが死亡する前日だったから、さらにヤバイ。ジェンイーがその日にエリックに連絡を取り、薬物を購入したのは一体何のため？そもそも、それまで何の縁もゆかりもなかったジェンイーとエリックが知り合ったのは何のため？それを巡って、スクリーン上には私はあまり見たくないシークエンスが登場してくる。去る６月１７日に観た『戦場のメリークリスマス　４K修復版』では、デヴィッド・ボウイと坂本龍一とのキスシーンが今なお名シーンとして語り継がれているが、さて本作に見るジェンイーとエリックとの"絡みシーン"は？

■□■"パパ２号"誕生秘話は？回想シーンに見る秘話は？■□■

日本では養子縁組は戸籍上の届け出だけでオーケーだ。しかし、本作を観れば、台湾でのそれは、法廷に出廷して裁判官の前でそれを確認する必要があることがわかる。その手続きのポイントは、９歳のヨウユーがジェンイーの養子になることを理解し、承諾しているか否かだが、それをどうやって確認するの？裁判官から「養子の意味は分かる？」と聞かれたヨウユーは、「分かる」と答えたが、「ジェンイーをパパと呼びたいか？」と聞かれると、「呼びたくない」と答えたからアレレ。これでは養子縁組は無理。一瞬そう思ったが、ヨウユーは続いて"パパ２号"と呼ぶ」と答えたから、裁判官の判断は？

他方、そんなシークエンスの中で回想シーンとして登場するのが、ジェンイーとリーウェイが仲良く共同生活を営んでいるシークエンスだ。今やLGBT（レズビアン（Lesbian）、ゲイ（Gay）、両性愛（Bisexual）、トランスジェンダー（Transgender））は完全な市民権を得ている上、映画界ではそれが大人気のテーマになっている。そのため、「同性パートナー」と言う言葉も今や何の抵抗もなく受け入れられているから、本作でもこの回想シーン

に違和感はないようだ。しかし、ジェンイーは独身男性だから誰と付き合っても、誰と同性パートナーになってもオーケーだが、リーウェイはヨウユーの父親だし、ヨウユーには母親、つまり、リーウェイの妻がいるはずでは？すると、養子縁組をするについて、その処理は？

■□■シウユー死亡の真相は？その全貌は？■□■

本作では、シウユーが死亡したことは明示されるが、その死亡原因の説明はない。そして、そこにジェンイーの殺人容疑がかけられるところがストーリーのミソになる。アルフレッド・ヒッチコック監督なら、それだけをテーマにしたスリリングな犯罪映画を作るところだが、本作では、なぜジェンイーに殺人容疑がかけられているのかだけがわかればそれで十分だ。その原因が薬物であることが既に明示されるとともに、その提供者がエリックであることも明示されると、シウユー死亡の真相やその全貌が少しずつ見えてくる。

そして、本作中盤ではジェンイーがシウユーの痛み止めのためにエリックから購入し、台所にしまっておいた薬物を、ヨウユーがシウユーに求められるがままに提供し、シウユーが1粒ずつそれを飲んでいくシークエンスが描かれるから、それに注目！これが真相であり、全貌であることがわかれば、ジェンイーが殺人犯ではないことが明白だし、9歳のヨウユーに殺人の意思がないことも明白だ。ジェンイーが有能な弁護士に依頼してそのことをしっかり主張すれば、薬物所持の罪は認めなければならないものの、殺人容疑は無罪になること明らかだ。しかし、スクリーン上では・・・。

■□■同性パートナーとしての幸せな日々は？その崩壊は？■□■

本作では、冒頭からジェンイーがヨウユーの"パパ2号"になっていることが明示されるが、なぜヨウユーの父親であるリーウェイがいないのかさっぱりわからない。その上、本作中盤では、警察の捜査が迫る中、ヨウユーと2人でリュックとテントをもって山中に逃げ込んだジェンイーが、回想シーンの中で、リーウェイと同性パートナーになっていく物語が描かれる。リーウェイは、山登りの仲間だったジェンイーと一緒に登った山のテントの中で、妻と離婚すること、弟のリーガンの借金のために仕事を掛け持ちして働いているのにリーガンが中国本土に逃げてしまったことを打ち明けたが、そこでのジェンイーの回答は「俺が君を探している同居人になる。そして俺が君を養う」というもの。なるほど、そんな経緯によってジェンイーがペントハウスに住む（実は同性パートナーとして同居する）ことになったわけだ。

しかし、そのことを9歳のヨウユーにどう説明し、どう納得させるかは確かに難しいはず。しかも、そんなことが妻にバレたら、それが格好の離婚原因になってしまう上、リーウェイが妻に支払う慰謝料額も格段にアップしてしまうはずだ。今、ジェンイーを逮捕するためにテントまで追いかけてきた郭小隊長と小蔡を前に、身柄の拘束を覚悟したジェンイーは、ヨウユーに「これからはもう側にいられない。お前は何も悪くない」と語ったが・・・。ジェンイーとリーウェイがヨウユーを育てながら同性パートナーとして過ごした幸せな

日々は、シウユーの死亡に続く、こんな形でのジェンイーの逮捕によってあっけなく終わってしまったわけだ。しかし、シウユーの死亡に続いて、ジェンイーが死刑になってしまったら、ヨウユーはどうやって生きていけばいいの？

■□■逃亡した合歓山の標高は？高山病の心配は？■□■

私は台湾旅行に３回行ったことがあるが、ジェンイーが間借りしているペントハウスのあるマンションは、基隆の町にあるらしい。私も一度行ったことのある基隆は、台北の近くにある港町として栄えた町。現在でも、基隆港は巨大タンカーや客船が出入りする国際港湾だ。また、ここは夜市でも有名で、台北観光に合わせて、夕方は廟口夜市を楽しむコースは日本人の観光ツアーとして定着している。

他方、警察の追及から逃れてジェンイーがヨウユーと２人で登った山は合歓山だが、「合歓山森林遊楽区」は、「日本人がまだ知らないかもしれない台湾」ランキング２位の絶景スポットらしい。台湾には、国家森林遊楽区が１８カ所あり、合歓山もそのうちの一つに指定されている。合歓連峰は主峰、東峰、北峰、西峰、石門山、合歓尖山、石門北峰という７つの山からなっているが、これらは全て標高が３０００ｍ級で、このうち５つは「台湾百名山」にも選ばれている。

台湾では「ニイタカヤマノボレ」の暗号で有名な「新高山（玉山）」が台湾 NO. 1の高い山で、その標高は３９５２ｍもある。台湾が日本領だった時代には、標高３７７６ｍの富士山よりも高く、「日本一高い山」だった。「トラトラトラ」の暗号が「我、奇襲ニ成功セリ」の意味だったのに対し、「ニイタカヤマノボレ」は「１９４１年１２月８日午前零時をもって対米英開戦」を伝える意味だ。合歓山の標高が何ｍなのかは知らないが、その雄大な風景はすばらしい。本作では、最優秀オリジナル音楽賞を受賞した音楽とともに、合歓山の美しい風景もしっかり味わいたい。しかして、ジェンイーはヨウユーを連れてなぜそんな山に逃亡したの？それが最後のシークエンスで明かされるので、それに注目！

■□■同性パートナーはなぜ死亡？すべての問題はここから！■□■

前述のように、本作は、事実の提示を先にやり、後からその説明をするという手法を採用している。そのため、なぜ、ヨウユーはジェンイーの養子になっているの？なぜ、シウユーは死亡したの？なぜ、ジェンイーとリーウェイは同性パートナーになっていたの？等々も、すべて事実が先行し、説明は後回しとされている。そんな手法の中、最後まで分からないのは、ジェンイーの同性パートナーであるリーウェイがなぜ死んでしまったの？ということだが、最後にそれが明かされるので、それに注目！

本作中盤では、検察官の他に２人の刑事が登場し、家宅捜索や売人エリックの逮捕等で活躍する。ところが、逮捕する前にジェンイーの逃亡を許してしまったからジェンイーを疑っていたリーガンがそれを怒ったのは当然だ。もっとも、ジェンイー自身が警察の追及を受けていることが分かっているから、ヨウユーを連れて山の中に逃げ込んでも、ジェンイーには逃亡の意思などないことは明らかだが、なぜジェンイーはわざわざそんな山の中

に逃げたの？

　去る６月２６日に観た『ブータン　山の教室』（１９年）では、"デモシカ先生"の若い主人公は、標高２３２０ｍの首都ティンプーから、標高４８００ｍのブータン１の辺鄙なルナナ村への赴任を、「そんなの嫌だ。高山病になってしまう」と拒否していたが、高山病が発生するのは標高何メートルくらいから？ブータンの高い山と台湾の高い山をどう比べればいいのかも私にはわからないが、そんな比較をしつつ、リーウェイが高山病で死亡していくサマをしっかり確認し、すべての物語はここから始まったことを、しっかり噛みしめたい。

２０２１（令和３）年７月５日記

『親愛なる君へ』
配給：　エスピーオー、フィルモット
© 2020 FiLMOSA Production All rights

■Data
監督・脚本：リャオ・ミンイー
出演：リン・ボーホン／シエ・シン
　　　イン（ニッキー・シエ）／チ
　　　ャン・シャオファイ

★★★★

恋の病～潔癖なふたりのビフォーアフター～
（怪胎／i WEiRDO）

2020 年／台湾映画
配給：エスピーオー、フィルモット／100 分

2021（令和 3）年 7 月 1 日鑑賞 ／ オンライン試写

みどころ

　　台湾のアカデミー賞と呼ばれる第５７回金馬奨で６部門にノミネートされ
ながら、『１秒先の彼女（消失的情人節）』（２０年）と『親愛なる君へ（親愛
的房客）』（２０年）に敗れ、無冠に終わったのが本作。
　　『１秒先の彼女』とともに本作のユニークさは際立っている。そもそも、原
題の『怪胎』って一体ナニ？凸凹コンビの物語は多いが、邦題どおりの奇妙な
物語から考えさせられることは多い。
　　美男美女の恋物語の対極にある、“怪胎”（＝異常者？）同士の恋模様は如何
に？そのビフォーvs アフターを、しっかり確認したい。

―――*―*―*―*―*―*―*―*―*―*―*―*―

■□■ “怪胎”とは？こんな凸凹コンビが主人公に？■□■

　凸凹コンビの物語は多いが、「潔癖症＆不器用な彼と、潔癖症＆窃盗症の彼女　運命的な
出会いを果たしたカップルに巻き起こる奇怪千万な恋！」を描いた本作は珍しい。
　ボーチン（林柏宏（リン・ボーホン））は、家では隅々まで徹底的に掃除し、外出すると
きは防塵服を着て手袋とマスクをするほどの完全武装をする、重度の潔癖症の青年。彼が
ある日、電車に乗る姿は、まさに原題の『怪胎』どおりの“変人”だ。そんなボーチンに
対して、もう１人の主人公、ジン（謝欣穎（シエ・シンイン、ニッキー・シエ））は？
　台湾のアカデミー賞と呼ばれる第５７回金馬奨では、『１秒先の彼女（消失的情人節）』（２
０年）が作品賞、監督賞、脚本賞、編集賞、視覚効果賞の５部門を、『親愛なる君へ（親愛
的房客）』が最優秀主演男優賞、最優秀助演女優賞、最優秀オリジナル音楽賞の３部門を受
賞した。本作も最優秀主演男優賞と最優秀主演女優賞を含む６部門にノミネートされてい
たが、無冠に終わったらしい。それは残念だが、その内容には興味津々。

■□■２人の出会いは？モーションがけはどっちから？■□■

284

ある日、ボーチンが電車に乗っていると、同じ車両内に同じような"完全武装"をした女性、ジンを発見。思わず（？）南京復興駅で降りた彼女の後をつけたボーチンは、潔癖症のジンがスーパーマーケットでチョコを万引きするのを発見。ボーチンは潔癖症で不器用なだけだが、ジンは潔癖症の上に窃盗症もあるらしいから、更に大変だ。そんな2人は、2人とも「自分は一生、他人と隔絶してひとりぼっちで生きていくのだ」と自覚していたが、万引きの現場で"運命の出会い"を果たした2人の、その後は？

小中学校では、肉体の成長は女子の方が男子より早いが、同じ潔癖症でも、女性の方が男性より"その方面"の成長は早い（？）らしい。そのため、屈託なく「私が好き？」と、"その方面"のモーションをかけてきたのは、ジンの方だ。その他、デートの約束、自宅への招待等々、ジンの屈託ない言動に、ボーチンは「このイカれた子は、僕をドキドキさせる」とメロメロに。その結果、ジンがボーチンの家に引越し、2人は同居することに。

似た者同士（？）の仲良し同棲生活（？）は一見順調そうだが、キスの仕方を巡ってもどこか不自然だから、その前途には不安もいっぱいに・・・。

■□■ある日、潔癖症が完治！そりゃ、めでたいが・・・■□■

「おじいさんは山へ芝刈りに、おばあさんは川へ洗濯に」、それがおとぎ話の世界だ。また、「男は外で仕事を、女は家で家事を」、それが昭和の時代の日本だ。それはそれなりにマッチしていたわけだが、ボーチンが出版社の編集者として働き始めると、2人（だけ）の生活は少しずつ変容していくことに。もちろん、それは2人で相談した上での決定だったが、職場の若い女性メイユー（チャン・シャオファイ）との接触や、外での会食が増えていくと・・・。その結果起きる夫婦喧嘩（？）のサマは一般的なものだが、本作でユニークなのは、そんな激変中、なぜかボーチンの潔癖症が治ってしまうことだ。

『恋の病　〜潔癖なふたりのビフォーアフター〜』
配給：エスピーオー、フィルモット
© 2020 牽猴子整合行銷股份有限公司　滿滿額娛樂股份有限公司
台灣大哥大股份有限公司

本来、それはおめでたいことだが、そうなると、2人はもはや一緒にいられないことに？「僕は正常になったんだ！」、「すると、私は異常？私はおかしい？」。それが、2人の究極の"売り言葉"に"買い言葉"の喧嘩だが、その判定は如何に？

■□■正常者 vs 異常者。そんな変わった構造が顕著に！■□■

この奇妙な映画はどうなっていくの？どんな結末を迎えるの？そう思いながら見ている

と、今やすっかり仲良しになったボーチンとメイユーが2人でスーパーに入っていく姿を目撃したジンが思わずその後をつけていくシークエンスになる。そんなジンを見て、メイユーがボーチンに「知ってる人？」と尋ねたが、それに対するボーチンの答えは、何と・・・。これは、結構ヤバいのでは？

　日本では「家守」もしくは「守宮」と書くヤモリは、縁起のいいものとされている。それと同じように、台湾では「壁虎（ビーフー）」と書くヤモリは、台湾でも縁起のいいものらしい。私は、それを『1秒先の彼女（消失的情人節）』（20年）ではじめて知った。同作には本物？それとも幻覚？そんな形でヤモリが登場していたが、本作でも、なぜかきれいに拭いたはずの窓にヤモリが登場し、ボーチンにも、ジンにも、これは本物？それとも幻覚？そんなシークエンスになるので、それに注目！

■□■愛さえあれば欠点も長所に！そう思うのだが・・・■□■

　映画は、回想シーンをいつでもどこでも使えるから便利な芸術。また、あっちの回想シーンとこっちの回想シーンをくっつけることも可能だから、何でもオーケーだ。『1秒先の彼女』のストーリーも、何でもありのハチャメチャぶりが面白かったが、奇妙な設定で始まった"純愛モノ"たる本作の結末は如何に？

　潔癖症が治癒したボーチンは、今や正常。「元の病気に戻してくれ！」と医者にお願いしてもそれは無理だったのだから、正常者への復帰は喜ぶべきことだ。しかし、そのことは、片や今なお深刻な病状にあるジンとは、"正常者"vs"異常者"のまますれ違っていくことを意味しているの？つまり、愛がある間はお互いの欠点も長所になっていたが、愛がなくなれば・・・？「そんなもんだよ！」と言ってしまえばそれまでだが、それってあまりに寂しすぎるのでは？

『恋の病 ～潔癖なふたりのビフォーアフター～』
配給：エスピーオー、フィルモット
© 2020 幸猴子整合行銷股份有限公司　滿滿額娛樂股份有限公司　台灣大哥大股份有限公司

2021（令和3）年7月5日記

Data
監督・脚本：チェン・ユーシュン
出演：リウ・グァンティン／パティ・リー／ダンカン・チョウ／ジョアン・ミシンガム

SHOW-HEY シネマルーム

★★★★★

1秒先の彼女
（消失的情人節／My Missing Valentine）

2020年／台湾映画
配給：ビターズ・エンド／119分

| 2021（令和3）年7月3日鑑賞 | シネ・リーブル梅田 |

みどころ

　台湾には、ホウ・シャオシェンやエドワード・ヤンのような先発完投型の本格派がいれば、チェン・ユーシュンのような下手投げの変則型左腕ピッチャーもいる。『熱帯魚』や『ラブ ゴーゴー』はその典型だったが、彼が長年構想を温めていた本作はまさにそれ！こんな映画、観たことない！

　邦題はアインシュタインの「相対性理論」を彷彿とさせる難しさ（？）だが、本作はやっぱり原題と英題の方がピッタリ。しかし、"失われたバレンタインデー"都は一体ナニ？

　本作は、頭の固い人向きではない。あくまで頭を柔らかくして、スクリーン上に登場するすべてのエピソード、すべての物語を受け入れる度量（？）を持たなければ！それができれば、本作は最高傑作だが・・・。

―――＊―――＊―――＊―――＊―――＊―――＊―――＊―――＊―――＊―――

■□■久しぶり！台湾のチェン・ユーシュン監督最新作は必見■□■

　１９９０年代の台湾を代表する監督は、ホウ・シャオシェン（侯孝賢）とエドワード・ヤン（楊德昌）等"台湾ニューシネマ"と呼ばれる巨匠たちだが、それに続く"台湾新世代"の"異端児"として出現したのが、１９６２年生まれのチェン・ユーシュン（陳玉勲）監督だ。ところが、長編デビュー作『熱帯魚』（95年）と、それに続く『ラブ ゴーゴー』（97年）で、主に若い世代からの熱狂的人気を獲得した彼は、その後CM業界に活躍の場を移し、映画製作から離れてしまったから、アレレ・・・。その後、２０１３年に『祝宴！シェフ（總舖師）』で復帰した彼の、復帰後第3作目が本作だ。

　私が台湾のチェン・ユーシュン監督をはじめて知ったのは、２０１９年１０月にシネ・ヌーヴォで開催された「台湾映画傑作選」で『熱帯魚』と『ラブ ゴーゴー』を観た時だ。したがって、私にとって彼の最新作は1年8か月ぶりだが、『ラブ ゴーゴー』の公開年か

ら数えればすでに２３年経っているから、彼の最新作はホントに久しぶりだ。

　私がデジタルリマスター版で観た『熱帯魚』と『ラブ　ゴーゴー』では、チェン・ユーシュン監督のユニークさにビックリ。当然、この手の映画の監督は脚本も兼ねているが、『熱帯魚』では誘拐という凶悪犯罪の中にも、身代金要求を巡る物語にはほのぼのの感があったし、犯人を追う警官達も牧歌的だった。そして、全く読めない展開の中、最後には誘拐事件もハッピーエンドに収束させていくお手並みは見事だった（『シネマ４７』２５９頁）。続いて、恋愛モノに挑戦した『ラブ　ゴーゴー』では、"個性豊か"、というより、ハッキリ言って"はみ出し者"の３人の主人公が織り成す吉本新喜劇風の恋愛ドタバタ劇と、展開が全く読めない怒涛の展開がメチャ面白かった（『シネマ４７』２６４頁）。

　そんなチェン・ユーシュン監督の久しぶりの最新作は必見！

■□■第５７回金馬奨で最多５冠！本作のテーマは？■□■

　「台湾のアカデミー賞」と言うべき第５７回金馬奨では、７月１日に観たチェン・ヨウジエ（鄭有傑）監督の『親愛なる君へ（親愛的房客）』が最優秀主演男優賞、最優秀助演女優賞、最優秀オリジナル音楽賞の３冠をゲット。それに対して、本作は作品賞、監督賞、脚本賞、編集賞、視覚効果賞の最多５冠をゲットしている。その優劣を評価すれば、演技面では『親愛なる君へ』が優位だが、作品の出来としては本作の方が優位・・・？それはともかく、私はこの金馬奨レースからは、本作に見るチェン・ユーシュン監督の脚本に注目したい。

　『親愛なる君へ』のテーマは、「今は亡き同性パートナーの母と子の血のつながりを超えた家族の絆を紡ぐ物語」という"クソ難しい"ものだった。それに対して、本作のテーマは、「人よりワンテンポ早い彼女とワンテンポ遅い彼。２人の間のちょっとした時差（タイムラグ）から生まれるかつてない奇跡」だが、それってナニ？本作の原題は『消失的情人節』だが、中国語の勉強が進んでいる私には「情人節」とはバレンタインデーのことだとわかる。また、『消失的情人節』は直訳すれば「失われたバレンタインデー」だし、英題も『My Missing Valentine』だ。日本ではバレンタインデーは２月１４日で、女性から男性にチョコを渡す習慣になっている。しかし、台湾ではバレンタインデーは年に２回あり、２月１４日よりも７月７日の「七夕情人節」の方が重要なイベントらしい。また、中国でも台湾でも、日本とは逆に、男性から女性にチョコをプレゼントするものとされている。なるほど、なるほど。しかし、「消失的」って一体ナニ？

　他方、本作の邦題は『１秒先の彼女』だが、それも一体ナニ？ちなみに、チラシには、山内マリコ（作家）の「こんな映画、観たことない。まぎれもなく、まったく新しい、物語の可能性に満ちたラブストーリー！」の文字が躍っている。パンフレットにも、同氏の「こんな映画、観たことない。」というReviewがあるが、本作はそんなに変わっているの？本作の評論を書いている７月４日の夜には、キアヌ・リーブス主演の『マトリックス』（９９年）がTVで放送される。仮想現実空間を舞台に、人類とコンピュータの戦いを描いた

SFアクションたる同作では、香港アクション界の雄、ユエン・ウーピンをアクション指導に招いて取り入れたワイヤーアクションと、バレットタイムと呼ばれる撮影法によって生み出された革新的なアクションシーンが見もので、約２０年前の「こんな映画、観たことない」映画の典型だった。しかして、本作のテーマは？タイトルの意味は？

■□■まずは自己紹介から！なるほど、それを邦題に！？■□■

　７月１日に観た台湾映画『恋の病〜潔癖なふたりのビフォーアフター〜（怪胎）』は「潔癖症＆不器用な彼」と、「潔癖症＆窃盗症の彼女」の自己紹介から始まり、２人の面白い出会いから物語がスタートした。それと同じように、本作も、郵便局の窓口で働く３０歳の独身女性ヤン・シャオチー（リー・ペイユー（李霈瑜））の自己紹介から始まるが、彼女を特徴づけるものが、邦題の「１秒先の彼女」ということだ。つまり、シャオチーは幼い頃から何でもワンテンポ早いという設定だが、そんな人間が日常生活を営むのは大変だ。

　ちなみに、郵便局での彼女の仕事ぶりを対比的に説明するために登場するのが、シャオチーの隣に座る女性ペイ・ウェンだが、それを美人女優ヘイ・ジャアジャア（黒嘉嘉）が演じていたから私はビックリ。彼女は私が日曜日毎に見ているNHK囲碁講座の「囲碁フォーカス」のミニレース「黒嘉嘉のGO ビギナーズ」の講師を担当している、本物のプロ

棋士だ。囲碁界での若手女性棋士の台頭は将棋界をはるかに越えており、藤沢里菜、上野愛咲美が両トップ。それを１２歳の仲邑菫が追っている状況だが、ヘイ・ジャアジャアはモデルをしたり、CMやミュージックビデオに出演したりと"二足の草鞋"を履いている珍しいキャラのプロ棋士だ。もっとも、本作を観ている限り、彼女の演技力はハッキリ言って、まだまだ・・・？

　それはともかく、ペイ・ウェンと違って、男とは全く縁のないシャオチーはバレンタインデーにも全く縁がないから、今夜も１人でラジオを聴いていた。すると、ラジオからは「今夜のテーマは"失くし物"。一番忘れられない"失くし物"について投稿してね」と語るDJの声が聞こえてきたから、シャオチーは、十数年前に豆花を買いに行くと言ったきり失踪し、そのまま戻ってこなかった父親を思い出すことに。なるほど、なるほど・・・。しかし、これって一体何の物語？

■□■偶然の出会いから恋の予感が！バレンタインデートは？■□■

　そんな「１秒先の彼女」たるシャオチーが、ある日の仕事帰り、公園でダンスをしている集団に入っていくと、そのダンス教師である好青年のリウ・ウェンセン（ダンカン・チョウ）から声を掛けられたからシャオチーは何かが起こりそうな予感に胸をときめかせる

ことに。すると、翌日リウが郵便局の窓口に現れ、「口座を作りたい」と言ってきたからこれはホンモノ！？

　微笑みながらそんな2人を観ている隣のペイ・ウェンにバレないよう、メモの交換によって"映画デート"の約束を交わしたから、2人の展開は順風満帆だ。さらに、"映画デート"の帰り道、「明日のバレンタインの予定は？」、「ないわ、ずっとそうだった・・・」という会話の後、リウは突然、幼い頃に自分と同じように、身寄りがなく施設で暮らす5歳の女の子の心臓移植費用が足りないことを語り出したから、ますます2人の距離は近づくことに。すっかり同情したシャオチーがそこで思いついたのは、明日のバレンタインに行われる大会に参加すること。そこで優勝すれば賞金と航空券がもらえるから、と参加することを決め、2人は指切りをすることに。

　このように"映画デート"は順調だったが、さて、明日のバレンタインデートは？

■□■なるほど、これが消失的情人節！■□■

　『ラブ ゴーゴー』は、吉本新喜劇的なドタバタ劇が奇妙に面白かった。それと同じように、シャオチーとリウとのバレンタインデートを巡って、本作は突然、ロマンチックラブコメディ風の展開から、吉本新喜劇風のドタバタ劇に転化していくので、それに注目！

　「1秒先の彼女」は、目覚まし時計よりも目覚めるのも1秒早いはず。したがって、大切なバレンタインデートの日、朝8時の目覚ましより先に目覚めたシャオチーは、予定していた服に着替え、意気揚々と待ち合わせ場所に向かうべくバスに乗り込んだが・・・。

　『マトリックス』では、さまざまな革新的アクションを観客に理解してもらうため（？）にスローモーションが多用されていたが、映画でそんな手法を使うことの賛否は分かれるはず。それと同じように、本作でチェン・ユーシュン監督は、なぜか8時35分になって慌てて飛び起きるシャオチーの姿をスクリーン上に映し出していくから、アレレ。この時、鏡に映るシャオチーの姿はパジャマではなく、デート服を着て日焼けで全身真っ赤だから、アレレ・・・。さらに、会場は閑散としており、清掃員に「バレンタイン大会の会場は？」と聞くと、「バレンタインは昨日ですよ」の答えだったから、アレレ。バレンタインは消えてしまったの？混乱するシャオチーは慌ててリウに電話したが、電話も繋がらなくなっていたから、さあ大変だ。なるほど、なるほど、これが消失的情人節！

■□■脚本は自由自在に！この3つの物語は？ワケわからん！■□■

　本作はここから、「消えたバレンタイン」を探し始めるシャオチーの物語になっていく。そんな彼女の周りには、まさに"吉本新喜劇の台湾版"とも言うべき、3つの奇妙な物語が登場するから、それに注目！それが次の3つだ。

　①通りにある写真館に飾られた、身に覚えのないシャオチーの写真（しかも目を開けている）。店主に聞くと「顔を腫らしたグアタイという男に現像を頼まれた」という。見ると、どこかの海辺で撮られているようだ・・・。

　②ある夜、ブレーカーが落ちた部屋のクローゼットから、突如現れたヤモリから「あん

たの失くし物だ」と言われて渡された、「０３８」の鍵。

　③シャオチーと同じように、全身真っ赤に日焼けし、顔中殴られた姿のウー・グアタイ（リウ・グァンティン（劉冠廷））という名の“変人”の登場。彼はシャオチーと違って、人よりワンテンポ遅く、シャオチーの郵便局へ毎日手紙を出しに来る常連客の１人だが・・・。

　「映画は何でもあり」だし「脚本は自由自在」だが、全く脈絡のないこの３つの物語の提示は一体ナニ？ワケわからん！ホント、こんな映画、観たことない！

■□■後半の物語は？視点が大転換！ヒロインの自分探しは？■□■

　前記３つの全く脈絡のない出来事は、何を意味するの？ある日、郵便局で私書箱のロッカーの鍵を手にした瞬間、シャオチーはどこかにあるはずの「０３８」の私書箱を見つけるための旅に出る決意をすることに。法律を勉強して弁護士になった私は、法廷で裁判闘争を展開するについては、徹底気に事実の追及が大切であることを学んできた。その目的はただ１つ、真実を発見することだが、何が真実かは神様しかわからないもの。したがって、裁判での真実は、さまざまな認定事実の積み上げとして、判決に記載された事実に過ぎない。そんなことを考えると、本作前半のラストに見た“失われたバレンタイン”は一体ナニ？そして、シャオチーが体験したバレンタインデー早朝の“２つの事実”は、一体どちらが真実？それが全く分からないまま、シャオチーは休暇を取り、列車に乗って旅に出たが、さて、本作後半の物語は如何に？

　前記、山内マリコの「Review」には「物語にここから、大きくドライブがかかる。実はヤン・シャオチーの物語はＡ面に過ぎず、Ｂ面は視点人物がウー・グアタイに変転。窓口に毎日やって来て郵便を出す“あの変人”に！さらに消えたバレンタインデーの１日の謎が明かされるにいたって、もう一段階ドリフト」と書かれているが、本作後半はまさにそんな展開になっていくので、あっと驚きながらそれに注目したい。台湾は広いが、チェン・ユーシュン監督がそんなシャオチーの旅に登場させる舞台は『熱帯魚』の舞台と同じ嘉義県東石村だ。私は３度も台湾旅行をしているが、美しい東側の海岸線を観たのは１度きりだ。シャオチーが何度台湾の東海岸を旅したのかは知らないが、その旅でシャオチーが見たものとは？

　パンフレットにある「Director's Interview」で、チェン・ユーシュン監督は「私の作品には全て『自分探し』という要素が入っています」と語っているが、さて、本作後半に見るシャオチーの自分探しの旅とは？

■□■誰が善人で誰が悪人？１秒のズレが積み重なると？■□■

　人間を“見た目”で判断してはダメなことは常識だが、凡人はなかなかそれができない。したがって、イケメンや美女は何かと有利だが、そのことは、本作前半のハンサムなダンス講師チョウを見ているとよくわかる。しかし、“映画デート”の帰り道にチョウが語っていた心臓移植の話を聞いていると、ひょっとしてこの男は詐欺師？そう感じた私が正しかったことは本作後半に立証されていくので、それに注目！

他方、本作後半の圧巻は、バスの運転手であるグアタイがシャオチーを含む大勢の乗客を乗せて市街地を走行中、なぜかすべての世界（交通）がストップしてしまうこと。子供の頃の私がテレビで大相撲を観戦していた当時は、対戦後のVTRによる再生はなく、"分解写真"による分析だった。もちろん、分解写真は1コマずつ動いていくが、本作では巨大なスクリーンの動きが、グアタイ以外すべてストップしてしまうからビックリ！こりゃ一体ナゼ？

それは、難しく言えばアインシュタインの「相対性理論」によるものかもしれないが、本作でその"仕掛け"が成立するのは、何事も1秒早いシャオチーと、何事も1秒遅いグアタイの"1秒のズレ"が、ある時、1日分まで積み重なった時に起きるらしい。なるほど、なるほど。

そんなストーリーの撮影は大変そうだが、それは製作陣の努力にまかせ、私たちはひたすら"失われたバレンタインデー"の1日間に、グアタイがいかなる行動をとるのかに注目したい。

■□■豆花は？失踪した父親は？物語の収束は？■□■

私の事務所のすぐ近くに最近、台湾風の朝食を"売り"にしたお店が開店したが、その人気は上々。しかして、本作導入部では「豆花を買いに行く」と言って出かけるシャオチーの父親の姿が描かれるが、台湾の豆花とは？それはストーリー構成上どうでもいいことだが、なぜ父親は失踪したの？という論点は、ストーリー構成上重要だ。しかし、「こんな映画、観たことない」と形容される本作では、次から次へとワケの分からないエピソードが登場するとともに、前半と後半で物語の視点を全く変えるという"転調"にビックリさせられるから、父親の失踪事件などとっくに忘れてしまう。しかし、本作がラストに近づいてくると・・・。

7月6日に観た『アジアの天使』（21年）のラストは、韓国の江陵（カンヌン）の海の浜辺が舞台となり、そこに何とも奇妙な"アジアの天使"が登場してきた。しかして、本作でも"消失したバレンタインデー"の1日、すべての動きが停止する中、台湾の東海岸にある嘉義県東石村にバスを移動させ、シャオチーを浜辺に運び込んだグアタイが、記念撮影（？）を含むさまざまな行動をとるシークエンスが登場するので、それに注目！グアタイが毎日郵便局を訪れて窓口のシャオチーから切手を購入し、手紙を送っていたのは一体何のため？また、その手紙は誰に宛てられたもの？その中には何が書かれていたの？

本作でずっと見てきたすべての疑問は、物語のラストに向けてそのすべてが収束していくので、それはあなた自身の目でしっかりと！そうすればきっと、チェン・ユーシュン監督への拍手喝采の気持ちが生まれてくるはずだ。

2021（令和3）年7月12日記

Data

監督・脚本：ジョン・スー
原作：ゲーム版「返校－Detention－」
出演：ワン・ジン／ツォン・ジンファァ／フー・モンボー／チョイ・シーワン／リー・グァンイー／パン・チンユー／チュウ・ホンジャン

SHOW-HEY シネマルーム

★★★★

返校 言葉が消えた日
（返校）

2019 年／台湾映画
配給：ツイン／103 分

2021（令和3）年8月9日鑑賞　　TOHO シネマズ西宮 OS

👀 みどころ

　"学園ホラーもの"たる本作の原作は、台湾で大ヒットしたゲーム「返校－Detention－」。時代は戒厳令下の１９６２年。翠華高校の「読書会」に参加するヒロインの運命は如何に？

　"政治モノ"としての拷問シーンにビックリなら、ダークミステリーとしての巨大な軍人の霊の登場にもビックリ！映像効果や音響効果もあって、怖さは相当なもの。少し詰め込み過ぎ感もあるが、そのチャレンジや良し！

―― * ―― * ―― * ―― * ―― * ―― * ―― * ―― * ―― * ――

■□■原作はホラーゲーム！映画も大ヒット！金馬奨でも！■□■

　私は本作について何も知らなかったし、原作になったというゲームについても何も知らなかった。パンフレットには、キャナ☆メン（電撃オンライン編集部）による２０１７年１０月３１日付「ゲーム評」があり、台湾で大ヒットしたゲーム「返校－Detention－」について詳しく解説している。テレビゲームなど一度もやったことのない私はそれを読んでもさっぱりわからないが、「detention」とは「引き止め、阻止、拘留、留置、拘禁、放課後の留め置き」の意味。つまり、そのゲームは１９６０年代の台湾を背景に、架空の舞台・翠華高校で起きた暗く悲しい出来事を描くホラーアドベンチャーゲームで、学校に閉じ込められた主人公は、謎と怪奇に満ちた校内を探索し、その真相を突き止めていくものらしい。本作が長編映画デビュー作となる若手の徐漢強（ジョン・スー）監督は、「ゲーム版『返校－Detention－』がリリースされたその日に私はゲームをクリアし、そのメランコリックで美しいストーリーに強く心を動かされました」と語っている。幸運にも愛するゲームの監督として起用された彼は、どんなスタンス（思想）でその映画化を？

　「監督プロフィール＆インタビュー」の中で彼はそれを詳しく語っているので、それは必読だが、ゲームとの対比などとてもできない私でもはっきりわかるのは、本作の政治色

の強さだ。それも生半可な強さではなく、『悲情城市』（８９年）（『シネマ１７』３５０頁）や『牯嶺街少年殺人事件』（９１年）（『シネマ４０』５８頁、『シネマ４４』１８４頁）で描かれた、国民党政権下における、「白色テロ」がテーマにされているからビックリ！「三國志ゲーム」や「戦国ゲーム」のような“エンタメもの”がゲームとして楽しまれるのは当然だが、台湾では「返校－Detention－」のようなもともと政治色の強いゲームがなぜ大ヒットし、その政治色を更に強調した本作のような映画がなぜ大ヒットしたの？

　私にはそれがサッパリわからないが、スクリーン上には戒厳令下にある１９６２年の台湾で、翠華高校に登校する高３生のヒロインのファン・レイシン（方芮欣）（ワン・ジン（王淨））や、密かに「読書会」に集っている、１年後輩のウェイ・ジョンティン（魏仲廷）（ツォン・ジンファ（曾敬驊））、ホアン・ウェンション（黄文雄）（リー・グァンイー（李冠毅））たちの姿が登場する。そんな中、登校する生徒たちをチェックしていた国民党のバイ教官（チュウ・ホンジャン（朱宏章））から突然「鞄の中身を見せろ」と言われたら・・・。

■□■白色テロとは？読書会がバレたら？まずその理解を！■□■

　台湾は自由と人権を尊重する民主主義国だが、それはつい最近のこと。韓国も大統領は民主的な選挙で選ばれているが、それもつい最近のことだ。日本は１９４５年の敗戦後、それまでの軍国主義から民主主義国家に転換していったが、半島を南北に二分した朝鮮戦争後の韓国では、長い間軍事独裁政権が続いた。そして、台湾では、大陸から逃げ込んできた国民党が“外省人”として“内省人”を支配すると共に、１９４７年の二・二八事件から１９８７年に戒厳令が解除されるまでの間は、「白色テロ時代」が続いた。「白色テロ」とか「赤色テロ」という物騒な言葉を今ドキの若者は知らないかもしれないが、その知識は本作を理解する上で不可欠だからしっかり勉強してもらいたい。

　本作冒頭のバイ教官のチェックによって、もし生徒の鞄の中に入っている『共産党宣言』が見つかったら・・・？３年生のレイシンも、２年生のジョンティンやウェンションも、教師のチャン・ミンホイ（張明暉）（フー・モンボー（傅孟柏））やイン・ツイハン（殷翠涵）（チョイ・シーワン（蔡思韵））が組織する「読書会」のメンバーだが、「読書会」って一体何？本作で彼らがその教材にしているのはタゴールの『迷い鳥たち』や厨川白村の『苦悶の象徴』だが、そこには何が書かれているの？読書会で彼らは何を勉強しているの？今の日本は最高に自由な国。したがって、「菅総理はバカだ！」と公言しても罪に問われることはないし、どんな本を読もうがそれは自由だ。しかし、戒厳令が布かれ、「白色テロ」が横行していた１９６２年当時の台湾では？

　本作の原作がゲームであることにはビックリだが、本作を理解するためには、何よりも「白色テロ」を理解する必要がある。また、「読書会」に参加しているのがバレたらどうなるの？それを理解することも不可欠だ。

■□■ダークミステリーとしての面白さは？その評価は？■□■

　夏は暑い。そこで、背筋をぞぉっとさせ、冷気を感じさせるには、“怪談モノ”が１番。

そのため、夏の映画には"ホラーもの"、"怪談モノ"が多い。その代表が「お岩さん」が登場する『四谷怪談』（６９年）だが、さて、本作のホラー度は如何に？

　私は怖いホラー映画は嫌いだから、基本的には観ない。本作導入部では、ある日、うっかり教室で眠ってしまったレイシンが目を覚ました後、ロウソクの光を頼りに廊下を歩くシークエンスが登場するが、それだけでも映像効果や音響効果もあってかなり怖い。レイシンがなぜそこで後輩のジョンティンと出会うのかはともかく、その後２人が教室で体験するさまざまな出来事は不思議なことだらけで、ダークミステリー色がどんどん強くなっていく。２人が教員室へ駆けつけると部屋は封鎖され、ドアの横に「国家の転覆をはかる地下組織が見つかった」という張り紙があり、チャン先生とイン先生の机が荒らされていたから、さあ大変。そこで、今度は「読書会」の会場として使っていた備品室へ行ってみると、そこでも椅子は壊され、ノートは破られ、誰の姿もなかったから、こちらも大変だ。しかして、これらはすべて夢？それとも現実？

■□■原作の政治色を更に強烈に！その是非は？■□■

　日本でも中国でも、"学園ホラーもの"は多いし、ホラーゲームもたくさんある。しかし、「白色テロ」という政治色を強調したゲームは、日本にはもちろん、「返校－Detention－」以前は台湾にもなかっただろう。そんなゲームを映画化するについて、ジョン・スー監督はその政治色を更に強烈にすることを狙ったそうだが、その是非は？本作のヒロインとして登場するレイシンは、台湾の青春映画に数多く登場してくる女優と同じような美少女だが、ダークスリラーたる本作の節目節目に登場してくる"地獄の使者"のような霊（＝巨大な軍人の霊）はかなり異様な姿をしているし、かなり恐い。ジョン・スー監督の説明によると、原作には、伝統的な道教の要素が至る所に存在していたが、その映画化については、政治的な面と歴史的な面に焦点を当てるため、道教の衣装をやめ、登場人物にとってそれが象徴的に恐ろしい姿だということを、顧客が理解しやすいよう、その外見を軍人風の衣装に変えることに決めた、そうだから、その姿はあなたの目でしっかりと。

　「読書会」の参加者として逮捕された生徒への拷問、仲間の自白によるチャン先生とイン先生を含む「読書会」メンバーたちの逮捕と処刑。それらのシークエンスは『悲情城市』で観たものと同じだが、本作では"巨大な軍人の霊"が繰り返して呟く「共産党のスパイの告発は国民の責務・・・」のフレーズが耳から離れない。「白色テロ」時代の台湾の実像については、パンフレットにある、若林正丈（早稲田大学台湾研究所顧問）の「台湾が『監獄島』だった頃　映画『返校』時代背景解説」を読めばよくわかる。そんな時代の翠華高校で「読書会」に集う生徒たちは、「自由が罪になる世界で僕らは生きていた」と語っているが、さて、今ドキの台湾の高校生はそれをどの程度理解し、実感できているのだろうか？日本の高校生にとって、それはかなり縁遠い世界で、かつほとんど興味のない世界だと思っている私には、出来の良しあしは別として、そんな政治色の強い本作が台湾で大ヒットしたことを高く評価したい。　　　　　　２０２１（令和3）年8月13日記

Data

プロデューサー：アン・ホイ、ジュリア・チュー

監督・脚本：ヘイワード・マック

原作：『我的愛如此麻辣（私の愛はこんなにスパイシー）』エイミー・チャン

出演：サミー・チェン／メーガン・ライ／リー・シャオフォン／リウ・ルイチー／ウー・イエンシュー／リッチー・レン／ケニー・ビー／アンディ・ラウ

SHOW-HEYシネマルーム

★★★★

花椒（ホアジャオ）の味
（花椒之味／Fagara）

2019年／香港映画

配給：武蔵野エンタテインメント／118分

2021（令和3）年9月7日鑑賞　　試写用DVD

みどころ

　あなたは「重慶火鍋」、「四川火鍋」を知ってる？また、「花椒の味（麻辣味）」を知ってる？また、「宋家の三姉妹」ならぬ、香港、台湾、重慶に住む「夏家の三姉妹」を知ってる？

　冒頭は、香港島・大坑のファイヤードラゴンダンス（舞火龍）のお祭りに注目！このオヤジ、火鍋店「一家火鍋」を1人で切り回す働き者だが、香港、台湾、重慶を股に掛けた"女遍歴"は如何に？その急死を受けて葬儀の席で初対面した「夏家の三姉妹」の困惑ぶりは？

　宋家の三姉妹は結婚相手がとてつもない男だったこともあり、激動する時代の中でそれぞれ数奇な歴史上の役割を果たしたが、夏家の三姉妹の葛藤と再生は如何に？

—— * —— * —— * —— * —— * —— * —— * —— * ——

■□■花椒とは？麻辣とは？火鍋とは？原作は？■□■

　本作をしっかり味わうためには、①花椒、②麻辣、そして③火鍋という3つの中国語のキーワードを理解する必要がある。「花椒」とは、中華料理、とりわけ四川料理に欠かせないスパイスで、花椒を使った料理の代表は、麻婆豆腐と担担麺だ。中国語では、花椒の痺れるような辛さを「麻（マー）」と表現し、唐辛子のピリッとした辛さを「辣（ラー）」と表現するが、そのハーモニーである"麻辣味"を作り出すのに、花椒は欠かせない。

　日本のスパイスでは、「山椒は小粒でもぴりりと辛い」の表現でよく使われる「山椒」が有名。しかし、「花椒」は中国原産の「カホクザンショウ」の果皮を乾燥させたものである
のに対し、山椒は日本原産の「サンショウ」の果皮だから、同じミカン科サンショウ属でも、別の種らしい。また、「火鍋」は日本でも"中国風しゃぶしゃぶ"として親しまれているが、その本場は「重慶火鍋」、「四川火鍋」だ。

『花椒（ホアジャオ）の味』　11月5日(金)より新宿武蔵野館他全国順次公開

配給：武蔵野エンタテインメント株式会社

　他方、香港の有名な女性監督、プロデューサー、脚本家で、１９７０年代から８０年代にかけて、香港新浪潮（香港ニューウェーブ）の代表的な存在として活躍してきたアン・ホイ（許鞍華）氏が、ヘイワード・マック（麥曦茵）監督を起用して映画化を目指したのは、エイミー・チャン（張小嫻）の小説『我的愛如此麻辣（私の愛はこんなにスパイシー）』。これは、手紙の形式で進む書簡体小説らしい。本作のストーリーと人物像はそんな原作と全く同じではないが、主たる舞台を香港島の大坑にある火鍋店・「一家火鍋」店とし、３人の異母姉妹が登場する基本ストーリーは原作と同じだ。三姉妹や四姉妹の物語には名作がたくさんあるが、さて、本作の三姉妹は？

■□■ 「宋家の三姉妹」は有名。「夏（シア）家の三姉妹」は？■□■

『花椒（ホアジャオ）の味』
11月5日(金)より新宿武蔵野館他全国順次公開
　配給：武蔵野エンタテインメント株式会社

　四人姉妹の物語は、アメリカならルイーザ・メイ・オルコットの『若草物語』、日本なら谷崎潤一郎の『細雪』が有名。また、三姉妹の物語なら、ロシアにチェーホフの『三人姉妹』があれば、中国には『宋家の三姉妹』がある。私は２０００年に『宋家の三姉妹』（98年）（『シネマ1』59頁）を観たが、父親・宋嘉澍を姜文（チアン・ウェン）が演じ、長女・靄齢を楊紫瓊（ミシェール・ヨー）が、次女・慶齢を張曼玉（マギー・チャン）が、三女・美齢を鄔君梅（ヴィヴィアン・ウー）が演じた壮大な歴史物語は、超一流の作品だった。この三姉妹が中国と台湾、そしてアメリカで現実に果たした役割は大きい。「宋家の三姉妹」は、「富を愛した」長女・靄齢、「国を愛した」次女・慶齢、「権力を愛した」三女・美齢だったが、本作に見る「夏（シア）家の三姉妹」は？

　本作では冒頭、本作の主人公になる長女ハー・ユ

297

ーシュー（夏如樹）（サミー・チェン（鄭秀文））の父親で、「一家火鍋」の店主であるハー・リョン（夏亮）（ケニー・ビー（鍾鎭濤））が、香港島・大坑のファイヤードラゴンダンス（舞火龍）のお祭りで活躍する姿を見せた後、突然、彼の葬儀のシークエンスになる。リョンの急死を受けて、ユーシューは戸惑いの中で、にわか仕立ての葬儀を行わざるを得なくなったが、仏教徒であるリョンの葬儀を道教の流儀で行ったのは、いくら父娘間の交流がなかったとはいえ、失笑ものだ。それはともかく、この葬儀の席でユーシューは、台湾の台北から駆けつけてきた次女のオウヤン・ルージー（欧陽如枝）（メーガン・ライ（頼雅妍））、中国の重慶から駆けつけてきた三女のシア・ルーグオ（夏如果）（リー・シャオフォン（李曉峰））とはじめて出会うことに。

■□■この父親と長女との関係は？なぜ台湾と重慶にも娘が？■□■

　アンソニー・ホプキンスが第９３回アカデミー賞主演男優賞を受賞した『ファーザー』（２０年）は、２人の娘（？）との微妙な関係の中で、認知症が進行していく父親の苦悩が見事に描かれていた。それに対して、本作のリョンは、身を固めた香港で「一家火鍋」を営み、長女ユーシューをもうけながら、台湾では初恋の人（？）ジャン・ヤーリン（張雅玲）（リウ・ルイチー（劉瑞琪））との間に次女ルージーをもうけたばかりか、重慶では離婚した妻との間に三女のルーグオをもうけているのだから、その"女遍歴"は華麗なものだ。もちろん、本作ではそれを時系列に沿って説明してくれないから、アトランダムに登場してくるスクリーン上のさまざまなエピソードから、１人１人の観客が全体像を繋いでいかなければならない。それはそれで大変だが、同時に、それが本作を鑑賞する醍醐味だ。

『花椒（ホアジャオ）の味』　11月5日(金)より新宿武蔵野館他全国順次公開

配給：武蔵野エンタテインメント株式会社

　三人姉妹が主人公になる映画では、三人三様の顔立ちや容姿、そしてファッションが大きなポイントになる。「宋家の三姉妹」は前述のような違いが明確だったが、衣装デザインで三者三様の個性を際立たせている本作では、①ロングの黒髪とメガネという次女ルージーは、「夢を諦めて堅実な生活をしろ」と煩わしい母ヤーリンといつも不仲だったが、ある日、そんなヤーリンと大喧嘩したルージーは、香港へ赴くことに。また、母親がリョンと離婚した後、大好きな祖母のリウ・ファン（劉芳））と２人で仲良く暮らして

いた三女ルーグオは、「私のことはいいから、早く結婚しろ」とうるさい祖母を離れて香港
へ赴くことに。

そんな思惑（？）が、たまたま「一家火鍋」の継続で一致した3人姉妹は、今、何とか
父親秘伝の味を再現しようと奮闘を始めたが・・・。

■□■ユーシューの父親像、父親観は？その変化は？転換は？■□■

香港は中国と比べるまでもなく狭く小さいから、香港島の大坑でリョンが経営している
「一家火鍋」店とユーシューが住んでいる九龍半島の部屋は、海を隔てて向かい合ってい
るだけで、距離的にはごく近い。また、九龍半島と香港島は海底トンネルでつながってい
るが、交通機関の関係で海を越えるのは簡単ではないらしい。「一家火鍋」のオーナーであ
るリョンは、秘伝のレシピを一人で工夫してひねり出したばかりではなく、店の経理面も
仕入れ面も、更に客へのサービス面も一人でこなし、八面六臂の奮闘を続けていたらしい。
それはそれでいいのだが、あまりに忙しいため娘の面倒に時間を割くことができないリョ
ンは、どうしていたの？そんな父親と子供時代から娘時代までずっと接してきた長女ユー
シューの父親像、父親観は？

リョンとユーシューは今、父娘2人だけの家族なのに、なぜ九龍半島と香港島に別居し
ているの？ユーシューの回想シーンの1つとして、せっかく招待してくれた「一家火鍋」
店の食卓に座っているのに、リョンはお客さんの注文に応じたり挨拶したりするのに忙し
く、全然ユーシューに構う時間がない。そのため、ある瞬間にユーシューがブチギレてし
まう姿が登場するが、ここにすべてリョンとユーシューの父娘関係が象徴されている。そ
のため、ユーシューが大人になってからはずっとこの父娘の仲は悪く、父娘関係は疎遠に
なったが、あらためて三人姉妹が一致協力して父親の味を再現しようとしている今、ユー
シューの心の中に生まれてきた新たな父親像、父親観は？その変化は？転換は？

■□■ユーシューの異母姉妹観は？大喧嘩が勃発？いやいや！■□■

父親の死亡・葬儀が突然のことなら、2人の異母姉妹との初対面も突然のこと。ユー
シューの父親像、父親観は前述のとおりだから、遠く離れた台湾や重慶で、自分の母親とは
違う女の間で生まれた2人の異母姉妹をユーシューが許せなかったのは当然だ。すると、
父親の葬儀は穏便に済ませたものの、その後はひょっとして3人の異母姉妹による大喧嘩
が勃発？そう思っていたが、いやいや！事態は全く違う展開に？それは一体なぜ？

3人の異母姉妹の母親としてスクリーン上に登場してくるのは、次女ルージーの母親ヤ
ーリンだけ。三姉妹それぞれの母親と急死した父親との関係は、三姉妹相互間の会話の中
で小出しにされるだけだから、それは注意深く拾っていく必要がある。ルージーの母親ヤ
ーリンが今でもそれなりに美人なのは、彼女がリョンの初恋の人だったためらしい（？）
が、リョンはいかにして香港と台湾という2つの舞台で華麗なる女性関係（？）を展開し
ていたの？

茶化して言えば、そんな風にもなるのだが、スクリーン上で見る実際の異母姉妹間の会

話はもちろん真剣そのもの。それを聞いていれば、リョンがいかに誠実に生きてきたかが
わかるし、「一家火鍋」における彼のお客様本位で、勤勉そのものの仕事ぶりにも納得でき
る。さらに、母親不在で、自分の仕事が忙しい中で幼いユーシューを育てていた時代のリ
ョンの細かい娘への思いやりや努力もよく理解できる。しかし、リョンと2人で暮らして
いた子供時代のユーシューにはそれが理解できなかったし、大人になってからも、忙しい
ばかりの父親と距離をとっていたのは仕方ない。しかし、リョン亡き後、それまでその存
在すら認めていなかった2人の異母姉妹と互いの境遇を語り合う中で、新たな父親像、父
親観が生まれてくると、同時に喧嘩相手としてではない異母姉妹観も形成されてくること
に・・・。

　そんな中、たまたまルージーとルーグオがそれぞれの事情によって香港にやって来るこ
とになったうえ、3人の異母姉妹が相協力して「一家火鍋」の売り物であるリョン秘伝の
スープを作り出し始めると・・・？

■□■ユーシューを巡る2人の男たちは？仕事は？人生は？■□■

　「宋家の三姉妹」の長女・靄齢は銀行家の孔祥熙と結婚したが、次女・慶齢は孫文と結
婚。そして、三女・美齢は蒋介石と結婚した。そのため、孫文の死亡後、その意志を継い
で国民党のリーダーになった蒋介石の妻・美齢と、こちらも孫文の意志を継いで共産党シ
ンパになった慶齢との対立が、その後深まっていった。このように、「宋家の三姉妹」は、
夫の関係で三者三様の対比が際立っていたが、「夏（シア）家の三姉妹」は？

『花椒（ホアジャオ）の味』　11月5日(金)より新宿武蔵野館他全国順次公開
©2019 Dadi Century (Tianjin) Co., Ltd.　Beijing Lajin Film Co., Ltd.　Emperor Film Production
Company Limited　Shanghai Yeah! Media Co., Ltd.　All Rights Reserved.
配給：武蔵野エンタテインメント株式会社

　そう考えながらスクリーンを見ていると、三女ルーグオは典型的なおばあちゃんっ子で
あるうえ、まだ若く、仕事一筋だから、男への関心はないらしい。次女のルージーもビリ
ヤードの選手として挫折したこと（？）が大きな心の傷になっていたから、男どころでは
ないらしい。それに対して、長女のユーシューは、元婚約者だったというクォック・ティ
ンヤン（郭天恩）（アンディ・ラウ（劉徳華））が今でも優しく付き添ってくれている上、
父親の知り合いだった麻酔医のチョイ・ホーサン（蔡浩山）（リッチー・レン（任賢齊））
が父親の死亡後少しずつ存在感を増していくことに。つまり、ユーシューにとっては父親

の突然の死亡は大きな喪失であったと同時に、「一家火鍋」の見直しと、新たな男関係の構築という意味で新たな出発点になったわけだ。

　ユーシューが「一家火鍋」における父親秘伝の「花椒の味（麻辣味）」の再現に奮闘していく中ではじめて出会った異母姉妹のルージーとルーグオと互いに打ち解け、心を開いていくストーリーが本作の肝だが、ユーシューを巡って特別出演（友情出演）した２人の男たちについても、サブストーリー的にそのほのぼのとした展開を味わいたい。

■□■三人姉妹の今後は？「一家火鍋」の存続は？■□■

『花椒（ホアジャオ）の味』　11月5日（金）より新宿武蔵野館他全国順次公開
配給：武蔵野エンタテインメント株式会社

　前述したように、「宋家の三姉妹」はそれぞれどんな男と結婚したかによってそれぞれの生き方が大きく変わっていったが、子供時代の「宋家の三姉妹」は聡明で裕福な父・宋嘉澍の下で何不自由なく仲良く育っていた。それに対して「夏（シア）家の三姉妹」は、異母姉妹であるだけでなく、香港、台湾、重慶と住むところも全然違っていたうえ、父親の葬儀まで一度も会ったことがなかったのだから、今は一時的に「一家火鍋」で「花椒の味（麻辣味）」を再現するべく一致協力していても、それがいつまでも続くわけではない。何よりも、ユーシューはホーサンから「イギリスに来ないか（結婚しないか）」と言われていたし、重慶に戻ったルーグオには残り人生の少ない祖母との貴重な時間が残っているはずだ。また、母親との関係はうまくいっていなかったルージーも、香港行きは長期計画に沿ったものではなく、あくまで彼女の本拠地は台湾だ。したがって、「一家火鍋」の秘伝の味が再現でき、かつてのお客様が戻ってきたとしても、三人姉妹が協力して店の経営に当たることは不可能だ。もっとも、今の三人姉妹の互いを分かり合えた姿はその奮闘を通じて形成されたものだから、もし葬儀後、すぐに店を手放していれば・・・？

　また、同じ台湾でも、母親のヤーリンは山にあるヴィラに暮らし、自分は繁華街に借り

たアパートで暮らすことに象徴されるように、母親との仲が険悪だったルージーにとって、香港に行くことはそれなりの決断だったが、それから得られたものは？それと同じように、あえて大好きな祖母の元を離れて香港までやってきた三女ルーグオにとって今、重慶に戻っていくことの意味は？3人の奮闘の甲斐あって、「一家火鍋」の「花椒の味（麻辣味）」は再現でき、客足も戻ったようだが、さて、今後の店の経営は如何に？長女のユーシューは父親の跡を継いで「一家火鍋」の2代目店主になるの？それとも・・・？

『花椒（ホアジャオ）の味』　11月5日（金）より新宿武蔵野館他全国順次公開
配給：武蔵野エンタテインメント株式会社

2021（令和3）年9月13日記

Data

監督：トム・リン
脚本：リチャード・スミス
原作：タン・トゥアンエン『夕霧花
園』（彩流社刊）
出演：リー・シンジエ／阿部寛／シ
ルヴィア・チャン／ジョン・
ハナー／ジュリアン・サンズ
／デヴィッド・オークス／タ
ン・ケン・ファ／セレーヌ・
リム

夕霧花園

2020 年／マレーシア映画
配給：太秦／120 分

2021（令和 3）年 8 月 21 日鑑賞	シネ・リーブル梅田

みどころ

私は "マレーの虎" も "山下財宝" も "怪傑ハリマオ" もよく知っているが、"金のユリ" とは？なぜマレーシアに日本皇室庭師がいるの？彼の「夕霧花園」造りは、日本のスパイとしてのカモフラージュ？

「真珠湾攻撃」より1時間20分早く始まった「マレー作戦」は大成功だが、以降のマラヤ（マレーシア）での占領政策は？収容所は？

庭師とヒロインとの出会いが異例なら、師弟関係も異例。さらにその別れも、30年後の再調査も異例。その物語は如何に？3つの時間軸を通じて描かれる、さまざまな "謎" をしっかり解明したい。

—— * —— * —— * —— * —— * —— * —— * —— * —— * ——

■□■マレーシアに日本人庭師が！ヒロインとの出会いは？■□■

本作は2020年の大阪アジアン映画祭で上映され、上映後には客席から拍手が巻き起こったというマレーシア映画だが、『夕霧花園』って一体何？また、阿部寛が元日本皇室庭師だったという中村有朋役で登場し、全編英語でセリフを操っているそうだが、"あの時代"の "あの地" に、そんな男がホントにいたの？

映画は便利な芸術だから、瞬時に時代をずらすことができる。『タイタニック』（97年）では、導入部での老婆へのインタビューから突然スクリーンが1912年4月のタイタニック号の出航時に遡っていたが、それは本作でも同じだ。本作導入部は1980年。連邦裁判所判事を目指している女性裁判官ユンリン（張艾嘉（シルヴィア・チャン））が、旧日本軍スパイとして糾弾されている日本皇室庭師・中村の潔白を証明する証拠を探すため、かつて中村の下で「夕霧花園」作りの見習いをしていたキャメロンハイランドを訪れるところから始まる。そんな行動は、必然的にマラヤ（旧マレーシア）が1941年12月8日の日本軍の侵攻によって占領されていた悲惨な時代を思い起こすことになるが、なぜユ

ンリンは今そこまでして中村を救おうとしているの？

　そう思っていると、若き日のユンリン（李心潔（リー・シンジエ））がキャメロンハイランドで「夕霧花園」を作っている中村の元を訪れるシークエンスが登場する。この訪問は、１９４５年８月１５日に戦争が終了した後、戦犯法廷のアシスタントとして働いていたユンリンが、収容所で亡くなった妹ユンホン（セレーヌ・リム）の夢である日本庭園を中村に作ってもらうためらしい。中村はその依頼を断ったものの、現在作っている「夕霧花園」で自分の見習いをしながら庭作りを学ぶことを提案したため、ユンリンはそれに従うことに。

■□■1941年12月8日のマラヤは？"マレーの虎"は？■□■

　１９４１年１２月８日は日本軍が真珠湾を奇襲攻撃した日として有名だが、日本軍の作戦はハワイ方面だけではなく、南方作戦もあった。海軍がマレー沖でイギリスのプリンス・オブ・ウェールズ等の戦艦を沈没させたことは有名だが、意外に知られていないのは、陸軍の「南方作戦」だ。

　その第１弾である「マレー作戦（E作戦）」は、１９４１年１２月８日午前１時３０分（日本時間）に開始されたため、「真珠湾攻撃」より約１時間２０分早かった。それを指揮したのは、第２５軍司令官の山下奉文大将だ。第２５軍は各地で快進撃を続け、たちまちイギリス領マラヤを占領。さらに、「マレー作戦」に続く１９４２年２月８日からの「シンガポール作戦」も２月１５日には終結させた。そんな、開戦当時の山下奉文大将は日本男児のあこがれの的だったが、彼は１９３６年に起きた「二・二六事件」に関与する"皇道"派だったため、後に陸軍大臣や総理大臣になった統制派の東条英機らとの折り合いが悪かったらしい。

　ちなみに、私は小学生時代にTVドラマ『快傑ハリマオ』に夢中になっていたが、このハリマオも"マレーの虎"と評された山下奉文大将と共に有名だから、本作を契機にお勉強を。また、阪本順治監督の『人類資金』（１３年）（『シネマ３２』２０９頁）に登場する山下財宝が本作にも登場する（？）ので、それもしっかり勉強したい。

■□■原作は？日本軍の占領政策は？収容所の実態は？■□■

　台湾出身のシルヴィア・チャンは１９５３年生まれのベテラン女優だが、近時も『あなたを、想う。（念念）』（１５年）（『シネマ４６』２１６頁）、『妻の愛、娘の時（相愛相親）』（１７年）（『シネマ４４』５２頁）等での精力的な活動が続いている。『タイタニック』では老婆になったローズと若き日のピチピチしたローズは似ても似つかぬ姿だったが、本作冒頭に登場する１９８０年代のユンリンと、１９４０〜５０年代のユンリンはそれなりに似ている必要がある。そこで、若き日のユンリン役に抜擢されたのが、１９７６年にマレーシアで生まれた女優リー・シンジエだが、両者は非常によく似ている（？）のでビックリ！

　本作のユンリンは、マレーシア華僑としてイギリスの植民地だったマラヤのミッション

スクールに妹のユンホンと共に通っていたという設定。そんなユンリンだったが、日本軍がマラヤを占領し、現地民を収容所に収容させてしまうと・・・。収容所での肉体労働は過酷だったうえ、食糧事情も悪かったから次々と死者が出ていたが、日本の敗戦が決まると日本軍は証拠隠滅のため現地人捕虜を収容所ごと爆破して焼き払ったため、ユンホンはその犠牲に。何とかユンリンだけは逃げ延びることができたそうだが・・・。

　本作はブッカー賞にノミネートされた、マレーシアの作家タン・トゥアンエンの『夕霧花園』を原作にしているが、そんなストーリーはホントにホント？『戦場のメリークリスマス』（８３年）は英国人軍人の捕虜収容所を舞台にした映画で、捕虜の虐待をテーマにした名作だった。しかし、「マレー作戦」によってマラヤを占領した日本軍は、本作が描くようにユンリンやユンホンのようなミッションスクールの女子学生まで収容所に入れ、過酷な肉体労働に従事させていたの？私はそれには大きな疑問があるが・・・。

■□■ユンリンはなぜ日本庭園にこだわりを？これは師弟愛？■□■

　本作の中村は"皇室庭師"だが、それって一体何？そんな仕事（役職？）がホントにあったの？ユンリンやユンホンらに酷いことをしていた収容所の実態と共に、私は原作や本作の時代考証にいささか疑問がある。それを横においても、本作に見る中村の日本庭園作りの哲学はメチャ難しい。中村の下で長年働いている職人たちは、「土を掘り起こし、石を入れ替えるのが中村流の仕事のやり方だ」、と割り切っていたが、弟子になったとはいえ、

女の細腕で職人たちと共に毎日土や石と格闘させられるユンリンがそんなやり方に疑問を持ったのは当然だ。マレーシア華僑のユンリンが持つそんな合理的な質問に対する中村の答えもメチャ難しいものだったし、『夕霧花園』と題された本作で「夕霧花園」の素晴らしさを実感することはできないから、結局その点は何となくモヤモヤ・・・。もっとも、本作のカメラワークや光と影のコントラストに満ちた撮影は

素晴らしいから、それはしっかり楽しみたい。中村がユンリンに教えようとしたのは日本庭園の神髄だが、その理解のためには千羽鶴の折り方や浮世絵の心なども理解する必要があるらしい。藤純子が主演して大ヒットした東映のヤクザ映画『緋牡丹博徒』シリーズ（68～72年）は藤純子演じる"緋牡丹のお竜"の背中に彫られた緋牡丹が大きなポイントだったが、本作の「夕霧花園」の中にはどんな花が？

　本作であっと驚かされるのは、当初日本庭園作りのための「師匠と弟子の関係」から始まった2人の中が、少しずつ微妙に「恋愛関係」に変わっていくこと。その延長線として、中村がユンリンの背中一面に彫り物を施すという設定には唖然とさせられたが、ここまでに至れば2人の深い男女関係は明らかだ。しかし、ユンリンは占領されたマラヤの地で収容所に収容され、妹の命まで失った女性。それに対して、中村は日本人であるうえ軍部とも接点を持ち、山下財宝とも接点が・・・？いやいや、自分の愛した男がそんな日本のスパイだったはずはない。

　1980年代の今、ユンリンはそんな思いで1940～50年代の中村の真の姿を調べるためにキャメロンハイランドに赴いていた。1940年代、ユンリンを中村に紹介したのはキャメロンハイランドで茶畑を経営していた心優しいイギリス人紳士マグナス・ゲメル（ジョン・ハナー）。妻のエミリー（タン・ケン・ファ）は優しくユンリンをもてなしてくれたし、息子のフレドリック（デヴィッド・オークス）はユンリンに一目ぼれしていたらしい。そして今、1980年代のキャメロンハイランドで証拠集めをするユンリンを手伝うのは、60歳になっているフレドリックだ。フレドリック（ジュリアン・サンズ）は中村が住んでいた建物や書斎をそのまま残していたが、それは一体なぜ？そして、ユンリンはその調査の中からどんな証拠を発見することができるの？

■□■ "山下財宝"とは？"金のユリ"とは？中村はスパイ？■□■

　昨今の香港やミャンマーでの大騒動は、連日新聞やニュースで報道されているからよく知っているが、あなたはマレーシアで今起きている前首相の辞任に伴う次期首相選びの混乱を知っている？また、それ以前に、マレーシアはどこにある国で、その領土や政治体制がどうなっているか等を知っている？寡聞にして私はそれをほとんど知らなかったため、本作の鑑賞を契機に、詳しく学ぶことに。そこで驚かされたのは、イギリスや日本の侵略と戦ってきたマラヤ共産党の存在と役割だ。

　他方、『人類資金』によれば、日本国民の血と涙の結晶である総量600トンにも及ぶ金塊＝日本軍の秘密資金は、軍の命令によって回収しておきながらそれを軍に戻さず、あえて東京湾の海の中へ沈めていた。しかし、東南アジアには、日本軍の莫大な埋蔵金が今も現地に残っているという噂があるらしい。そして、これは山下奉文大将の名にちなんで「山下財宝」と呼ばれている。さらに、アメリカのノンフィクション作家スターリング・シーグレーヴが『ヤマト王朝－天皇家の隠れた歴史』（99年）の中で埋蔵金は皇室の資産で、「金のユリ」の暗号名で呼ばれると書いたことで、埋蔵金の噂には新たな尾ひれがついた

らしい。

　本作のパンフレットには、山本博之（京都大学東南アジア地域研究研究所准教授）の「『金のユリ』によって引き裂かれた想いが３５年の時を経て届く」があり、そこでは、そんな"金のユリ"について詳しく解説されている。その前半での日本軍の暴虐ぶりの記述には少し異論があるが、"金のユリ"を巡る本稿は必読だ。もっとも、これをいくら読んでも、本作の中村が旧日本軍のスパイだったのか否か、さらには、"金のユリ"との関りがあったのか否かについてはサッパリわからないので、それは本作でじっくりと！

■□■収容所の名前は？日本庭園は「借景」が命！？■□■

　２０２１年８月２１日、中国東北部の遼寧省大連市に中国で最大級となる、日本の京都をテーマにした「盛唐・小京都」がオープンした。その規模は５０万㎡、総工費は６０億元（約１０００億円）。寿司に着物に温泉風呂だが、さて・・・？不動産開発の大連樹源科技集団はこの大プロジェクトで京都の街並みの再現を目指したが、ユンリンの妹・ユンホンが過去に旅行した京都で見た日本庭園に魅せられたのは一体なぜ？

　本作でそれが全然説明されないのは不親切（？）だが、ユンホンが収容所の屈辱の中でも何とか正常な精神を保つことができたのは、自分自身の夢である日本庭園を思い描くことによってだった。そして、ユンリンはそんな妹の思いを知っているからこそ、妹のために夢の日本庭園を作ってもらうことを中村に依頼したわけだ。そんな縁によって、中村とユンリンは師弟関係を大きく超えるただならぬ仲（？）になっていたが、日本庭園の作り方は難しい。土を掘り返し、石の位置の変更を繰り返すばかりの中村は、念仏のように「借景」を唱えていたが、その深い哲学はユンリンにはサッパリ。そんな混迷の中で日本軍の敗色が強まっていったから、中村の安全は？皇室庭師としての身分保障は？

　本作は今ドキの分かりやすい日本の TV ドラマのように時系列に沿ってストーリーを追っていくものではないから、コトの顛末を正確に理解するのは難しい。しかし、冒頭の１９８０年代のシークエンスから想像できるのは、ある日、中村がユンリンの前から消え去ってしまったということだが、それは一体なぜ？それを読み解くキーワードが"金のユリ"だから、その言葉がどこでどう使われていくのかに注目したい。ちなみに、爆破されてしまったユンリンやユンホンが入っていた収容所は、一体どこにあったの？ひょっとして、"山下財宝"はその近くに？そして、中村がさかんに繰り返していた「借景」は、彼が丹精を込めて作った「夕霧花園」の中でどのように生かされているの？そんなこんなの謎を、ユンリンは１９８０年代の今、キャメロンハイランドの調査で解明することができるのだろうか？そんな、さまざまな謎解きも、美しいカメラワークの中で表現されるので、そんなミステリーと美しさはあなた自身の目でしっかりと！

２０２１（令和３）年８月２５日記

Data

監督：王瑞（ワン・ルイ）

原作：漠月（モー・ユエ）『放羊的
　　　女人（羊を飼う女）』（寧夏人
　　　民出版社刊）

出演：ジリムトゥ／タナ／ゲリルナス
　　　ン／イリチ／チナリトゥ／ハス
　　　チチゲ

SHOW-HEY シネマルーム

★★★★★

大地と白い雲
白云之下/Chaogtu with Sarula

2019 年／中国映画

配給：ハーク／111 分

2021（令和3）年 5 月 8 日鑑賞	オンライン試写

◉◉ みどころ

　今や経済的にも軍事的にも米国と対抗するようになった中国では、古き良き中国を代表する『初恋のきた道（我的父親母親）』（９９年）や『山の郵便配達（那山、那人、那狗）』（９９年）のような名作は少ない。しかし、内モンゴルは？

　内モンゴルを舞台とした名作は『白い馬の季節（季風中的馬）』（０５年）と『トゥヤーの結婚（図雅的婚事）』（０８年）だが、それに続く名作が東京国際映画祭で最優秀芸術貢献賞をゲット！そのテイストは？

　私が内モンゴル版 "フーテンの寅さん" と名付けた主人公は、草原での羊飼いの生活に満足できず都会にあこがれる日々。妻の価値観とは正反対だが、そんな若夫婦は内モンゴルの大地と白い雲の中で、如何に生きていくの？素朴で懐かしい中国映画を、本作でしっかりと！

――＊――＊――＊――＊――＊――＊――＊――＊――＊――＊――＊

■□■舞台は内モンゴル！あの "２つの名作" に続いて本作が■□■

　島国日本にとって、中国大陸は途方もなく大きく広い。そんな中国大陸では、上海や北京は日本人によく知られているが、例えば山西省の大同は誰も知らない地方都市だ。改革開放政策が進み、若者の感覚も激変していた２００１年当時のそんな大同を舞台に、揺れ動く１９歳の男女を主人公として描いた話題作が、賈樟柯（ジャ・ジャンクー）監督の『青の稲妻』（０２年）だった（『シネマ5』３４３頁）。同作で、ちょっと変わり者（？）の「モンゴル大酒」のキャンペーンガールを演じていた美人女優、趙濤（チャオチャオ）は、その後もジャ・ジャンクー監督の "ミューズ" として大活躍を続けているし、以降ずっと続いているジャ・ジャンクー監督の活躍ぶりもすごい。私が同作を見たのは２００４年６月３０日だったが、当時は大同を知るだけでビックリ。それより更に奥地にある内モンゴル

までは、とても、とても・・・。

　他方、大気と水を中心とする中国の環境問題は深刻だが、"モンゴル草原の砂漠化"という、それ以上に深刻な問題があるのを知ったのは、『白い馬の季節（季風中的馬）』（０５年）（『シネマ１７』３７５頁）を観た時だ。大同の若者は『任逍遥』を歌い、アメリカばりの反体制（？）を気取りながら各自の進路を模索していたが、草原を失ったモンゴルの遊牧民は一体どこへ？そんな問題提起作たる同作を監督、脚本した他、自ら主演したのが、モンゴル族の大型新人、寧才（ニン・ツァイ）だった。同作では草原の喪失と砂漠化が問題提起される中、タイトルとされている"白い馬"が何を象徴するのかが大きなテーマだった。

　さらにもう一つ、内モンゴル自治区の砂漠化、水不足、貧しさの中、美人女優、余男（ユー・ナン）演じる女性、トゥヤーの離婚と再婚という"かぐや姫レース（？）"を面白く描いた、王全安（ワン・チュアンアン）監督の『トゥヤーの結婚（図雅的婚事）』（０８年）（『シネマ１７』３７９頁）も興味深かった。同作は張藝謀（チャン・イーモウ）監督の『紅いコーリャン（紅高梁）』（８７年）に続いて、１９年ぶりにベルリン国際映画祭の金熊賞を中国にもたらしたが、山西省の大同以上の水不足に悩む内モンゴルの草原では、水汲みの大変さと井戸掘りの重要性を改めて確認させられることになった。

　しかして、原題を『白云之下』、邦題を『大地と白い雲』とした本作は、これら"２つの名作"に続く内モンゴルを舞台とした名作だから、興味津々、そして必見！

■□■東京国際映画祭で上映！最優秀芸術貢献賞をゲット！■□■

　大阪で毎年３月に開催される「大阪アジアン映画祭」では、当然中国映画がたくさん上映される。しかし、２０１９年１１月に開催された第３２回東京国際映画祭で中国映画の本作が上映されたのはなぜ？私は、その事情や背景を全然知らないが、その時の英題の『Chaogtu with Sarula』と同じ、『チャクトゥとサルラ』だったらしい。中国映画に詳しい私ですらこの映画の存在を知らなかったのだから、モンゴル語をメインにした本作を東京国際映画祭で上映しても、観客を集められるの？そんな心配もあるが、結果は上々で、何と本作はコンペティション部門最優秀芸術貢献賞をゲットしたというからすごい。チラシによると本作は更に、第２３回上海国際映画祭一帯一路映画週間オープニング作品とされ、第３３回金鶏奨最優秀監督賞を受賞しているから、当然その内容が素晴らしかったのだろう。

　日本人が一番好きな中国映画は、張藝謀監督の『初恋のきた道（我的父親母親）』（００年）（『シネマ５』１９４頁）と、霍建起（フォ・ジェンチイ）監督の『山の郵便配達（那山、那人、那狗）』（９９年）（『シネマ５』２１６頁）の２本。それは、日本が高度経済成長によって豊かになっていく過程の中で失ってしまった自然や素朴さが両作品で顕著なため、日本人はこの両作品に"ある種の懐かしさ"を感じるためだ。しかし、今や中国はＧＤＰでは日本をはるかに追い越し、米国に迫る成長を続けている上、軍事力でも、"米国に

追いつけ追い越せ"という状況になっている。ところが、そんな中国は他方で失ったもの
も多い。しかし、内モンゴル自治区は?

　北京電影学院の教授である王瑞(ワン・ルイ)監督はモンゴル族ではなく漢民族だが、モ
ンゴルの草原が大好きで、漠月(モー・ユエ)の原作『放羊的女人(羊飼いの女)』を読ん
で、「美しい草原をこの物語で撮りたい、いや、撮るべきだ」と感じたそうだ。なるほど、
なるほど。本作が東京国際映画祭で最優秀芸術貢献賞を受賞したのは、きっとそんな本作
の素朴さが今の日本人に率直に認められたためだ。

■□■この男は内モンゴル版"フーテンの寅さん"?■□■

　①デビュー作の『一瞬の夢』(９７年)(『シネマ３４』２５７頁)②第２作の『プラット
ホーム』(００年)(『シネマ３４』２６０頁)で注目される中で、第３作『青の稲妻』を発
表したジャ・ジャンクー監督は、同作で１９歳の主人公たちの感覚を真正面から問題提起
しながら、そこに３７歳のヤクザ男の感覚も絡めていった。その後のジャ・ジャンクー監
督作品には、『四川のうた(二十四城記)』(０８年)(『シネマ３４』２６４頁)、『罪の手ざ
わり(天注定)』(１３年)(『シネマ３４』２６９頁)、『山河ノスタルジア(山河故人)』(１
５年)(『シネマ４４』２４６頁)、『帰れない二人(江湖児女)』(１８年)(『シネマ４５』
２７３頁)等があるが、これらはすべて、それぞれその時代状況の中での鋭い社会問題提
起を含んでいる。それらのすべてにジャ・ジャンクー監督のミューズ・趙濤(チャオ・タ
オ)が登場しているのは嬉しいし、それぞれの作品の主人公のキャラが、少しはぐれ者気
味であること(?)も興味深い。たとえば、『帰れない二人(江湖児女)』に登場する主人
公はカッコいい渡世人だが、これぞ国や時代は違えど、まさに、ジャ・ジャンクー監督版
の"フーテンの寅さん"?

　そう考えると、本作の主人公・チョクト(ジリムトゥ)は、私の理解するところでは、
まさに"内モンゴル版のフーテンの寅さん"だ。フーテンの寅さんは昭和を代表するキャ
ラクターだが、ワン・ルイ監督が本作で描く主人公・チョクトは、当然２０１９年当時の
内モンゴルの時代状況を前提としたもの。したがって、チョクトの祖先たちは白い雲と広
い草原の中で育ったものの、馬に代わってバイクや車が移動手段となり、草原の向こうで
は急速な都市化が進む今の時代の内モンゴルに生きる若者・チョクトはいつも都会に憧れ
ているらしい。しかし、もしチョクトが都会に出て行くと、草原で羊を飼育することで成
り立っているチョクトと愛妻・サロール(タナ)との生活はどうなるの?

■□■妻の価値観は正反対!すると、この夫婦は・・・?■□■

　『男はつらいよ』シリーズでは、どの映画でも、その冒頭に見る"フーテンの寅さん"
は故郷の葛飾柴又ではなく、旅先にいた。それに対して、チョクトは草原の中で羊を飼い、
ゲルの中で愛妻のサロールと仲良く暮らしている立場だ。ところが、本作冒頭は、チョク
トが羊の群れとおんぼろトラックを交換し、いずこかに旅立っていくシークエンスだから、
アレレ。まさに、この男はモンゴル版"フーテンの寅さん"!?妻のサロールにしてみれ

ば、ある日突然夫が待てど暮らせど帰ってこない状態になったのだから、そりゃ大変だ。日々の羊の世話はどうするの？とりあえず、サロールはバイクに乗ってチョクトを探し回ったが、チョクトがいつもつるんでいる友人（イリチ）に聞いても「知らない」との返事。また、「チョクトから小包が来ているよ」と小包を届けてくれた郵便配達員に聞いても、チョクトの居所は知らないようだから、アレレ。

『男はつらいよ』シリーズにおける寅さんの妹のさくらは、町工場で働く博と結婚して葛飾柴又に定着していたが、フーテンの寅さんはそこに定着できず、旅ばかり。どうも本作のチョクトもそんな感じらしい。そんなチョクトに対して、妻のサロールは大草原の中で羊を飼い、その乳を搾り、ゲルの中で生活するのを当然と考えていたから、2人の価値観は正反対だ。その食い違いは大きい。すると、この夫婦は・・・？

■□■妻の愛し方は？馬術は？カラオケは？生活能力は？■□■

"フーテンの寅さん"は生涯独身だったが、今一歩というところまで進展していたのが、浅丘ルリ子演じるリリーさんとの結婚。さくらと博の強力な後押しもあったし、リリーもその気十分だったが、ちょっとしたタイミングが合わなかったため、残念ながら・・・。このように、"フーテンの寅さん"は恋愛については不器用の極みだったが、本作を観ていると、チョクトはサロールを心から愛していることがわかる。また、異なる価値観の中でも、精いっぱい妻の言うことを聞き、仲良くやっていけるように努力していることが分かるから、本作ではそこらあたりをしっかりと！

また、ハリウッドの西部劇では、馬の乗りまわしがカウボーイたちの腕の見せ所だが、チンギス・ハンの血を引くモンゴル族のチョクトだって、それは負けてはいない。その馬術は相当なものだ。また、面白いのは、モンゴルの大草原で暮らす若者たちがカラオケに行こうと思えば一泊泊まりで行かざるを得ないこと。大草原の上でのパーティーも楽しそうだが、やはり若者には都会のキラキラ輝くネオンが魅力だし、豪華な部屋の中で仲間たちと酒を酌み交わしながら好きな歌を好きなように歌うのが楽しいらしい。もっとも、チョクトや友人達のそこでの酒の飲み方は尋常ではないから、ヤバいことが起こらなければいいのだが・・・。

他方、モンゴルの草原での生活に今やバイクや車が入り込み、携帯も定着しているが、チョクトの生活能力は？生活能力ゼロの"フーテンの寅さん"に比べればチョクトはまだまし（？）だが、大地に根を張って生活しているサロールに比べれば、やはりその"フーテンぶり"が目立つ。しかして、本作中盤、羊を15頭売って車を買うと決めたチョクトの行動を巡って、ある大事件が勃発するのでそれに注目！その事件の中でお腹の子を失ってしまったサロールは、「あなたと結婚した時、つぼみが花開くような気持だった。けれど、今は根まで枯れてしまった。子供を失ってしまった。身籠っている羊を大切にして」と言うまでになってしまったが・・・。

■□■反省の日々は？スカイプの効用は？伯父の帰国は？■□■

　チョクトがサロールを深く愛していることは間違いない。しかし、出血多量で危うい状態だったサロールを何とか病院に運び込んだチョクトが妻の妊娠を知らなかったことに、女医さんはビックリ。そんなチョクトは今、都会への夢を断ち切り、羊の世話に明け暮れる反省の日々だ。もっとも、反省だけならサルでもできるから、そんなチョクトを見ていても、夫婦の仲が戻るとは到底思えない。しかし、この２人は価値観が違うだけで、仲が悪いわけでもないし、愛し合っていないわけでもない。そんなこともあって、ある日チョクトがサロールにスマホをプレゼントし、スカイプ機能を使って互いに話してみると・・・。驚いたことに、これを使うと、普段面と向かって言えないことが何でも言えることにビックリ。これなら、「君を愛している」とでも、「死ぬまで君を離さないぞ」とでも、何なりと・・・。

　他方、本作の後半、少し物語が転調するのは、北京に行った伯父さんが帰国してきたこと。一緒に戻った奥さんは北京の人だから、モンゴル語は全くわからない。したがって、この２人がこれからモンゴルで生活するのは大変だろうが、伯父さんは「自分の母親は、呼んでも決して北京に来ることはなかった。ここを離れたくないと。この年になると、母親の気持ちがわかる」としみじみと語っていた。なるほど、時代が流れ、世の中が変わっていく中、人それぞれの生活スタイルがあるものだ。もっとも、今は反省し、草原の中で羊と共に暮らす生活に徹しているチョクトだが、そんな伯父さんの話を聞いてもやっぱり都会への憧れは変わらないらしい。世の中はこんなに広いのに、草原から出られない。いつまでたっても囲いの中だ。それは一体ナゼ？

■□■都会でのチョクトの定職は？夫婦の再生は？■□■

　チョクトは都会で暮らしたい。それに対して、サロールはこの草原から出たくない。この価値観の違いは大きいから、永久にこの２人が交わることはない。そう思わざるを得ないが、本作ラスト、チョクトは都会に行き、運転手の仕事（定職）に就いていたから、アレレ・・・。そこでのチョクトは、勝手気ままとは言えないまでも、ある程度外の生活をすることができているようだ。そして、サロールは再び妊娠し、子供も生まれているようだ。まとまった収入を得たチョクトは、たくさんの土産物を手にゲルに戻っていたから、これにてこの夫婦の再生は完了。

　そう思っていたが、ある日チョクトがゲルに戻ると、サロールはいない。必死でサロールを探すチョクトに対して、近所の人は、「サロールは街のお姉さんの家に行ったよ。ここで冬に１人で羊と子供を育てるのはムリだからね」とバッサリ・・・。内モンゴルの大草原は豊かな時は美しいが、寒くなり、雪が積もる時期は大変。さあ、そんな「大地と白い雲」の中での、この夫婦のホントの再生は？本作の結末は如何に？それは、あなた自身の目でしっかりと！

２０２１（令和3）年5月12日記

Data

監督・脚本：パオ・チョニン・ドルジ

出演：シェラップ・ドルジ／ウゲン・ノルブ・ヘンドゥップ／ケルドン・ハモ・グルン／ペム・ザム

SHOW-HEY シネマルーム

★★★★

ブータン　山の教室

2019 年／ブータン映画
配給：ドマ／110 分

2021（令和3）年 6 月 26 日鑑賞	シネ・リーブル梅田

みどころ

「学校モノ」は中国映画がよく似合う。『あの子を探して（一個都不能少）』（９９年）がその典型だが、中国は今、米国と覇権を争うまでに。すると今、"山の教室"が世界で一番似合う国は、ブータン？

"国民総幸福の国"とは言え、首都に住む今ドキの若い教師にとって、標高４８００ｍ、人口５６名のルナナ村への赴任は地獄。山道を歩いていくだけで１週間以上かかるそうだから、そんなバカな！？

着いた途端の「僕にはムリです」発言は失笑モノだが、その後の展開は？アルプスの山に響く"ドレミの歌"は素晴らしかったが、本作に見る美しい風景も、スクリーン上で再三歌われる"ヤクに捧げる歌"も素晴らしい。コロナ禍、久しぶりに心洗われる良い時間を！

——＊——＊——＊——＊——＊——＊——＊——

■□■ "幸せの国"はどこに？"山の教室"はどこに？■□■

面積は九州とほぼ同じ、人口約７２万人の国ブータンは、中国、ネパール、ミャンマー等に囲まれた地にある。国際空港のあるパロの町や、首都ティンプーは標高２３００メートル前後だが、主人公のウゲン（シェラップ・ドルジ）が教師として赴任することになったブータン１の僻地、ルナナはなんと標高４８００メートルというからすごい。ルナナは「闇の谷」、「暗黒の谷」を意味しているそうだから、オーストラリアに行って歌手になる計画を進めている、夜遊びが大好きな今ドキの若者ウゲンにとって、そんな任務はまっぴらごめん。

学校を卒業後すぐに就いた今の教師の仕事は５年間やらなければならないそうだから、残りは１年。それすら嫌で早く辞めたいのに、今、国（？）からは否応なくルナナにある"山の教室"への赴任が命じられることに。日本では東京―大阪間は新幹線で２時間半、

北海道や九州へも飛行機で1～2時間だが、首都ティンプーからルナナまではなんと険しい山道を1週間以上歩かなければならないそうだ。そりゃ大変だが、とりあえず冬が来るまでの間はルナナに行き、そこで過ごさなければ！

■□■1週間以上の赴任の旅 vs『山の郵便配達』■□■

日本人が1番好きな中国映画は、『初恋のきた道（我的父親母親）』（００年）（『シネマ5』194頁）と『山の郵便配達（那山、那人、那狗）』（99年）。『山の郵便配達』は1980年代初め、中国湖南省の山間部で、集落から集落へ手紙を届ける郵便配達員の姿を描いた（だけの）、純朴そのものの映画だが、それは日本人が忘れていた"何か"を思い出させる名作だった（『シネマ5』216頁）。同作中の息子は大人になるまでそんな仕事に従事する留守がちの父親と接する機会がなかったから、今回はじめて同行する父親との最後の2泊3日の郵便配達の旅の中で、いかなる父子の交流と語らいを・・・？

ウゲンが、迎えに来てくれた村の男ミチェン（ウゲン・ノルブ・ヘンドゥップ）や荷物を運ぶ3頭のヤクとともにルナナへ赴任する旅は、山また山の中を1週間以上歩き続けるものだから、『山の郵便配達』の父子よりも過酷。もっとも、それが日常のミチェンは手慣れたもの（足馴れたもの？）だが、都会育ちのウゲンには、毎日続くテントでのゴロ寝体験もはじめてだ。本作のパンフレットには、1945年生まれの教育者、名取弘文氏の「やる気のない青年を教師に育ててくれるのは」と題するコラムがあり、そこには「私は何を隠そうデモシカ教師である」との一文がある。ブータンに"デモシカ教師"という概念があるのかどうかは知らないが、導入部に見るウゲンはまさに"デモシカ教師"。国の命令に従って、また、家族や恋人（？）に見送られて旅立った以上、途中で引き返すわけにはいかないが、村長をはじめとする大勢の村人たちのお迎えの中でウゲンが語った言葉は「申し訳ないですが、僕には無理です」だったからアレレ。そんなことを言われたら、日本でも中国でも「ふざけるな！」と返されるところだが、"国民総幸福の国"のブータンで村長が返した言葉は・・・？

■□■黒板なしノートなし。こりゃ『あの子を探して』以上！■□■

『あの子を探して（一個都不能少）』（99）（『シネマ5』188頁）は辺鄙な農村にある在校生わずか28名という小学校の1ヶ月だけの代用教員になる13歳の女の子が主人公。同作では、"張藝謀ガール"として抜擢された女優、魏敏芝（ウェイ・ミンジ）の可憐さが際立っていたが、前半のストーリーで面白かったのは、チョークが貴重品だということ。前任者から「教科書の字を黒板に書き写し、生徒たちにそれを書き取らせるように」と指示されたものの、黒板に書くためのチョークは貴重品で、1日1本が使用限度、というエピソードが興味深かった。しかし、ウゲンが赴任した、ルナナにある"山の教室"は建物がボロボロなら黒板もないから、アレレ。そのうえ、向学心に燃え、目をキラキラ輝かせているペム・ザム（ペム・ザム）たちに書き取らせるためのノート（紙）も貴重品だから、さらにアレレ。また、ウゲンの宿舎（？）の窓は永久紙で貼られただけだし、外に

314

設置されているトイレを視察すると、そりゃひどいもの！また、電気は通っているものの、ウゲンの命の綱ともいえるスマホは通じないし、ヘッドホンで音楽を聴こうにもしょっちゅう停電になるから充電もままならない。したがって、「こりゃ、俺にはとても無理」、そんなウゲンの発言は人を馬鹿にしたものだったが、人のいい村長はそれを認めてくれたからウゲンは超ラッキーだ。しかし、最初の授業で「将来は先生になりたい」と語った男の子に「君はなぜ先生になりたいの？」と聞くと、彼は、「先生は未来に触れることができるから」と答えていたことを考えると、ウゲンは？

■□■ミュージシャン志望なら"ヤクに捧げる歌"だって！■□■

冒頭に見た、オーストラリアに行ってミュージシャンになることを夢見ている青年、ウゲンは、日本にもいるような今ドキの若者だが、ギターが弾けてちょっとした曲を作ることができるレベルなら、ルナナの人たちが歌っている"ヤクに捧げる歌"だってすぐに歌えるはずだ。ミチェンは首都ティンプーからルナナへの1週間以上のハードな旅を、そんな歌を歌いながら楽しそうにこなしていたが、ウゲンには苦痛そのもの。したがって、峠に宿っているという神様を祝福する気持ちにもなれないし、"ヤクに捧げる歌"を覚えようという気にもなれなかったのは仕方ない。

しかし、ルナナで生活をするについては、ヤクと共存することが大切だと気づいたのは、ルナナではヤクの糞が火力になっていることを知ったため。乾いたヤクの糞がなぜ火力になるのかは分かるような気がするが、そうかといって、毎日これを集めて回るのは大変。しかし、ある日、ウゲンがその作業を行っていると、美しい歌声で"ヤクに捧げる歌"を歌っている村の娘セデュ（ケルドン・ハモ・グルン）と知り合ったからラッキー（？）。以降、譜面もない中で"ヤクに捧げる歌"を教えてもらうことがウゲンの日課になると、2人の間に心の交流が芽生えることに。ひょっとして、これは赴任地ルナナでの恋物語に？さらに、セデュはウゲンのためにノルブと名付けられた1匹のヤクを届けてくれたから、ウゲンにとってこのヤクは心強い生活上のパートナーになっていくことに。

■□■山の教室での授業は？ルナナでの"ドレミの歌"は？■□■

"山の教室"でのウゲンの最初の日の授業は簡単な自己紹介だけだったが、翌日の算数から始まった授業は生徒たちから大好評だ。そんな状況下、ある生徒の「先生は未来に触れることができるから、将来は先生になることが夢」発言が心のどこかに残っているウゲンは、ルナナ到着早々の「僕には無理です」発言を撤回。これには生徒たちはもちろん、「無理強いをすることはできない」とウゲンの気持ちを尊重してくれた村長も大喜びだ。

村に残って教師を続けるについて、ウゲンが希望したのは、黒板を準備してもらうことだが、村人たちの手作りの黒板が備わると授業は更に本格的に。食料などの村人からの支援も万全だ。逆に、生徒たちが使う紙が不足すると、ウゲンは自分の部屋で風よけのために使っていた永久紙を供出してくれたから、生徒たちは大感激。英語の授業だって、教科書などなくともウゲンが流暢な英語で物語を聞かせてあげればオーケーだし、ティンプー

315

からギターが届くと、授業の合間にはギターを使っての合唱が広がっていった。

　ジュリー・アンドリュースと7人の子供たちが歌っていた『サウンド・オブ・ミュージック』（65年）における“ドレミの歌”の学習風景は、美しいアルプスの山々が最高にマッチしていたが、標高4800mのルナナだって、高さはもちろん、風景の美しさでも負けてはいない。本作中盤ではすっかりルナナの村民と“山の教室”に溶け込んだウゲンのギター伴奏で聴く、ルナナ村での“ドレミの歌”をしっかり楽しみたい。

■□■ “冬が来る前に”ウゲンは帰国？それとも、残留？■□■

　私の学生時代（1967年～1991年）はフォークソングの全盛時代だったが、70年代、80年代、90年代も「イルカ」、「さだまさし」等々のシンガーソングライターの活躍でフォークの人気は続いた。そんな時代状況下、1977年に「紙ふうせん」が歌った『冬が来る前に』も大ヒットした。これは「冬が来る前に　もう一度あの人とめぐり逢いたい」という女心を歌った切ない名曲だが、5月8日にオンライン試写で観たモンゴル映画の『大地と白い雲（白云之下）』（19年）に登場していた厳しい冬の天気と同じように、ルナナでは冬が来ればすべての生活が閉ざされるから、ウゲンがティンプーに戻るのは、冬が来る前でなければならないのは当然。それを伝えるためにウゲンの宿舎にやってきた村長は、「出発は明後日だ」と告げたが、山の教室に馴れ、セデュとの淡い恋心も生まれているウゲンはどうするの？ここで「俺はルナナに残る」と宣言し、セデュと結婚し、子供を儲けてルナナで一生を過ごすのも1つの選択肢だが・・・。

　事前にパンフレットを読んでいればその後の展開が読めたはずだが、事前情報が全くない中での鑑賞はそれが全く見えてこない。帰る準備の完了、生徒たちとの別れ、そしてセデュとの別れを終え、今はいよいよすべての村人たちの見送りの中、ミチェンたちと一緒の旅立ちだが、さあウゲンはどうするの？それをここで書いてしまえばおしまいだから、それはあなた自身の目でしっかりと！

　ちなみに、ルナナの人口は56人だが、ウゲンが夢見ていたオーストラリアで首都シドニーに次ぐ第2の都市メルボルンの人口は、約500万人。しかして、ウゲンが弾くギターの音色はルナナでもメルボルンでも同じはずだが、そのギターから出てくる音楽に込められた心はメルボルンとルナナでどう違っているの？“優柔不断”と言ってしまえばそれきりだが、ウゲンはまだまだ若い。本作ラストのシークエンスをしっかり鑑賞しながら、ウゲンの前途に拍手を送りたい。

2021（令和3）年7月1日記

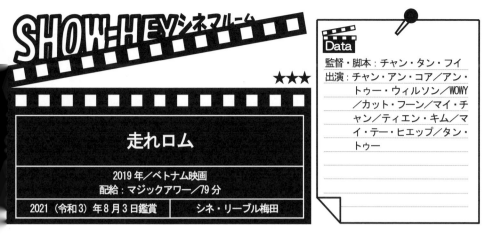

Data
監督・脚本：チャン・タン・フイ
出演：チャン・アン・コア／アン・トゥー・ウィルソン／WOWY／カット・フーン／マイ・チャン／ティエン・キム／マイ・テー・ヒエップ／タン・トゥー

SHOW-HEYシネマルーム

★★★

走れロム

2019年／ベトナム映画
配給：マジックアワー／79分

2021（令和3）年8月3日鑑賞	シネ・リーブル梅田

■□■ショートコメント■□■

◆近時、中国でも韓国でも日本でも、さらに台湾でも、１９９０年前後に生まれた若手監督の活躍が目立っているが、ベトナムでも１９９０年生まれの新鋭チャン・タン・フイ監督が、自分自身の体験を踏まえ、また、主役の１４歳の少年ロム役に実弟を起用して本作を発表！彼の長編デビュー作となった本作は本国でも大ヒットを記録し、大阪では第１６回アジアン映画祭で上映された。低予算のインディーズ映画ながら、新聞紙評でも「ぎらぎらと７９分爆走」、「躍動の先にある絶望感」、「闇くじを巡る悲喜劇」等の見出しで、その出来栄えの良さを絶賛している。そうなると、これは必見！

◆冒頭、宝くじは違法とされている社会主義国家のベトナムで、「デー」と呼ばれる宝くじ（闇くじ）が横行していることが字幕表示される。そして、それをテーマにした本作には、当局からの検閲が入り、一部修正を余儀なくされたことも表示される。そうなると、なおさら興味津々だが、私にはそもそも導入部で解説される『走れロム』というタイトルが大きな意味を持つ「デー」のシステム自体がよくわからない。日本の宝くじは当選番号が発表されれば当落が決まるし、当たり券を現金に交換するシステムも単純だから、ロム（チャン・アン・コア）のような"走り屋"は不要。しかるに、なぜベトナムの宝くじ（闇くじ）である「デー」には、競馬の「予想屋」のような男や、ロムと同じような掛け金の集金を行う「走り屋」がいるの？

　７９分の本作全編を観終わっても、ロムたち「予想屋」が２ケタの当たり数字を予想する姿にはバカバカしさしか感じない上、走り屋の"システム（？）"もナンセンスとしか思えないため、私は本作に共感も納得感も覚えることができなかったが・・・。

◆私が小学、中学生の頃には「お年玉付き年賀はがき」があり、その3等賞は下2ケタの数字。3等賞は100本に3本あり、その商品はお年玉切手シートだったから、毎年それを楽しみに、受け取った年賀はがきをチェックしていた。そこではっきりしているのは、

当選する確率は１００分の３ということだ。そんな私には、たまたまロムが下２桁の当選番号を当てたからと言って、サイゴンの裏町（スラム街）に住み、「デー」にのめり込んでいる貧しい人々からなぜ彼が神様のように崇められているのか、さっぱりわからない。

　また、日本のお年玉付き年賀はがきは競輪や競馬と同じように政府公認のバクチ（？）だから、当たり券への配当は１００％保証されている。その点、ベトナムの「デー」は"胴元"が不明なうえ、ロムですら上のシステムは分からないそうだから、ヤバイ。

◆本作には、「デー」を当てることと、その集配金のために走ることにかけては誰にも負けない、と自負している少年ロムの対抗馬の少年フック（アン・トゥー・ウィルソン）が登場し、その凌ぎ合いも大きな見どころになっている。そして、本作を絶賛する評論家は、そのスクリーン上の躍動感を強調しているが、私にはそもそもなぜそんな競争が生まれるのか、についての納得感がないから、前途有望な少年同士がそんなくだらない競争をしていることへの嫌悪感が先立ってしまう。

　チャン・タン・フイ監督の少年時代の体験談だとしても、もう少し世界に通用する問題提起としてほしかったが・・・。

◆ベトナムは植民地時代の宗主国であったフランスを駆逐したし、その後の支配者となったアメリカ（帝国主義）にも勝利した上、南北ベトナムの統一後はベトナム共産党指導の下に、社会主義国でありながら順調な経済成長を続けている国。そして、その国民はアジアで最も日本人に似た勤勉な国民。私はてっきりそう思っていたが、ロムが住んでいる裏町（スラム街）の汚さ、惨状は一体何？首都サイゴンに、今なおこんなスラム街があるの？そして、その立ち退き・再開発を巡って、本作に見るような惨状があるの？中国の上海では、１９９０年代に日本の森ビルがデベロッパーとして大活躍して、「上海環球金融中心」を完成させたが、ベトナムのまちづくりについて、日本のデベロッパーは活躍していないの？

　私が弁護士登録した５年目の１９７９年頃からは、サラ金問題を契機とした消費者問題が大きな社会問題として登場し、さまざまな改革がなされたが、２０２１年の今、ベトナムではまだ"闇くじ"としての「デー」が横行し、住民の夜逃げや自殺が多発していることを、本作で知ってビックリ！それならなおさら、チャン・タン・フイ監督には『走れロム』という問題提起ではなく、もっと真正面からそんな社会問題に切り込んでほしかったが・・・。

２０２１（令和３）年８月１１日記

第7章 韓国

319

SHOW-HEY シネマルーム

★★★★★

Data
監督・脚本：ヤン・ウソク
出演：チョン・ウソン／クァク・ド
　　　ウォン／ユ・ヨンソク／アン
　　　ガス・マクファーデン／ア
　　　ン・ネサン／イ・ジェヨン／
　　　シン・ジョングン／ヨム・ジ
　　　ョンア

スティール・レイン

2020 年／韓国映画
配給：ハーク／132 分

2021（令和3）年9月22日鑑賞　　オンライン試写

👀 みどころ

　今なお停戦状態にある朝鮮戦争の終結と南北統一は、米朝首脳会談で実現するの？トランプ大統領時代にそれが期待されたが、本作に見る北朝鮮での米韓朝3国の首脳会談は？

　そんな状況下、突如起きたクーデターの目的は？首謀者は？北朝鮮の原子力潜水艦「白頭号」に三首脳が共に拉致されたのはなぜ？狭い艦長室で3人はどんな"密談"を？

　これはすごい！誰がこんな企画を？こんな脚本を？米韓のNO. 2は如何に？韓国は？日本は？中国は？

　潜水艦モノは面白い。それを確認しつつ、迫力満点の魚雷戦と爆雷戦をしっかり味わいたい。しかして、本作の結末は如何に？ハッピーエンドであることを願うばかりだが・・・。

―― * ―― * ―― * ―― * ―― * ―― * ―― * ―― * ―― *

■□■これはすごい！誰がこんな企画を？こんな脚本を？■□■

　2016年11月の大統領選挙で民主党のヒラリー・クリントンに勝利し、2017年1月に彗星の如く（？）登場したトランプ大統領が北朝鮮の金正恩総書記との直接対談を希望し、それを実現させた姿には全世界が驚かされた。それから4年、バイデン大統領に交代したアメリカの対北朝鮮戦略は？そして、米韓同盟は？そんな動きをいつもハラハラしながら見ている日本は、竹島有事、朝鮮半島有事、台湾有事の際、"基軸"としている日米同盟（日米安保条約）をどう解釈・運用して在日米軍と共闘していくの？2015年に"集団的自衛権"を容認する安保法制が制定されたのは喜ばしいことだが、平和で豊かな民主主義国日本では、そんな"危機"についての認識は薄い。

　そのことは、中国、韓国と日本の映画界を比較しても明らかだ。中国では近年、"戦狼外

320

交”が際立っているが、その先鞭をつけた（？）のが、大ヒットした『戦狼2　ウルフ・オブ・ウォー2（战狼2）』（１７年）（『シネマ44』43頁）だ。『八佰』（２０年）（『シネマ48』１９０頁）等を含む、“国策映画”ともいえる中国発の戦争映画大作の大ヒットは目立っている。韓国でも、『長沙里9．15』（１９年）（『シネマ47』２２１頁）等の戦争映画の名作は多い。

　しかして、２０２１年１２月に公開されるヤン・ウソク監督の本作は一体何？彼の監督デビュー作たる『弁護人』（１３年）（『シネマ39』75頁）は、観客動員数１１００万人を突破する大ヒットを記録したが、彼の第2作『鋼鉄の雨』（１８年）は、ウェブ作家でもある彼が書いた『鋼鉄の雨』を自身で映画化したもの。そしてこれは、現実の国際情勢を踏まえた出来事をダイナミックに投影し、南北分裂の壁を乗り越え、平和に向かうために何ができるだろうか、という歴史的側面に果敢に切り込んだものらしい。

　しかして、英題を『Steel Rain 2：Summit』とした本作は、第1作の主演陣を引き継ぎながら、第1作の世界観を大きく広げた全く新しい内容らしい。本作の“主役”は何と、①韓国のハン・キョンジェ大統領（チャン・ウソン）、②北朝鮮の最高指導者チョ・ソンサ委員長（ユ・ヨンソク）、③アメリカ合衆国のスムート大統領（アンガス・マクファーデン）だから、何ともすごい。ヤン・ウソク監督、よくぞこんな企画を！脚本を！

■□■ “停戦状態”の朝鮮戦争の終結は？米朝平和協定は？■□■

　平和で豊かな日本では、エンタメ映画、純愛映画が多くなり、骨太の問題提起作も戦争モノも少なくなっている。しかし、朝鮮半島では１９５０年〜５３年の朝鮮戦争は今なお“休戦状態”にあるから、朝鮮戦争の“終結”と、その後の北朝鮮と韓国の南北統一を巡る駆け引きが一貫して続いている。また、弱小国であるにもかかわらず、建国以来ずっと中国を後ろ盾に核開発でアメリカに対抗してきた北朝鮮（朝鮮民主主義人民共和国）の3代目首領、金正恩は、トランプ大統領と波長が合ったらしく、“米朝首脳会談”を志向してきた。そんな近時の情勢下の米朝のテーマは“朝米平和協定会談”だ。その具体的内容は、第1に北朝鮮が保有している核弾頭をアメリカに渡し、第2に平和協定を締結し、外交関係を樹立することだ。

　2時間１２分の本作は、導入部で三者首脳会談に臨む①ハン大統領、②チョ委員長、③スムート大統領の3人が登場するので、それに注目！チャン・ウソン扮するハン大統領がハンサムで上品なのは当然だが、スムート大統領は？私には、なるほどピッタリだが・・・。他方、チョ委員長が本物よりずっと細身でシャープ、そして神経質に見えるのはかなり意外。さらに、ハン大統領以上に彼の英語が達者なことにもビックリだが、北朝鮮の元山（ウォンサン）にある高級ホテルの1室で開催されたこの三者の首脳会談の展開は如何に？

　首脳会談の前には実務者会議で事実上の合意ができているのが常識。それは本作でも同じだったが、通訳だけを交えた三者会談の席でスムート大統領は、突如「核兵器の視察を先に終えなければ、署名はできない」と主張。それに対して、チョ委員長も「国交を先に

結ばなければ、核は渡せない」と突っぱねたから、さあ大変だ。

■□■導入部では、日韓朝それぞれのこんな実態に注目！■□■

２０２１年９月１７日現在の日本は自民党総裁選挙の報道で盛り上がっているが、本作導入部では、第１に日本とアメリカが手を組み、政治的にも軍事的にも中国を壊滅させる極秘戦略「影武者作戦」が計画されているので、それに注目！これは一体何？この黒幕は、日本で強力な権力を持つ大和財団の森（白竜）だが、森と密会した中国の高官は、「影武者作戦」に強い危機感を募らせ、攻撃の矛先を韓国に向かわせるべく、大和財団への裏資金提供を約束したから、こりゃ、かなりヤバい・・・？

他方、大統領選挙が来年３月に迫っている韓国では、恒例どおり（？）、現職の文在寅大統領のレームダックぶりが顕著になっている上、与野党の候補者が乱立する中、先行きが見通せない状況になっている。しかし、本作導入部では第２に、仕事ぶりはともかく（？）家庭では家族円満で、ははえましい夫ぶり・パパぶりを見せるハン大統領の姿が登場するので、それに注目！

平和な（？）日本や韓国に対して、北朝鮮では現在、金正恩の独裁体制が表面上確立しているが、２０１７年にマレーシアの首都クアラルンプールで起きた金正男殺害事件に見られるように、水面下での権力闘争は今なお続いているはずだ。本作導入部の第３にヤン・ウソク監督が登場させる北朝鮮のキーマンは、北朝鮮護衛司令部総局長のパク・ジヌ（クァク・ドウォン）。「これまで通り中国との同盟を継続することこそが北朝鮮が繁栄し得る唯一の選択肢」と考え、「中国との衝突は避けなければなりません」とチョ委員長に進言している彼は、どんな思想・信条の男？そして、本作の本格的ストーリー展開に向けて、彼はどんな行動を？

■□■前代未聞のクーデター勃発！決起者の思想・信条は？■□■

日本では、１９３２年に「五・一五事件」が、１９３６年に「二・二六事件」が起きたが、本作に見る、パク総局長が決行したクーデターは、北朝鮮の元山（ウォンサン）にある豪華ホテルで開催していた三国首脳会議のトップ３人をまとめて拘束するという、前代未聞かつ世界的影響大のものだ。「アメリカに核兵器を渡したら、北朝鮮は韓国に吸収される運命になる」と信じ、武装部隊を率いたパク総局長は、北朝鮮初となる弾道ミサイルを搭載した原子力潜水艦「白頭号」に３人を拉致監禁したが、彼の要求は一体何？

クーデターの首謀者ではあるが、政権に対するテロリストではなく、国家と国民の正義者であるという揺るぎない信念を披露しながら、敢然とチョ委員長に物申す彼の姿は、ある意味で立派なものだ。しかし、彼の計画には、北朝鮮が日本に向けて核ミサイルを撃ち込むことの代償として中国から成功報酬１００億ドルと毎年５０億ドルの援助金を得る約束を取り付けており、その金で人民の生活を安定させたいという切実な思いも含まれていたから、その当否は？五社英雄監督の『２２６』（89年）（『シネマ47』２５７頁）や、NHK、BS１の『全貌 二・二六事件～最高機密文書で迫る～』等で観たように、「二・二

322

六事件」に決起した青年将校たちの信念は天皇陛下に届かず"死刑"にされてしまったが、パク総長の処分は？憲法9条さえ守れば戦争は起こらず、平和は守られる。そう信じこんでいるノー天気な日本人は、パク総局長の主張はもちろん、それに対するチョ委員長の反論を含めて、しっかり考える必要がある。

■□■ 「白頭号」内のサミットは？副艦長がキーマンに！■□■

　北朝鮮が「白頭号」のような立派な原子力潜水艦を保有していたことにはビックリ。しかし、日本で大ヒットした、かわぐちかいじの漫画『沈黙の艦隊』（講談社刊、１９８８年〜９６年連載）でも、日本は密かに立派な原潜を保有していたから、どっちもどっち・・・？それはともかく、パク総局長が三首脳を"究極の密室"である原潜「白頭号」の艦長室内に拉致監禁したのは大正解だ。艦長はパク総局長の実弟だから、彼の意思に絶対服従してくれるはずだ。

　本作導入部で見た三首脳会談は通訳を介した公式のものだったが、潜水艦はいくら艦長室でも狭いから、そんなところに大男のスムート大統領も含めた男3人が押し込められたら大変だ。そこで、下ネタ風のストーリーが展開されるのが韓国流なら、そこで見せるハン大統領はあくまで紳士的だか

『スティール・レイン』
© 2020 YWORKS ENTERTAINMENT & LOTTE ENTERTAINMENT & STUDIO GENIUS
WOOJEUNG All Rights Reserved.
配給：ハーク　　配給協力：EACH TIME
12月3日（金）シネマート新宿ほか全国順次公開

ら、これも韓国流？それに対して、艦長室内では、スムート大統領のハチャメチャぶりが目立つが、同時にチョ委員長の英語能力の高さが際立ち、ある意味彼が三者の議論をリードしていくシーンも生まれるので、それにも注目！

　他方、原潜「白頭号」は北朝鮮の貴重な戦力であり、北朝鮮の唯一無二の首領はチョ委員長だから、そこでチョ委員長とパク総局長との大激論が展開されたのは当然。しかし、この両者の議論はどこかでまとまる可能性はあるの？本作で面白いのは、「白頭号」の副艦長チャン・ギソク（シン・ジョングン）の存在だ。彼は、過去の"ある失敗"によって階級を格下げにされていたが、祖国を思う気持ちはパク総局長と同じ。しかし、彼の思想・信条はパク総局長や艦長のそれとは大きく違っていることが、本作（の脚本）のポイントになる。もちろん、真正面から艦長やパク総局長の意見に逆らっても無駄なことがわかっている彼は、艦長室の放送スイッチをオンにセットしたが、その狙いはナニ？それによっ

323

て、三首脳の生の声を聴くことになった乗組員たちの反応は？

　彼らにとって首領様は神様と同じ存在。そんな首領様が今艦長室に監禁されているらしい。すると、「俺たちが首領様を救い出せば、一躍英雄に！」、そう考えたのは当然だ。そんな中で起きた、「白頭号」内での銃撃戦の展開は？その結末は？

■□■米韓のNO．2は如何に？韓国は？日本は？中国は？■□■

　大統領が北朝鮮のクーデターによって拉致監禁されたことを知った米国では、直ちに副大統領が大統領権限を承継したが、その対処は如何に？現在の米国では、新大統領バイデン氏が高齢のため、"万一"の時は直ちにハリス副大統領が大統領権限を行使する役割が公然と語られている。それは、トランプ大統領の時代でも同じだったはずだが、何かと個人的パフォーマンスや独断専行が目立ち、副大統領の存在感が薄かったあの時代に、もしトランプ大統領が北朝鮮で拉致監禁されていたら・・・？そんな興味を持って本作を観ていると、米国副大統領の"非情"ともいえる決断にも納得・・・？他方、非常事態の勃発は韓国も同じだが、韓国のNO．2はこんな事態の中、どこまで大統領権限を行使できるの？自国のトップの死亡を含むリスクを考えながら、米国と韓国がこんな非常事態にどう対処するのかがクーデターの当事者（被害者）国としては最大のテーマだ。

　そして、それは自国内で起きたクーデターとはいえ、首領様が拘束された北朝鮮も同じはず。しかし、首領様がいなくなった北朝鮮労働党の動きは本作では一切描かれないから、私にはそれが少し不満。それは、原作者のヤン・ウソクでもなかなか描けない世界かもしれないが、それに代わって本作で生き生きと描かれるのが、「白頭号」内でのチョ委員長とパク総局長との激論だ。

　米国の国家安全保障会議では当然北朝鮮への報復攻撃が検討されたが、そうなれば大統領の死亡は必至。そんな中、薬物注射によって「影武者作戦」の内容をベラベラと喋ってしまったスムート大統領は、副大統領以下、国家安全保障会議のスタッフが注視する中、どんな"公開メッセージ"を？そんな状況下、日本は今回のクーデターの当事者国ではないが、同盟国たる米国が北朝鮮で拉致監禁された今、どう動けばいいの？さらに、こんな事態の中、北朝鮮のバックにいる中国は一体どう動くの？

■□■潜水艦モノは面白い！副艦長の動きに注目！■□■

　潜水艦モノは面白い。それは私の持論だが、それは『Uボート　最後の決断』（０３年）（『シネマ７』６０頁）や『Ｋ－１９』（０２年）（『シネマ２』９７頁）等々を観ればよくわかる。その理由の１つは、「密室モノは面白い」に通じる"密室性"だが、本作は「白頭号」という密室の中で、米韓朝３国のリーダーを拉致監禁するクーデターという、人類がこれまで１度も体験したことのない大騒動が展開していくのだから、面白いのは当然。さまざまな争いの中でも、潜水艦の操艦は誰かがきっちりやらなければならないから、そのバランスも大変だ。狭い潜水艦の中で、更に狭い艦長室に監禁された３人の首脳たちは、"下ネタ"を含む様々なトラブルやスムート大統領の薬物注射の展開を経て、それなりに心が通じ合

っていくから、その過程も面白い。

そんな後半に入ってから俄然存在感が増すのが、チャン副艦長の役割だ。パク総局長の信念に同調することができない彼は、日本に向けて核ミサイルを撃ち込むことに反対なら、三首脳をこんな形で拉致監禁することにも反対。まして、艦内での銃撃戦の結果、三首脳が死んでしまったり、「白頭号」が沈んでしまうことは絶対に避けなければならない。そう考えた彼は、艦長室に食事を運んだ際に、ちょっとした工夫で"あるメモ"を渡すことに成功。「白頭号」艦内に、自分たちの安全保持のために協力する人物・勢力がいることに気づいた三首脳がこれに勇気１００倍したのは当然だ。しかし、艦内での対立と銃撃戦は激しくなる一方だから、アメリカ大統領と韓国大統領の命は刻一刻と危うくなってきた。そこで、チャン副艦長は最後の手段として、ある脱出装置を使う決心をしたが、その定員は１名だけ。椅子をばらしても２人乗るのがやっとだ。そんなぎりぎりの局面下、三首脳の決断は？「白頭号」は北朝鮮の原潜だから、当然チョ委員長が残り、対立する乗組員たちはチョ委員長の権限で説得すればいい。誰もがそう思うところだが、本作のストーリー展開は如何に？現実味たっぷり、かつ切迫感もたっぷり。手に汗握るそんなスリリングな展開に注目！

■□■敵の原潜登場！哨戒機登場！魚雷戦は？爆雷戦は？■□■

現在の河野太郎、岸田文雄、高市早苗、野田聖子の４氏による自民党総裁選挙では、当然朝鮮有事、台湾有事をめぐって日本はどうするべきかが議論されているが、この４人は本作を鑑賞したのだろうか？本作を観ていない間の議論と、鑑賞後の議論にはきっと大きな差があるはずだ。「白頭号」はもちろん海の中に潜って航行しているが、その場所は一体どこ？「白頭号」の位置を各国が把握しているのも当然だから、その攻撃に向けて米韓日の原潜を含むさまざまな艦船や航空機が投入されたのは当然だ。

しかし、あいにく当日は超大型台風の襲来に伴う"スティール・レイン（鋼鉄の雨）"だったから、日米韓の軍艦も航空機も自由な運用はできないらしい。しかし、そんな悪天候下でも潜水艦なら自由な航行が可能だ。さあ、米韓日の潜水艦は、「白頭号」に対していかなる行動（攻撃）を？また、悪天候でも無理やり哨戒機を飛ばせば、哨戒機から「白頭号」に対して爆雷を投下することは可能だ。しかして、本作のクライマックスに向けて哨戒機の動き（攻撃）は？

潜水艦同士の魚雷戦はその大半が知能戦・神経戦だが、内部的にも外部的にも危機的状況を迎えている「白頭号」の魚雷戦を指揮するのは一体誰？そこで負ければ、「白頭号」は艦内に１人だけ残ったハン大統領と共に乗組員は全員死亡。危機は刻一刻と迫り、"原子力潜水艦爆破まで残り９秒"になったが・・・。

「三國志」ゲームも面白いかもしれないが、本作に見る米韓日 vs「白頭号」のリアル戦闘劇は実に興味深いから、しっかり鑑賞するとともに、その戦いの後に訪れる本作の最後の結末（ハッピーエンド?）をしっかり確認したい。２０２１（令和3）年9月27日記

Data

監督・脚本：イ・ヘジュン、キム・
　　　ビョンソ
出演：イ・ビョンホン／ハ・ジョン
　　　ウ／マ・ドンソク／チョン・
　　　ヘジン／ペ・スジ

★★★★★

白頭山大噴火

2019 年／韓国映画
配給：ツイン／128 分

2021（令和 3）年 8 月 28 日鑑賞　　TOHO シネマズ西宮 OS

👀👀 みどころ

　日本の象徴が富士山なら、白頭山は "朝鮮民族の聖なる山"。そして、富士山が活火山なら、白頭山も活火山だし、１０００年に１度の大噴火が近いのも同じだ。しかして今・・・。

　最悪の事態回避の方策は、地下坑道で核爆発を起こし、マグマ溜まりの圧力を下げること。１人の学者のそんな理論が大統領の独断で決行されたが、そんな "ミッション・インポッシブル" に挑む男は誰？北の二重スパイとのバディぶりは如何に？その家族は？さらに、米韓同盟の中で米国は？中国は？

　あの味、この味をてんこ盛りにした韓国映画をしっかり楽しみたい。

——＊—＊—＊—＊—＊—＊—＊—＊—＊—＊—＊—

■□■富士山が日本の象徴なら白頭山は？もし大噴火したら？■□■

　富士山が日本の象徴なら、白頭山は北朝鮮の象徴。日本の天皇陛下に富士山がお似合いなら、白頭山は金日成、金正日、金正恩と３代続く金王朝にお似合い？すると、その時の首領様の姿は "ナポレオンのアルプス越え" を彷彿させる、白馬に跨った輝かしいものと相場が決まっている。そんな白頭山は巨大噴火を繰り返してきた活火山であるうえ、１０００年に１度は大噴火するらしい。そうすると、前回の大噴火が９４６年だから、次回は２１世紀の今頃？

　日本では、９世紀以来、１０００年ぶりの "大地変動の時代" が始まっている。また、２０３５年±５年には南海トラフ大地震や首都直下型地震が想定されている。そんな時代状況下、大量のマグマを地下に蓄えている標高３７７６．１２m の富士山が噴火スタンバイ状態なら、北朝鮮と中国の国境にある標高２，７４４m の "朝鮮民族の聖なる山" 白頭山もそれは同じだ。そんな白頭山が、ある日、突然大噴火したら？

　私が直近にスクリーン上で観たそんな風景は、『ポンペイ』（１４年）（『シネマ３５』未

掲載）と『ボルケーノ・パーク～VOLCANO PARK～（天火／Skyfire）』（１９年）（『シネマ48』２２２頁）だが、今スクリーン上で発生している白頭山大噴火は如何に？

■□■韓国大統領府の対応は？決断した極秘作戦は？■□■

　大統領の任期が５年１期に限定されている韓国では、就任直後は次々と新政策が遂行されるが、残任期が短くなると、いわゆるレームダック状態となり、大統領府の機能が麻痺する傾向にある。しかし、現実はそうであっても、作り物の映画ではせめて実行力ある魅力的な大統領の姿を見たいもの。そんな願いもあって、本作に見る大統領（チェ・グァンイル）の決断力がお見事なら、その秘蔵っ子である民政部首席のチョン・ユギョン（チョン・ヘジン）の行動力もお見事。直ちにユギョンは３年前から白頭山の噴火の研究をしてきた米ブリンストン大学の地質学教授カン・ボンネ（マ・ドンソク）に協力を要請。それに対してボンネは、地下坑道で人工的な爆発を起こしてマグマ溜まりの圧力を下げれば、４次爆発で予想される最悪の事態を避けられる、という独自の研究理論を発表。しかし、その成功率は目下のところ３．４８％であるうえ、その爆発には核兵器の使用が不可欠というから、アレレ。そんな案をホントに採用していいの？

　そんな状況下、自身の大統領選出馬当時の支持率と現在の支持率を比較しながら決断を下す大統領の姿は興味深い。そんな姿は、去る８月２２日の横浜市長選挙の大敗後、急速に支持率を下げ、自民党の総裁選挙に向けて強いリーダー像を見せたい菅義偉総理も大いに参考になるはずだから、本作は必見！自案の採用を聞いたボンネ教授は、腐った韓国を離れてアメリカ市民になろうとする気持ちに“待った”をかけ、ミッションの始動と展開を見守りながら、地下坑道のどこで核爆発させれば最も効率よくマグマ溜まりの圧力を下げることができるのかを、シミュレーションすることによって、ミッション成功の確率を高める作業を開始することに。

■□■韓国の主役は？北朝鮮の主役は？■□■

　そんな、とんでもない任務を引き受け、完璧に遂行する軍人やスパイは、ハリウッド映画ならトム・クルーズが最適だが、本作で大統領が抜擢したのは除隊直前の爆発物処理班のチョ・インチャン大尉（ハ・ジョンウ）。インチャンたちの決死のミッションは次の５段階から成るものだ。①火山灰の嵐の中、空路にて北朝鮮に潜入せよ！、②北朝鮮武力省の工作員リ・ジュンピョンに接触せよ！、③北朝鮮の隠された核兵器を奪取せよ！、④白頭山の地盤を破壊し、最後の噴火を阻止せよ！、⑤必ず生きて帰還せよ！。

　本隊のアルファチームは軍事境界線を飛行中、無残にも全員死亡！そのため、本来アルファチームをサポートする技術部門に過ぎないデルタチームが、その後のミッションを担うことになったうえ、インチャンが指揮官に任命されたから大変。インチャンにそんな能力があるの？インチャンのキャラは、冒頭に見る妻チェ・ジョン（ペ・スジ）とのいちゃつきぶり（？）を見ても明白で、いかにも今風の韓国軍人だ。それに対して、北京在住北朝鮮書記官として偽装工作中に、北への二重スパイとして逮捕され、今は北朝鮮に収監さ

れているリ・ジュンピョン（イ・ビョンホン）は筋金入りの殺しのプロだ。大活躍する俳優イ・ビョンホンはこれまで多くの映画で幅広い役割を演じてきたが、さすがに北朝鮮のスパイ役は本作がはじめて。直近の『KCIA 南山の部長たち』（２０年）（『シネマ４８』２２６頁）で大統領に次ぐNO.2の権限を持ちながら大統領暗殺を決行した彼が、本作ではいかなる活躍を？

　冒頭、髭ボーボーの姿で登場したジュンピョンは、インチャンたちに救出され、手錠を掛けられた状態でも、さすが北のスパイ！さすが殺しのプロ！という能力を見せつけるが、彼の真の狙いは一体何？また、こんな男にも妻や子供がいるの？

■□■北朝鮮の核弾頭を目の前に！彼らの任務の達成は？■□■

　世界ではじめて核戦争の危機が現実味を帯びたのは、１９６２～３年のキューバ危機。そこでは、若きケネディ大統領（米国）と老練なフルシチョフ首相（ソ連）とのギリギリの接衝の結果、キューバに設置されたソ連製の大陸間弾道弾（ミサイル）が撤去された。しかし、その後も大国間の核開発競争は収まらないばかりか、北朝鮮のような弱小国（？）ですら短距離、中距離のミサイルを持つに至ったから、日本がそれを野放しにしてきた責任は重い。それはともかく、本作ではじめて観ることができた、北朝鮮が保有している大量のミサイルの威容は？

　もちろん、北朝鮮の核兵器貯蔵施設の所在は極秘。そんなところに入ることができたのは、ひとえに二重スパイ（？）ジュンピョンの情報と並外れた行動力のおかげだが、そこでの南北合同チームの任務は、ミサイルを解体し、ウラニウムだけを確保し、それを白頭山の地下坑道まで運ぶこと。常識的に考えれば、それは"ミッション・インポッシブル"だが、映画なら、そして娯楽色満載の韓国映画なら、それもオーケーのはずだ。ディザスター・ムービーとしての本作のポイントは、導入部で提示されたとおり、４次爆発までのタイムリミットが７５時間という状況下、インチャンたちに与えられた５つのミッションを如何に成功させるかということ。もちろん、それを約２時間の上映時間内で成功させなければ映画は成り立たないわけだが、インチャンがジョンを救出するだけでも大変なのに、北朝鮮から核兵器を奪取するなど、一体どうやって・・・。

　こんな映画が北朝鮮で公開されたら、首領様こと金正恩総書記は激怒するはずだから、韓国国民は要配慮かもしれないが、能天気な日本人はそれを無視してその痛快さをしっかり楽しみたい。

■□■核の使用は大統領だけで可能？米韓同盟は？中国は？■□■

　日本は平和憲法を大前提とした上、核兵器を「もたない、つくらない、もちこまない」の"非核三原則"が貫かれてきた。それは一方では素晴らしいことだが、他方では理想に走り、現実に対応できていないという欠点がある。また、日本の平和と安全は「日米安保条約」によって守られているが、朝鮮戦争を経験し、南北分断の悲劇に至った韓国でも、「米韓同盟」が命綱。中国をバックにした北朝鮮と北緯３８度線を境に対峙している韓国が日

本以上に北朝鮮との戦争の危険に直面しているのは当然だ。近時は、文在寅大統領との間の日韓関係にさまざまな問題が発生しているが、それは、米韓の関係でも同じ。しかして今、大噴火が起こっている白頭山の第4次噴火を最小限に収めるためとはいえ、その地下坑道で人工的に核爆発させるというプロジェクトを韓国が単独で決行していいの？大統領の決断力は素晴らしいが、白頭山の地下とはいえ、中国との国境にある白頭山で核兵器を使用することを米国は許可するの？大統領がそれを黙って強行すれば、明確な米韓同盟違反になるのでは？

　さらに、ジュンピョンは中国との関係では"北朝鮮の二重スパイ"とされている男だから、この男が下手に動けば中国はどう対処するの？そんな国際政治の枠組みを本作はどう考えるの？韓国が核を使用するには、米国大統領の同意が不可欠なはず。さらに、もし、中国との国境にある白頭山で韓国が核爆発させるという情報を中国が入手すれば、中国の人民解放軍は直ちに出動するはずだ。

　米国のバイデン大統領は、２０２１年８月末までにアフガニスタンから撤退するという"公約"を実行したが、そのために首都カブールで起きた混乱と悲劇は目を覆うばかり。そこでは、国際問題の複雑さが如実に表れているが、白頭山大噴火でも、南北対立、米韓同盟、米中対立を軸とした国際問題の複雑さが浮かび上がってくる。本作の鑑賞については、エンタメ色だけでなく、そんなシリアス色もじっくり味わいたい！

■□■この味あの味をてんこ盛りサービス！さすが韓国映画！■□■

社会問題に深く切り込む意欲も能力も弱くなった今の邦画界では、くだらないコミックモノやピュアな純愛モノ、そして分かりやすい TV ドラマの劇場版にウエイトが移っている。しかし、対日感情の複雑さを持ちつつ、中国と米国の間で揺れ動く韓国では、5年ごとの大統領選挙の不安定さもあって、映画界は面白い。そのネタ作りは幅広いうえ、演出力も演技力も達者だから、本作のようなディザスター・ムービーでも、単に大噴火する白頭山からの脱出劇だけでなく、さまざまな味付けをし、サービス精神満点の作品に仕上げているから、それに注目！

本作は、前述のように、北朝鮮が保有する核の奪取とその使用を巡って、南北間の緊張はもとより、米韓同盟の在り方や中国の動き方まで、今日的な国際問題のテーマが興味深く描かれるから、それに注目！それと同時に、韓国映画は『レッド・ファミリー』（１３年）（『シネマ33』２２７頁）や『エクストリーム・ジョブ』（１９年）（『シネマ46』２３９頁）を見てもわかるとおり、家族愛や仲間愛の描き方が強いのも大きな特徴だ。

したがって、出会った時は互いに疑心暗鬼で相手の裏をかくことばかり狙っていたインチャンとジュンピョンだったが、否応なくさまざまな困難を共有する中、互いの能力と見識を見抜き合い、互いにリスペクトするようになっていく姿は興味深い。それでなくても、あの味、この味がてんこ盛りの本作には、出産を間近に控えたインチャンとジョンの夫婦愛が真正面からコミカルかつ感動的に描かれるから、それに注目！さらに、①『スキャンダル』（０３年）（『シネマ4』１９２頁）、②『ユア・マイ・サンシャイン』（０５年）（『シネマ11』２５７頁）、③『シークレット・サンシャイン』（０７年）（『シネマ19』６６頁）、④『ハウスメイド』（１０年）（『シネマ27』６７頁）、⑤『藁にもすがる獣たち』（２０年）（『シネマ48』２４２頁）等の名作に次々と出演してきた、私の大好きな女優チョン・ドヨンが廃人同様の姿でほんの少しだけ登場し、ボンネとの夫婦愛やボンネの一人娘に対する愛まで描かれるから、それにも注目！

さらにその延長として、5つのミッションを見事に成功させた後の本作ラストに見る、インチャン一家のほほえましい家族風景にも注目！

２０２１（令和3）年9月1日記

Data

監督：イ・ファンギョン
出演：チョン・ウ／オ・ダルス／キム・ヒウォン／キム・ビョンチョル／イ・ユビ／チョ・ヒョンチョル／チ・スンヒョン／キム・ソンギョン／ヨム・ヘラン

SHOW-HEY シネマルーム

★★★★

偽りの隣人　ある諜報員の告白

2020年／韓国映画
配給：アルバトロス・フィルム／130分

2021（令和3）年6月20日鑑賞　｜　オンライン試写

☺☺☺みどころ

　大統領選に出馬するために帰国した野党総裁は、拉致され自宅軟禁状態に！平和と民主主義、そしてバブル直前の経済成長を誇っていた日本の隣国・韓国の、1985年の姿がそれだ。

　国家挙げての"盗聴"は『善き人のためのソナタ』（06年）を、国家挙げてのスパイ活動はキム・ギドク監督の『レッド・ファミリー』（13年）を観れば明らかだが、その不合理性、非人間性は現在のミャンマーの軍事政権が野党指導者アウン・サン・スー・チー氏に取っている措置と対比しながらしっかり考えたい。

　本作前半の"盗聴ストーリー"は『エクストリームジョブ』（19年）と同じようにギャグ色満載で、いかにも韓国流。しかし、後半からの人間ドラマと大統領候補の暗殺を巡るスリリングな展開は見どころいっぱいだ。こりゃ面白い！こりゃすごい！

――＊――＊――＊――＊――＊――＊――＊――＊――＊

■□■韓国は政治ドラマが面白い！1985年にこんな事件が■□■

　「金大中事件」は1973年に起きた日本人もよく知っている大事件。それに対して、1985年の軍事政権下の韓国で、次期大統領に出馬することを決めた野党政治家が国家安全政策部により拉致され自宅軟禁を余儀なくされたことをあなたは知っている？それを「知っている」と答えた人がいれば、その人は嘘つきだ。なぜなら、それは現実ではなく、私は見逃してしまったが『7番房の奇跡』（13年）を大ヒットさせたイ・ファンギョン監督が本作で描いた架空のドラマだからだ。

　本作冒頭、空港に降り立った野党総裁イ・ウィシク（オ・ダルス）がいとも簡単に拉致されてしまうシークエンスが登場する。民主化運動を目の敵にしている1985年当時の

軍事政権なら、こんなことが簡単にできるの？ウィシクに対する処分は自宅軟禁だが、これは適当な罪名をひねり出すまでの暫定的処置で、ウィシクが大統領選挙への出馬を断念して外国に出て行けばそれでよし。あくまで出馬を狙うなら、次は国家転覆罪などの罪名をなすり付ける魂胆だ。

その証拠集めとウィシクの監視のため、諜報機関の責任者・キム室長（キム・ヒウォン）は、ウィシクの自宅の隣家ですでに盗聴活動を続けていたドンシク（キム・ビョンチョル）とヨンチョル（キム・ヒョンチョル）に加えて、新たにチーム長、ユ・デグォン（チョン・ウ）を任命。釜山出身のデグォンはその抜擢に感激し、全力で任務に当たることを誓って赴任したが・・・。

■□■自宅軟禁の効用は？盗聴の効用は？■□■

戦後の、平和と民主主義を愛する日本ではスパイ活動や盗聴活動は忌み嫌われてきた。しかし、『００７』シリーズ等のスパイ映画では盗聴は高等技術の１つだし、東西冷戦下の東ドイツでは『善き人のためのソナタ』（０６年）（『シネマ１４』２０８頁）を観れば、国家保安省（シュタージ）という国家機関による盗聴システムの姿を理解することができる。また、キム・ギドク監督の『レッド・ファミリー』（１３年）（『シネマ３３』２２７頁）を観れば、北朝鮮という国家挙げてのスパイ活動や盗聴活動の恐るべき実態を理解することができる。

しかし、日米同盟と同じように韓米同盟を結んでいる韓国は民主主義国家で、かつての東ドイツや現在の北朝鮮のような監視国家・スパイ国家ではないから、盗聴などありえない！ついそう思ってしまうが、１９８５年の軍事政権下の韓国はそうではなかったことを、まず本作導入部でしっかり理解する必要がある。

キム室長から高級腕時計を左腕にはめてもらい、意気揚々と現地に乗り込んだデグォンは、事務所内にターゲットのリビングルームを中心とする居住空間を再現し、一家の１日のスケジュールと家族の会話、客や荷物の出入り、果ては食生活や健康状態をすべて把握。あらゆる声と音に耳をそばだたせて、キム室長に報告書を上げていくことに。他方、こんな風に一気にウィシクの盗聴体制が強化されたことによって、ウィシクは発言と行動の自由を完全に奪われ、丸裸にされていくことに。

■□■野党総裁の家族は？盗聴チームとの人的交流は？■□■

『パラサイト　半地下の家族』（１９年）（『シネマ４６』１４頁）を観ても、『いつか家族に』（１５年）（『シネマ４４』１６７頁）を観ても、韓国映画の特徴の１つは家族の熱さの描き方。そこには、山田洋二監督がさまざまな名作で描いてきた日本の家族の風景とは違う面白さがある。それは本作でも顕著で、自宅軟禁を余儀なくされている野党総裁・ウィシクはもとより、彼の家族の姿はデグォンが構築した万全の盗聴システムによって丸裸にされてしまうから、それに注目！デグォンの基本方針は「同じ時刻に同じものを食い、同じ時刻にクソして」と言うものだから、家政婦が買う日常の食料品は特に要注意らしい。

ウィシクは牛乳に弱く、牛乳を飲むとすぐに下痢をするそうだが、それならデグォンたちも・・・。

本作は導入部に見る盗聴機の仕掛けのストーリーでも便所の肥溜めが描かれるので、スクリーン上が少し臭ってくる（？）が、この下品さ（？）も、『パラサイト　半地下の家族』の導入部と同じように韓国映画の特徴？それはともかく、ちょっとしたきっかけでウィシクの自宅に入り込み、ウィシクとフランクな会話を交わすことになったデグォンは、盗聴ではない"生の交流"からは一体どんな情報を？そんなお隣り同士の交流の中でデグォンは、知っているはずのないウィシクの娘のウンジン（イ・ユビ）の名前を口走ってしまうなど、さまざまなミスを犯していくが、それも逆に愛嬌に・・・？さらに、ドンシクもあるきっかけでウンジンに一目ぼれしたらしいから、アレレ・・・。そんな盗聴チームの奮闘の中で、本作前半ではウィシクやウィシクの家族が丸裸にされていくから、そこから生まれる盗聴チームとの人的交流の在り方にしっかり注目したい。

■□■心の乱れが少しずつ！家族の乱れも行動に！■□■

今は亡きキム・ギドク監督特有の切り口で南北問題をテーマに脚本を書いた『レッド・ファミリー』（１３年）はメチャ面白い映画だった。同作では、北の"素敵一家"と南の"ダメ一家"をとことん対比しながらレッド・ファミリーの悲哀に迫ったが、同作中盤に見る両家族の交流（監視）は、心温まるもの（？）になっていた。資本主義と共産主義、主義・主張は１８０度違っても、面と向かえば同じ人間同士、どこかで心が通じ合うものらしい。それは本作も同じで、徹底的に盗聴任務に励んでいるデグォンたちにも、日々の業務の中やちょっとしたミスを重ねながらも、ウィシクやその家族たちとの様々な心の交流が生まれてくることに。とりわけ、銭湯で"裸のふれあい"をしてみると、"悪の権化"であるはずの共産主義者、デグォンも意外にいい奴？

他方、感受性が強く理想に燃える大学生が政治に関心を持つと、たちまち反軍事政権の立場になるのは仕方ない。貧乏役人に過ぎないデグォンは仕事が忙しく、めったに家族そろって食事することはないし、兄弟や息子たちの考えを聞く機会もなさそうだが、ひょっとして彼らのうちの誰かが学生運動にかかわっているとしたら・・・？それはウィシクの側も同じで、感受性の強い娘のウンジンは、父親のせいで今は完全な軟禁状態にあるが、キャンパス生活の中ではどんな思想を持っているの？

盗聴作業を巡るドタバタ劇の中から少しずつそんな論点が見えてくると、イ・ファンギョン監督の人間の描き方に少しずつ納得！せっかくキム室長から高級腕時計をもらうほど期待されていたデグォンの身内が反軍事政権運動に参加していたことがわかると、当然のようにデグォンは危機に。「ならば、俺が直接ウィシク家の家宅捜査をしてウィシクの共産主義者ぶりを明確にする証拠を発見し、ウィシクの大統領選挙出馬を断念させてやる」と意気込んだキム室長がウィシクの自宅で見せる辣腕ぶり（ムチャ捜査ぶり）は、思いもかけないウンジンの犠牲を伴うことになったから、さあ、ウィシクやデグォンはどうするの？

キム室長の圧力のままにウィシクは国外への脱出を余儀なくされるの？そんな展開に注目！

■□■軍事政権下では、暗殺＝事故死もオーケー？■□■

　２０２０年１１月の総選挙でアウン・サン・スー・チー氏率いるNLD（国民民主連盟）が勝利し、単独政権を樹立したことによってミャンマーは急速に民主化に向かっていた。しかし、２０２１年２月１日の国軍による軍事クーデターによって、急遽暗転。現在、アウン・サン・スー・チー氏は、本作のウィシクと同じように自宅軟禁されている。"自宅軟禁"は拘置所内や刑務所内での収監ではないから、自宅軟禁者であるウィシクと、自宅にやってくる客との面会は理論上は原則自由。しかし、現実はそうでないのは当然だ。しかして、今日はウィシクの古くからの同志で、右腕的存在のノグクがウィシクの自宅にやってきた。盗聴を恐れるノグクが政治の話題になると声を潜めたのは当然だから、デゴンたちはイライラ。モゾモゾと奇妙な音が続くのも気がかりだから、デゴンたちのイライラは募るばかりだ。

　そんな中、ラジオの人気番組でウィシクがペンネームで送った投稿が読み上げられ、リクエスト曲の「クルクル」が４度にもわたって放送されたことを"発見"したドンシクは得意満面。「これはきっと北朝鮮への指令だ！」そんなドンシクの分析を採用したキム室長は、ただちに「クルクル」を含む危険な曲をラジオで流すことを禁じたが、さて、その効用は？

　ウィシクとノグクとの自宅での協議内容はわからないものの、少しずつ"密"になっているらしい。キム室長がウィシク宅へのノグクの出入りを認めていたのは、ノグクのような"魚"を泳がすことによって有益な情報を得るためだっ

『偽りの隣人　ある諜報員の告白』
配給：アルバトロス・フィルム　　提供：ニューセレクト
９月17日（金）より、シネマート新宿ほか全国ロードショー

たが、デゴンたちの盗聴作業で何ら成果を得られないのなら、もはや"魚"を泳がしておく価値はない。そう判断したキム室長は、ある日、部下に「今日は魚料理でも食おう」

と誘ったが、そのココロは？その日、ウィシクの自宅を出たノグクの車は、ある所で突然横っ腹にトラックが衝突してきたから、たちまちノグクの命は奪われてしまうことに。これって、交通事故？それとも・・・？

ロシアで２００６年に発生した、ロシア連邦保安局（ＦＳＢ）元職員のアレクサンドル・リトビネンコの毒殺事件を見ても、近時の、シベリアの都市トムスクからモスクワに向かう旅客機の中で発生したプーチン批判の野党勢力の指導者、ナワリヌイの暗殺（毒殺）未遂疑惑を見ても、ロシアでは“暗殺”が横行していることは明らかだ。それを考えると、共産主義国家や軍事政権下の国家では何でもあり・・・？もっとも、ノグクの暗殺は外見上はあくまで交通事故死だから、もしウィシクが出馬を諦めなかったら、ひょっとしてウィシクも・・・？

■□■強行脱出は？目的地は？その犠牲は？こりゃ面白い！■□■

本作後半ではそんな不安とともに、スリリングな展開を期待する気持ちが高まってくる。本作は１３０分の長尺だから、後半からクライマックスにかけてはきっとそんな展開になるのでは？そう思っていると案の定・・・。

今、自宅を出たウィシクが大勢の警備員を振り切って車に乗り込んだのはどこへ行くため？ホントにそれを阻止しようと思えばそれはきっとできるはずなのに、キム室長がそれを事実上容認したのは一体何のため？また、ウィシクの外出を巡るトラブル発生中に娘のウンジンが瀕死の重傷を負うというハプニング（？）が発生したのは、一体なぜ？そんな状況下、「ウンジンを緊急に病院へ！」と必死の形相で車に乗り込むウィシクを誰も阻止できなかったわけだが、ここで見せるウンジンの“諸葛孔明のごとき見事な作戦”とは？それをしっかり味わいたい。

しかし、そんな行動をとったウンジンの見返りも大きく、結局ウンジンが乗ったナンバーの車の横っ腹には、大型トラックが真正面から激突してきたから、これはノグクの暗殺と同じ風景だ。さあ、ウンジンの命はどうなるの？他方、ウィシクはウンジンの言うとおり別の車に乗り換えて本来の目的地に向かったが、その目的地とは？それは、ノグクが周到に準備した、野党総裁ウィシクが立候補宣言をするための集会会場だが、そこに支持者たちはどのくらい集まっているの？また、キム室長のどす黒い計画に気づいているデグォンはそんな事態の中、どんな行動を？ここでキム室長に逆らえば、デグォンの命はもとより、デグォンの家族たちの命も危うくなることは明白だ。それが分かっているドンシクは必死にデグォンの無茶な行動を止めようとしたが、その熱き議論は？そして、激論の末に２人がたどり着いた結論は？

ここまで書いたら十分だろう。その後のスリリングな展開とあっと驚く結末はあなた自身の目でしっかりと！とりわけ、ラストのラストで、諜報機関を辞めた（クビになった）デグォンが妻と共に銭湯を開くエピソードでは思わず涙・・・。

２０２１（令和３）年６月２５日記

SHOW-HEY シネマルーム

★★★★

殺人鬼から逃げる夜

2021 年／韓国映画
配給：ギャガ／104 分

| 2021（令和3）年 8 月 26 日鑑賞 | オンライン試写 |

Data
監督・脚本：クォン・オスン
出演：チン・ギジュ／ウィ・ハジュ
　　　ン／パク・フン／キル・ヘヨ
　　　ン／キム・ヘユン

◉◉◉みどころ

　“視覚障害者の名作”があるのなら、俺が“聴覚障害者の名作”を！そう考えたクォン・オスン監督は、導入部から手話の限界と聴覚障害者の悲哀を見せつけてくれるので、それをじっくりと！

　サイコパス男が自宅を襲うシークエンスは緊迫感いっぱい。『見えない目撃者』も大変だったが、“聞こえないこと”のハンディキャップは如何に？

　『暗くなるまで待って』（６７年）のオードリー・ヘプバーンは、電源を切ることで犯人と“対等”に対決したが、“音が聞こえない”とはどんな状態？観客は本作の特殊な演出効果に驚きながら、ヒロインの感覚を共有し、『殺人鬼から逃げる夜』のスリルとサスペンスを楽しみたい。

―― * ―― * ―― * ―― * ―― * ―― * ―― * ―― * ―― *

■□■視覚障害者の名作あれば、聴覚障害者の名作あり！■□■

　オードリー・ヘプバーン主演の『ローマの休日』（５３年）は永遠の名作だが、私がオードリー・ヘプバーン映画の魅力NO.1に挙げるのは『麗しのサブリナ』（５４年）だ。彼女の魅力がロマンティックなラブストーリーで最もよく活きるのは当然だが、意外なのは、スリラーものでもそれが際立つこと。そのトップが『シャレード』（６３年）だったが、異色の魅力作が『暗くなるまで待って』（６７年）だ。オードリー・ヘプバーン最大の魅力はつぶらで大きな瞳。それは万人が一致して認めるところだが、同作でオードリー・ヘプバーンは“全盲の女性”と設定されたから、ビックリ。

　それと同じように私がビックリしたのは、韓国映画『ブラインド』（１１年）の中国版として作られた、『見えない目撃者（我是証人）』（１５年）（『シネマ44』278頁）だ。常識的にも法律的にも、「目撃者」とは目で、視覚で見た情景を述べる者。そうであれば、“見えない目撃者”はそもそもあり得ないはずだが、同作では？『ブラインド』も『見えない

336

目撃者』も大ヒットしたが、それは一体なぜ？

　韓国のクォン・オソン監督は、あるカフェで偶然、手話で会話をしている２人の聴覚障害者を見かけた時に、「視覚障害者の名作あるのなら、是非俺が聴覚障害者の名作を！」、と思いついたらしい。「PRODUCTION　NOTE」で彼は「騒がしい人々に囲まれた２人の姿をただ見守っていると、不思議とその静けさの中へ吸い込まれるような感覚を覚えた。そして、彼らが交わす静かな会話が、他の誰よりも強く激しいものに感じた。また同時に、多くの人々の中で孤立しているようにも見えた」と語っている。なるほど、なるほど。

■□■現場を目撃！しかし、会話は？通報は？救助要請は？■□■

　盲人は、健常者以上に触覚、聴覚、臭覚が鋭いもの。『見えない目撃者』のヒロインはとりわけそうだったから、"にわか雨、タクシー、順番待ち"という展開の中でタクシー運転手が起こしたとんでもない事件を目撃することができた。そこでの問題は、ヒロインが目撃者として情報を提供したにもかかわらず、彼女が盲人であることを知った警察官が聞く耳を持たなかったこと。そのうえ、懸賞金目当ての別の目撃者が、いい加減だが具体的な情報を提供したから話はややこしくなり、サスペンス色とスリラー色を強めていった。それに比べると、聴覚障害者のギョンミ（チン・ギジュ）は目はしっかり見えていたから、偶然通りかかった犯行現場で血を流して倒れている被害者を発見することができたし、スマホで助けを呼ぶこともできた。さらに、近くに潜んでいた犯人の姿を見れば逃げることも可能だ。他方で、非常ベルを押しても管制センターからの問いかけは聞こえないから、それに答えることも、指示に従って行動することもできない聴覚障害者に、そこから生まれる問題点は？

　本作のヒロインを演じたチン・ギジュは１９８９年１月２６日生まれだから、１９４９年１月２６日生まれの私と、ちょうど４０歳違い。そんな親しみもあって（？）、冒頭に見る同じ聴覚障害者の母親（キル・ヘヨン）との済州島旅行の打ち合わせを聞いていたが、仕事帰りに母親と待ち合わせをしていた時に、いきなりこんな災難に襲われるとは・・・。本作冒頭は、母娘のほほえましい風景とは別に、元海兵隊員だったというジョンタク（パク・フン）とそんな兄の厳しい監督下に置かれている妹のソジュン（キム・ヘヨン）のほほえましい風景も紹介される。兄から「スカートが短すぎる」、「夜９時までに戻ってこい」と言われながら、ソジュンが精いっぱいのおしゃれをして出かけたのは当然だが、その時ソジュンは白いハイヒールを履いていたはず。すると、ギョンミが目撃した、血を流して倒れていた若い女性はひょっとしてソジュン？すると、管制センターからの問いかけに右往左往しているギョンミのそばに、スーツ姿で近づいてきた男は「妹を探している」と言っていたから、兄のジョンタク？いやいや、私が見る限り、ジョンタクはもっと体格がいいはずだし、帰りが遅い妹のことをイライラしながら探し回っていたはずだが・・・。

■□■警察の対応は？犯人のキャラは？殺人の動機は？■□■

　アンソニー・ホプキンスは８１歳にして『ファーザー』（２０年）で第９３回アカデミー

賞主演男優賞を受賞したが、アンソニー・ホプキンスを有名にしたのは、何と言っても彼が演じたレクター博士のサイコパス性が際立っていた『羊たちの沈黙』（９１年）。同作では、ジョディ・フォスター扮する FBI 訓練生のクラリスをたっぷり痛めつけていたから、ひょっとしてその姿を見てアンソニー・ホプキンスを嫌いになったファンが生まれたかも？それはないだろうが、本作に登場するサイコパス殺人鬼ドシクを見ていると、ドシク役を演じたウィ・ハジュンにもファン離れが起きるのでは？そんな心配をせざるを得ないほど、ソジュン殺しを目撃したギョンミが聴覚障害者だと分かった後のドシクの行動には、ドシクに障害者をいたわろうという気持ちがないのはもとより、聴覚障害者であることをトコトンいたぶり、そのいたぶりを自ら楽しもうとする姿勢すら感じるから、いやらしい！きちんとしたスーツ姿や、穏やかそうな笑顔（？）を見ていると、ドシクも一見今ドキの良い若者に見えるのだが、なぜこの男はこんな殺人鬼に？そう思いながら本作の展開を観ていたが、残念ながらドシクが殺人に走る動機はどこにも見受けられない。そこで思い至ったのは、なるほど、一番タチが悪いのは動機なき殺人（理由なき殺人）なのだ。そう、この男ドシクにとって今、目の前の若い女性ギョンミを襲い、殺そうとしていたことには格別の理由はないわけだ。

　本作でドシクのサイコパスぶりを如何に描き出すかを熟考したクォン・オスン監督は、連続殺人犯についてのリサーチを徹底させたうえで「一晩のうちにすべてが起こるストーリーなので、シンプルであっても、有機的に続いていく構造が必要だった。その間、緊張感が途切れることなく維持できるよう、事件の連続性を組み立てることに苦労した」と述べている。なるほど、なるほど。

■□■見えるけど聞こえない！その危機を映像でいかに表現？■□■

　『暗くなるまで待って』でも『見えない目撃者』でも盲目のヒロインを演じる女優は、目を開けたままで目の見えない演技をしなければならないから大変。それと同じように、聴覚障害者である本作のヒロインもその母親も、「見えるけど、聞こえない！」を表情と手話、そして咄嗟の筆談で表現しなければならないから大変だ。日常生活はともかく、一瞬を争う緊急時にあっては、「見えるけど、聞こえない！」

『殺人鬼から逃げる夜』
配給：ギャガ
© 2021 peppermint&company & CJ ENM All Rights Reserved.

の危機は深刻だ。しかし、それはあくまで聴覚障害者本人だけの危険であって、スクリーンを観ている観客には無関係。しかし、それでは観客がヒロインと同じ気持ちになってスクリーンにのめりこんでいくことは無理。そう考えたクォン・オスン監督は、如何に声や危機の視覚化を？本作ではその点の工夫や演出に注目したい

　非常ベルを押せば管制センターがそれに答えて問いかけをしてくるから、通報者はそれに答えて情報を提供すれば救援が到着する。健常者ならそれでOKだが、聴覚障害者のギョンミにそれができなかったのは仕方ない。すると、それと同じように警察の事情聴取の隙を見てギョンミの住所を突き止めたドシクが、ギョンミの家のドアの鍵をこじ開けようとすれば、健常者ならその音で気づくはず。それができないギョンミや母親は、玄関に音に反応して光るセンサーを設置していたが、その電源が切られてしまうと・・・。

　聴覚障害者ながら車の運転もしているギョンミは、車両に騒音測定器を付けていたが、それも取り外されてしまうと・・・。また、本作ではギョンミの家に置いてある音に反応してシンバルを打つウサギのおもちゃが象徴的だが、それだって、電源が切られてしまったら・・・。『暗くなるまで待って』のヒロインは、犯人と戦うについて、あえて電源を切り、部屋を真っ暗にしたが、それは戦う条件を犯人と対等にするため。つまり、すべてを真っ暗にすることによって、健常者の犯人と盲目のヒロインを同じ条件に置いたわけだ。それに対して本作では、ギョンミの部屋に押し入ったドシクは、いくら音を立ててもギョンミには気づかれないから、その行動はほとんど自由。しかして今、ドシクの手には斧が持たれ、ギョンミの背後からギョンミを見据えていたが・・・。

■□■手話もアクションも！この危機を走力でいかに突破？■□■

　『見えない目撃者』での視覚障害者になりきったヒロインの演技も大変だったが、本作で聴覚障害者のヒロインになりきるためには手話のマスターが不可欠だから、更に大変。チン・ギジュがいかにそれを完ぺきにこなしているのかは私にはよくわからないが、警察の取り調べの最中に、ドシクの怪しさについて2人だけの手話で語り合うシークエンスは面白い。

　他方、「PRODUCTION　NOTE」によれば、本作のアクションのコンセプトは、聴覚障害者のギョンミが連続殺人犯のドシクから逃れ、突破すること。そして、"突破"という言葉を最も効果的に見せるためのアクションが"走る"ことだと考えたクォン・オスン監督は、「ドシクから逃げる緊迫感、ドシクに向かって飛びかかる切迫感、この2つの感情をうまく表現するには＜走る＞しかなかった」と述べている。

　それをさらに効果的にしたのは、本作の舞台を再開発地区としたことだ。あちこちの工事中の再開発の現場では死角も多いから、殺人犯の犯行には絶好。しかし、それは同時に、足だけを武器にした逃走劇の舞台としても最適になる。折りしも、東京ではパラリンピックが開催されているが、聴覚障害者であっても足には何の障害もないギョンミなら、全力で疾走して魔の手から逃れることにあまり支障はないのでは？いやいや、音が聞こえない

中での逃走に伴うリスクはあれこれ大変だ。それは本作でしっくりと。

■□■韓国海兵隊員の体力と知力は？サイコパス男の方が上？■□■

　海兵隊の本場はアメリカだが、それと同じレベルを目指している韓国の海兵隊もすごい。したがって、元海兵隊員だったというジョンタクなら、体力はもとより、知力もそれなりのもの？そう思っていたが、誤解が誤解を生んだためとはいえ、本作前半の、警察でドシクが釈放され、ジョンタクが逮捕される姿を見ていると、この男の知力はイマイチ？そう思わざるを得ない。さらに、中盤でも追いかけていたドシクに追いつき、格闘になれば、当然ジョンタクの方が強い。そう思っていたが、なかなかどうして・・・。ドシクもかなりしたたかだ。そのうえ、ジョンタクにはずっと妹のソジュンの所在が分からないというハンディキャップ（？）があったから、そんなネタを武器に、ドシクから様々な条件を突きつけられると、交渉力の面でも元海兵隊員のジョンタクは、サイコパス男、ドシクの悪知恵より劣っているようだ。

　本作に見るそんな２人の男の対立では、ジョンタクの知力不足にイライラさせられるが、それを補うのがギョンミの脚力。本作中盤から終盤にかけては、ギョンミの脚力とアクションに注目しながら、最後のジョンタクとの対決に注目したい。もちろんそこでは、ギョンミとジョンタクの勝利、ドシクの敗北になるのだが、どこまでそれを興味深く見せていくのかが本作のアクションのポイントだ。『暗くなるまで待って』のオードリー・ヘプバーンのアクションも興味深かったが、本作に見るヒロイン、ギョンミの脚力とアクションは如何に？

　なお、私も１度だけ済州島に旅行したことがあるが、本作ラストにはギョ

『殺人鬼から逃げる夜』
配給：ギャガ

ンミと母、ジョンタクとソジュンの４人が済州島の海岸で戯れるシークエンスが登場する。そんなハッピーエンドを迎えるための試練は如何にして乗り越えたの？本作ではその迫力と面白さをしっかり噛みしめたい。

２０２１（令和３）年９月１日記

Data

監督・脚本：ホン・サンス
出演：キム・ミニ／ソ・ヨンファ／
　　　ソン・ソンミ／キム・セビョ
　　　ク／イ・ユンミ／クォン・ヘ
　　　ヒョ／シン・ソクホ／ハ・ソ
　　　ングク

★★★★★

逃げた女

2020 年／韓国映画
配給：ミモザフィルムズ／77 分

2021（令和3）年6月26日鑑賞	シネ・リーブル梅田

👀 みどころ

　キム・ギドク監督亡き今、「うまい、安い、早い」の"吉野家"路線を貫く
ホン・サンス監督に注目！キム・ギドク監督もベルリン、カンヌ、ベネチア国
際映画祭の常連で３冠王も達成しているが、それはホン・サンス監督も同じ。
ベルリン国際映画祭では、銀熊賞の主演女優賞、監督賞、脚本賞の３冠を！

　キム・ギドク監督は"鬼才"らしい"問題提起"と"ドギツさ"が特徴だっ
たが、ホン・サンス監督作品は男女の恋愛をネタにした会話劇で紡ぐ他愛のな
い（？）ものばかり。

　そんな映画のどこが面白いの？そんな疑問もあるが、イヤイヤそれが面白
い。しかして、本作の面白さは？

——＊——＊——＊——＊——＊——＊——＊——＊——＊

■□■ホン・サンスがベルリンで銀熊賞（監督賞）を！■□■

　キム・ギドク監督亡き今、私が韓国で最も注目している超個性派監督がホン・サンス監
督。男女の恋愛を会話形式で描くその独創的なスタイルは唯一無二のもの。彼が手掛ける
のはすべて現代劇だから時代劇のような大規模なセットや衣装はいらないし、大量のエク
ストラを動員することもなく、カメラで会話劇を撮影するだけだから、製作費は超安いは
ず。したがって、ホン・サンス監督作品の最大のポイントは、監督の脚本と演出の狙いを
会話劇の中で完璧に表現する俳優の存在と演技力だが、今や公認の不倫相手にもなった
（？）女優のキム・ミニの起用が軌道に乗ってからは、スイスイと何作も。

　キム・ギドク監督はカンヌ、ベルリン、ベネチア国際映画祭等の常連で、世界三大映画
祭すべてで受賞するという快挙を成し遂げているうえ、『嘆きのピエタ』（１２年）（『シネ
マ３１』１８頁）は第６９回ベネチア国際映画祭で韓国映画初となる金獅子賞を受賞して
いる。それと同じように、ホン・サンス監督もカンヌ、ベルリン、ベネチア国際映画祭等

の常連だ。私は『それから』（１７年）（『シネマ４２』２８５頁）、『クレアのカメラ』（１７年）（『シネマ４２』２９０頁）、『正しい日　間違えた日』（１５年）（『シネマ４２』２９４頁）、『夜の浜辺でひとり』（１７年）（『シネマ４２』２９９頁）の４本を鑑賞しているから、『逃げた女』が公開されたと聞くと、こりゃ必見！

　ホン・サンス監督は特にベルリン国際映画祭と相性がよく、①２０１７年の『夜の浜辺でひとり』で第６７回ベルリン国際映画祭の銀熊賞（主演女優賞）を、②２０２０年の本作で、第７０回ベルリン国際映画祭の銀熊賞（監督賞）を、そして、私はまだ観ていないが、③２０２１年公開の『Introduction』で、第７１回ベルリン国際映画祭の銀熊賞（脚本賞）を受賞しているからすごい。

　キム・ギドク監督の映画製作スタイルは、吉野家と同じように「うまい、安い、早い」だったが、全て脚本も兼ねているホン・サンス監督の映画作りもそれと同様で、とにかく早い。本作は２４本目だ。本作では監督、脚本の他編集、音楽も手掛けているから、その多才ぶりは顕著だ。『逃げた女』というタイトルは一見ヒッチコック風（？）だが、さて、女は一体誰から逃げてきたの？また、それは一体なぜ？

■□■会話の相手役は３人の女。それぞれの会話のテーマは？■□■

　ホン・サンス監督作品はすべて会話劇で構成されているし、その会話のテーマはすべて男女の恋愛。その会話の一方はホン・サンス監督のミューズたるキム・ミニだが、そのお相手は？私がホン・サンス監督作品として最初に観た『それから』には、本作の終盤にチョン先生役で登場する男優、クォン・ヘヒョが主人公として登場し、彼とキム・ミニを含む３人の女性との会話劇がストーリーを構成していた。

　それに対して本作は、ソウルで花屋を営んでいる主人公の女性、ガミ（キム・ミニ）が翻訳家である夫の出張中に、友人の女性３人を訪問する中で展開する３人の女との３つの会話劇がストーリーを構成する。最初の物語は、車に乗ったガミが郊外の瀟洒な一戸建てに住むかつての先輩、ヨンスン（ソ・ヨンファ）を訪問するシークエンスから始まり、ガミとヨンスンの会話からストーリーが始まっていく。そこでの同居人の女性、ヨンジ（イ・ユンミ）を含む会話劇は如何に？

■□■最初のヨンスンとの会話は？こりゃ一体ナニ？■□■

　久しぶりに再会した女同士の会話は、ガミがお土産に持ってきた肉を焼きながらの会話。それは、互いの近況報告や訪問した家の誉め言葉等々、他愛もないもの（？）ばかりだが、どこかがかみ合っていない感も・・・？ヨンスンはこの立派な郊外の家を元夫から獲得した金で購入したそうだが、鶏が鳴いているから、ここはかなりの郊外。また、なぜかガミの訪問中、近所に引っ越してきたという男性（シン・ソクホ）がヨンスンとヨンジが飼っている猫を「妻が怖がっているので餌を与えないでほしい」、と苦情を言ってくるが、これって一体何？ホン・サンス監督のカメラはそんな会話や行動の一部始終（？）を様々な角度から撮影していくが、とりわけ目立つのが、玄関の監視カメラ越しの映像。ホン・サン

ス監督はなぜそんな映像にこだわるの？

　また、面白いのは、なぜかその日ガミがヨンスンの家に一泊すること。久々に訪問した先輩の家だとしても、一泊するほどの関係なの？しかも、ヨンスンから夫との結婚生活について聞かれたガミは、「夫と毎日一緒にいます。離れるのは今回が初めて」としゃあしゃあと答えていたのには、アレレ・・・。その上、ソファの上でなかなか寝付けないガミは、寝付けないまま防犯カメラの映像をのぞき込んでいると、そこには隣人の不幸な境遇の若い女性を慰めるヨンスンの姿という、何とも訳のわからない映像が。こりゃ一体ナニ？そもそも、この家の構造と敷地は一体どうなっているの？

■□■２番目のスヨンとの会話は？■□■

　ガミが２番目に訪れるのは、ピラティスのインストラクター業で貯金を蓄えているという独身女性のスヨン（ソン・ソンミ）。"ピラティス"と聞いても私には何のことかわからなかったが、これは体幹やインナーマッスルを安全かつ効率よく鍛えることができるエクササイズのことで、ヨガや筋トレとは違う効果があるらしい。したがって、そのインストラクターをしているスヨンがスーパーモデル並みの体形を誇っているのは当然だが、それ以外にも、スヨンは今借りている人気の高いエリアにあるマンションの補償金を大家さんから１億ウォン（約１０００万円）も負けてもらったと自慢しているくらいだから、その性格はサバサバしたものだ。

彼女は今も創作舞踊の活動をやっているから、芸術家関係の付き合いが多いらしい。「こんな立派な家に住み、使えるお金がいっぱいなんて羨ましい」。ガミは自由な生活を謳歌しているスヨンをそんな風にほめながら、スヨンが作ったパスタを食べ、白ワインを飲んでいたが、そこでもガミが「夫と5年間の結婚生活で離ればなれになったのは今回がはじめて」、「彼の考えなの。愛する人とは何があっても一緒にいるべきだって」と、のろけるからアレレ。ところが、ここでは、それに呆れながらもスヨンも自分の男関係を次々と"自白"していくから、それに注目！

それによると、このマンションには芸術家が多く、スヨンはすぐ上の階に住む建築家に胸をときめかせているらしい。さらに、ここでも思いがけない訪問者がチャイムを鳴らし、スヨンは玄関の外で応対していたが、ガミがここでも防犯カメラでその一部始終を観察していると、この若い詩人（ハ・ソングク）は今、ストーカーのようにスヨンに付きまとっているらしい。しかし、この男を追い返した後のスヨンの"告白"を聞いていると、彼とは飲み屋の帰りに一夜限りの行きずりの肉体関係を持ったというから、アレレ。久しぶりに先輩に会って会話をしただけで、女同士の会話はこんなところまで進展するの？ホン・サンス監督は一体どんな想像力をたくましくしてこんな脚本を書いているの？

■□■3番目のウジンとの会話は？■□■

1番目のヨンスンも2番目のスヨンも、ガミが久しぶりに先輩の家を訪問した時の会話劇だが、3度目の女性、ウジン（キム・セビョク）との会話は、ミニシアターが併設されたカルチャーセンターに立ち寄ったガミがカフェで偶然このセンターで働く同世代の旧友ウジンと再会した時のもの。最初の会話も2番目の会話も、女同士の会話の割にはどこかぎこちないもの、どこか不穏なもの（？）があったが、3番目の会話を聞いていると、ガミとこのカルチャーセンターで働いているという同世代の女性ウジンはどうも、1人の男性を巡ってもめたことがわかる。つまり、ウジンはかつてのガミの恋人を略奪婚しているわけだ。

テーブル上のコーヒーを挟んでぎこちない雰囲気が漂う中、ウジンは「なんて言ったらいいのか・・・本当にごめん」と謝罪したが、それが何を謝罪しているのかはこの会話劇をスクリーン上で鑑賞している私たち観客が想像力を巡らせていく他ない。ウジンの謝罪に対しガミは「余計なことを考えてるのね。気にしないで・・・私はほとんど覚えてないの」と事も無げな顔で返していたから、なるほど、なるほど。しかし・・・。

ミニシアターでの映画の鑑賞を終えたガミは今度はオフィスでウジンと話し込んだが、そこでの話題は、もっぱらガミの元恋人で、今はウジンの夫になっているチョン先生（クォン・ヘヒョ）についてのものだ。このチョン先生を演じているのが、『それから』や『夜の浜辺でひとり』に出演していたベテラン俳優、クォン・ヘヒョだが、チョン先生は一体どんなシークエンスで登場してくるの？ウジンがガミから略奪婚したチョン先生は、たびたびTVにも出演している人気作家だが、ウジンは夫がテレビやインタビューで同じこと

をしゃべるのが嫌でしょうがないらしい。そのため、「同じ話の繰り返しに本心なんてありえない。それって変よ」と批判するし、夫への不満をガミにぶちまけていたから、アレレ。

　他方、自分の夫について聞かれたガミは、ここでもヨンスンやスヨンに話したのと同じように、「彼とはいつも一緒だ」と答え、「彼が言うには、愛する人とは絶対に一緒にいるべき。それが自然だって」とのろけていたから、これもアレレ。女同士の会話って一体どうなっているの？そんな全くかみ合わない女同士の会話の後、ウジンと別れたガミは喫煙所でチョン先生とばったり鉢合わせするが、そこで交わされるガミとチョン先生との会話は？

■□■なぜ『逃げた女』というタイトルに？なぜ銀熊賞を？■□■

　韓国は今、２０１７年５月９日の大統領選挙で保守党（ハンナラ党→セヌリ党→自由韓国党）の朴槿恵第１８代大統領から政権を奪取した「共に民主党」の文在寅大統領の任期が１年を切る中、次期大統領の選挙をめぐって大混乱に陥っている。文在寅大統領の支持率の低下の一因は不動産価格の急騰だが、そんな失政の原因はどこに？そんな現状に照らせば、ヨンスンもスヨンも郊外とはいえ立派な家に住んでいることに驚かされる。そこに車で訪問するガミの姿と翻訳をしているというガミの夫ののろけ話を聞いていると、ガミは今どんなところに住んでいるの？そんな興味も湧いてくるが、そこを一切見せないのがホン・サンス監督の脚本の面白さだ。

　ガミと３人の女たちとの会話劇を見ていると、ガミはチョン先生をウジンに略奪婚された後に翻訳家の夫と結婚しているはずだが、本作を鑑賞した後もさっぱりわからないのは、なぜ本作が『逃げた女』とタイトルされているのかということ。英題の『The Woman Who Ran』も韓国語の原題も同じらしい。本作のガミとヨンスン、スヨンとの会話劇には防犯カメラが重要な小道具にされているが、それ以外に、郊外の家の窓から見える郊外の美しい山の風景も“何か”を物語っているらしい。また、ミニシアターでガミがスクリーンを見ている風景は映画製作のテクニックとしてよく登場するものだが、私たちがそこでガミと共にスクリーン上で見るのは美しい海と浜辺の風景だ。しかし、これも一体何を意味しているの？

　本作は徹底した会話劇だが、ホン・サンス監督の脚本でも演出でもそれらの点は全く語ってくれないから、それらすべて１人１人の観客が自分の頭で考えるしかない。多分その正解はないのだろうが、なるほど、ホン・サンス監督作品は面白い。キム・ギドク監督作品はこれからは観られなくなったが、ホン・サンス監督作品はこれからも次々と期待したい。

２０２１（令和３）年７月２日記

Data

監督・脚本：ホン・サンス
出演：ペク・チョンハク／オ・ユノ
　　　ン／チョン・ジェヒョン／パ
　　　ク・ヒョニョン／イム・ソニ
　　　ョン／キム・ユソク

SHOW-HEY シネマルーム

★★★★

カンウォンドのチカラ

1998 年／韓国映画
配給：A PEOPLE CINEMA／109 分

2021（令和3）年 9 月 20 日鑑賞　｜　シネ・ヌーヴォ

👀👀 みどころ

　鬼才キム・ギドク監督亡き今、彼とは全く異質の"作風"ながら、「うまい、安い、早い」の"吉野家路線"を２０年以上継続させている韓国の映画作家ホン・サンス監督に注目！

　私は、同監督作品を２０２１年に計４作を立て続けに鑑賞したが、シネ・ヌーヴォの企画によって第２作目と３作目を連続鑑賞。テーマは恋愛、手法は会話劇だが、観光地カンウォンドを舞台として、"１つの出来事"を別れた男女それぞれの視点から描いた本作は実に興味深い。実質的な彼のデビュー作たる本作の面白さを、約２０年後の今、再確認したい。

———＊———＊———＊———＊———＊———＊———＊———＊———＊———

■□■共通点と相違点！ホン・サンス vs キム・ギドク！■□■

　私がキム・ギドク監督作品をはじめて観たのは、『春夏秋冬そして春』（０３年）（『シネマ６』６８頁）と『サマリア』（０４年）（『シネマ７』３９６頁）だが、それを観て感動し、以降、彼の作品はほとんど鑑賞してきた。また、『シネマ８』と『シネマ１９』では「韓国映画特集」を組むほど、韓国映画の魅力に取りつかれた私は、一方ではカン・ウソク監督の『SILMIDO（シルミド）』（０３年）（『シネマ４』２０２頁）、カン・ジェギュ監督の『ブラザーフッド』（０４年）（『シネマ４』２０７頁）、そしてパク・チャヌク監督の『オールド・ボーイ』（０３年）（『シネマ６』５２頁）等のものすごい問題提起性に圧倒され、他方では、イ・チャンドン監督の『オアシス』（０２年）（『シネマ７』１７７頁）、パク・チンピョ監督の『ユア・マイ・サンシャイン』（０５年）（『シネマ１１』２５７頁）等に泣かされてきた。なぜ韓国映画は、こんなにすごいの？いつもそう思っていた私だが、残念ながらホン・サンス監督の名前と作品は長い間知らなかった。

　それをはじめて知ったのは、２０２１年４月２７日に『それから』（１７年）（『シネマ４

『2』２８５頁）を観たとき。そこで私は、「韓国映画にホン・サンス監督あり！また、ホン・サンス監督×女優キム・ミニのコンビあり！男女の恋愛劇を会話劇で描く作風は、いかにも韓国的なキム・ギドク監督やパク・チャヌク監督の作風と正反対！おしゃれで風刺の効いたそれは、なるほど、こりゃ韓国のウディ・アレンだ」と書いた。続いて、６月２６日に『夜の浜辺でひとり』（１７年）（『シネマ４２』２９９頁）、７月９日に『正しい日 間違えた日』（１５年）（『シネマ４２』２９４頁）、７月２７日に『クレアのカメラ』（１７年）（『シネマ４２』２９０頁）と、立て続けに計４作品を観た。そして、「なるほど、これが映画作家ホン・サンス監督の魅力だったのだ！」ということをしっかり理解することができた。

　キム・ギドク監督もホン・サンス監督も、２０００年頃からの活躍だから、それから約２０年。キム・ギドク監督は残念ながら２０２０年１２月に死亡したが、両者に共通するのは、「うまい、安い、早い」という“吉野家路線”を貫徹していること。日本にも世界にも、“巨匠”は多いが、彼らが一本の映画を作るについては、予算・人員・時間の規模がバカでかい。それに対して、キム・ギドク監督もホン・サンス監督も「うまく、安く、早く」作るから、勝負が早い。脚本を自らこなしてしまうことも、両監督に共通している。

　他方、両監督の作風は全く違う。キム・ギドク監督は社会問題提起性がメチャ強いうえ、登場人物のキャラもとがっており、何かとどぎつい。また、暴力性も強く、セックス描写も生々しいから、青少年向きではない。それに対して、ホン・サンス監督の映画のテーマはすべて“男女の恋”だし、それを男女の会話劇（だけ）で展開させていくから、下手すれば退屈なものになる。それをカバーするのがホン・サンス監督特有の“構成法”だが、それって一体何？それがわかる人は、ホン・サンス監督作品の中毒になってしまうはずだ。

■□■作家主義ホン・サンス！２作目と３作目を連続上映！■□■

　２０２１年９月、シネ・ヌーヴォは「作家主義ホン・サンス 韓国映画に新しい時代を創造した２作品」と題して、彼の２作目の『カンウォンドのチカラ』（９８年）と３作目の『オー！スジョン』（００年）を連続上映した。彼の１作目の『豚が井戸に落ちた日』（９６年）は小説を原作としていたが、２作目は、彼がはじめて自分の着想で脚本を書き監督した作品で、２０年後の現在までずっと続いている彼の原点ともいえる作品らしい。

　同作が第１９回韓国青龍映画祭で監督賞と脚本賞の２冠に輝いたのは、「同じ時に同じ場所を訪れていながらまったく出会うことのない元恋人同士が経験する、似ているようで微妙に違う出来事と心の変化を２部形式でディテール豊かに見せるという構成が見るものを驚かせた」ためらしい。私はホン・サンス監督特有の会話劇と１つの出来事を複数の視点から重厚的に描く構成法を前述の４作で理解し、その面白さを堪能したが、さて、約２０年前の彼の実質的デビュー作たる本作でのその展開は如何に？

■□■舞台は江原道！３人の女子大生は、なぜその観光に？■□■

　そんなホン・サンス監督の実質１作目の本作冒頭のシーンは、韓国の北東部にある観光

地・江原道（カンウォンド）に向かう列車の中だ。込み合う列車の中でビールを販売する風景は、コロナ禍の今はなくなってしまったが、２０年前なら、なるほど、なるほど。その後、カンウォンド駅で２人の友人と落ち合った女子大生のイ・ジスク（オ・ユノン）たちがカンウォンドを観光する中、１人の現地の警察官（キム・ユソク）と仲良くなっていくストーリーが描かれる。カンウォンドには自然豊かな美しい風景が各地で見られるが、楽しいはずの食事の際に女同士で口喧嘩するのは如何なもの？また、酒を飲むのもいいが、ベロンベロンに泥酔した上、いくら妻帯者とはいえ初対面の男に介抱され、詰所で２人だけで過ごすのも如何なもの？

　警察官は若いけれども妻帯者だし、公務員だから、いくら目の前のジスクが泥酔し、無防備な状態であっても、手を出すことは厳禁。しかし、２人の会話劇を聞いていると、至る所で"微妙な雰囲気"が漂っているから面白い。

　また、女の３人旅は一方ではベッタリ寄り添っているようだが、他方ではそれぞれ勝手な行動に走る面も・・・。カンウォンドへの女の３人旅は短いものだったから、せっかく知り合いになった警察官との別れはジスクにとって少しつらかったようだが、それを他の２人はどう見ていたの？もっとも、そうかといって、ジスクが再度あの警察官に会いに行く展開になろうとは！？２人はいつ連絡先を交換したの？そして、旅行から帰った後、２人はいつ連絡を取り合ったの？そして、その内容は？

　「２部形式」といわれる本作前半で描かれるのはそんな女の目から描かれる単純なストーリー（？）だが、吊り橋ですれ違った１組の男女は何か曰く因縁がありそうだ。そう思っていると、案の定、カンウォンドでは、１人の観光客の女性が行方不明になったそうだが・・・。

■□■２部形式の後半は？男の目で見るカンウォンドは？■□■

　「２部形式」で構成される本作後半の主人公は、教え子であるジスクと別れたばかりの大学講師チョ・サンウォン（ペク・チョンハク）。サンウォンがカンウォンド観光に来たのは後輩に誘われたためだが、男の２人旅ではカンウォンドの美しい景色以上に、曰く因縁

あり気な美しい女性に興味の目が行くのは仕方がない。もちろん、そんな女性に対するアクションは後輩の方が得意だが、食堂で目をとめた美しい女性に声をかけ、某所での待ち合わせの約束を取り付けたものの、結果はなんと肩透かし。約束をすっぽかされた２人は仕方なく観光を続けたが、別の場所でその女性と再び出会ったサングォンは・・・。

　私は、バブルの時代に日本でも流行った高級"韓国クラブ"に何度も遊びに行ったし、韓国旅行の際もあちこちで"夜の遊び"をしたが、カンウォンド観光の夜となれば、サングォンも後輩も怪しげな運転手（？）に誘われるがまま、怪しげな高級クラブ（？）へ！そこでは、女の子のテイクアウトもオーケーらしい。２０００年当時の韓国では、ロシア人女性は高いようだが、韓国人の女の子の一夜のテイクアウトの値段は、How much？

　それはともかく、女３人のカンウォンド旅行の終わり方も"微妙"だったが、男２人のカンウォンド旅行は「ああ、やっぱり・・・」というもの。もっとも、翌朝、帰りの飛行機に乗り損ねたサングォンは、時間つぶしのために訪れたあるお寺でジスクの痕跡を発見することになったからビックリ！さあ、これはサングォンに如何なる影響を・・・？

■□■松本清張なら？いやいや、これがホン・サンス！■□■

　昭和を代表する推理小説作家・松本清張は、さまざまな社会問題についての鋭い切り込みと分析でも昭和を代表している。そのため、テレビの BS 放送では、今なお彼の傑作小説のドラマが何度も放映されている。

　しかして、本作前半、ジスクの目から見たカンウォンド旅行で、ジスクは曰く因縁あり気なアベックと出くわしており、カンウォンドで１人の女性が行方不明になったというニュースを、松本清張風に分析し、描写していけば、殺人犯人は誰だ？というスリリングな推理小説的展開に発展してくはずだ。しかし、ホン・サンス流の「２部形式」で作られた本作前半では、１人の女性の失踪という問題提起をするだけで、ジスクがその問題解決のため（犯人追及のため）に協力する姿は登場しない。ところが、後半の、サングォンの目から描いたカンウォンド観光では、約束した時間、約束した場所に現れなかった女への腹いせもあってか（？）、サングォンは「間違いかもしれないが」、「自分の名前を明かすことはできないが」と前置きした上で、「私はある男とすれ違った」と警察に連絡していくから、それに注目！

　このように、本作前半では、女３人旅の中で知り合いになった親切な警察官にわざわざ再度会いに行くという行動をとりながら、ジスクはカンウォンドにおける女性の失踪事件に何の興味も示さなかったが、後半におけるサングォンは、ジスクとは全く異なる行動をとっていくところが面白い。もっとも、そうだから一体何だというの・・・？そう思う人もいるはずだ。そこらあたりがホン・サンス監督の絶妙なところであり、面白いところなのだが・・・。

２０２１（令和３）年９月２７日記

Data

監督・脚本：ホン・サンス
出演：イ・ウンジュ／チョン・ボソ
　　　ク／ムン・ソングン

SHOW-HEYシネマルーム

★★★★

オー！スジョン

2000 年／韓国映画
配給：A PEOPLE CINEMA／126 分

2021（令和3）年9月20日鑑賞	シネ・ヌーヴォ

みどころ

　ホン・サンス監督の第３作目は、邦題とは大違いの英題『Virgin Stripped Bare by Her Bachelors』に注目！「独身男によって破られた処女」とは一体何？

　男女の恋は出会いから初セックスに至るまでが１つの山。それを１５の章に分け、男女別々の視点から描いていく本作は興味深い。

　ベッドインは意外に早かったが、処女が破られるまでに見る、３度の男の"醜悪な笑み"は？こりゃ醜悪！こりゃ最悪！そう思えなくもないが・・・。

——＊——＊——＊——＊——＊——＊——＊——＊——＊——＊——＊

■□■３作目のテーマは処女性！すごい英題に注目！■□■

　同じように"男女の恋愛"をテーマにしても、視点によっては『愛のコリーダ』（７６年）のような超過激なものもあれば、『愛と死を見つめて』（６４年）（『シネマ２１』８６頁）のようなピュアな純愛モノもある。すると、邦題を『オー！スジョン』とした本作は、石坂洋次郎の原作を映画化した『青い山脈』（４９年）のような、とことん明るい青春賛歌？

　一瞬そう思ったが、『Virgin Stripped Bare by Her Bachelors』とされた原題を直訳すれば、「独身男によって破られた処女」だからビックリ。そう、本作のテーマはホン・サンス監督が２０数年間ずっと追い求めてきた"男女の恋愛"だが、より具体的には、男女の出会いから初セックスに至るまでの心情と行動を、１６の章に分けた上で、男の視点と女の視点の２つから描いたものだ。

　"処女性"の過度な尊重は女性差別にも通じるものでナンセンスだが、そうかと言って、出会ったその日に即セックス、というパターンは如何なもの？昭和の時代ならともかく、２１世紀に入ったばかりの時代の女子大生に処女なんているの？ホン・サンス監督の３作目たる本作を観る男性は、処女性へのこだわりを自問自答しながら鑑賞する必要がある。

■□■女優イ・ウンジュに注目！"お酒の時だけの恋人"は？■□■

本作で構成作家役のヒロイン、ヤン・スジョンを演じるのは、当時２０歳だったイ・ウンジュ。彼女は『ブラザーフッド』（０４年）（『シネマ４』２０７頁）や『スカーレットレター』（０４年）（『シネマ８』９９頁）等に出演した美人女優だが、残念ながら２００５年２月２２日に死去している。そんな彼女のデビュー作たる本作は、彼女のフィルモグラフィーの中でも傑出した１本になっている。

スジョンと、画廊を経営するキム・ジェフン（チョン・ボソク）との最初の出会いは、テレビ番組のディレクターで、ジェフンの先輩でもあるクォン・ヨンス（ムン・ソングン）と一緒に、ある展覧会を訪れた時。３人で酒を飲んだ後に、スジョンはジェフンに対して「お酒を飲むときだけ恋人になりましょうか？」と持ち掛けたが、そんなセリフを吐いたスジョンのココロは如何に？他方、スジョンに対して何かと下心を持っていた（？）ジェフンはそんな言葉に大喜びだが、その後の展開は？

■□■ベッドインの機会は意外に早く！しかし・・・■□■

戦争前の日本では、女性は結婚まで処女を守るのが当然だったが、女性と靴下が一気に強くなった戦後は自由恋愛が花盛りとなり、初デートから初ベッドインまでの時間はどんどん短くなっていった。その点、韓国の事情は？そんな興味を持って本作を観ていると、ジェフンとスジョンの初ベッドインの機会は意外に早く訪れてくる。しかし、そこでスジョンから「私、はじめてなの・・・」との言葉を聞くと、ジェフンの反応は？

ホン・サンス監督作品のテーマはすべて"男女の恋"だから、そこにセックスが絡んでくるのは当然。しかして、彼の３作目となる本作は、出会いから初セックスに至るまでの男女の違い（信条と行動）を真のテーマにしているので、そこをしっかり鑑賞する必要がある。大抵の男は、いざコトに及ぼうとした時に、女の口からそんなことを告白されると一方では嬉しいものだが、他方では、いざコトに及ぼうとしている時にそんなことを言われても・・・、となるはずだが、さてジェフンは？

『作家主義ホン・サンス』のパンフレットの中の本作の解説は相田冬二氏が書いているが、そこには「この映画には、３つの醜悪な笑みが刻印されてる」と書かれている。その第１が「スジョンが処女だと知ったときの笑み」だが、その醜悪さは如何に？

■□■醜悪な笑みの２番目は？■□■

"醜悪な笑み"の２番目は、スジョンとの初ベッドインでのさまざまな"やり取り"にもかかわらず、スジョンからあくまで拒否されながらも「済州島でいちばん高いホテルの部屋でセックスしましょう」と言われて納得し、その期待で張り切るときの笑みだ。済州島は私も１度観光旅行に行ったことのある美しい島だが、その済州島のいちばん高いホテルの部屋でセックスできることがそんなに価値があるの？そしてまた、そんなことで"納得"し"期待"する男の"醜悪な笑み"とは一体如何なるもの？

私は男だから、初デートから初セックスに至るまでのプロセスを当然男の視線、男の感

351

覚でしか捉えられない。したがって、スジョンの言動を受けてのジェフンの反応は良くも悪くも理解できるが、この2番目の“醜悪な笑み”は理解できない。もちろん、それ以上に全く理解できないのは、コトここに及んで、そんな言葉で言い逃れる（？）スジョンの視線と感覚だ。しかして、男が2度目のそんな“醜悪な笑み”を見せた時の、女の側の視線は？

　ホン・サンス監督は、なぜその両者を理解できるの？それが不思議だが、彼は本作をはじめとして、以降約20年間ずっと同じテーマで、面白おかしく脚本を書き、興味深い映像を構成してきたのだからすごい。

■□■ここまでやるか？3番目の笑みは？これは最悪！■□■

　映画は、1つの物語を約2時間の間で紡いでいくもの。そんな普通の感覚でホン・サンス監督作品を観ると、まるで違っているのでビックリだが、本作はまさにその典型だ。第2作目の『カンウォンドのチカラ』（98年）は、カンウォンド観光の中で起きた同じ出来事を、男の視線と女の視線の2つでクロスさせながら描く面白い映画だった。本作も、初デートから初セックスまでを、スジョンの視線とジェフンの視線という2つの視線で描くほか、15の物語が区割りされて出てくるので、それに注目！

　昔から男には誰にでも“処女信仰”があるらしい。しかし、戦前の日本ならいざ知らず、戦後、昭和の高度経済成長時代を終え、平成、令和の時代となり、“性の自由”や“LGBTの優位性”がここまでハッキリしている昨今、「結婚までは処女のままで」というような“かつてのお題目”は、もはや何の価値もなくなっているはずだ。韓国ではそのあたりの事情がどうなっているのかについて私は全く知らない

が、日本とは異質な形で高度経済成長を遂げてきた韓国でも、多分それほど大きな違いはないはず。

　しかして、本作ラストでは、某所でジェフンが“大願成就”を遂げるシークエンスが登場するから、それに注目！しかして、そこに見るジェフンの3番目の“醜悪な笑み”とは？そして、そこに見るスジョンの視線と感覚は？なるほど、ホン・サンス監督は第3作目からこんなに面白い映画を！

2021（令和3）年9月27日記

巻末コラム（1）
HSK（漢語水平考試）4級に合格！

1）2021年6／19（土）に受験したHSK（漢語水平考試）の結果が判明！4級は、听力62点、阅读84点、写作80点、総得点226点で、見事合格！その結果を率直に喜びたい。他方、実力不足承知の上で敢えて挑戦した5級は、听力43点、阅读67点、写作60点、総得点170点だったから、予想通り不合格！そう思ったが、そこには「2013年の試験より5級・6級の成績報告に合否が明記されなくなりました」、「2012年内の試験までは5級・6級に関しても、6割以上のスコア獲得で『合格』と記載されていました」と書かれていた。その意味は読めばわかるが、なぜ5級と6級はこんなワケの分からない（？）成績報告になったの？

2）HSK公式サイトによると、「これは『合格』『不合格』は、HSK試験結果を評価する大学等の問題なので、HSKとしては点数のみを証明するという考え方によるものです」と書かれていたから、私の場合はあと10点積み足せば、「5級の能力を有している」と判定できる。そのためには、听力の向上が不可欠であることがはっきりしたことが今回の収穫だ。听力を身に着けるための勉強は難しいが、何とか頑張り、次回は5級合格を目指したい！

2021（令和3）年9月11日記

CENTER FOR LANGUAGE EDUCATION AND COOPERATION
教育部中外语言交流合作中心

汉语水平考试
Chinese Proficiency Test

HSK（四级）成绩报告
HSK (Level 4) Examination Score Report

姓名: Name	坂和　章平
性别: Gender	男　国籍: Nationality　日本
考试时间: Examination Date	2021 年 06 月 19 日 (Year Month Day)
编号: No.	H42106028953
准考证号: Admission Ticket Number	H42107828022740043

	满分 Full Score	你的分数 Your Score
听力 Listening	100	62
阅读 Reading	100	84
书写 Writing	100	80
总分 Total Score	300	226

听力 Listening	阅读 Reading	书写 Writing	总分 Total Score	百分等级 Percentile Rank
100	99	94	287	99%
93	92	83	262	90%
88	88	76	247	80%
83	82	72	235	70%
80	78	67	222	60%
76	71	64	209	50%
70	65	59	195	40%
64	58	55	179	30%
58	50	50	162	20%
50	40	43	139	10%

总分180分为合格 (Passing Score: 180)

主任 Director

教育部中外语言交流合作中心
Center for Language Education and Cooperation

中国・北京
Beijing・China

巻末コラム（2）
"ワクチン敗戦"下の"ワクチン狂騒曲"の開演をどう考える?

1）ワクチン接種率 NO.1の国はイスラエル。ガザ地区を巡るパレスチナとの軍事衝突は大変だが、すでにコロナには勝利した。コロナの爆発的拡大の中で"ロックダウン"を繰り返した西欧諸国も、感染者数世界一になった米国も、ワクチン接種が進む中で日常生活を取戻しつつあり、"集団免疫"獲得の日も近い。トランプ前大統領から"武漢ウイルス"と罵倒された中国は中国共産党独自の手法でコロナを克服し、今や"ワクチン外交"を展開中。それに対し、日本の接種率は2％で世界ワースト、断トツのビリだ。

2）日本は GDP では中国に追い越されたし、ジェンダーギャップ指数では１２０位の後進国、だが G7（主要先進7か国会議）のリーダー的立場ではなかったの?米国は既にワクチンが余ってきたのに、なぜ同盟国・日本にワクチンが少ないの?河野太郎新型コロナウイルスワクチン接種推進担当大臣はファイザー製ワクチンの（量的）確保はできたと胸を張ったが、いつまでに接種できるの?かつて安倍総理は、国産の抗インフルエンザ薬「アビガン」が新型コロナウイルスにも有効だと胸を張り、昨年５月中の「承認」を目指すと表明したが、国産ワクチンはどうなっているの?

　日本は１９４５年8／15の敗戦後、一貫して平和と安全そして経済成長を誇ってきたが、今や"ワクチン敗戦"は明らかだ。5／18付朝日新聞は、「国産ワクチン治験アジアと共同方針」と報じたが、何を今さら!

3）ワクチン接種の優先順位は①医療従事者②６５歳以上の高齢者③基礎疾患を有する者・高齢者施設等の従事者④それ以外。コロナ解決の"切り札"がワクチンだということは、昨年4／7に最初の緊急事態宣言を発出した時点で周知の事実。それから1年。医療従事者への接種も完了しないまま、高齢者に対して、Ⓐ4／12からは国が支給するファイザー製ワクチンを自治体毎に接種、Ⓑ5／17からは自衛隊による東京・大阪の大規模会場での接種予約が始まった。ワクチン接種の遅れが政権の危機・崩壊に直結すると危惧した菅首相は1日１００万回の接種という大号令も発したが・・・。

4）Ⓐの自治体毎の接種は、夜中から並んだ、ネット予約が困難、余ったワクチンを首長が勝手に接種、スギ薬局社長への予約枠の優先確保、等々の問題点が噴出!日本列島は、自粛要請破りの会食者探しの他、速さと公平さのどちらを優先するか、等のバカげた議論が花盛り。他方、Ⓑの方は、「苦しい時の自衛隊頼み」に野党が文句を言わないという論点はともかく、東京は5万人の予約枠に4.4万人だったが、大阪では２６分間で2万5千人の予約枠が終了した。大阪人特有の"いらち"はここでも顕著だ。

5）"ワクチン狂騒曲"が開演した今、私は"冷ややか"な気持ちで、バカバカしい展開と"みじめな結末"を見届けたい。

　　２０２１（令和3）年5月19日記

巻末コラム（3）
"㈱グローバルダイニングのコロナ特措法違憲" 訴訟を考える

1）3／22、飲食チェーン・㈱グローバルダイニング（GD）は、コロナ特措法に基づく時短要請に従わなかったとして施設使用制限命令を出した東京都に対し、1円×4日間×26店舗＝104円の損害賠償を求めて、「コロナ禍、日本社会の理不尽を問う」、コロナ対策特措法違憲訴訟を提起した。本稿執筆時の5／21、東京・大阪等は3度目の緊急事態宣言下にあり、埼玉・千葉等はまん延防止等重点措置の実施区域にあるが、それぞれの意義と効果、その違い等を正確に理解している人は少ないはず。緊急事態条項を定めることの是非はともかく、憲法上 〝私権制限〟 は難しいが、〝公共の福祉〟 のためなら一定の制限は可能だ。すると、コロナ感染防止のための私権制限はOK？コトはそれほど単純でない中、改正特措法に緊急事態宣言下で時短要請に応じない場合の罰則や「まん防」等の制度が創設された。ＴＶでは連日各界の専門家やお笑い芸人にその 〝論点〟 を語らせているが、そのレベルの低さは目を覆うばかりだ。

2）最初の緊急事態宣言下、大幅に人流が抑制された昨年に比べ、今年のGWはイマイチ。日本国民の忍耐力もボチボチ限界に？生活必需品とはナニ？野球・相撲はOKなのになぜ映画はダメ？そんな議論はもとより、一貫して "狙い撃ち" されている飲食店への休業・時短要請の不合理性は明白。酒類の提供禁止は論外

で、路上飲みの増大がオチだ。まともな休業補償が出るなら夫婦二人の店は休業が得策。そんな声の一方、チェーン店の恨み節は？私ならそんなやり方に猛反発！営業を続けるぞ！

3）GDもそう考えたのだろう。5／18、時短要請に応じなかった23店舗に休業命令を下した東京都に対し、今回は処罰（最大30万円の過料）を覚悟の上で通常営業の継続を宣言！全面対決の第2ラウンドが始まった。誤解を恐れずに言えば、外出自粛と人流抑制はあくまで要請。消毒・アクリル板・マスク等の感染防止対策の徹底が重要で、休業も時短も不要。酒類の提供禁止等の姑息な手段も無用。飲食店の倒産と失業者の増大という社会経済的損失の方が問題は大きい。そもそも、なぜ日本は 〝ワクチン敗戦国〟 になったの？「欲しがりません勝つまでは！」の復活も、「竹槍で突撃！」の命令もご免だ。欧米と2桁も違う、一日数千人の感染者に日本の医療はなぜ対応できないの？その問題点の究明が先だ。なぜその闇に誰も切り込まないの？

4）104円も、近く命じられる過料も少額だが、本訴訟が提起した論点は根源的。新選組まがいの都職員による見回り隊活動は一体ナニ？法律を改正し罰則を定めた以上違反は許さない、との考えもわかるが、東京都も日本国もコロナの根本問題の解決に精力を注入すべきだ。

2021年5月21日記

355

おわりに

1) ２０２１年９月２９日に実施された自民党の総裁選挙は、予想に反して（？）党員・党友を含む１回目の投票で岸田文雄候補が河野太郎候補を１票上回り、２回目の投票でも圧勝しました。この総裁選挙の実施は菅義偉前前首相の大英断でしたが、①コロナ禍の広がり（第５波の襲来）の中、本命中の本命だった菅義偉候補の出馬断念、②それに伴って河野太郎候補が出馬を決断、③"アベノミクスの継承"を訴え、早くから出馬表明した高市早苗候補に続いて、推薦人をやっと確保できた野田聖子候補も出馬決定、という経緯を経て、野党から"マスコミ・ジャック"と批判されるほど、国民受けする政治ショーになりました。その結果、１０月４日には岸田文雄氏を第１００代首相とする新内閣が発足しました。しかし、２０１７年１０月２２日に安倍晋三首相が「国難突破解散」と名付けた解散で衆議院議員になった人たちの任期は、所詮残りわずか。そんな中、任期満了選挙？それとも新首相による解散権の行使？もし後者ならその時期はいつ？そんな話題でマスコミが騒ぐ中、意外にも岸田文雄総理は１０月１４日に衆議院解散、１０月１９日に総選挙公示、１０月３１日に投開票、という最短日程を採用しました。そこには「新内閣のご祝儀相場が続く間に」という思惑が働いていることが明らかですが、さて、そんな博打の結果は如何に？

2)「１年間延期」という"苦渋の決断"を経た「東京２０２０」は、コロナ禍が収束しないため、やむなく中止！それが私の予想、いや確信でしたが、何よりも収益重視の国際オリンピック委員会（IOC）の意向をモロに体現した（？）日本オリンピック委員会（JOC）の山下泰裕会長や、東京オリンピック・パラリンピック競技大会組織委員会の橋本聖子会長たちを中心とする日本の指導部は、無観客試合を前提に開会（を強行）しました。パラリンピック期間中を含め、幸いにも開催期間中の会場でのコロナ発症を最小限に止めることができたのは幸いでした。また、いつも、熱しやすく冷めやすい日本人は、卓球勢をはじめとする日本選手団の連日の奮闘と史上最高のメダル獲得に大喜びしましたが、私は国家としてこんな綱渡り的な博打をしてよかったのかどうかについて、今も疑問に感じています。もし、開催期間中に会場各地で発症者が続出していたら、政府、JOC、組織委員会そして東京都がその"責任のなすりつけ合い"に汲々とするサマが目に浮かびます。それが現実にならなかったのはラッキーとした言いようがありませんが、赤字を如何に補填するかは現実の問題。透明で納得できる結論（解決策）を望みたいものです。

3) 第２～４次安倍晋三政権は２０２０年８月２４日で２７９９日となり、大叔父である佐藤栄作氏の記録を抜きました。そんな強力な長期政権なればこそ、G７サミット等の国際会議でも"有力な顔"になることができたわけです。他方、長期かつ強固な政権を誇った小泉純一郎氏の後を２００６年に継いだ（第１次）安倍晋三とその後の福田康夫、麻生太郎政権が１年毎に交代したこと、さらに、２００９年８月３０日の総選挙で政権交代を実現させた後の民主党政権における、鳩山由紀夫、菅直人、野田佳彦による１年毎の総理交代劇は最悪でした。

そんな認識を持つ私としては、２０２０年８月２８日に健康上の理由で突然辞任を表明した安倍晋三氏を引き継いだ菅義偉政権は党内基盤も政策執行能力も盤石！そう思っていましたが、コロナ禍という不幸があったとはいえ、２０２１年９月にわずか１年で政権交代した（政権を投げ出した？）のは意外でした。自民党の総裁選挙は大きな意義がありましたが、第１００代首相になった岸田氏は、私には頼りになるとは思えません。案の定、１０月２４日に投開票された参議院補選で、自公の推薦候補は山口選挙区では勝利したものの、静岡選挙区では敗北。そんな結果を引き継いでの１週間後の１０月３１日の投開票は如何に？岸田氏が第１０１代首相に就任したとしても、またぞろ１年ごとの総理の首のすげ替えが始まるのでは？そんな心配をしています。

　５）２０２１年１０月２２日付日経新聞の「ニュースぷらす」「政界Ｚｏｏｍ」は、「１０月衆院選、相次ぐドラマ」、「派閥抗争や政党の再編」の見出しで、次の計４回の１０月選挙を回顧しました。①１９５２年　吉田茂首相による「抜き打ち解散」、②１９７９年　大平正芳首相による「増税解散」、③１９９６年　橋本龍太郎首相による「小選挙区解散」、④２０１７年　安倍晋三首相による「国難突破解散」。そして、「記者の目」として、「過去４回の１０月選挙は自民党内の派閥抗争や新党の結成といった政変が起こることが多かった。新首相就任直後の今回もノーマルとはいえない超短期決戦だ。」と述べ、「１１月になると、国会の中はどんな景色が広がっているだろう。５回目の１０月選挙は順当な結果か、それとも波乱のドラマが待ち受けるのか。」とまとめています。

　６）安倍晋三氏、菅義偉氏と長い間"蜜月状態"にあった大阪維新の会（日本維新の会）は、新たに登場した岸田文雄首相とどのように向き合うのか？それが注目されましたが、私の予想通り、総選挙に向けて維新ｖｓ自民の対決色が強まっています。選挙戦最後の日曜日になった１０月２４日には、各党党首が激戦区の多い大阪を訪れ、街頭演説等で声をからしました。ちなみに、私の選挙区である大阪４区では、中山泰秀（自民）、清水ただし（共産）、ミノベテルオ（維新）、吉田おさむ（立憲民主）の４氏が激突しています。

　７）あれほど猛威を振るったコロナの第５波も、ワクチン接種の広がりやマスク・手洗い・三密防止などの基本的対策の徹底によって９月に入ると急速に収まり、９月３０日には１９都道府県の緊急事態宣言と８県のまん延防止等重点措置がすべて解除されました。それに伴って、１０月２５日以降は東京でも大阪でも認証を受けた飲食店では酒の提供時間や営業時間の制限が解除され、約１１か月ぶりに通常営業が可能となりました。１年以上続いたコロナ禍によって私たちの生活のあり方が大きく変わったため、営業を再開してもホントにかつてのお客様が戻ってくるのかどうかは見通せません。しかし、少しでも"かつての日常"を、そして日本経済の活性化を取り戻したいものです。また、「Ｇｏ Ｔｏ トラベル」の再開を起爆剤とする、旅行・観光・宿泊業界の復活も望まれます。
　本書の出版時には、総選挙の結果はもとより、新内閣の布陣もハッキリしているはずですが、今はそんな興味と期待を胸に『シネマ４９』の「おわりに」とします。
２０２１（令和３）年１０月２５日
弁護士・映画評論家　坂　和　章　平

弁護士兼映画評論家　坂和章平の著書の紹介

＜都市問題に関する著書＞

（1985年8月）　（1987年7月）　（1990年3月）　（1995年8月）　（1996年5月）

（2000年7月）　（2001年6月）　（2002年9月）　（2003年7月）

（2003年9月）　（2004年6月）　（2004年11月）　（2005年4月）　（2006年9月）

（2007年7月）　（2008年4月）　（2012年4月）　（2015年11月）　（2017年6月）

＜コラム集＞

（２００５年８月）

（２０１３年１２月）

（２０１９年４月）

＜名作映画から学ぶ＞

（２０１０年３月）

（２０１０年１２月）

（２０１９年３月）

＜その他の著書＞

（２００４年５月）

（２００５年１０月）

＜中国語の著書＞

『取景中国：跟着电影去旅行』
（２００９年８月）

『电影如歌
一个人的银幕笔记』
（２０１２年８月）

360

＜シネマルームは１巻から４８巻まで！＞

（２００２年６月）

（２００３年８月）

（２００４年４月）

（２００４年１１月）

（２００４年１２月）

（２００５年５月）

（２００５年１０月）

（２００６年２月）

（２００６年７月）

（２００６年１１月）

（２００７年２月）

（２００７年６月）

（２００７年１０月）

（２００７年１０月）

（２００８年２月）

（２００８年５月）

（２００８年６月）

（２００８年９月）

（２００８年１０月）

（２００９年２月）

（２００９年５月）

（２００９年８月）

（２００９年１２月）

（２０１０年７月）

（２０１０年１２月）

（２０１１年７月）

（２０１１年１２月）

（２０１２年７月）

（２０１２年１２月）

（２０１３年７月）

（２０１３年１２月）

（２０１４年７月）

（２０１４年１２月）

（２０１４年１２月）

（２０１５年７月）

（２０１５年１２月）

（２０１６年７月）

（２０１６年１２月）

（２０１７年７月）

発行：ブイツーソリューション
（２０１７年１２月）

発行：ブイツーソリューション
（２０１８年７月）

発行：ブイツーソリューション
（２０１８年１２月）

発行：ブイツーソリューション
（２０１９年７月）

発行：ブイツーソリューション
（２０１９年１０月）

発行：ブイツーソリューション
（２０１９年１２月）

発行：ブイツーソリューション
（２０２０年６月）

発行：ブイツーソリューション
（２０２０年１２月）

発行：ブイツーソリューション
（２０２１年７月）

＊著者プロフィール＊

坂和 章平(さかわ しょうへい)

２０２１年５月４日
大阪天満橋の水上ピクニックにて

１９４９（昭和２４）年１月		愛媛県松山市に生まれる
１９７１（昭和４６）年３月		大阪大学法学部卒業
１９７２（昭和４７）年４月		司法修習生（２６期）
１９７４（昭和４９）年４月		弁護士登録（大阪弁護士会）
１９７９（昭和５４）年７月		坂和章平法律事務所開設
	（後	坂和総合法律事務所に改称）
		現在に至る

＜受賞＞

０１（平成１３）年５月	日本都市計画学会「石川賞」
同年同月	日本不動産学会「実務著作賞」

＜検定＞

０６（平成１８）年　７月	映画検定４級合格
０７（平成１９）年　１月	同　３級合格
１１（平成２３）年１２月	中国語検定４級・３級合格
２０（令和２）　年　７月	HSK（汉语水平考试）３級合格
２１（令和３）　年　６月	HSK（汉语水平考试）４級合格

＜映画評論家SHOW－HEYの近況＞

０７（平成１９）年１０月	北京電影学院にて特別講義
０７（平成１９）年１１月９日〜	大阪日日新聞にて「弁護士坂和章平のLAW DE SHOW」を
０９（平成２１）年１２月２６日	毎週金曜日（０８年４月より土曜日に変更）に連載
０８（平成２０）年１０月１６日	「スカパー！」「e2byスカパー！」の『祭りTV！ 吉永小百合祭り』にゲスト出演（放送期間は１０月３１日〜１１月２７日）
０９（平成２１）年　８月	中国で『取景中国：跟着电影去旅行（Shots of China）』を出版
同月１８日	「０９上海書展」（ブックフェア）に参加　説明会＆サイン会
０９（平成２１）年　９月１８日	上海の華東理工大学外国語学院で毛丹青氏と対談＆サイン会
１１（平成２３）年１１月３〜６日	毛丹青先生とともに上海旅行。中国語版『名作映画には「生きるヒント」がいっぱい！』の出版打合せ
１２（平成２４）年　８月１７日	『电影如歌 一个人的银幕笔记』を上海ブックフェアで出版
１３（平成２５）年　２月９日	関西テレビ『ウエル エイジング〜良齢のすすめ〜』に浜村淳さんと共に出演
１４（平成２６）年　９月	劉茜懿の初監督作品『鑑真に尋ねよ』への出資決定
１４（平成２６）年１０月	日本とミャンマーの共同制作、藤元明緒監督作品『僕の帰る場所／Passage of Life』への出資決定
１５（平成２７）年　６月２９日	北京電影学院"実験電影"学院賞授賞式に主席スポンサーとして出席
１７（平成２９）年１０〜１１月	『僕の帰る場所／Passage of Life』が第３０回東京国際映画祭「アジアの未来」部門で作品賞と国際交流基金特別賞をW受賞
１８（平成３０）年　３月	『僕の帰る場所／Passage of Life』が第１３回大阪アジアン映画祭・特別招待作品部門で上映
２０（令和２）年２月	『海辺の彼女たち』への出資決定
２０（令和２）年９月	『海辺の彼女たち』が第６８回サン・セバスチャン国際映画祭・新人監督部門にてワールドプレミア上映
２０（令和２）年１１月	『海辺の彼女たち』が第３３回東京国際映画祭ワールド・フォーカス部門で選出、上映

SHOW-HEYシネマルーム49
2021年下半期お薦め75作

2021 年 12 月 1 日　初版　第一刷発行
著　者　　坂和　章平
　　　　　〒530-0047 大阪市北区西天満 3 丁目 4 番 6 号
　　　　　西天満コートビル 3 階　坂和総合法律事務所
　　　　　電話　　06-6364-5871
　　　　　ＦＡＸ　06-6364-5820
　　　　　Ｅメール office@sakawa-lawoffice.gr.jp
　　　　　ホームページ https://www.sakawa-lawoffice.gr.jp/
発行所　　ブイツーソリューション
　　　　　〒466-0848 名古屋市昭和区長戸町 4-40
　　　　　電話　　052-799-7391
　　　　　ＦＡＸ　052-799-7984
発売元　　星雲社（共同出版社・流通責任出版社）
　　　　　〒112-0005 東京都文京区水道 1-3-30
　　　　　電話　　03-3868-3275
　　　　　ＦＡＸ　03-3868-6588
印刷所　　モリモト印刷